中华译学馆

莫言题

中华译学倡言倡字与

以中华为根译与学并重

弘扬优秀文化促进中外交流

拓展精神疆域驱动思想创新

丁酉年冬月许钧撰 罗卫东书

中华译学馆·中华翻译家代表性译文库

许 钧 郭国良 / 总主编

胡 适 卷

廖七一 / 编

ZHEJIANG UNIVERSITY PRESS
浙江大学出版社

总　序

　　考察中华文化发展与演变的历史,我们会清楚地看到翻译所起到的特殊作用。梁启超在谈及佛经翻译时曾有过一段很深刻的论述:"凡一民族之文化,其容纳性愈富者,其增展力愈强,此定理也。我民族对于外来文化之容纳性,惟佛学输入时代最能发挥。故不惟思想界生莫大之变化,即文学界亦然。"[①]

　　今年是五四运动一百周年,以梁启超的这一观点去审视五四运动前后的翻译,我们会有更多的发现。五四运动前后,通过翻译这条开放之路,中国的有识之士得以了解域外的新思潮、新观念,使走出封闭的自我有了可能。在中国,无论是在五四运动这一思想运动中,还是自1978年改革开放以来,翻译活动都显示出了独特的活力。其最重要的意义之一,就在于通过敞开自身,以他者为明镜,进一步解放自己,认识自己,改造自己,丰富自己,恰如周桂笙所言,经由翻译,取人之长,补己之短,收"相互发明之效"[②]。如果打开视野,以历史发展的眼光,

---

① 　梁启超.翻译文学与佛典//罗新璋.翻译论集.北京:商务印书馆,1984:63.
② 　陈福康.中国译学理论史稿.上海:上海外语教育出版社,1992:162.

从精神深处去探寻五四运动前后的翻译,我们会看到,翻译不是盲目的,而是在自觉地、不断地拓展思想的疆界。根据目前所掌握的资料,我们发现,在20世纪初,中国对社会主义思潮有着持续不断的译介,而这种译介活动,对社会主义学说、马克思主义思想在中国的传播及其与中国实践的结合具有重要的意义。在我看来,从社会主义思想的翻译,到马克思主义的译介,再到结合中国的社会和革命实践之后中国共产党的诞生,这是一条思想疆域的拓展之路,更是一条马克思主义与中国革命相结合的创造之路。

开放的精神与创造的力量,构成了我们认识翻译、理解翻译的两个基点。在这个意义上,我们可以说,中国的翻译史,就是一部中外文化交流、互学互鉴的历史,也是一部中外思想不断拓展、不断创新、不断丰富的历史。而在这一历史进程中,一位位伟大的翻译家,不仅仅以他们精心阐释、用心传译的文本为国人打开异域的世界,引入新思想、新观念,更以他们的开放性与先锋性,在中外思想、文化、文学交流史上立下了一个个具有引领价值的精神坐标。

对于翻译之功,我们都知道季羡林先生有过精辟的论述。确实如他所言,中华文化之所以能永葆青春,"翻译之为用大矣哉"。中国历史上的每一次翻译高潮,都会生发社会、文化、思想之变。佛经翻译,深刻影响了国人的精神生活,丰富了中国的语言,也拓宽了中国的文学创作之路,在这方面,鸠摩罗什、玄奘功不可没。西学东渐,开辟了新的思想之路;五四运动前后的翻译,更是在思想、语言、文学、文化各个层面产生了革命性的影响。严复的翻译之于思想、林纾的翻译之于文学的作用无须赘言,而鲁迅作为新文化运动的旗手,其翻译动机、翻译立场、翻译选择和翻译方法,与其文学主张、文化革新思想别无二致,其翻译起着先锋性的作用,引导着广大民众掌握新语言、接受新思想、表达自己的精神诉求。这条道路,是通向民主的道路,也是人民大众借助掌握的新语言创造新文化、新思想的道路。

回望中国的翻译历史,陈望道的《共产党宣言》的翻译,傅雷的文学翻译,朱生豪的莎士比亚戏剧翻译……一位位伟大的翻译家创造了经典,更创造了永恒的精神价值。基于这样的认识,浙江大学中华译学馆为弘扬翻译精神,促进中外文明互学互鉴,郑重推出"中华译学馆·中华翻译家代表性译文库"。以我之见,向伟大的翻译家致敬的最好方式莫过于(重)读他们的经典译文,而弘扬翻译家精神的最好方式也莫过于对其进行研究,通过他们的代表性译文进入其精神世界。鉴于此,"中华译学馆·中华翻译家代表性译文库"有着明确的追求:展现中华翻译家的经典译文,塑造中华翻译家的精神形象,深化翻译之本质的认识。该文库为开放性文库,入选对象系为中外文化交流做出了杰出贡献的翻译家,每位翻译家独立成卷。每卷的内容主要分三大部分:一为学术性导言,梳理翻译家的翻译历程,聚焦其翻译思想、译事特点与翻译贡献,并扼要说明译文遴选的原则;二为代表性译文选编,篇幅较长的摘选其中的部分译文;三为翻译家的译事年表。

需要说明的是,为了更加真实地再现翻译家的翻译历程和语言的发展轨迹,我们选编代表性译文时会尽可能保持其历史风貌,原本译文中有些字词的书写、词语的搭配、语句的表达,也许与今日的要求不尽相同,但保留原貌更有助于读者了解彼时的文化,对于历史文献的存留也有特殊的意义。相信读者朋友能理解我们的用心,乐于读到兼具历史价值与新时代意义的翻译珍本。

许　钧

2019 年夏于浙江大学紫金港校区

目　录

第一编　小　说

第二编　诗　歌

第三编　戏　剧

第四编　杜威三大演讲

第五编　其他演讲

导　言

　　胡适"是 20 世纪中国学术思想史上的一位中心人物"①。从他 1917
年提出文学革命的纲领到 1962 年去世的 40 多年中,"他始终是学术思想
界的一个注意的焦点:在许多思想和学术的领域内——从哲学、史学、文
学到政治、宗教、道德、教育等……几乎没有人可以完全忽视他的存在。
这一事实充分地说明了他在中国近代史上所占据的枢纽地位"②。还有学
者称,在现代中国学术史上,胡适"毫无疑问是一位置身于启蒙学者之列
的开拓者与先行者"③。有学者认为,胡适发起的白话文运动"也就是中国
现代化运动的开路先锋"④。朱自清曾认为,胡适对新诗的论述"差不多成
为新诗的创造和批评的金科玉律"⑤。

　　此外,胡适还是一位重要的翻译家,不仅有数十万字的翻译作品,而
且还有对翻译深入的理论思考。然而,由于胡适在文学革命、白话文、中
国文学史、整理国故、教育、哲学、史学、红学等方面的杰出成就,他在翻译
领域的贡献反而被遮蔽,至今没有得到应有的关注。这就使梳理胡适的
翻译活动,发掘其翻译思想显得尤为重要。

---

① 余英时. 中国近代思想史上的胡适//欧阳哲生. 解析胡适. 北京:社会科学文献
　出版社,2000:76.
② 余英时. 中国近代思想史上的胡适//欧阳哲生. 解析胡适. 北京:社会科学文献
　出版社,2000:76-77。
③ 姜义华. 胡适学术文集·新文学运动. 北京:中华书局,1993:序 23.
④ 殷海光. 中国文化的展望. 上海:上海三联书店,2002:333-334.
⑤ 转引自:陈炳堃. 最近三十年中国文学史. 上海:上海书店出版社,1989:227.

一、翻译与中国的"文艺复兴"

从胡适1906年发表第一篇译文《暴堪海舰之沉没》到他发表译诗《一枝箭，一只曲子》(1943)的近40年中，他留下了数十万字的翻译作品，包括短篇小说、诗歌、戏剧、演讲和政论，既有中译英，也有英译中。这些译作不仅生动地展现了胡适的思想演变和心路历程，而且体现了胡适的翻译策略和翻译思想。

首先，胡适将翻译与中国的"文艺复兴"联系起来，认为翻译是反抗封建传统、张扬人的价值、创造新文学和再造文明的武器。在《建设的文学革命论》中，胡适生动地描述了"半死"的中国传统文学：

> 中国文学的方法实在不完备，不够作我们的模范。即以体裁而论，散文只有短篇，没有布置周密，论理精严，首尾不懈的长篇；韵文只有抒情诗，绝少纪事诗，长篇诗更不曾有过；戏本更在幼稚时代，但略能纪事掉文，全不懂结构；小说好的，只不过三四部，这三四部之中，还有许多疵病；至于最精彩的"短篇小说"，"独幕戏"，更没有了。[①]

而谈到西洋文学，胡适称，西洋文学的方法，"实在完备得多……我们如果真要研究文学的方法，不可不赶紧翻译西洋的文学名著，做我们的模范"[②]。胡适意识到，翻译是引入文化他者、复壮民族语言和创造新文学的手段。在其力作《白话文学史》一书中，胡适曾经论述过翻译的积极意义，称佛经翻译"给中国文学史开了无穷新意境，创了不少新文体，添了无数新材料"[③]。翻译是嫁接在中国传统文学树桩上、有望结出丰硕果实的枝条。

其次，翻译是胡适对中国文化演进进行哲学思考后的取样。20世纪

---

① 胡适. 建设的文学革命论//姜义华. 胡适学术文集·新文学运动. 北京：中华书局，1993：52.

② 胡适. 建设的文学革命论//姜义华. 胡适学术文集·新文学运动. 北京：中华书局，1993：52-53.

③ 胡适. 白话文学史. 北京：东方出版社，1996：115.

初,中国承受了西方在军事、经济和政治上的挑战,"五四"知识分子对中国传统文化的衰落痛心疾首而又无可奈何。有学者认为,从深层次上看,中西文化的冲突是西方价值对中国价值的挑战,是西方文化对中国文化的挑战……这不只是一民族兴亡的问题,也是一文化绝续的问题。先进的知识分子开始意识到,西方的器物技能、政治制度已逐渐被模仿和采用,但西方的思想行为却很少为中国接受,这就形成了中国文化"脱序"(或失调)的现象。胡适希望,新文化运动能为中国的现代政治建立"思想文化的基础"。翻译作为引进、借鉴和模仿西方的一种形式,暗含了胡适为寻求政治文明而模仿文艺复兴运动的动机。胡适称,"凡富于创造性的人必敏于模仿,凡不善于模仿的人决不能创造"①。胡适所谓的模仿是文化意义上的模仿。胡适曾经提出疑问:"我们怎样才能以最有效的方式吸收现代文化,使它能同我们的固有文化相一致、协调和继续发展?"②这个问题本身就包含了对引进与继承,以及对中国文化创造性的现代化转型的思考,具有形而上思辨的意义。

翻译是不同语言之间的转换,两种语言"相互定位、相互影响和相互澄清……每一种语言都通过另一种语言对自身有了更为清晰的意识,意识到它自己的可能性与局限性"③。文化交流也是如此。欧洲的文艺复兴运动能否在中国再现?中国能否因思想文化的复兴而出现政治的民主与经济的发展?这就是所谓的"历史的可译性"(translatability of history)④问题。历史的可译性表现在两个方面:第一,翻译"试图进行一种历史转换,使西方的意识感情在中国语境中再次呈现"⑤,历史的可译性涉及"欧

---

① 陈子伶. 胡适文化观研究//沈寂. 胡适研究(第 1 辑). 北京:东方出版社,1996:130.

② 陈子伶. 胡适文化观研究//沈寂. 胡适研究(第 1 辑). 北京:东方出版社,1996:112.

③ 刘禾. 跨语际实践——文学、民族文化语被译介的现代性. 宋伟杰,等译. 北京:生活·读书·新知三联书店,2002:26.

④ 殷国明. 20 世纪中西文艺理论交流史论. 上海:华东师范大学出版社,1999:155.

⑤ 殷国明. 20 世纪中西文艺理论交流史论. 上海:华东师范大学出版社,1999:158.

洲三百多年前的文艺复兴运动能不能在中国重演或重现"①,胡适认为,必须"找出一种历史的相通之处和必然联系"。作如是观,西方文艺复兴及其文学观念就"不单单是一种资料和参照,而成为一种可翻译和转换的过程"②。第二,胡适希望从文学的历史可译性推而广之,探索中国社会文化的现代化途径。既然欧洲民族语言与文学的兴起能在中国重演,那么,文艺复兴在欧洲带来的社会进步同样也可能在中国出现。中国的"文艺复兴"运动也必然会为中国的政治现代化奠定坚实的基础。可以看出,胡适高度强调翻译和中国"文艺复兴"的一体性。在论述新文学对中国现代思想文化的影响时,有学者指出,新文学的"影响主要还不在实用的层面,而在于从根本上改变了所谓'语言的世界图像',首先是时间图像……彻底抛弃了传统文化时间观的循环轮回模式……摆脱了'过去'的纠缠并始终面向未来,它同时获得了道德上的清白无瑕和价值上的优先权,从而立即成为话语权的真正制高点"③。正如胡适所言,"民主中国的制度……既是哲学传统的产物,又是哲学传统的化身"④。这说明胡适深悟在中国文化转型期,翻译作为文化现象所承载的历史使命和具有的独特文化价值。概言之,翻译是胡适"文化哲学思维方式的一种文学实践形式"⑤。

在胡适看来,中国"文艺复兴"的目标是提高国民的精神思想水平,而实现这个目标的根本途径是教育。本选集中有关教育的作品有《教育哲学》《现代教育的趋势》《学问的新问题》和《大学之职务》等。他在日记中写道:"国无海军,不足耻也。国无陆军,不足耻也。国无大学,无公共藏书楼,无博物馆,无美术馆,乃可耻耳。我国人其洗此耻哉!"⑥他还强调:"救国是一件顶大的事业。排队游街,高喊着'打倒英日强盗'算不得救国

---

① 殷国明. 20 世纪中西文艺理论交流史论. 上海:华东师范大学出版社,1999:157.
② 殷国明. 20 世纪中西文艺理论交流史论. 上海:华东师范大学出版社,1999:157.
③ 唐晓渡. 五四新诗的"现代性"问题. 文艺争鸣,1997(2):54.
④ 胡适. 中国的文艺复兴. 欧阳哲生,刘红中,编. 北京:外语教学与研究出版社,2001:315.
⑤ 吕进. 文化转型与中国新诗. 重庆:重庆出版社,2000:46.
⑥ 胡适. 胡适留学日记(下). 合肥:安徽教育出版社,2006:566.

事业;甚至于砍下手指写血书,甚至于蹈海投江,杀身殉国,都算不得救国的事业。救国的事业须要有各色各样的人才;真正的救国的预备在于把自己造成一个有用的人才。"①在 1931 年"九一八"事变之后,胡适仍然表示:

> 在今日的中国,领袖人物必须具备充分的现代见识,必须有充分的现代训练,必须有足以引起多数人信仰的人格。这种资格的养成,在今日的社会,除了学校,别无他途……我们应当深刻认清只有咬定牙根来彻底整顿教育,稳定教育,提高教育的一条狭路可走。②

有人认为教育是"迂远之谈,不切实用",胡适反驳道:

> 此七年之病,求三年之艾也。若以三年之期为迂远,则惟有坐视其死耳。吾诚以三年之艾为独一无二起死圣药也,则今日其求之之时矣,不可缓矣……此吾所以不惮烦而日夕为人道主义之研究也。③

胡适所谓的"三年之艾"即民众的教育:"适以为今日造因之道,首在树人;树人之道,端在教育。"他殷切希望中国能创办像哈佛大学、牛津大学、柏林大学、巴黎大学那样的"国家大学",提倡创办"一国家藏书楼";而对"倡言增强军备为当时惟一急务不以为是",称"明知树人乃最迂远之图。然近来洞见国事与天下事均非捷径所能为功……倘以三年之艾为迂远而不为,则终亦必亡而已矣④。在谈到当时的翻译时,胡适称"译书实业并不广泛",仅有"宗教之书""科学与应用科学之书"以及"历史政治法制之书",国家急需译介西方文学与哲学著作。哲学与文学正是胡适译介

---

① 胡适. 爱国运动与求学//季羡林. 胡适全集(第 3 卷). 合肥:安徽教育出版社,2003:822。

② 胡适. 领袖人才的来源//季羡林. 胡适全集(第 4 卷). 合肥:安徽教育出版社,2003:540.

③ 吴相湘. 胡适"但开风气不为师"//胡不归,等. 胡适传记三种. 合肥:安徽教育出版社,2002:185.

④ 吴相湘. 胡适"但开风气不为师"//胡不归,等. 胡适传记三种. 合肥:安徽教育出版社,2002:189.

的重点。他认为,哲学与文学是提高国民素质的有效手段。

二、白话与名著意识

胡适曾经说:"民国七年一月《新青年》复活之后,我们决心做两件事:一是不作古文,专用白话作文;二是翻译西洋近代和现代的文学名著。"①这是贯穿他整个翻译活动的基本信条。

胡适早期的文学翻译,不论是小说还是诗歌,都严格遵循清末民初的翻译规范,即短章和诗歌用文言译,长篇用(浅显)白话译。其早期的诗歌翻译、《短篇小说》第一集中一些小说仍然采用文言。到诗歌《关不住了!》(1919)发表之后,胡适所有的翻译,不论文体都改用白话。既然翻译是"文艺复兴"和再造文明的利器,翻译必然以普通民众为旨归,白话自然成为翻译语言的正宗。早在1916年胡适就指出:"吾以为文学在今日不当为少数文人之私产,而当以能普及最大多数之国人为一大能事。"②事实上,白话肩负的使命正"是要把旧文化旧思想的缺点和新思想的需要'传达'给更多的人,到底'文言'是极少知识分子所拥有的语言"③,不能普及,则不能行远。在另一方面,提倡和实行白话又是革新派与传统派真假人道主义的试金石。胡适曾一针见血地指出传统文人自视优越的心态:"一边是应该用白话的'他们',一边是应该做古文古诗的'我们'。我们不妨仍旧吃肉,但他们下等社会不配吃肉,只好抛块骨头给他们吃去罢。"④

白话语体的大解放体现了胡适的文学和社会的历史进化观。林毓生在论述白话文的意义时称,"文学革命"以前,文人学士"只是认为白话是有效的宣传工具。但是强调白话文作为产生新文学的基础则自胡适开

---

① 胡适. 导言//赵家璧. 中国新文学大系(第1集). 上海:上海良友图书印刷公司,1935:256.
② 胡适. 觊觎对余新文学主张之非难//姜义华. 胡适学术文集·新文学运动. 北京:中华书局,1993:9.
③ 叶威廉. 中国诗学. 北京:生活·读书·新知三联书店,1992:216.
④ 胡适. 五十年来中国之文学//姜义华. 胡适学术文集·新文学运动. 北京:中华书局,1993:149.

始"，白话文的发展，胡适功不可没①。胡适认为，白话文学是中国文学史上的"'自然趋势'，这是历史的事实"②。中国文学史是一部工具变迁史，是用活的语言或文学代替死的语言或文学的历史。他援引欧洲文艺复兴时各国"活文学"为例，证明白话是文学的正宗与必然："欧洲中古时，各国皆有俚语，而以拉丁语为文言，凡著作书籍皆用之，如吾国之以文言著书也。其后意大利有但丁(Dante)诸文豪，始以其国俚语著作。诸国踵兴，国语亦代起……故今日欧洲诸国之文学，在当日应为俚语。"③一个时代有一个时代的文学，一个时代的文学有一个时代的语言形式，这也是自然的趋势。胡适提倡白话文与但丁还有一个明显的相似之处，即他认为语言不仅仅是表情达意的工具，也不仅仅是一个形式问题，而且是思想的解放和思维方式的解放，是民族意识、文学程序和观念的建构。④ 除了"活的文学"之外，"人的文学"也必然要求白话翻译。胡适认为，以白话取代文言的语言变革运动实质上是中国现代新文学运动的有机组成部分。如果说欧洲文艺复兴"将人从中世纪的封建神学束缚下解放出来，还原为充满生命力、充满自由意志和理性的人"⑤，那么，胡适的白话翻译就是要将民众从封建礼教的桎梏下解脱出来，肯定人的自然属性与世俗生活的意义。胡适的诗歌不仅在语言、语体、韵律和节奏等方面为白话新诗的创作提供了借鉴，还表现了胡适反抗封建礼教、颂扬人的价值与尊严的人文主义时代精神，是中国"文艺复兴"运动中新文学的典范。

胡适通过自己的诗歌翻译为传统诗歌引入了新的诗风、诗艺和语言

---

① 林毓生. 中国传统的创造性转化. 北京:生活·读书·新知三联书店,1988:235.
② 胡适. 导言//赵家璧. 中国新文学大系(第1集). 上海:上海良友图书印刷公司, 1935:35.
③ 胡适. 文学改良刍议//姜义华. 胡适学术文集·新文学运动. 北京:中华书局, 1993:28.
④ 周海波. 两次伟大的"文艺复兴"——意大利文艺复兴运动与五四新文学. 东方论坛,2000(1):70.
⑤ 周海波. 两次伟大的"文艺复兴"——意大利文艺复兴运动与五四新文学. 东方论坛,2000(1):71.

表达形式,使诗歌这种高雅艺术走下了神圣的殿堂,使白话代替文言成为诗歌艺术的正宗。有学者称,"和西方现代主义运动不同,五四新诗从一开始就不是一场独立的艺术运动,而是一场远为广泛的社会政治、文化和意识形态启蒙运动的组成部分"①。他的译诗不仅具有"工具"的性质,同时还具有形而上的"无用之用"。

对翻译文化功能的定位直接决定了胡适的翻译对象。出于"历史的文学进化观念",胡适反复强调名著的翻译。1916 年 2 月 3 日在《论译书寄陈独秀》一文中,胡适坦言:"今日欲为祖国造新文学,宜从输入西欧名著入手,使国中人士有所取法,有所观摩,然后乃有自己创造之新文学可言也。"②在《建设的文学革命论》一文中,胡适称西方文学名著"真如芥子里面藏着大千世界;真如百炼的精金,曲折委婉,无所不可;真可说是开千古未有的局面,掘百世不竭的宝藏……我们不可不赶紧翻译西洋的文学名著,做我们的模范"③。在谈到戏剧改良时,胡适称,"现在中国戏剧有西洋的戏剧可作直接比较参考的材料,若能有人虚心研究,取人之长,补我之短……采用西洋最近百年来继续发达的新观念、新方法、新形式,如此方才可使中国戏剧有改良进步的希望"④。他甚至称,西方的文学名著是使"暮气攻心,奄奄断气"的中国传统文学更新复壮的"少年血性汤"⑤。

从胡适翻译的选目可以看出,他是在身体力行地贯彻翻译名著的理念。他翻译的作品,无论是小说、诗歌、戏剧,还是哲学教育,大多为当代西方有代表性的经典著作。仅以小说和诗歌为例,其作者有拜伦、雪莱、

---

① 唐晓渡. 五四新诗的"现代性"问题. 文艺争鸣,1997(2):56.
② 胡适. 论译书寄陈独秀//姜义华. 胡适学术文集·新文学运动. 北京:中华书局,1993:474.
③ 胡适. 建设的文学革命论//姜义华. 胡适学术文集·新文学运动. 北京:中华书局,1993:53.
④ 胡适. 文学进化观念与戏剧改良//姜义华. 胡适学术文集·新文学运动. 北京:中华书局,1993:80.
⑤ 胡适. 文学进化观念与戏剧改良//姜义华. 胡适学术文集·新文学运动. 北京:中华书局,1993:84-85.

朗费罗、哈特、哈代、勃朗宁、歌德、契诃夫、高尔基、莫泊桑、易卜生、都德、爱默生等。

三、影响与贡献

胡适翻译的影响与历史贡献主要体现在四个方面：新诗体的引入、现代白话规范的建立、胡适翻译的经典化和翻译活动的组织管理。

1. 新诗体的引入

胡适称《关不住了!》是白话译诗体草创的里程碑,因为他在这首诗的翻译中找到了白话译诗体建构的基本范式:相对工整的诗节、基本平衡的诗行、整齐匀称的节奏、规律一致的韵式。试以该诗为例:

关不住了!①

我说/"我把心/收起,

像人家/把门/关了,

叫爱情/生生的/饿死,

也许/不再和我/为难了。"

但是/屋顶上/吹来,

一阵阵/五月的/湿风,

更有那/街心/琴调,

一阵阵的/吹到/房中。

一屋里/都是/太阳光,

这时候/爱情有点/醉了,

他说,/"我是/关不住的,

我要把/你的心/打碎了!"

---

① 胡适. 关不住了!. 新青年,1919,6(3):280.

诗体是"音与形……听觉之美和视觉之美的排列组合"①，首先，这首译诗在视觉上能给人平衡、匀称的美感。全诗分作三节（与胡适前期用五七言翻译诗歌不分节形成对照）。有学者在论述诗歌分节（章）时曾经说过，在中国古诗中"虽然《诗经》中有这例，但后来就渐归消灭"②。译诗不仅分节，而且每节四行，改变了以前译诗虽分节但诗行长短无定的随意性，加强了各诗节之间的呼应。平衡的诗节能为读者在阅读前"提供一种'鸟瞰'式的印象，在阅读过程中提供一种视觉感知和欣赏的渠道，阅读后则可加深对译文的理解和记忆"③。还有学者称，"分行……有助于诗情的跳跃""突出诗行中的诗眼""加强诗的节奏感""显示诗的音韵"④。第二，每行虽从七字到九字不等，但相差并不很大，而且每一诗行均可宽泛地切分成三个"顿"（或称"拍""音尺""音组"），规律严整，适应读者对节奏的期待。所谓宽泛是指读者可根据自己的阅读习惯切分，有时会稍有出入。例如，第一节的末行也可按"也许/不再/和我/为难了"分为四个顿；规律中不失变化。全诗音节组合为：232/322/332/243；232/332/322/422；以及323/342/224/333。一如胡适所言，诗歌的音节基本遵循了诗意的自然音节。译诗每节二、四行押韵，用宽韵，第二节中"风"与"中"押。有趣的是，到了再版时，胡适将第二节做了修改："但是五月的湿风，/时时从屋顶上吹来；/还有那街心的琴调，/一阵阵的飞来。"⑤如此改动之后，译诗每一节不仅二、四行押韵，而且同字同韵。很少有人注意到的是，"关了""难了""吹来""飞来""醉了""碎了"形成英语诗歌的阴韵。卞之琳称，这种尝试"也可以说开了一个纪元，后来，直至今日，只有陆志韦、闻一多等少数人了解过这个道理并也试用过"⑥。可见胡适在翻译《关不住了！》一诗时

---

① 吕进. 文化转型与中国新诗. 重庆：重庆出版社，2000：388.
② 石灵. 新月诗派//杨匡汉，刘福春. 中国现代诗论 上编. 广州：花城出版社，1985：288.
③ 黄杲炘. 从柔巴依到坎特伯雷——英语诗汉译研究. 武汉：湖北教育出版社，1999：148.
④ 吕进. 文化转型与中国新诗. 重庆：重庆出版社，2000：391-392.
⑤ 胡适. 尝试集. 北京：人民文学出版社，1984：44.
⑥ 转引自：王克非. 翻译文化史论. 上海：上海外语教育出版社，1997：219.

已有十分自觉的诗体尝试意识。

如果说胡适早期的译诗采用类比式形式,那么白话译诗在草创过程中经历了从模仿(mimetic)诗体到有机(organic)诗体的转变。周作人认为,"新诗本来也是从模仿来的,它的进化是在于模仿与独创之消长"①。梁实秋甚至主张,"要明目张胆的模仿外国诗……取材的选择,全篇内容的结构,韵脚的排列,都不妨斟酌采用"②。

除了三行连韵之外,胡适还刻意借鉴交韵(abab)、抱韵(abba)等外国诗歌的韵式。有学者称,"在中国旧诗里,两句一换韵的诗很少,近体固绝无,即古体中也少见……隔行换韵的也没有……隔几行遥押,那更是簇新的顽意"③。而胡适的译诗则多有尝试:

竖琴手④

谁不曾含着眼泪咽他的饭,	a
谁不曾中夜叹息,睡了又重起,	b
泪汪汪等候东方的复旦,——	a
伟大的神明呵,他不认识你。	b

清晨的分别⑤

刚转个湾,忽然眼前就是海了,	a
太阳光从山头上射出去;	b
他呢,前面一片黄金的大路,	b
我呢,只剩一个空洞洞的世界了。	a

---

① 周作人.《扬鞭集》序//杨匡汉,刘福春.中国现代诗论 上编.广州:花城出版社,1985:129.
② 梁实秋.新诗的格调及其他//杨匡汉,刘福春.中国现代诗论 上编.广州:花城出版社,1985:143.
③ 石灵.新月诗派//杨匡汉,刘福春.中国现代诗论 上编.广州:花城出版社,1985:288-289.
④ 胡适.尝试后集.合肥:安徽教育出版社,2006:18.
⑤ 胡适.尝试后集.合肥:安徽教育出版社,2006:12.

借鉴模仿西方的诗体是为了创造中国自己的白话诗体,白话译诗本身必须是中国诗,新诗体既要吸收外国诗歌的要素,又要满足中国读者对诗歌形式与内容的期待。诗的音乐性具有非常强的"民族性"和"抗译性"①,模仿与借鉴要求译者必须有所创新。译者必须越轨,"在常规手法不能奏效,翻译成为不可能的时候,创造便飘然而至"②。

除了诗体之外,胡适还在自己的翻译中引入了许多新的诗歌元素,如"独语"、哲理诗、爱情诗、悲剧意识等。很少有人将胡适的译诗视为独立的白话诗作品,因而忽略了胡适通过译诗为新诗诗体建设所做的尝试与努力。胡适开创的白话新诗和白话译诗,使中国诗歌走上了不可逆转的发展道路。西方诗歌艺术的体裁、类型、诗体和诗学观念往往通过翻译而逐渐内在化和本土化,凸显了翻译在民族文学发展中的独特地位和功能。胡适在译诗中对诗体的尝试与探索,为白话新诗的演进提供了重要的借鉴范式。

2. 现代白话规范的建立

现代文学翻译语言规范的流转与形成,首先是通过翻译中介而得以完成的。严家炎曾经撰文称,现代汉语是因为翻译而"被逼出来的新体文":

> (现代白话的产生)实在出于忠实译介西方文学的需要。换句话说,新体白话是由面对民众的文学翻译逼出来的……在这类翻译小说传播的过程中,不知不觉地逐渐形成,并被读者所接受。这种白话文与传统白话小说的语言有所不同,它以现代口语为基础,容纳某些文言词汇,避开过于生僻的方言乡音,语法结构上有时虽略带一些外

---

① 吕进. 文化转型与中国新诗. 重庆:重庆出版社,2000:389.
② Newmark, P. *Paragraphs on Translation*. Bristol: Multilingual Matters, 1993: 39.

语的痕迹,却比较顺畅自然,容易为一般读者所接受。①

现代白话的句法、结构,甚至标点符号,也都通过翻译而首先为国人所认识、认可,然后被本土化或中国化,成为现代汉语的组成部分。施蛰存也曾认为,近代白话翻译文学与现代白话文体的生成有密切的关系,"早期的外国文学译本,对当时创作界的文学语言也起过显著的影响";"这一种白话文的转变,是悄悄进行的,我们在最近看了不少译本和创作小说及杂文,才开始有所感觉"②。翻译已被公认为影响白话规范的重要中介。

文学翻译为白话的规范提供了实验的场所;作为中介语言,当时的翻译语言可以说是"口语基础上的'欧化语'",是外语、"古文、方言等"的"杂糅"③。所谓"杂糅"实际上是一种"翻译腔",是民族语言通过译介而发生嬗变必然留下的痕迹:

My father couldna work, and my mother couldna spin;

I toil'd day and night, but their bread I couldna win;

Auld Rob maintain'd them baith, and wi' tears in his e'e

Said, "Jennie, for their sakes, O, marry me!"

我爹爹不能做活,我妈她又不能纺纱,

我日夜里忙着,如何养得活这一家?

多亏得老洛伯时常帮衬我爹妈,

他说,"锦妮,你看他两口儿分上,嫁了我罢。"④

---

① 严家炎."五四"新体白话的起源、特征及其评价.中国现代文学研究丛刊,2006 (1):61-62.

② 施蛰存.导言//施蛰存.中国近代文学大系 1840—1919 翻译文学集Ⅰ卷.上海:上海书店出版社,1990:25.

③ 施蛰存.导言//施蛰存.中国近代文学大系 1840—1919 翻译文学集Ⅰ卷.上海:上海书店出版社,1990:25.

④ 也作"嫁了我吧",参见:胡适.胡适文集(第1卷)(小说、戏剧、诗歌).北京:人民文学出版社,1998:475.

原诗是用地道的口语体写成的,译诗也完全模仿口语翻译;当然,还残留了些许古诗的痕迹。不可否认的是,译诗开启了中国白话新诗的先河。中国白话新诗的滥觞得益于外国诗歌的影响,是不争的事实。有学者称,"从新诗发生史来看,正是先有外国诗白话形式的翻译,然后才有白话新诗的创作……没有外国诗歌形式和诗歌观念的输入就没有现代新诗文体"①。我们再看胡适的小说翻译:

> 当没有开战之先,麻利沙每到礼拜日早晨,便去钓鱼,手里拿着鱼竿,背上带着一只白铁小匣子,趁火车到阁龙,慢慢的走到马浪岛。到了那里,便坐下钓鱼。有时一直钓到天黑,才回巴黎去。他来的时候,每回在这里遇着这位又矮又胖,在诺丹街上开一个小店的苏活先生。这两个人都是"钓鱼迷",常常同坐在一块地方,手里拿着钓竿,两脚挂在水上。不多几时,两人竟成了最相好的朋友了。②

晚清短篇小说(短章)翻译的"正格"是文言,胡适的译文仍然保留了文言的痕迹,但已相当口语化。在讨论外来文学影响的时候,有学者称,"西方文学对中国文学的影响是以翻译文学作为中介而实现的,中国现代所接受的是翻译文学即中文化的外国文学而不是原生态的外国文学,翻译的过程其实就反映了影响的过程"。翻译文学作为影响中介,"既体现为一种形态,又体现为一种精神"③。今天再读胡适的文学翻译,似乎可以深切地体验汉语的演变过程。

3. 胡适翻译的经典化

文学作品的经典化或形成过程非常复杂,通常有以下因素的介入:1)得到持不同观点和怀有不同情感的批评家、学者和作家的广泛参与和推动;2)经常出现在文化群体的话语中,成为该国家文化生活的一个组成

---

① 高玉. 现代汉语与中国现代文学. 北京:中国社会科学出版社,2003:190.
② 胡适,译. 二渔夫//季羡林. 胡适全集(第42卷). 合肥:安徽教育出版社,2003:330-331.
③ 高玉. 现代汉语与中国现代文学. 北京:中国社会科学出版社,2003:39.

部分;3)被纳入学校课程和课本,通过教学和知识传授而得到普及与延续。① 此外,胡适的翻译经典化的因素还包括历史机遇、大师推举和同道的支持。

胡适翻译作品的经典化首先得益于《新青年》杂志和北京大学的结合。一刊一校的格局为翻译的经典化准备了舆论和意识形态的基础。有学者称,"当时既无令人信服的文本可征、自身美学特质又极为苍白的'新诗'能够摇摇晃晃地站住脚跟,形成与称雄千年、美轮美奂的'旧诗'对峙的局面,以致最后在文体上取得压倒性优势",全在于从"'全盘性反传统主义'的'巨大潮流'中汲取力量并引为依托"②。一刊一校的联姻正是这股潮流最主要的原动力。

除了《新青年》与北京大学之外,胡适翻译经典化的另一个重要因素是出版机构和传播媒介。其出版机构亚东图书馆是中国最早"用新式标点出版"白话著作的机构,早年因支持《新青年》而名声大振③,胡适的大多数著作由亚东图书馆印行。胡适的《尝试集》为中国第一部白话诗集,1920 年 3 月出版,三年"印数达 15000 册";"到 1935 年亚东结业时,共出47000 册,数量惊人"④。胡适译诗和新诗的印行在很大程度上受益于亚东图书馆这个"新书局"。在 20 世纪初,"真正趋近新文学的人数……不过三四万",新文学的阅读者或许只有一小批"激进青年"⑤。曾虚白在分析新文学十年的总成绩时曾经说:"我们不客气地打开天窗说一句亮话,高兴来看看我们这种心血的结晶品的,凭你们怎样算法,也不过三四万人吧"⑥。至于新诗或者说白话译诗,实际上属于"精英文化"或"贵族文化",

---

① 刘意青. 经典. 外国文学. 2004(2):46.
② 唐晓渡. 五四新诗的"现代性"问题. 文艺争鸣,1997(2):53.
③ 戴仁. 上海商务印书馆:1897—1949. 李桐实,译. 北京:商务印书馆,2000:29.
④ 转引自:姜涛. 早期新诗的阅读问题. 中国现代文学研究丛刊,2002(3):183.
⑤ 赵勇. 平等与民主的神话——论大众传播与大众文化. 文艺理论与批评,2003(2):61.
⑥ 转引自:陈子展. 中国近代文学之变迁 最近三十年中国文学史. 上海:上海古籍出版社,2000:317.

读者数量应该更少。《尝试集》47000 册的发行量,非常雄辩地显示了胡适翻译的意义和影响。

应该注意的是,这还只是胡适翻译的一种传播媒介。他的一些翻译作品往往借助多种传播媒介与读者接触,实际的影响还要广泛得多。例如,《老洛伯》这首译诗不仅发表于《新青年》,同时还收入《尝试集》,后又刊于《晨报副刊》。译诗《希望》不仅见于胡适留学日记,而且后来被收入《尝试集》。1924 年 11 月 7 日,徐志摩在《晨报副刊》上对胡适"最得意"的这首译诗"发难";切磋诗歌翻译艺术的时候,又将这首译诗公之于众,以期引起讨论。① 再往后,该诗又见于胡适《短篇小说》第二集中欧亨利的《戒酒》。因此,其传播范围远不止 47000 册的范围。

从 1924 年到 1928 年,胡适的译诗还刊载于《语丝》《现代评论》《新月》等影响广泛的刊物上;少数译诗还一再转载,"销行之广"是胡适本人也"不曾梦见的"②。我们仅以《关不住了!》为例:

《关不住了!》

[美]萨拉·蒂斯代尔作

1919 年 2 月 26 日译

载 1919 年 3 月 15 日《新青年》第 1 卷第 2 号

又载 1919 年 4 月《新潮》第 1 卷第 4 期

收入 1920 年 9 月亚东图书馆 2 版《尝试集》

又收入 1920 年崇文书局出版的《分类白话诗选》(许德邻编选)

又收入 1936 年重印的《新青年》杂志

又收入 1966 年 6 月 25 日台北文星书店出版的《胡适选集》诗词分册

又收入 1986 年 4 月 25 日台北远流出版事业股份有限公司出版的《胡适作品集》第 27 册

又收入 1989 年 4 月人民文学出版社出版的《胡适诗存》(胡明编)

---

① 徐志摩. 徐志摩全集 第 4 卷 散文集(丙、丁). 上海:上海书店出版社,1988:36.
② 胡适. 短篇小说集. 合肥:安徽教育出版社,1999:95.

又收入 1991 年 9 月作家出版社出版的《胡适文萃》(杨犁编)

又收入 1998 年 11 月北京大学出版社出版的《胡适文集》第 9 卷(欧阳哲生编)

又收入 1998 年 12 月人民文学出版社的《胡适文集》

又收入 2003 年 9 月安徽教育出版社的《胡适全集》第 10 卷(季羡林主编)

与胡适的译诗类似的是,他的《短篇小说》第一集也多次再版。据统计,到 1940 年已印行了 21 版,可见其影响的广泛与深远。概言之,胡适的翻译经过一校一刊的推举、众多出版机构的传播、同人的相互应和与同气相求,并被编写进教材进而深入课堂,完成了翻译的典范化过程。

4. 翻译活动的组织管理

1930 年 7 月,胡适受聘担任中华教育文化基金会所属编译委员会主任委员,全面负责组织机构和主持编译工作,以推动中国学术和中国文化的发展。他制订的编译计划包括:编译宗旨、进行程序、选择原书、精选译者、翻译稿酬与审查费等。他提出,"无论是一个时代,或一个国家,各选择最好的历史一种或数种,并选择可以代表那时代或那国家的思想文艺作品若干种,使我们对于那时代或那国家的文化可以有明了的了解"①。在胡适的组织、领导和基金会的资助下,编译委员会五年之内出版了不少作品,其中包括:"关琪桐先生译的好几本哲学书,如培根的《新工具》等,罗念生先生译的希腊戏剧数种,张谷若先生译的哈代小说数种,陈绵先生译的法国戏剧数种,还有我译的莎士比亚数种。"②此外,编译委员会还以十元一千字的最高稿酬购买了周作人的《希腊拟曲》。周作人晚年称,"如

---

① 耿云志.胡适遗稿及秘藏书信(13).合肥:黄山书社,1994:363-369.
② 梁实秋.梁实秋怀人丛录(第 13 集).北京:中国广播电视出版社,1991:267.

没有适之先生的激励,《希腊拟曲》十之七八是中途搁了笔了"①。胡适还曾约请梁实秋、徐志摩、闻一多、叶公超、陈源五人主译莎士比亚全集,预期五年到十年完成。由于种种原因,其他四人放弃,唯有梁实秋一人始终坚持到底。胡适则始终给予支持、鼓励,并亲自审阅梁氏译著;许诺待译著全部杀青,举行盛大酒会为其庆功。梁实秋经过三十个春秋的努力,终于大功告成。胡适逝世之后,梁实秋曾动情地说:"领导我、鼓励我、支持我,使我能于断断续续三十年间完成莎士比亚全集的翻译者,有三个人:胡先生、我的父亲、我的妻子。"②

结　语

胡适是近现代影响深远的翻译家、翻译理论家和翻译活动组织领导人。他的翻译活动长达 40 年,译著达数十万字,其中许多作品进入教材和课堂,成为翻译文学的典范。他提出的名著意识、历史的可译性、白话翻译等重要的思想和理念,推动了现代翻译规范的草创;他卓有成效地领导和组织了中华教育文化基金会编译委员会的工作,促进了中外文化交流,促进了中国思想文化的现代化。

需要说明的是,胡适的译文与当代的翻译语言规范存在不一致的地方,原因如下:

清末民初是中国文化的转型期,也是语言从文言向白话转化的过渡期,在语言的使用中,存在文言和白话"和平共处"、同一种期刊中文言和白话并行、同一位翻译家文言和白话并用,或前期用白话、后期改用文言的现象。整个翻译界还没有普遍遵从的语言规范,更没有可以参考的工具书。1905 年至 1925 年正是胡适翻译的高峰期,也是其翻译语言从文言到白话的尝试过渡期,翻译语言不统一、不规范是可以理解的。

---

① 周作人.周作人散文(第 3 集).张明高,范桥,编.北京:中国广播电视出版社,1992:119.
② 梁实秋.梁实秋怀人丛录(第 13 集).北京:中国广播电视出版社,1991:268.

当时的译者,大多需要自己创制译名,如人名、地名、器物名以及各个学科的术语等,均无统一的译名,也没有普遍接受的译名规范,故一些地名和人名的翻译都与现如今通行的译法有出入,如"莫泊三"(即"莫泊桑")、"裴伦"(即"拜伦")、"薛莱"(即"雪莱")、"惠灵吞"(即"惠灵顿")、"滑铁炉"(即"滑铁卢")等。

胡适翻译的诗歌、小说等,先后多次被转载,并发表在不同的期刊上,其间,胡适不时也做过一些改动和完善,编辑也曾做过修改,致使不同版本之间存在一些差异。

因而,本书中存有一些不太统一的地方,如表示公历年份时而用阿拉伯数字,时而用汉字数字。此外,还存在一些人名拼写或单词拼写错误的情况,如将"Anton Chekhov"误拼为"Anton Chekov"、"Troy"误拼为"Tory"。我们在说明译文来源的前提下,一般不做改动,以维持历史原貌。

还需要说明的一点是,胡适所处时代语言文字的许多使用习惯到如今已有了不少变化。较为明显的如近代以前汉语中的第三人称只有一个"他"字,新文化运动时期才开始使用"她""它",故胡适的译文中绝大部分使用了"他"。为便于读者理解,遵循现代汉语使用规范,我们做了部分修改,在小说、剧本、诗歌部分对"他""她""它"做了区分,演讲部分则保留了"他"的原用法。再如当年的"的"和"地"没有明显的区别,修饰动词普遍都用"的"。又如"装作""叫作"在当时一般写成"装做""叫做","账目"写作"帐目"、"车厢"写作"车箱"、"按部就班"写作"按步就班"、"想象力"写作"想像力"、"稀奇"写作"希奇"、"乘车"写作"趁车"等。虽然现在出于语言文字规范化的需要,对这些表述都有了取舍,但在当时,这些词语和句子的使用,正如胡适所说,是白话文还没有定型的缘故,因此在胡适的原译文中有一些在当时并不存在问题而与当今的"规范"要求不尽相符的用法。考虑到原来的表述对当今读者的阅读理解并不会造成大的困难,但有助于读者更贴近胡适所处时代的文化原貌,认识那一段与我们渐行渐远的历史,对于历史文献的留存更有着特殊的意义,所以我们对这些表述基本上都保留了原貌。

最后,本书的编撰,参阅了耿云志的《胡适研究论稿》(成都:四川人民出版社,1990)、季羡林主编的《胡适全集》(合肥:安徽教育出版社,2003)、王新禧编注的《胡适翻译小说与翻译诗歌全集》(长春:时代文艺出版社,2018)、季维龙编的《胡适著译系年目录》(合肥:安徽教育出版社,1995)等,特此致谢。

第一编

小　说

《短篇小说》

第一集

译者自序

这些是我八年来翻译的短篇小说十种,代表七个小说名家。共计法国的五篇,英国的一篇,俄国的两篇,瑞典的一篇,意大利的一篇。

这十篇都是曾发表过的:《最后一课》曾登《留美学生季报》;《柏林之围》曾登《甲寅》;《百愁门》曾登《留美学生季报》;《决斗》、《梅吕哀》、《二渔夫》曾登《新青年》;《一件美术品》曾登《新中国》;其余三篇曾登《每周评论》。因为这十篇都是不受酬报的文字,故我可以自由把他们收集起来,印成这本小册子。

短篇小说汇刻的有周豫才、周启明弟兄译的《域外小说集》(1909)两册,周瘦鹃的《欧美名家短篇小说丛刊》(1917)三册。他们曾译过的,我这一册里都没有。

我这十篇不是一时译的,所以有几篇是用文言译的,现在也来不及改译了。

近一两年来,国内渐渐有人能赏识短篇小说的好处,渐渐有人能自己著作颇有文学价值的短篇小说,那些"某生,某处人,美丰姿……"的小说渐渐不大看见了。这是文学界极可乐观的一种现象。我是极想提倡短篇小说的一个人,可惜我不能创作,只能介绍几篇名著给后来的新文人作参考的资料,惭愧惭愧。

后面附录《论短篇小说》一篇①,是去年的旧稿,转载在这里,也许可以

---

① 见《胡适全集》第 12 卷。——编者

帮助读短篇小说的人领会短篇小说究竟是一件什么东西。

民国八年九月　胡适

我译的短篇小说,在第一版所印十种之外,还有《她的情人》一篇,现在趁再版的机会,把这篇也加进来。

民国九年四月　胡适

最后一课①

[法]都　德

著者都德(Alphonse Daudet)生于西历千八百四十年,卒于千八百九十七年,为法国近代文章巨子之一。

当西历千八百七十年,法国与普鲁士国开衅,法人大败,普军尽据法之东境;明年进围法京巴黎,破之。和议成,法人赔款五千兆弗郎,约合华银二千兆元,盖五倍于吾国庚子赔款云。赔款之外,复割阿色司、娜恋两省之地以与普国。此篇托为阿色司省一小学生之语气,写割地之惨,以激扬法人爱国之心。

民国元年九月记于美国

这一天早晨,我上学去,时候已很迟了,心中很怕先生要骂。况且昨天汉麦先生说过,今天他要考我们的动静词文法,我却一个字都不记得了。我想到这里,格外害怕,心想还是逃学去玩一天罢。你看天气如此清明温暖。那边竹篱上,两个小鸟儿唱得怪好听。野外田里,普鲁士的兵士正在操演。我看了几乎把动静词的文法都丢在脑后了。幸亏我胆子还小,不敢真个逃学,赶紧跑上学去。

---

① 本篇译于1912年9月29日。载1915年3月出版的《留美学生季报》春季第1号;收入《短篇小说》第一集、《胡适选集》翻译分册、《胡适译短篇小说》、《胡适早年文存》。——编者

我走到市政厅前，看见那边围了一大群的人，在那里读墙上的告示，我心里暗想，这两年，我们的坏消息，败仗哪，赔款哪，都在这里传来。今天又不知有什么坏新闻了。我也无心去打听，一口气跑到汉麦先生的学堂。

平日学堂刚上课的时候，总有很大的响声，开抽屉关抽屉的声音，先生铁戒尺的声音，种种响声，街上也常听得见。我本意还想趁这一阵乱响的里面混了进去。不料今天我走到的时候，里面静悄悄地一点声音都没有。我朝窗口一瞧，只见同班的学生都坐好了，汉麦先生拿着他那块铁戒尺，踱来踱去。我没法，只好硬着头皮，推门进去，脸上怪难为情的。幸亏先生还没有说什么，他瞧见我，但说孩子快坐好，我们已要开讲，不等你了。我一跳跳上了我的座位，心还是拍拍的跳。

坐定了，定睛一看，才看出先生今天穿了一件很好看的暗绿袍子，挺硬的衬衫，小小的丝帽。这种衣服，除了行礼给奖的日子，他从不轻易穿起的。更可怪的，今天这全学堂都是肃静无哗的。最可怪的，后边那几排空椅子上，也坐满了人，这边是前任的县官和邮政局长，那边是赫叟那老头子。还有几位，我却不认得了。这些人为什么来呢？赫叟那老头子，带了一本初级文法书摊在膝头上。他那副阔边眼镜，也放在书上，两眼睁睁的望着先生。

我看这些人脸上都很愁的，心中正在惊疑，只见先生上了座位，端端敬敬的开口道："我的孩子们，这是我最末了的一课书了。昨天柏林（普国京城）有令下来说，阿色司和娜恋两省，现在既已割归普国，从此以后，这两省的学堂只可教授德国文字，不许再教法文了。你们的德文先生明天就到，今天是你们最末了一天的法文功课了。"

我听了先生这几句话，就像受了雷打一般。我这时才明白，刚才市政厅墙上的告示，原来是这么一回事。这就是我最末了一天的法文功课了！我的法文才该打呢。我还没学作法文呢。我难道就不能再学法文了？唉，我这两年为什么不肯好好的读书？为什么却去捉鸽子、打木球呢？我从前最讨厌的文法书、历史书，今天都变[成]了我的好朋友了。还有那汉麦先生也要走了。我真有点舍不得他。他从前那副铁板板的面孔,厚沉沉的戒尺,我都忘记了。只是可怜他。原来他因为这是末了一天的功课,才穿上那身礼服。原来后面空椅子上那些人,也是舍不得他的。我想他们心中也在懊悔从前不曾好好学些法文,不曾多读些法文的书。咳,可怜的很!……

我正在痴想,忽听先生叫我的名字,问我动静词的变法。我站起来,第一个字就答错了,我那时真羞愧无地,两手撑住桌子,低了头不敢抬起来。只听得先生说道:"孩子,我也不怪你。你自己总够受了。天天你们自己骗自己说,这算什么? 读书的时候多着呢。明天再用功还怕来不及吗? 如今呢? 你们自己想想看,你总算是一个法国人,连法国的语言文字都不知道。"……先生说到这里,索性演说起来了。他说我们法国的文字怎么好,说是天下最美最明白最合论理的文字。他说我们应该保存法文,千万不要忘记了。他说:"现在我们总算是为人奴隶了。如果我们不忘我们祖国的言语文字,我们还有翻身的日子。"

先生说完了,翻开书,讲今天的文法课。说也奇怪,我今天忽变聪明了。先生讲的,我句句都懂得。先生也用心细讲,就像他恨不得把一生的学问今天都传给我们。文法讲完了,接着就是习字。今天习字的本子也换了,先生自己写的好字,写着"法兰西"、"阿色司"、"法兰西"、"阿色司"四个大字,放在桌上,就像一面小小的国旗。

同班的人个个都用心写字,一点声息都没有,但听得笔尖在纸上飕飕的响。我一面写字,一面偷偷的抬头瞧瞧先生。只见他端坐在上面,动也不动一动,两眼瞧瞧屋子这边,又瞧瞧那边。我心中怪难过,暗想先生在此住了四十年了,他的园子就在学堂门外,这些台子、凳子都是四十年的旧物。他手里种的胡桃树也长大了。窗子上的朱藤也爬上屋顶了。如今他这一把年纪,明天就要离去此地了。我仿佛听见楼上有人走动,想是先生的老妹子在那边收拾箱笼。我心中真替他难受。先生却能硬着心肠,把一天功课,一一做去,写完了字,又教了一课历史。历史完了,便是那班幼稚生的拼音。坐在后面的赫叟那老头儿,戴上了眼镜,也跟着他们拼那

ba、be、bi、bo、bu(巴、卑、比、波、布)。我听他的声音都哽咽住了,很像哭声。我听了又好笑,又要替他哭。

这一回事,这末了一天的功课,我一辈子也不会忘记的。

忽然礼拜堂的钟敲了十二响,远远地听得喇叭声,普鲁士的兵操演回来,踏踏踏踏的走过我们的学堂。汉麦先生立起身来,面色都变了,开口道:"我的朋友们,我……我……"先生的喉咙哽住了,不能再说下去。他走下座,取了一条粉笔,在黑板上用力写了三个大字:"法兰西万岁。"他回过头来,摆一摆手,好像说,散学了,你们去罢。

二

柏林之围①

[法]都 德

"柏林之围"者,巴黎之围也。1870年至1871年,普法之战,法人屡战皆败。西丹之役,法帝全军解甲。巴黎闻报,遂宣告民主,众誓以死守。普军围巴黎凡四阅月始陷。

此篇写围城中事,而处处追叙拿破仑大帝盛时威烈。盛衰对照,以慰新败之法人,而重励其爱国之心,其辞哀惋,令人不忍卒读。

此篇与都德之《最后一课》("La Dernière Classe"),皆叙普法之战。二篇皆不朽之作,法童无不习之。重译外国文字亦不知凡几。余二年前曾译《最后一课》。今德法又开战矣。胜负之数,尚未可逆料。巴黎之围欤? 柏林之围欤? 吾译此篇,有以也夫。

民国三年八月二十五日记于美洲旅次

余等与卫医士过凯旋门大街,徘徊于枪弹所穿之颓垣破壁间,凭吊巴黎被围时之往迹。

余等行近拿破仑帝凯旋门,卫医士忽不进,而指凯旋门附近诸屋之一,谓余等曰:君等见彼严扃之四窗乎? 去年八月初旬,巴黎消息已恶矣。

---

① 本篇译于1914年8月25日。载1914年11月10日出版的《甲寅》第1卷第4期;收入《短篇小说》第一集、《胡适选集》翻译分册、《胡适译短篇小说》、《胡适早年文存》。——编者

当此危急之时,余忽被招至彼屋,诊视一神经颠狂之症。病者朱屋大佐,尝为拿破仑部下军官。老矣,而馀勇未衰,爱国之心尤热。当普法之战之始,大佐自乡间来,僦居此屋,以屋有楼,可望见凯旋门也。君等知彼僦屋之意乎?伤哉此老!其意盖欲俟法人大胜后,可凭阑下观法军凯旋之盛仪也。

一日晨餐已,将起,忽得维生堡之败耗(1870 年 8 月 4 日),遂倒于座,若受椎击。余往诊视时,大佐手足僵直,几疑已死。其人颀长,躯干伟大,齿佳,白发鬆然,八十岁矣,貌乃类六十以下。其孙女,好女子也,跪其侧而泣,哀伤动人。此女之祖若父皆军人,父随麦马洪大将军出征。今对兹僵卧之老人,遥念军中老父,宜其哀也。余竭力慰藉之,然殊少希望。病者所患为半边风痹,八十老人当之,罕能免于死者。大佐一卧三日,不省人事,而雷舒贺坟之消息至矣[八月六日,麦马洪以三万六千人,炮百三十尊,与普军九万六千人,炮三百四十尊战,大败]。君等皆知此消息之初至,人皆以为我军大捷,普军死者二万,普皇子为俘。此大捷之来,全国欢声雷动。而此鼓舞之欢声,乃能起此风痹老人之沉疴。余第三日往视时,大佐目已能视,舌已能动,喃喃语曰:"大……捷! 大……捷!"余亦和之曰:"诚大捷也。"因语以道路所传此役死伤俘虏之数。大佐闻之,貌益扬,目益张。

及予退出,遇其孙女于户外,容色若死灰。余执其手,语之曰:"勿再哭。若祖父有起色矣。"女乃语予以雷舒贺坟之确耗,麦马洪力竭退走,我军大败矣。余与女相对无语。女盖念其父,余则但念其祖,若老人闻此败耗必死无疑。然则奈何?将听其沉湎于此起死神丹之中耶?是诳之也。女含泪曰:"决矣。余非诳老人不可。"语已,收泪强笑,入侍其祖。

余与女之绐老人也,初尚易易,以老人病中易欺也。及老人病日瘥[瘉?],则吾二人之事日益不易。老人之望消息甚殷,我军进兵之一举一动老人皆欲知之。故女日必坐床头,读其假造之军中新闻,手持普鲁士地图,笔画我军进取之道。巴逊大将军趣柏林也,滑煞大将军进巴维亚也,麦马洪大将军占领巴罗的海上诸省也。女不晓军事,每乞助于余。余亦未亲疆场,但尽吾力告之。馀则老人亲助之。老人尝随拿破仑皇帝数次征服德意志,故知其地理甚详,余与女所假造,不如老人之精警合军事方略也。老人每以小针指地图,大呼云:"汝乃不知我军所志何在耶?彼等已至此,将向此折而东矣。"其后余与女亦循老人所料告之,谓我军果至某地,果向某地折而东矣。老人益大喜。

占地也,战胜也,追奔逐北也,而老人望捷之心,终不可餍。余每日至老人所,辄闻新捷。余入门,未及开言,女每奔入室告余曰:"我军取梅阳矣。"余亦和之曰:"然,余今晨已闻之。"有时女自户外遥告余。老人则大笑曰:"我军进取矣,进取矣。七日之内,可抵柏林矣!"

余与女皆知普军日迫,且近巴黎。余与女议,令老人去巴黎,顾终不敢发。盖一出巴黎,则道上所见,皆足令老人生疑。且老人病体犹弱,一闻确耗,病或转剧,故终留巴黎。

巴黎被围之第一日,余至老人所,道上但见深闭之门,城下微闻守御之声,余心酸楚不已。既至,老人颜色甚喜,谓余曰:"城已被围矣!"余大骇,问曰:"大佐已知之耶?"女在侧,急答曰:"然,此大好消息。柏林城已被围矣。"女语时,手弄针线不辍若无事然。嗟夫,老人又何从而生疑耶?老人病后重听,不能闻城外炮声,又不得见门外惨淡之巴黎。老人卧处所可望见者,仅有凯旋门之一角。而室中陈列,无非第一帝国(自 1804 至 1814 拿帝盛时,是为第一帝国)之遗物,往烈之余泽也;壁上则名将须眉,战场风景,罗马王襁褓之图也(拿帝幼子生时即封为罗马之王);架上则夺归之旗帜,表勋之金牌也。又有圣希列拿岛(拿帝幽死之岛)之崖石,玻盒盛之。又有美人之像,鬈发盛服,衣黄色之裙,羊腿之袖,半尺之带,令人想见拿帝朝之妆束焉。伤哉,此拿破仑大帝之大佐!凡此诸物,其足以欺此老人,胜吾辈之妄语多矣。老人毕生居此往烈之天地之中,此往烈之天地,乃日使老人梦想柏林之捷矣。

自围城之日始,军事进行日事简易。柏林之陷,指顾间事耳!老人时或不适,则女必假为其父军中来书,就枕边读之。其时女父自西丹之败,已为普军俘虏(9 月 2 日,法帝大败,明日,举军解甲为虏,降者 9 万人,大将 32 人）。女明知其父远羁敌国，又不得不强作欢欣之词。书恒不长，然军中之人，安能琐琐作长书？有时女心凄绝，不能复作书，则数十日不作一字。老人盼书心切，余等惧其疑虑，则塞上书又至矣。书中道军行方略，本属伪造，多不可解。然老人能曲为之解。女诵书时老人静听，时点首微笑，间插一二语，褒贬书中方略。有时老人答书，其言多可称。老人扬声口授，而女书之。略云："吾儿勿忘，儿乃法兰西国民。待败国之民宜宽大，其人大可怜，勿过摧折之。"书末谆谆训以军人道德，有时亦及政事。议和之前，法人宜作何举动？老人于此，颇无定见，谓宜郑重出之，但索兵费足矣，勿贪其土地；法人终不能令德意志变作法兰西也。老人口授书时，声亮而重，辞意又确厚恳挚，爱国之心，盎然言外，闻者安能无动？

当是时，围城方急。嗟夫，吾所言非围柏林之城也。时巴黎方苦寒（巴黎之围始 1870 年 9 月 21 日，至明年 5 月 28 日始陷），普人日夜以炮攻城，城中疫疠大起，粮食复乏。余与女百计营谋，老人得无匮乏之虑。虽城破之日，老人犹有鲜肉及白面包供餐。余与女久不得白面包矣。老人坐床上谈笑饮食，白巾围颔下。女坐其侧，色如死灰，久不出门故也。女手助老人进食，食已，进杯，老人就女手中饮之。餐已，老人神旺，则遥望窗外冬景，雪飞打窗，老人时时念及朔方寒天，则数数为余等道莫斯科败归时（拿帝征俄大败而归），军中绝粮，但食冷饼马肉耳。老人曰："小女子，若安知马肉之味耶？"

嗟夫，老人误矣。两月以来，女安所得肉，但有马肉耳。

老人病日有起色，前此麻木之官能，今皆渐复。余等欺诳之计，日益不易。一日，老人忽闻梅鹿门外之炮声，遽侧耳听之。余等不得已，绐以巴逊大将军已破柏林。门外炮声，乃巴黎"残废军人院"所发，以庆此大捷也。又一日，老人令移病榻近窗下，老人外视，见街心国家卫队出发，老人问曰："此何兵也？"继又自语曰："何萎靡乃尔！何萎靡乃尔！"余等方幸老人不致深诘，惟私语此后益不可疏忽，然不幸余等防范终未能周密也。

城破之夜，余至其家。女迎，语余曰："彼等明日整队入城矣。"女语时，老人室门未掩，余事后思之，是夜老人容色异常，疑女语已为所闻。然余等所言,乃指普军,老人则以为法军凯旋也。老人梦魂所萦想者,乃欲见麦马洪大将军奏凯归来,严军入城,城中士女,掷花奏乐迎之,老人之子,骑马随大将军之后,而老人戎服立窗上,遥对百战之国徽而致敬礼焉。

伤哉,朱屋大佐也。老人心中殆以为余等欲阻之,不令与观凯旋大典,故虽闻女语,佯为未闻。明日,普军整队入城之时,而彼楼上之窗,忽悄然自辟,老人戎服介胄立窗上矣!亦不知何种愿力,何种生气,乃能使老人一旦离床,又能不假人助而盛服戎装若此!

老人既出,见街心寂然,窗户都深闭,巴黎之荒冷,乃如大疫之城。虽处处插旗,然非国旗也,乃白色之旗,十字旗焉。又无人出迎凯旋之军,何也?老人方自怪诧,几疑昨夜误听矣。

嗟夫,老人未尝误听也。凯旋门外,黑影簇簇成阵,迎朝日而来。胄上红缨见矣!耶拉之鼓声作矣(耶拉,德国地名)!凯旋门下,许伯"凯旋之乐"大奏(许伯,德国大乐家,名闻世界),与普鲁士军队步伐之声相和。

凯旋门街深寂之中,忽闻大声呼曰:"上马!上马!普鲁士人至矣!"

普军先行之四人,闻声仰视,乃见窗上一魁伟老人,双臂高舞,四肢颤动,颓然而仆。朱屋大佐此时真死矣。

三

百愁门[①]

[英]吉百龄

吉百龄(Rudyard Kipling)生于西历千八百六十五年,著小说长短篇无数,亦工诗,为当代文学巨子之一。

此篇写一嗜鸦片之印度人。其佳处在于描画"昏惰"二字。读者须细味其混沌含糊之神情,与其衰懒不振之气象。吾国中鸦片之毒深且久矣,今幸有斩除之际会,读此西方文豪之烟鬼写生,当亦哑然而笑,瞿然自失乎?

篇中写烟馆主人老冯叔俚穷形尽致矣。而一褒一贬,盛衰之变,感慨无限。始知地狱中亦有高下之别,不独诸天有层次也。

此篇非吾所作也。吾友米计达未死之前六月,于晓月已落,初阳未升之际,随余所询,历历言之。而余就其口授之辞,笔之于书焉。

米计达之言曰:百愁门在铜匠弄与烟杆市之间,去华齐可汗之祠约三百尺耳。吾虽明言其所在,然吾知公等即洞知此间市肆,亦必不能寻至此门。君等虽身在弄内经过百回,亦不知此门果在何所。吾辈名此弄曰乌烟弄。其土人所名,自与此异,余不复省记矣。弄隘甚,骡背载货,即不能

---

① 本篇翻译日期未详。载 1915 年 9 月出版的《留美学生季报》秋季第 3 号;收入《短篇小说》第一集、《藏晖室札记》卷十一、《胡适选集》翻译分册、《胡适译短篇小说》、《胡适早年文存》。——编者

过。百愁门非门也,乃一屋之名。五年前,华人老冯傩居是屋。老冯尝业制履,居加尔各达(印度都城)。人言一夕老冯大醉,手毙其妇,遂戒酒,而吸鸦片。后北徙,设烟馆于是。公等须知此乃上等烟馆,非复寻常之龌龊烟榻可比。老冯工于营业,在华人中,为好洁者。其人眇一目,长约五尺,两手之中指皆被截去(译者按:此盖谓老冯曾罹刑罚也)。

然吾生平未见能烧烟打泡如老冯之工者。老冯虽嗜烟,而殊不为烟所迷,日夜吸烟而小心如故。吾居此门中凡五年,吾烟量殊不逊于他人,然自视终不如老冯之谨慎。老冯嗜烟而慎于钱财,此则吾所不解矣。吾闻老冯生时积财甚富,今皆归其侄。老冯之枢亦已送归支那待葬矣。

百愁门中之上房,为馆中上客所集。老冯经营此室,静适无匹。室之一隅,为财神座,神像丑陋,几如老冯。神前焚香,日夜不绝。然吾辈烟雾浓时,殊不闻香气。面神座为老冯之棺。老冯生时,经营此棺,不遗余力,每有生客至,辄指以夸示之。棺用黑漆,上有朱书金字。老冯告我,此棺来自中国云。每余早来,老冯辄为余布席于棺前,以其幽静,又面窗,时有凉风自弄入故也。室中诸席之外,别无陈设,独黑漆之棺,与彼老财神耳。

老冯未尝语人何故名其肆曰百愁之门。在加尔各达之华人,多喜用吉利之字。其用此种逆耳之字者,吾惟见老冯一人耳。吾辈久之,亦稍稍悟老冯命名之意。盖天下之物,无如鸦片中人之深者。白种人当之尤甚。黄种人似有天赋异禀,殊能御烟毒。白人黑人则不然。虽间亦有能不为烟所毒者,其人初吸烟时,都能酣睡如恒人,晨兴操业,一如平日。余初吸鸦片时,正如此辈。然余操之已五年,今大非昔比矣。余有一姑居亚葛拉,死时遗产归余,余每月得六十罗比(币名)。六十罗比为数甚戋戋,当吾在加尔各达经理伐木时,吾每月所入,乃在三百以上。然此已成往迹,及今思之,如隔百年。吾不能久于所业,鸦片之力乃不容吾更治他事。吾之中烟毒未必甚于他人;然吾今虽刀锯在颈,亦不能作一日之工矣。其实六十罗比,适敷吾用。老冯生时,每为余取钱,自留其半,而以其半为余日用,余所食甚微也。吾在此门中自由无匹,欲吸烟则吸烟,欲睡则睡,故余殊不屑与老冯较计。吾明知老冯赚利甚巨,然此何与吾事?实则天下何事足关吾心者？况此六十罗比，每月源源而来，不虞乏绝乎。

百愁门初创时，凡有十客。吾之外有两巴布，来自阿那古里，财尽而去。一为老冯之侄。一为商媪，颇有所蓄。一为英人，其名则余忘之矣。此人吸烟无算，而未付一钱。人言此君在加尔各达作律师时，曾救老冯之命，老冯感恩，不受其值云。一人来自马德拉，与余为同乡。一为半级妇人。馀二人来自北方，非波斯人即阿富汗人耳。此十人者，今惟五人存，皆日日来此。其两巴布今不知所终。商媪入此门六月而死。人言老冯藏其首饰及鼻上金环，不知确否？其英人既吸烟，复纵酒，久绝迹矣。其一波斯人，一夕与人讧，为人所毙。越日，警察得其尸于可汗祠侧大井中，遂封井禁汲，谓有秽气存焉。今所余者，老冯之侄，半级妇人，马德拉人，及一波斯人，与余耳。半级妇人依老冯为生，余仿佛犹记此门初创时，妇似尚少年，今则衰老矣。然馆中之客，今都衰老，不独妇也。

此中无有岁月，岁月亦何与吾事？吾每月得六十罗比足矣。当吾月得三百余罗比之时，吾亦有妻，今亡矣。人言吾之嗜鸦片，实吾妇致死之因，此言或未必无据。然此事久成陈迹，何必重提。吾初入此门时，心中尚耿耿不宁，今久不作此种痴念矣。吾月月得六十罗比，正复足乐，非醉于烟而乐也，此间静寂，吾又逸豫知足耳。

公等欲知吾嗜烟之由来乎？吾吸烟始于加尔各达，初在家尝试之，癖殊未深。吾妻盖死于是年。吾亦不知何以身在此间，何以与老冯相识。盖老冯语我以此门所在，入门以来，遂不复舍去。公等须知此为上等烟馆。老冯在时，烟客来者，皆畅适满意，非如彼下流烟榻，但可供黑奴横陈而已。此间地既寂静，来客又稀，无拥挤之厌。吾所记十客之外，盖尚有他人。惟吾十人，人据一席，膝以高枕，枕席上都有朱漆龙文。初余吸烟至三筒以上，则席上群龙都奕奕飞舞，若相搏噬。余每视龙斗，则止不复吸，以自节制。今历年久，须十二三筒，龙始蠢动。席又敝坏，龙文剥落，而老冯亦死久矣。

老冯死二年矣。死时以余今所用烟枪为赠。枪为银质，烟斗之下，刻怪兽为饰。余曩用竹枪，铜斗而翡翠嘴，竹性似能收受烟乳，不待挖拭。

今所用银枪，须时时挖之，深以为苦。然此乃老冯遗物，吾不忍弃也。老冯得吾财必不少，然彼所供枕席烟膏，皆佳洁上品，不可没也。

老冯既死，其侄正林继业，改百愁门为三宝殿。然吾辈老客，结习难忘，犹呼为百愁门如故。正林治事殊苟且草率，而半级老妇，曩与老冯居者，今转依其侄，助其经纪，业乃益下，来客流品亦日杂。下流黑人，公然侵入。而馆中乌烟，亦不如往日之佳。今膏中杂烟灰甚多，若老冯生时，决无此也。室中无人洒扫，席敝见地，亦不复更置。室隅之棺，久不复在，盖载老冯回支那去矣。室中财神所受香火，亦不如前之盛，此衰征也。神像积尘亦无人问，此老妇人之过也。正林每焚纸钱，妇辄止之，以为无用。又言若以胶润香，则可久焚不尽，神未必较计，可节费也。今神前之香，乃作胶臭。室中积气已不可耐，况益以此乎？似此经纪，安有起色？财神厌弃之矣。吾每于深夜烟雾朦胧中，恍惚见财神面色更变，由青而绿而红，有时复见神目怒睁，狰狞若魔鬼然。

吾亦不解吾何以不舍此而他适。然吾苟去此，正林必置吾死地无疑。正林每月得吾六十罗比，岂肯纵吾他往！且别觅一席地亦大费心。吾居此门又已久，终难舍去也。门中已非复旧观，然吾不能去。吾居此阅人多矣，吾屡见人死于此间席上，今吾老矣，颇不愿死于门外。老冯选客极慎，未尝纳醒醍之流。正林则大异于是，彼逢人辄称其烟铺，来者渐众，而品益下，黑人尤众，正林致不敢纳白人。白人独吾与其一马德拉人及半级老妇存耳（印度人属高加索种）。吾辈不可动也。然正林殊慢吾辈，至不容一筒之欠负云。

他日吾当死于百愁门中。其波斯人及马德拉人，已衰迈不堪，今皆需人为[之]烧烟。吾尚健，不待人助。尚及见此二人先吾死耳。然吾或死于半级老妇及正林之先。妇人不易死。正林虽贱，然尚健也。十客中之商媪未死前二日，即前知死征，乃易席洁枕而殁。死时，老冯悬其烟枪于财神之侧，以示哀。然老冯不以此而不取其首饰也。吾甚愿死时能如此媪，席洁而凉佳膏在口而逝，吾愿足矣。吾死期近时，当告正林作如此措置，许以每月之六十罗比，彼当首肯，然后吾乃仰卧，静观席上群龙作最后之搏斗……

其实此种后事何必关心？天下何事足萦吾心者？吾惟愿正林勿以烟灰入膏耳。

四

决　斗[①]

［俄］泰来夏甫

泰来夏甫（Nikolai Dmitrievitch Teleshov）生于 1867 年，尝肄业于莫斯科工业学校。至 1884 年，氏时仅 17 岁耳，即以文学见称。其所著作大抵事俄国当代文豪契诃夫（Chekhov），今其年未满 50，而名满东欧，为新文豪之一云。

此篇乃由英文转译者。全篇写一件极野蛮的风俗，而以慈母妪煦之语气出之，遂觉一片哭声，透纸背而出，传神之笔也。

民国五年译者记于美国旅次。

一日早晨，乌拉德米（名）克拉都诺夫（姓）同一军官决斗。

克拉都诺夫也是一位少年军官，身长，面秀，年方二十二岁，鬈发可爱，身穿军服，脚踏骑马长靴，却没有戴帽子，也没穿外套。他直立在那［被］雪遮没的草地之上。圆睁着两眼，望着他的敌手。两人相距不过三十步。他的敌手正在举起手枪，对准了克拉都诺夫。

克拉都诺夫把双手抱胸，手中也拿着手枪，正等候他的敌手先放；他脸上虽没有平常的光彩，却没有一毫畏惧之色。

他自己的危险,敌人的决心,两边副手(凡决斗皆有副手,皆以本人之好友为之)的担心,和死期的接近,这种种严肃的思想,把这一分钟都变化成了一片惨怛肃杀的气象。

他们来这里解决一件关于名誉的问题,人人都觉得这问题关系很大,他们越不懂得他们自己干的甚事,便越觉得这时候的庄严可怕。

轰然一响,手枪放了,人人打一个寒噤。克拉都诺夫两手一松,两膝一弯,倒在雪地上。弹子打在头脑里,血流不住,他脸上,发上,雪地上,都是血迹。两边的副手跑向前把他扶起,同来的医生验过了,说是死了。

这件关于名誉的问题算解决了。

如今剩下两事,第一须报告本营军人,第二须报知死者的母亲。他的母亲所生,只有一子。如今死了,更无他人可靠。他们没有决斗之先,谁也没想到这老母亲;如今她儿子死了,他们才都想起她老人家怎样可爱,怎样可怜。他们都说,这事不可陡然叫他老母知道,只可慢慢地把死信透露与她。他们议定了,公举一位最精细的伊凡(名)古奴本科(姓)去办这件最不好办的事。

斐拉吉亚夫人(即乌拉德米·克拉都诺夫之母)才起床不久,正在预备早茶。看见伊凡·古奴本科走进来,忙起身迎他,口里嚷道:"伊凡君来得凑巧,正好喝一杯茶。你一定是来看乌拉德米的。"

伊凡勉强答应道:"不是的,我打这里走过……"

夫人赶着说道:"你可别见怪,这孩子还在好睡哩。昨夜上我听见他在房里踱来踱去,一夜不曾睡。故我告诉下人们不要惊醒他,横竖今天是假期,他无事,正好多睡一会儿……但是你可有要紧公事要找他吗?"

伊凡道:"没有的,我走过这里,……进来望一望……"

夫人道:"你果要见他,我立刻叫人唤醒他。"

伊凡道:"不必,不必,你老人家别忙。"

老夫人看他支支吾吾的神情,估量他有要紧事要见她儿子,故此不容他分说,自己走出去了。

伊凡蹀来蹀去，抓头绞手，不知道如何开口，时候到了，但是他的胆子都无了，心中只顾怪他自己不该管这闲事。

这时候老夫人回来了，口里嚷道："你们这些少年人真正靠不住。我在这里轻轻地弄杯子，盆子，不敢做一些儿响声，怕惊搅了我的孩子。谁知道他却早悄悄地出去了……你为甚么不坐一会儿？请用一杯茶罢。你近来许久没来看我们了。"

老夫人说到这里，心中快活，忍不住微笑，接着说道："近来我们这里的好消息多得很哩。乌拉德米想早叫你知道了。我这孩子怪爽直的，总不会瞒人。昨晚上我心中暗想道：'呵哈，这孩子一晚上蹀来蹀去不睡觉，他一定又在那里想丽娜佳了。'他总是如此，每回他在房里走来走去，明天一定去到……唉，伊凡君，我现在只巴望上帝给我这一点快乐，我这一把年纪了，还想别的吗！我只有一宗希望，一宗快乐……我每想乌拉德米和丽娜佳完婚之后，我简直不用再祷告上帝了(译者按：言此外别无所求，故不须再祈祷矣)。到了那一天，我才不知怎样快活哩！……我有了这孩子，便不想别的，只求他的快乐。"

老夫人越说越动了感情，说到后来，快活极了，眼泪也滚下来了，她一面揩眼泪，一面说道："伊凡君你记得吗？他们两口儿起初因为钱的缘故，很不如意，……你们少年士官，没有存款，是不许娶妻子的。……现在可好了，我已弄到了那应需的五千个卢布(俄币名)。他俩儿，如今随便那一天都可结婚了。……是的，丽娜佳写了一封怪可爱的信给我……我的心中好不快活。"

老夫人一面说话，一面摸出一封信，指给伊凡看了，仍旧放在袋里，口中嚷道："丽娜佳，好一个女孩子，那么可爱！"

伊凡听老夫人说话，坐在那里，真个如坐针毡。好几次他心想打断老夫人的话头，告诉她不要做梦了，如今什么事都完了，她的乌拉德米已死了，她的种种快活的希望，不消一点钟，都要风流云散了……但是他没有这硬心肠，所以他只坐着听，却不敢开口。他看了老夫人慈祥和气的面貌，他心中好不难过，喉咙也哽住了。

老夫人忽然问道："你今天为什么脸上这样不高兴？你满脸都怪愁苦的。"

伊凡心想要说："是呀，要是我和你说了，你的脸上也要和我的一样了。"但是伊凡总说不出口，也不回话，扭过头去，把手尽捋他的胡子。

老夫人心中高兴，也不注意伊凡的举动，接着说道："我这里有一个信给你。丽娜佳信中提起你，还叫乌拉德米同你去看她。你自己知道丽娜佳怎样看得起你，……我不可不把信给你看。你看，这女孩子这么可爱！"

老夫人从袋里取出一封薄薄的，密密书写的信笺，打开了，递给伊凡。伊凡脸色更不好看了，把手推开这信笺。老夫人也不在意，自己高声读道：

> 书上斐拉吉亚老夫人。我不知道什么时候才可不称你为"斐拉吉亚老夫人"，直称你作"我的最亲爱的妈妈"。我很盼望这时候不久就到，因为我早就要唤你作"妈妈"了。……

老夫人停住了，两眼汪汪地，噙着眼泪，抬起头来对伊凡道："伊凡君，你看，……"

老夫人忽然看见伊凡手捋胡子，眼中也噙着眼泪，老夫人便立起身来，把手颤颤地摸伊凡的头发，又把嘴亲他的额角，低声说道：

"伊凡君，多谢，多谢（老夫人盖以为伊凡之泪乃由听书中之言而发）。我常说你和乌拉德米不像是朋友，竟像两弟兄……你不要见怪……感谢上帝，我心中真快活。"

老夫人一头说，眼泪不住的滚下来。伊凡心中更难受，只好拿住了老夫人冰冷骨硬的手，把嘴去亲她，伊凡几乎要哭出声来，又不敢开口。如今老夫人把他[当]做自己儿子一般看待，显出这一种做娘的亲爱。伊凡心中天良发现，心想倒不如他自己被人枪死在雪地里，也胜似到这里来听她老人家夸奖他和她儿子的交情。再过半点钟，她老人家总得知道底细，那时候伊凡还算做人吗？他又想，他自己亲眼看见人家把手枪对准了乌拉德米，却为什么不劝阻哩？他还算是朋友哩！还算是"弟兄"哩！好一个"弟兄"！可不是他替他们量好相隔的距离，又替他们装好枪弹吗？……伊凡想到此地，心中好不惭愧，简直不把自己当作人看待了。却待要开口，又一个字都说不出。真是无可奈何。忽然又想起事不宜迟，报死信的不久就要到了！但是他又想，难道这几十分钟的空快活，都不许她老人家享受吗？……他就要开口，又怎么说法哩？怎么好叫她老人家预备着听她儿子的死信哩？伊凡越想越糊涂了。

他心中早已把种种的决斗，种种的口舌，种种的"英雄义气"，种种的"关于名誉的问题"，一概都骂够了。没奈何，打定主意，立起身来，要不说实话，还是走罢。

伊凡伸出手来，拉了老夫人的手，弯下身子，将嘴去亲手。其实他弯下身去，不过要遮住他脸上一脸的热泪。他放了手，拔脚就跑，走出来取了他的外套，飞跑出门，头也不回的去了。

老夫人摸不着头脑，眼看伊凡跑了，口里咕噜道：

"哼，他也爱上了什么女孩儿了……少年人怪可怜……没有尝着快乐，倒先受烦恼……"

老夫人说过了，就把伊凡也忘记了。她老人家仍旧做她的好梦，梦那些天大的快乐。

五

梅吕哀①

［法］莫泊三

　　莫泊三（Guy de Maupassant）生于1850年，死于1893年。法国十九世纪末叶之大文豪也。著小说甚富，亦以诗鸣。所著短篇小说，尤见称于世，有"短篇小说第一名手"之誉。莫氏尝师事文豪佛罗倍尔（Flaubert）。佛罗倍尔者，与左喇（Zola）齐名，以写实主义、自然主义风动欧洲者也。莫氏为文，纯然为自然主义一派。论者谓自然主义至莫氏而极盛。极盛之后，难乎为继，故莫氏死而自然主义遂衰矣。其见重于世如此。本篇不足以代表莫氏之自然主义。然其情韵独厚，尤近东方人心理，故首译之。"梅吕哀"者，法文为Menuet，英文为Minuet，乃一种蹈舞之名。此舞盛行法国。至十九世纪中叶以后，帝国瓦解，此舞亦绝。

　　吾友毕代尔老而鳏，更事既多，遂成玩世，本篇所记，皆此君之言也。其言曰：

　　人生哀乐之大者，鲜能感伤吾心。吾久经战阵，往来死人血泊之中，淡然若无所睹。至于人间暴行惨事，虽或动吾憎恶，或生吾遐想，然皆不如一二伤心细事之能使我心动而骨颤也。人世至哀莫如母之丧儿，子之

---

① 本篇翻译日期未详。载1917年4月出版的《新青年》第3卷第2号；收入《胡适选集》翻译分册、《胡适译短篇小说》等。——编者

丧母。此种惨痛之来，固足摧伤心肝，然事过境迁，亦渐减损，譬如大创，创平而痛失矣。独有一种不期之遭遇，隐秘之哀情，偶一遇之，如打破无可奈何之天，其中种种无可奈何之苦恼，一一呈现。以其敦厚，故入人深；以其离奇，故感人烈；以其无可如何，故令人心伤而魂荡。此种情境，一旦遇之，能产生一种苦恼，盘踞心坎间，虽历年久远，不易澌灭也。

此种情境，常人遇之，往往夷然不为所动。然吾生遇之可一二次，辄为感慨哀伤，不能自已。今且为君等述一事。此中重要脚色，已苍然老人，虽尚活泼如小女子，似殊不足动人情感。诸君或笑吾情痴，作无端之感喟耳。

吾今已五十岁。然当时尚为少年，治法律。余生多愁，苦思虑，颇厌恶酒肆歌筵。尤不喜近无赖少年，下流妇人。余每日早起，辄喜于八点钟左右至鲁森堡花园中散步。诸君皆少年，或不知此园之历史。此园，为前世纪之遗物，风韵悠然，如半老佳人之一笑。园中矮树夹径，俨如短墙。园丁修剪此项矮树至勤。花径两旁多蔷薇花，或种花树。有时小树成行，状如结队散步之小学生。园之一角，有蜜蜂一窠，蜂房千万户。日光中时见群蜂往来，一一皆作金色。此园中之真主人，真游客，真能享受此清幽胜境者，仅此群蜂耳。

余日日至此。至则坐一凳上，展书读之。有时废书静坐，悬想巴黎城中生活，赏玩道旁古式矮树之篱。久之，余始知绝早来游此园者，固不止余一人。有时常遇一短小老人。其人服式奇特：鞋上有银扣，膝上有护膝，衣作鼻烟色，帽尤怪特，边阔而质厚，骤见之疑为千年前古物也。其人瘦削，颧骨微露，面往往作笑容，目光清朗而转动不息。手携行杖至巨，杖头为金质，疑为其人所得之贵重纪念品也。

余初遇此人时，颇以为异，每留心觇其行动。余往往隔篱窥之，不为所见也。

一日之晨，此人似不知园中有他人在，忽作种种怪异之举动。初为雀跃，继作磬折，忽而跃起，两足相击作声，忽而转身跳动，怪态百出，面作笑容，如对满座之观者，时复鞠躬点头，如答众宾拍手喝彩时也。

余骤见此景大骇,既而始知其为跳舞,则益骇。久之舞毕,其人进行两三步,若台上伶人然;又退两三步,微笑,自吻其手,若台上伶人然。然园中实无座客享此奇福,唯有两行矮树耳。舞毕,其人遽作庄容,徐步行园中,非复曩者之舞人矣。

自此以后,余日日留心窥视之,始知此人每晨必演习此种怪异之跳舞。余窥之既久,每思识其人,与之接谈。

一日,余与相值,因作寒暄语曰:"今日天气可谓佳美矣。"

其人答曰:"诚如君言。此种天气不殊往日也。"

语时鞠躬为礼,状极谦和,壹如王宫之老狎客也。自此日以后,余遂与之为友。不七日而周知其生平历史矣。

此人当法王路易十五世时,在王宫乐部中为舞人。其手中金质行杖,乃当日克来曼公爵所赠物也。余与之言,偶及跳舞,此君辄眉飞色舞,高谈不倦,移时不休也。

一日此君谓余曰:

"君知吾妻即拉楷笃丽乎?(拉楷笃丽为路易十五世时乐部名优,尤以舞著)君如不弃,仆当为君绍介与吾妻相见。惟吾妻不能于晨间来此耳。此园为吾夫妇两人所最钟爱之物,前朝陈迹,今皆废绝殆尽,独此园存耳。若无此园,则吾两人之生趣真全绝矣。君不见此园之苍古而幽雅,迥异寻常园子耶?吾每来此间,辄觉少年时之空气,今皆变换,独此中尚有旧日空气存耳。以此之故,吾夫妇日日下午来游,至暮始去。吾喜早起,故晨间亦来游也。"

予是日匆匆午饭,复至鲁森堡园中。俄而吾友与其妇至矣。妇衣黑衣,身极短小,老矣。此当日见爱于路易十五世,见怜于欧洲诸君主,见称于其时之朝野上下之名舞工拉楷笃丽也。

吾三人同坐凳上。时当五月,园中花气随风袭人。烈日照树叶上,光线于枝叶空罅间,纷纷下射,及于吾三人身上。园中寂无一人。吾辈微闻远处车马之声而已。

吾忽问吾友曰:"君幸告我'梅吕哀'是何等跳舞?"

吾友闻吾言,颇示惊异之色,徐言曰:

"梅吕哀者,舞中之女王而女王之舞也。君领会吾言否?今王朝既已不复存,则梅吕哀亦成绝艺矣。"

吾友遂为余高谈此舞之妙处,滔滔不已。其辞多不易了解。予生平未尝见此舞,故乞吾友一一为状其节奏步舞之层次、疾徐。吾问既繁,吾友乃不知所以答之。盖吾友为此技高手,而予为门外汉,故往往所答非所问,而听者反更茫然不解也。

其时吾友之妇方默然静听。吾友忽回顾其妇曰:

"爱儿瑟(拉楷笃丽之小名),汝能不嫌……汝肯……汝能勉为吾友一舞,以示此舞之为何状乎?"

其妇无语,惟以目四瞩园中,见无外人,乃起立。吾友亦起立。两人为余作"梅吕哀"之舞矣。

两人忽退忽进,忽相向微笑,忽相对鞠躬,忽相携而回旋,如一对傀儡,机掁既开,自然动作,虽历年久远,不无生涩,而本来之工夫已深,风仪自在,不可掩也。

予观此两人跳舞,悲从中来,凄楚万状,俨如亲见一百年前可哀可笑之陈鬼也。

俄而舞毕矣。两人相对作怪笑。已而皆泪下呜咽,则又相抱而泣矣。

三日之后,予以事出都,遂不复与吾友夫妇相见。后二年,予复归巴黎,则鲁森堡花园已不复存矣。不知吾友夫妇失此古园后,何以为生?其已死耶?抑尚踽踽凉凉,偷生于今世"新式"之街衢间耶?抑尚时于高冢古墓间,松声月色之下,再作"梅吕哀"之舞耶?

此两人之影子,时时往来吾脑中。每一念之,使我惨怆,如受重创,终不能去之。吾亦殊不解其何以致此也。君等得毋谓我愚而痴乎?

六

二渔夫①

[法]莫泊三

巴黎围城中(此指普法之战,巴黎被围之时),早已绝粮了。连林中的飞鸟,沟里的老鼠,也渐渐的稀少了。城中的人,到了这步田地,只好有什么便吃什么。还有些人,竟什么都没的吃哩。

正月间(1871 年),有一天天气很好,街上来了一人,叫做麻利沙。这人平日以造钟表为业。如今兵乱时代,生意也没有了。这一天走出来散步,两手放在裤袋里,肚子里空空的,正走得没趣的时候,忽然抬头,遇着一个钓鱼的老朋友,名叫苏活的。

当没有开战之先,麻利沙每到礼拜日早晨,便去钓鱼,手里拿着鱼竿,背上带着一只白铁小匣子,趁火车到阁龙,慢慢的走到马浪岛。到了那里,便坐下钓鱼。有时一直钓到天黑,才回巴黎去。他来的时候,每回在这里遇着这位又矮又胖,在诺丹街上开一个小店的苏活先生。这两个人都是"钓鱼迷",常常同坐在一块地方,手里拿着钓竿,两脚挂在水上。不多几时,两人竟成了最相好的朋友了。

有时他们两人来到这里,终日都不说话;有时两人坐下细谈。但是他两人同心同调,不用开口,也能相知了。有时春天到了,早上十点钟的时

---

① 译者注:"六年正月,病中不能出门,译此自遣。适识。"本文载 1917 年 3 月出版的《新青年》第 3 卷第 1 号;收入《短篇小说》第一集、《胡适选集》翻译分册、《胡适译短篇小说》。——编者

候,日光照在水上面,发生一种薄雾;日光照在两人背上,又暖又温和。麻利沙往往回过头来对苏活说:"这里真好啊!"苏活回答道:"再好也没有了。"这寥寥几句话,尽够了,不用多说了。

这一天,这两个钓鱼朋友在路上相遇,握着手不肯放,觉得在这个时候相遇,情形大变了,心中怪难受的。

苏活叹一口气,低低说道:"这种日子很难过啊。"麻利沙摇摇头说:"可不是么,更加上这种怪闷人的天气,今天是今年第一个晴天呢。"

这一天的天气却真好,天上一片云也没有,万里青天,真正可爱。这两个朋友一头走,一头想。忽然麻利沙说道:"如今鱼是钓不成了。我们从前那种快乐也没有了。"苏活说:"只不知道几时我们方可再去钓鱼呢。"

说到这里,两人走进一家小酒店,喝了一盅烧酒解闷。喝了出来,还同着散步。

忽然麻利沙停住脚,问他的朋友道:"我们再喝些烧酒罢?"苏活说:"随你的意。"于是两人又找一家酒店再喝了些烧酒。

喝了出门,两人的脚步便有些不稳了。原来他俩儿肚子都是空空的,酒入饥肚,更易发作。到了外面,被冷风一吹,醉的更厉害了(**法国之阿不醒(Absinthe)酒力最厉害,最近吾国之烧酒**)。走了一会,苏活忽然停住脚,问他朋友道:"我们再去,你说好么?"麻利沙问道:"那里去?"苏活说:"钓鱼去。"问道:"那里去钓呢?"苏活道:"到我们的老地方去。法国的守兵屯在阁龙的附近,带兵的杜木能中尉是我的熟人,他定许我们出去的。"麻利沙听了大喜,说道:"妙极了,我一定来的。"

两人约好了,各回家去,取了鱼竿、钓丝,不到一点钟,他俩儿同行出城。不多一会,到了杜中尉驻兵的所在。中尉听了两人的要求,笑着允许了。两人得了出入的暗号,辞了中尉,再向前行。

不多时,他两人离法国守兵的防地已远了。他们穿过阁龙,走近瑟恩河边许多葡萄园子的外边,那时已是十一点钟了。前面便是阿阳泰村,望去好像久没有生气了;再前面,便是倭曼岗和散鸢岗两座高岗;下望全境,底下一片平原,全都空无一物,但见铅色的泥土和精秃的樱桃树罢了。

苏活手指高岗说道:"那上面便是普鲁士兵了。"两人对这种荒废的乡村,心中颇不好过。他们虽不曾见过普鲁士的兵,但这几个月以来,巴黎的人心中谁没有个普鲁士兵到处杀戮抢掠的影子呢?这两个朋友走到这里,心里颇觉又恨又害怕这般不曾见过的普国的兵。麻利沙开口道:"我们倘碰着些普鲁士兵,如何是好?"苏活笑答道:"我们送他们几条鱼就是了。"嘴里虽如此说,他俩儿却到底不敢冒险前去,因为这里四面寂静,无一毫声响,很可使人疑惧。后来还是苏活说道:"来罢,我们既到这里,总须上去,不过大家小心就是了。"

两人躲在葡萄园里,弯着腰,在葡萄藤下低着行去。过了葡萄园,还须过一片空地,方到河岸。两人飞跑过了这块空地,到了岸边,见芦柴很长,便躲在里面。麻利沙把耳朵伏在地上,细听左近有无脚步声响。听了一会,听不出什么,料想这里是没人的了。两人把心放下,便动手钓鱼。

前面便是马浪岛,把他们遮住,使对岸的人看不见他们的所在。岛上一个饭店,门也闭着,很像几年没人来过的样子。

苏活先钓得鱼,麻利沙随后也钓着了。两个钓鱼朋友,接着钓上了许多鱼,高兴得了不得。他们带了一副密网,把钓着的鱼都装在网里。他两人许久不到这里了,如今重享此乐,好不快活。那太阳的光线,正照在两人背脊上。两人都出了神,只顾钓鱼,别的什么事都不管了。

忽然轰的一声,地震山摇,原来敌军又开炮了。麻利沙回头一看,望见左边岸上一阵白烟,从袜勒宁山上冲出来。一霎时,第二阵又响了。过了几秒钟,又是一炮。从此以后那山上接连发炮,炮烟慢慢的飞入空中,浮在山顶上,像云一般。

苏活把两肩一耸,对他朋友说:"他们又动手了。"麻利沙气忿忿的答道:"人杀人杀到这样,岂不是疯子吗?"苏活道:"这些人真是禽兽不如了。"麻利沙刚钓上一条小鱼,一面取鱼,一面说道:"一天有政府,一天终有这些事,想起来真可恨。"苏活道:"要是民主政府,决不致向普国宣战了。"(普法之战,始于法帝拿破仑。及西丹之败,帝国破坏,巴黎市民宣告民主政府,自为城守。)麻利沙接着说道:"君主的政府便有国外的战争。

民主的政府便有国内的战争。终免不掉的。"（译者按：此时在美国南北战争之后五年。此语盖指此也。）两人越说越有味了，遂细细的议论起政府来了。谈了一会，两人都承认人生无论如何终不能自由。那时袜勒宁山上的大炮不住的响，也不知扫荡了多少法国的房屋，也不知打死了多少的生命，也不知打破了多少人的希望梦想，也不知毁坏了多少人的快乐幸福，也不知打碎了多少爷娘妻女的心肝。

苏活叹口气道："人生不过如此。"

麻利沙答道："不如说死也不过如此。"

两人话尚未了，忽听得背后有脚步声响，急忙回看，只见身后来了四个高大有胡子的兵，衣服都像巴黎的马夫一般，头上各戴平顶小帽，四个人把四杆枪封住了这两个渔人。两人吓了一跳，手里一松，两条鱼竿都掉下水去了。不到几秒钟，两个人都被捆起，装上一只小船，载过河送到马浪岛上。

岛上那间饭店，初看似久没人到的，其实里面藏着二十多个普鲁士兵。有一个满脸胡子的大汉子坐在一张椅上，嘴里衔一条长柄的烟袋，说着很好的法国话，对他们俩儿道："你两位今天钓鱼的运气不坏么？"那时一个兵便把他两人所钓得的一网鱼放在那兵官的脚下。那兵官看了微笑道："倒也不坏。但是我们且谈别的事。你二人莫要害怕，且听我说。依我看来，你二人是两个奸细，派来打听我的行动消息的。如今被我捉到，不用说得，该用枪打死。你们假装钓鱼，想瞒哄我。好刁滑！如今撞到我手里，莫想逃生。这是战时常事，免不得的。"

那兵官说到这里，忽然换了口锋，说道："但是你们既经过守兵的防地来到这里，一定有一句暗号，方可回得城去。你们把那句暗号告诉了我罢，我便放你们回去。"

这两个钓鱼朋友面如土色，站在一块，不做一声。那兵官接着说道："你们告诉了我，谁也不会知道。你们平平安安回家去，谁疑心你们泄漏了消息呢？你要不肯说时，我立刻枪毙你，你们自己打算罢。"

两个渔人也不动手，也不开口。

那兵官把手指着河水说道:"你们想想看,五分钟之内,我要把你们葬到河底下去了。五分钟! 我想你们总有些亲人罢?"

那时袜勒宁山上的大炮正响得厉害,两个渔人站在那里,总不开口。

那兵官回过头来,用德国话,发一个号令,他自己把椅子一拉,退后了几步,当时走上了十二个兵,拿着枪,离两个囚犯二十步,站住。

那兵官喝道:"我限你们一分钟,决不宽限。"说了,他自己站起来,走到两个渔人身旁,把麻利沙拉到一旁,低声说道:"你告诉我那暗号罢。你的朋友不会知道的。你说了,我假装怪你不肯说。"

麻利沙只不开口。

那兵官又把苏活拉到一旁,同样的劝他。

苏活也不开口。

两个人又送回原处,那兵官下一号令,那十二个兵举起枪来。

麻利沙的眼睛忽然看见地上那一网的鱼,在日光里面,那些鱼个个都像银做的。麻利沙心里一软,眼泪盛满眶子,他勉强开口道:"苏活哥,再会了!"苏活也答道:"麻利沙哥,再会了!"

两人握握手,浑身索索的抖个不住。那兵官喝道:"开枪!"

十二枪齐放。

苏活立刻向前倒下死了,麻利沙身体稍高,斜倒下来,横压在他朋友的身上,面孔朝天,胸口的血直流出来。

那普鲁士兵官又下号令,教那些兵到外面搬些大石块进来,捆在两个死朋友的身上,捆好了,抬去河边。

那时袜勒宁山上的大炮,还正在轰轰的响。

两个兵抬着一个死尸,用力一丢,抛在水中。两个死尸各打一个回旋,滚到河底下去了。河水被死尸打起些白浪,不到多时,也平静了。但只见几带鲜血,翻到水面上来;更只见风送微波,时打河岸。

那普鲁士兵官始终不动声色,见事完了,笑着说道:"如今该轮到那些鱼了。"说着,走进屋去,看见那一大网的鲜鱼,他提起网来,仔细看了一会,高声叫道:"维亨。"一个穿白围裙的兵应声走上来,那兵官把那两个死朋友的鱼交给他,说道:"维亨,趁这些鱼没有死,赶快拿去,替我煎好。这碟鱼滋味定不坏的。"

说了,他还去吹他的烟袋。

七

杀父母的儿子①

[法]莫泊三

那位律师曾说被告一定是疯了。不然,这件奇怪的罪案又怎样解释呢?

有一天早晨,奢托地方附近的一块河边草地上,发现了两个尸首,一个男的,一个女的,都是地方上著名有钱的人。他两人年纪也不少了,去年才结了婚,那时这妇人已经做了三年的寡妇了。

地方上的人都知道这两人是没有仇人的,他们死的时候,并不是被强盗抢劫了的。据死尸情形看来,他们大概是先被人用长铁锹打死了,后来才被丢下河去的。

警察的检验也寻不出什么头绪。河边有几个撑船的,也都考问过,也没有消息。警察都失望的很,正要把这案子搁起,忽然邻村一个做橱桌的少年木匠叫做乔治路易,绰号叫做"上流人"的,出来到官[府]自首,承认这两个人是他杀的。

随人怎么问,他只答道:"我认得这男的有两年了,认得那妇人不过九个月。他们时常雇我去修理家用木器,因为我是一个很聪明的木匠。"

问官问道:"你为什么杀了他们呢?"

---

① 本篇又译名《弒父之儿》,翻译日期未详。载 1919 年 1 月 26 日、2 月 2 日出版的《每周评论》第 6、7 号;收入《短篇小说》第一集、《胡适选集》翻译分册、《胡适译短篇小说》。——编者

他答道："我杀了他们，因为我要杀他们。"问来问去，他只是没有别[的]话。

这个少年木匠大概是个私生的儿子，寄养在别处，后来被抛弃了的。他只叫做乔治路易，没有姓氏。但是他长成时，既有绝顶聪明，又带着一种天生的上流仪表，所以他的朋友都叫他做"上流人"。他做橱桌的手艺，实在很高明……

那位律师曾说他是疯了，律师说，据被告的账簿看来，死者夫妇两人曾于两年之中照顾了被告三千多弗郎的生意。他要不是疯了，怎么肯杀了这种好主顾呢？如此看来，一定是这个疯了的"上流人"胡思乱想的就把那两个"上流人"杀了，以为这是对于一切"上流人"报仇雪恨的法子了。

律师得意扬扬的接着说道："这样一个无父无母的贫人，人家偏要挖苦他，叫他做'上流人'，这种刻薄挖苦，还不够使他发疯吗？他还是一个共和党呢，你们还不知道吗？他的同党从前的政府也曾枪毙了许多，也曾驱逐了许多，如今可不同了，政府张开了双臂去欢迎他这一党，他这一党本来是用放火作主义，谋杀作常事的。那种不道德的学说，现在到处欢迎，可就害了这个少年人了。他听见共和党的人——甚至于妇女，是的，甚至于妇女——要流刚伯达先生的血，要流葛雷威先生的血。他听了这种话，自然动心，所以他也要流血，要流那些'上流人'的血。所以我说你们不该惩罚这个少年木匠，那有罪的人，不是他，是那市民政府。"

法庭上许多观审的人听了这位大律师的雄辩，大家纷纷赞叹，都以为被告的案子是赢了。代表审厅的律师也不起来反对他。

承审官照例问被告道："被告的犯人，你对于自己的辩护还有什么话要说吗？"

被告听了问官的话，站了起来。

被告身体矮小，头发作浅黄色，眼睛作灰色，露出一种明了镇静的眼光。他说话时，口齿清楚，声音响亮，不消几句话，便把法庭上许多人刚才所有的成见都变换了。

他说："官长，依这位律师的话，我简直是要进疯人院了。我不愿进疯人院,我宁愿死,总不愿人家把我当作疯子,所以还是我自己招认了罢。

"我杀这个男的和女的,因为他们是我的父母。

"诸位且请听我说完,然后下评判。

"有一个妇人,生下了一个男孩子,把他送到别处去抚养。这个私生的孩子永远不能出头,永远受苦,——简直可说是受死刑。为什么呢? 因为有时月钱断绝了,那狠心的乳娘竟可把孩子冻死饿死,这种情形,那亲生的母亲可知道吗?"

"幸而抚养我的那位乳娘倒有点良心,比我自己的母亲好的多呢! 这乳娘把我抚养长大——其实她不该如此,正该让我死了。你看大城镇附近村乡里那些丢下的私生孩子,最好是冻死饿死,像垃圾一样,倒了就完了!

"我从小到大,总觉得身上背着一种羞耻的印子。有一天,几个小孩子叫我做'野种'。他们在家中听得这两个字,其实并不懂得什么是野种。我自己也不懂得这两字的意思,不过我总觉得难过。

"官长,我在学堂里要算一个顶聪明的孩子。要是我的爹娘不曾下这狠心肠把我丢了,我也许成一个很有学问的人。

"是的,我的爹娘对于我真是犯了一桩罪过。他们犯罪,我来受苦。他们狠着心肠,我无处伸冤。他们应该爱我的,谁知却把我抛弃了。

"我难道不晓得我这条命是他们给我的吗? 但是给这条命有什么用处? 依我看来,有这条命反是一桩大不幸。他们既然把我丢了,我对他们无恩可说,只记得仇恨。他们对我犯了一桩最残忍,最无人心,最大的罪恶!

"一个人被人羞辱了,可以打他;被人抢劫了,可以夺回来;被人欺骗了,可以报复他;被人陷害了,可以杀他。——但是我被人抢劫了,欺骗了,羞辱了,陷害了,我所受的痛苦比那种人还要深得多。

"我替自己报仇——我把他们杀了! 这是应有的权利,我把他们的快活生命来换他们硬给我的这条苦命。

"你们一定说我是杀父母的逆子! 我为了他们受了无限的苦痛,是终身的羞辱，——这两个人可以算得是我的父母吗？他们自己寻快乐，无意之中生下一个孩子。他们硬把这孩子压下了。不料后来也轮到我来压下他们了。

"其实我从前本有意认他们，有意爱他们。这男的两年前初次到我这里来，我毫不疑心。他定买了两件家具。后来我才知道他暗地里早从本地神甫处打听着我的来历了。

"从此他时常来寻我，照顾了我许多生意，每回价钱都很过得去。有时他和我闲谈这样，又谈那样，我渐渐觉得喜欢这个人。

"今年春上，他带了他妻子同来。他妻子就是我的母亲。一进门，她就遍身发抖，我还以为她发了什么神经病。后来她坐下了，讨了一杯水喝。她没有说什么，只痴痴的看我做工，那男的问她话时，她只胡乱答应'是'或'不是'。她走了过后，我心想这妇人一定是有神经病的。

"过了一个月，他们又来了。那女的这回却很镇静了。那天他们谈了一回，定下许多木器家具。后来我还见过那女的三次，总不曾起什么疑心。有一天，那女的问起我的家世和我小时的历史。我答道：'我的爹娘真不是人，把我丢了。'那女的听了这话，把手抓住自己胸口，便晕倒了。我立刻明白了，晓得这妇人就是我的母亲。但是我装作不知，好留心观察他们。

"从此我也打听他们的历史，才知道我母亲刚做了三年寡妇，他们到去年七月才结婚的。外间传说我母亲的前夫未死时，他们两人早有了爱情的事。但是这事可没有凭据。我就是凭据了！他们先前隐藏着，后来要想毁灭的凭据就是我。

"我静待了不多时，一天晚间，他们又来了，这一天那女的好像很有点感动，我也不知为什么缘故，女的临走时对我说：'我祝望你事业发达。你看来很诚实，又肯发狠做工。将来你总得娶一个妻子，我来帮助你自由拣一个配得上你的妇人。我曾经嫁过一个我不愿意嫁的人，所以我深知道这种婚姻的痛苦。现今我有钱了，没有儿女，自由享受我的财产。我这手里便是送你妻子的嫁资。'她说时，伸出手来，手里拿着一个封着的封套。

"我直望着她,直说道:'你是我的母亲吗?'她退后了几步,把双手蒙着脸,不敢看我。那男的扶着她,喊着对我说道:'你疯了吗?'我回答道:'我并不疯。我知道你们两人是我的父母。不必瞒我了。你认了,我肯守秘密,不告诉外人,我也不怨恨你们,我还依旧做我的木匠。'

"那男的扶着女的,向门口退下,女的要哭了。我把门锁了,把钥匙放在袋里对他说:'你瞧她这副情形,你还敢赖,说她不是我的母亲吗?'

"那男的越发生气了,脸上变色,心里害怕守了这许久的丑事如今要发作了,他们的身份,名誉,都要失掉了。他说道:'你是一个光棍,你想讹诈我们的钱吗?我们好心想帮助你们下等人,不料反受这种气。'

"我的母亲不知如何是好,口里只说:'我们去罢,我们去罢!'那男的走到门边,见门锁了,喊道:'你要不立刻开门,我就告你讹诈钱财,捉你到监牢里去。'我也不理她。我缓缓地把门开了,望着他们出去,看不见了。我那时好不难受,就像我本有父母,此刻忽然失掉了,被丢下了,逼到走投无路了。我心里非常痛苦,夹着一股怨恨,一股怒气,我周身都震动了,实在忍不住这种不平,看不过这种下流的手段,受不了这种羞辱。我那时也拔脚就跑,想赶上他们。我知道他们一定要经过赛因河上奢托车站去。我不久就赶上他们了。那时天已全黑。我悄悄的跟着他们,不使他们听着我的脚步,我的母亲还在哭着,我的父亲正在说道:'这都是你自己的错处。你为什么要见他呢?我们现在居什么地位?这不是发痴吗?我们尽可以远远的帮助他,何必亲自去找他?我们既不能认他,又何必冒这些危险呢?'

"我听了这话,便冲上前去,哀求他们道:'你瞧!你们果然是我的爹娘。你们已经抛弃我一次了,难道你们还不认我吗?'

"官长,那男的动手打我!我在公堂上发誓,他动手打我。我抓住他的硬领,他伸手向袋里摸出一把手枪,那时我的血都冒上头来,我自己也不知做的什么事了。我袋里带着我的铁圆规(画圆所用),我摸出来拚命打了他无数下。那时我母亲大喊着'救命呀!杀了人了!'她一面喊,一面来抓我的头发。……人告诉我说我把她也打死了。我如何知道那时做的事呢？

"后来我见他们都倒在地上，我也不用思想，便把他们都抛到赛因河里去了。

"我的话说完了，请你定罪罢。"

被告坐下来，有了这番供状，这案子须得下次再开庭判决。这案子不久又要开审了，如果我们自己做陪审官，这件杀父母的案子应该怎么办呢？

八

一件美术品①

[俄]契诃夫

Anton Chekov②生于 1860 年,死于 1904 年。他是一个穷人家的儿子,曾学医学,但不曾挂牌行医。他的天才极高,有人说他"浑身都是一个美术家"。他的著作很多,最擅长的是戏剧和短篇小说。他的戏剧,有《鸿鹄之歌》、《求婚》、《伊凡诺夫》、《海鸥》、《三姊妹》、《樱桃园》等等。他所做的短篇小说有三百多篇,人称他做"俄罗斯的莫泊三"。这一篇是从英文重译的。

亚历山大(名)史茂洛夫(姓)是他母亲的"独子"。这一天,他手里拿着一件用报纸包着的东西,他脸上笑嘻嘻的,走进葛雷柯医生的待诊室。葛医生喊道:"好孩子,你好吗? 有什么好事说给我听?"

那少年人有许多话,一时说不出来,答道:"先生,我母亲叫我致意问候你。你知道她所生只有我一个孩子。你救活了我的性命,你的医道真——我们真不知道怎样感谢你!"

葛医生高兴得很,说道:"好孩子,你不要这样说。那是我应该做的事。做医生的都应该这样做。"

---

① 本篇翻译时间未详。载 1919 年 5 月出版的《新中国》第 1 卷第 1 号;收入《短篇小说》第一集、《胡适选集》翻译分册、《胡适译短篇小说》。——编者
② 应为 Chekhov,可能是胡适的笔误。——编者

那少年道:"我母亲只生了我一个儿子。我们是穷苦人家,没有什么东西可以重重的报答你的恩德。我们心里终过意不去。我的母亲,——先生,她所生只我一子,——我的母亲有一件最心爱的小铜像,请你赏收了,总算我们一点小意思。这是一件古铜的雕刻,是一件美术品。"

葛医生正要开口说:"我的好孩子……"

那少年一面打开纸包,一面说:"先生,你千万不要推辞。你要不肯收,我母亲和我便都不快活了。这是一件小宝贝,——一件难得的古董,——我的父亲是一个收卖古董的,他死后我们母子接着做这生意。这件古董是我们留在家里做我父亲的一种纪念品。"

那一重重的纸包已解开了,那少年恭恭敬敬把他的礼物摆在桌上,原来是一支雕刻很精致的古铜插烛台。雕刻的是两个裸体的美人,那种娇痴妩媚的神气,别说我不敢描写,简直是描写不出。那两个美人笑容里很带着一点荡意,好像她们若没有掮住烛台的职务,真要跳下地来大大的玩一回了!

葛医生把这礼物细细看了一会,搔着自己[的]头发,微微咳嗽,说道:"一件好东西,这是不用说的。但是,你知道,——我怎样说好呢? 这是不很方便的。裸体的女人! ——这是不合礼法的。"

那少年问道:"为——为什么?"

葛医生道:"老实说罢,你想我怎么好把这种东西摆在我的桌上呢?这可不把我一家都引坏了吗?"那少年很不高兴,说道:"先生,这真是我想不到的。你的美术思想也算怪了! 你看,是一件美术品! 这多好看! 功夫何等精致! 对着它真可教人心里快活,真可教人掉下眼泪来。你看这多活动! 你看这神气! ——这神气!"

葛医生打断他的话,说道:"我很懂得这个,我的孩子。但是你知道我是有家眷的人,家里有小孩子。还有一个丈母。这里常有女太太们来看病。"

那少年道:"你要用平常人的眼光看上去,那自然不同了。但是我请你不要学那平常的人。你要是不肯收,我母亲和我心里都很难受。我母亲只有我一个儿子,你救了我的命,我们求你赏收了这件我们最心爱的东西。可惜一对烛台,只有这一支了,还有那一支竟找不到。"葛医生没有法子,只好说道:"多谢你,好孩子,请你替我多谢你的母亲。我同你没有道理可辩,不过你也应该想想我家里的小孩子和女太太们。但是我同你辩论是没有用的。"

那少年见他有意肯收了,高兴得很,说道:"先生,是的,你同我辩论是没有用的。我替你摆在这里,和你这个洋瓷瓶平排。可惜还有那一支找不到了。可惜!"

送礼的少年走了后,葛医生对着这件不欢迎的礼物,手抓头发,心里盘算道:"这件东西可真不坏,这是不消说得的。把它丢出去,未免可惜了。但是我家里是留不得的。这事倒有点难办。还是送给谁呢?"

他想了一会,想着了乌柯夫大律师。这位大律师是葛医生的老同学,现在声名一天大似一天,近来又替葛医生赢了一件小小的诉讼案。

葛医生心里想:"得了!他看老朋友的面上,不要我的律师费,我正该送他一件礼物。况且他又是一个没有家眷的人,很爱这些玩意儿。"

葛医生主意打定,把那古铜烛台包好,上了马车,到乌柯夫大律师家里来。刚巧他的朋友在家,葛医生高兴得很,说道:"你瞧,老朋友,上回承你的情,不肯收我的费,我今天特地带了一件小小的礼物来谢你,你务必赏收了。你瞧,这东西多好!"

那位大律师瞧见烛台,高兴极了,喊道:"再好也没有了!真好功夫!这样精致!你从什么地方找着这件小宝贝?"他说到这里,忽然回过头来对他朋友说道:"但是,你知道我这里不能摆这样一件东西,我不能收下。"

葛医生睁着眼睛问道:"为什么?"

大律师说:"你知道我母亲常来这里,还有许多请我办案的人来。我留这东西,还有脸见我的佣人吗?还是请你带了回去。"

葛医生失望得很,大声喊道:"决不。你千万不要推辞。你看这件东西的雕刻功夫!你瞧这神气!我不许你推辞。你要不肯收,就是瞧不起我了。"

葛医生说完了话,忙着跑出大门。他坐在马车里,搓着手,心里很高兴，——总算完了一件心事。

乌柯夫大律师嘴里咕噜道："怎么好？"他细细看这礼物，心里盘算如何办法。

"这东西真好！但是我可不能收下，丢了它又太可惜，还是做个人情，送给别人罢。但是送给谁呢？……有了！一点也不错，我拿它去送给那位喜剧名家夏虚京。他是一个古董收藏家。今天晚上又是他五十岁的生日。"

这天晚上，那支古铜烛台，包得好好的，由一个送信的送到夏虚京的上装室里。这一晚，他这房间里来了一大群男人，都是来看这件礼物的。大家喝彩叫好，一房间里都是声浪，就像一群马叫。戏园的女戏子听见了，也来敲门。夏虚京隔着门叫道："我的好姑娘，你不能进来，我的衣服还没有穿好。"

散戏的时候，夏虚京耸着两只肩膊说道："这件宝贝东西，我怎么办呢？我要带回家去，我的女房东是不答应的。还有女戏子常常来看我。这又不是一张照片，可以藏在抽屉里。"

他背后替他理头发的人听他自言自语，也替他打算，忍不住问道："你为什么不卖了它呢！我家隔壁的一个老妇人专做古董的生意，她一定肯出很好的价钱问你买这个。这个老妇人姓史茂洛夫，这城里人都认得她。"

夏虚京就依了他的主意。

过了两天，葛医生正在他的书房里，嘴里衔着烟斗，心里想着一件医学上的问题，忽然房门开了，前天送礼物的少年，亚历山大·史茂洛夫走了进来。

那少年满脸都是喜色，高兴得很，得意得很，手里拿着一件东西，用报纸包裹着。他忙着说道："先生，你想我怎样快活？运气真好！巧得很，我母亲居然买到你那对烛台的那一支了。你这一对现在全了。母亲高兴得了不得。她所生只有我一个儿子，你救了我的命。"

他快活得手都颤了，满心的感激，他把包裹解开，把那支古铜烛台摆在葛医生的面前。

葛医生张开口，要想说句话，但是说不出，——他没有说什么。

九

爱情与面包[①]

[瑞典]史特林堡

A. Strindberg(1849—1912)是瑞典最大文人。他的著作极富，有小说30种，戏曲56种。周作人先生曾在《新青年》第五卷第2号106页略述他的生平事实，可以参看。

葛斯大(名)法克(姓)是部里参事的一个属员。这一天他正式的请鲁以丝的父亲准他同鲁以丝结婚，那老头子第一句话就是："你现在每月有多少进款？"

法克回答道："一个月不过一百个克洛纳(一个克洛纳抵不上中国半块钱)。但是鲁以丝……"

老头子说："不要谈别的。你的进款不够。"

法克说："但是鲁以丝同我要好得什么似的！我们两人彼此很拿得稳。"

老头子说："也许如此。但是我且问你，你一年只有一千二百的进款吗？"

法克说："我们初次认得是在李丁坳。"[②]

---

① 本篇翻译时间未详。载 1919 年 4 月 20 日至 5 月 4 日《每周评论》第 18 至 20 号；收入《短篇小说》第一集、《胡适选集》翻译分册、《胡适译短篇小说》。——编者

② 法克答非所问。原文如此。——编者

老头子不理他,又问:"你除了部里薪水之外还有旁的进账吗?"

法克:"有——有一点,我想总够我们用了。况且你知道我们的爱情……"

老头子:"是的,但是请你说个数目。"

法克:"啊,我可以在外面找点事做,就尽够用了。"

老头子:"什么样的事?有多少钱?"

法克:"我可以教法国话,还能翻译一点书。此外还可以替人做校对印稿的事。"

老头子手拿铅笔,问道:"翻译有多少钱?"

法克:"那可不一定。此刻我正在翻一本法文书,十个克洛纳一个双页。"

老头子:"那本书有多少双页?"

法克:"大概有二十四五个。"

老头子:"也罢。就算他二百五十克洛纳。还有什么?"

法克:"那可不能一定。"

老头子:"什么话!你不能一定,就想结婚了吗?少年人,你的结婚观念倒有点古怪!你可知道将来你要生小孩子,你须要给他们吃,给他们穿,还要抚养他们成人?"

法克:"但是小孩子还早呢!况且我们现在彼此的爱情热得很,所以……"

老头子:"是呵,你们爱情热得很,所以小孩子来得更快!"老头子说到这里,心里一软,说道:"也罢,你们的主意打定了,一定要结婚,我也晓得你们真要好的很。这样看来,我也只好由你们罢。但是你们订婚之后,结婚之前,你应该好好的多弄几个钱,添点进账。"

法克高兴得很,脸上都是喜气,亲亲热热的亲了他丈人的手。他快活得什么似的!还有鲁以丝哩!这回是第一次他们两口儿手挽手的同走出去,个个人都觉得这一对新订婚的男女喜气四射出来!

到了晚上,法克来看鲁以丝,带了校对的稿子来。老头子看他这样勤苦,也很高兴,鲁以丝还让他亲了一个嘴。但是过了几晚,他们去看戏回来时坐了马车回来,这一晚的开销就是十个克洛纳。还有几天晚上,法克本该教法文的,他却来看鲁以丝,带了她出去散散步。

结婚的日子近了,他们须得筹画买家用器具。他们买了两张很好看的红木的床,都是钢丝底子,海鸭绒的褥子。鲁以丝的头发是浅褐色的,所以要买一个蓝色的褥子。他们到家具铺子里,买了一盏红罩的灯,一个很好看的瓷美人,全副席面,刀叉杯盘都全,买这些东西,他们得靠丈母帮他们选择。法克这几天忙得很,东边看房子,西边招呼匠人。家具送来了,须亲自照应着装好摆好,又要写支票付钱,还有许多说不完的事。不消说得,这时候法克是不能格外弄钱的了。但是这有什么要紧?他们成亲之后,日子长哩,可以贴补得起来。他们打定主意要节省过日子,先租两间房就够了。无论如何,小房子总比大房子容易安排。所以他们租了一处楼下的房子,共有两间房,一个厨房,一个套房,每年房租六百克洛纳。起初鲁以丝本想租一所三间的楼房,但是他们爱情热的新夫妇,这点子不如意算得什么事?

房间铺设好了。那间新房真有点像一座小小的圣庙。两张床平排摆着,好像两驾飞车,赶生活的路。蓝的褥子,雪白的被单,枕头套上绣着新夫妇名字的第一个字母,彼此钩缠着,很亲热的。这些东西都很有喜事的气象。那边一挂美丽的帘子,是为新娘用的。她的钢琴,花了一千二百个克洛纳,摆在那边房里。那边房就算是客座、饭厅、书房,一齐在内。里面有一张红木的写字台,饭桌,椅子,还有一架金边的大镜子,一张沙法榻,一座书架,——有了这些东西,更添上一点安乐适意的气象。

结婚的礼节在一个礼拜六的晚上举行。第二天礼拜日的上午,很不早了,这一对新夫妻还在睡哩。法克先起床。虽然日光早从百叶窗缝里射进来了,他不去开窗,却把那红纱罩的灯点起,灯上放出桃红色的光射在那瓷美人身上。那美丽的新娘睡得正浓。这一天是礼拜日,早晨没有货车来搅醒她的新梦。外面礼拜堂的钟声敲得正高兴,很像是庆祝上帝创造男女的纪念。

鲁以丝翻身过来,法克走到帘子后面去换衣服,他走出去招呼厨子预备午饭。那副新办的刀叉器具等闪闪的发亮,耀人眼睛！况且这都是他自己的,——他和他妻子的。他叫厨子到隔壁饭馆里去招呼把午饭送来。饭馆的掌柜的早知道了,昨天就定好了。此刻只消去关照一声,叫他开饭就是了。

新郎回到新房门口,轻轻的敲门问道:"我可以进来吗?"只听得里面低声答道:"最亲爱的,等一会儿。"

新郎把桌面铺好。午饭送来的时候,桌子上已铺好了雪白的新桌布,上面摆着新碟子,新刀叉,新杯子。昨天新娘带的花球摆在鲁以丝的座位旁边。新娘穿着绣花的早晨便衣走进来时,日光射进来欢迎她。她还觉得有点疲倦,所以新郎搬了一张安乐椅过来给她坐。喝了几滴酒,新娘方才有点神气;吃了一口鱼子酱,胃口也开了。要是妈妈瞧见女儿喝酒,不知要说什么了！但是女儿现在嫁了人了,可以自由了,谁管妈妈说什么！

新郎伺候他的美丽新娘,非常殷勤周到。是何等快活的事！他没有娶妻的时候,何尝没有吃过很讲究的午饭？但是那有什么乐趣！他今大一面吃他的蛤蜊,喝他的啤酒,一面发议论:那班不结婚的男子真是笨人！真是自私自利！应该罚他们出一种税,和狗捐一般。鲁以丝可没有这样严厉的主张。她很和婉可爱的说,那些不愿意结婚的人,都是怪可怜的。要是他们有钱可以养家,也许要结婚了。法克心里微微一跳,他想,人的幸福难道是用钱计算的吗？决不,决不。但是不要管他,不久就会多找到一些事做,样样事总会很如意的。现在且开怀用那鲜美的烧斑鸠和红莓酱,和褒根地的美酒。新娘看见这许多奢侈品,倒有点担心事,忍不住说他们怕不能过这样阔绰的日子。但是法克把鲁以丝的酒杯添上了酒,教她不用这样过虑,说道:"不过这一天罢了,又不是天天如此。人生能快活时,总该快活。"

下午六点钟,一部华丽的马车,驾着两匹马,到门口候着。新婚的夫妇上了车,出去游玩。鲁以丝靠着车垫,心里很快活。他们兜过公园的时候,遇着许多熟人,都对他们点头招呼,脸上都很诧异,又有点羡慕。这班人心里大概猜想这位参事处的属员攀着一门好亲事了,他讨着了一个有钱的妻子,所以能这样阔。可怜他们只能步行。坐在马车里,靠着适意的软垫子,不消出力走路,可不是快活吗?

他们结婚的第一个月,天天过快活日子,跳舞哪,宴会哪,午餐哪,晚餐哪,看戏哪。但最妙的还是他们在自己家里过的时间。晚上从丈人家里陪着鲁以丝回来的时候,最有一种快乐的趣味。他们到家时,往往做一点半夜餐,对坐着闲谈,直到很晚的时候。

法克天天要节省费用,——理论上如此。有一天,鲁以丝熏了些鲑鱼,加上山芋,她自己吃了觉得很有滋味。但是法克不很赞成,下一次轮到吃鲑鱼的日子,他花了一个克郎买了一对斑鸠,以为价钱很便宜,高兴得很。鲁以丝不服,说她从前也买过一对,用不了一个克郎,况且吃这种肉未免太奢侈了。但是为了这小事,她也不同她丈夫计较。

过了两个月,鲁以丝病了,病得很奇怪。怕是受了凉罢,还是中了铜壶的毒?请了医生来看,医生大笑说没有病。奇怪,明明病得很厉害,还说没有病。怕是壁上糊的纸上有毒气罢?法克拿了一块纸去请化学师试验,化学师报告,说纸里并没有毒质。

但是他妻子的病总不见好,法克自己翻医书,查出来了,原来是这样一回事。于是他叫鲁以丝用热水洗脚,过了一个月,病全好了。这未免太快了,他们不曾想到这么快就要做爹爹妈妈了。但是做爹妈是很快活的事!这个孩子大概是男的——一定无疑了,爹爹妈妈应该替他先想一个名字。

明天法克去看他的好朋友,是一个大律师,法克想请他在一张借据上签个名字,使他可以借一笔款子来开销那些免不了的费用。那位律师回答道:"是呀,讨老婆,养孩子,是一桩很糜费的事。我到如今还干不起这件事哩。"

法克听了这话,明知话里有话,不便再开口。他空手回到家中,家里人说,有两个不曾见过的人来家里寻他。这两个人是谁呢?法克心想大概是他两个朋友,现在活宋炮台驻防营里当上校的。家里人说,不对,这两个人年纪太大了,不像是做陆军上校的人。法克想,是了,那一定是他在兀萨拉认得的那两位老朋友。现在他们听见他成了家了,故特地来看他。但是他家里人说,这两个人不是从兀萨拉来的,是京城的人,手里都拿着手杖。这可怪了,可是谁呢?——他们总会再来的。

过了一会,法克出去买东西,又带了一些红杨莓回来,不消说得,价钱很公道。他高兴得很,对他妻子说:"你瞧,这么晚的时节居然一个半克洛纳买了这么多的大杨莓!"他妻子说:"亲爱的,但是我们吃不起这种东西!"法克说:"不要紧,我在外面弄到了一点事做。"鲁以丝说:"我们欠人家的债又怎么办呢?"法克说:"欠的债吗?我——我现在正同人商量借一笔大款子,借到手就可把债一齐还清了。"鲁以丝说:"但是那是借债还债,可不是又借一笔新债吗?"法克说:"那可顾不得了。这不过是一个救急的法子。但是我们何必谈这种扫兴的事?你瞧,这些杨莓多好!吃了杨莓之后,再喝一杯雪梨酒,可不更好吗?"

于是他们叫佣人去买一瓶雪梨酒!——不消说得,是要顶好的。

下午鲁以丝睡醒时,又提到欠债的事。她对她丈夫说:"我有句话说,你不要生气。"法克说:"什么话!我那里会对你生气?你要钱用吗?"鲁以丝说:"杂货铺的账还没有付,肉店里的人早说过不再赊给我们了,马车行里也一定要问我们结账。"法克说:"就是这几项吗?我立刻——明天——就还清他们的账,一个钱都不欠。但是我们且想别的事。你爱坐马车到公园里玩一趟吗?你不要马车?也好,我们坐电车去罢,电车路也通到公园。"

他们到了公园。出来时同到波斯宫大餐馆里吃晚餐。他们很快乐,因为餐馆里的客人背地里议论,说他们是一对情人。法克听了很得意,但是鲁以丝见了账单心里有点担忧,她觉得这一餐的钱够他们在家里吃几天了。

过了几个月,要实地预备小孩下地的事了。摇床哪,小孩子的衣服哪,……都要置办起来。

法克到处张罗,很不容易弄到钱。马车行和杂货铺早就不肯赊账了,他们说他们也有家小,也须养家。什么话!这些人只认得钱,不讲义气!

产期到了,法克不能不找一个奶妈。他一面抱着新出世的女孩,一面又要跑出房去同他的债主说好话。新起[增?]的负担重得很,他辛苦忧愁几乎病倒。好容易他找到一点译书的事,但是他时时刻刻要跑东跑西的忙着,那能干译书的事呢?

没有法子,他只好去求他丈人帮忙。老头子冷冰冰的对他说道:"这一次我可以帮你一点忙,下次我再不管了。我不是有钱的人,我又不是单有你们这一对女儿女婿。"

产妇应该吃点滋补的东西,鸡哪,顶好的葡萄酒哪。还有奶妈的工钱。幸而鲁以丝不久就能起床了。这时候,鲁以丝略瘦一点,面色更白,格外好看,还像一个女孩子。

她父亲很严重的教训女婿道:"以后你千万不可再有小孩子了,你不要毁了你自己。"

以后法克一家还靠着爱情和新债过了一些日子,后来真破产了。家里的家具,都有了主子。他丈人赶来,把鲁以丝和她的孩子带回去。他们上了马车,临走时,老头子叹口气说:"总算我没有主意,把我的女儿借给了一个少年人,过了一年,他把女儿还给我,毁坏了!"

鲁以丝本愿意同法克守着,但是他们此时已没有过活的道路了。

法克一个人在家,眼睁睁地对着那些债主——那两个拿着手杖来寻过他的人——把家里所有的东西拿得干净——椅子、桌子、红木的床、刀、叉、盆、碟、碗、壶……

可惜人生在世不能够吃不费钱的烧斑鸠和大红莓,这真是大可耻的事!

一封未寄的信[①]

[意]卡德奴勿

著者 Eurico Castelnuovo（1830—?）是意大利一个最老的文豪。意大利的新式短篇小说要推他做一个很早的功臣。

高尼里教授是一个有名的"埃及学"大家，上议院的议员，曾得了许多的勋章，又是国内国外许多高等学会的名誉通信会员。这一天他正在指挥他的仆人潘波打开新从泊遮寄来的两箱书籍。

二十年前，高尼里教授在泊遮大学做新拉丁文教授时，搜集了许多书籍。后来他到各地旅行，研究言语学和考古学的种种问题。旅行回国后，曾做过弗洛仑斯大学和奈泊儿大学的教授。后来政府敦请他回到罗马，特为他设一个讲座，给他很高的年俸，他方才回到罗马来。当他往来迁徙的时候，他在泊遮收集的藏书都寄在泊遮一个朋友家里，钉封着，不曾开看。他到弗洛仑斯时，曾取了几箱回来，到奈泊儿时，又取了几箱回来。剩下的两箱，直等他到了罗马预备久居的时候，方才取回来。

其实这几箱书，取回不取回，于他没有什么要紧。他到一处总会收集许多书。何况现在他住在京城里，有许多公立私立的图书馆供他取用。

况且我们现在的时代是一个汽船汽车的时代，变迁快得很，今天的真

① 本篇翻译时间未详。载 1919 年 7 月 6 日至 13 日《每周评论》第 29、30 号；收入《短篇小说》第一集、《胡适选集》翻译分册、《胡适译短篇小说》。——编者

理,明天也许变为谬说了;一部新出版的书往往有隔夜就变为无用的危险。

话虽如此说,但是高尼里教授十年前做的一本小册子,可不曾变老。他那本书里用许多精密的证据,证明许多人认为客儿特(Celtic)语根的字其实都起源于芬兰的语根。这本书出版以来,欧洲各种文字都有译本。高尼里教授的名誉一天大似一天,后来他竟爬上"科学的埃及[金字]塔顶上"去,和乌萨拉大学里那位世界驰名的罗斯丹教授并列了……

且说这一天潘波打开书箱,高尼里教授站在旁边指点他。这时候这位教授不过四十岁,但他的外貌已很苍老,不像四十岁的人了。他的双肩有点往下垂,他的广阔的额上已有了皱纹了。他的近视眼带上眼镜,半睁半闭的,像一只小猫的睡眼。他的头发很稀疏,已花白了。他的胡子很不整齐,是向来不曾修饰过的,如今也花白了。当他少年时,他也时时修面剃须;但是他有时剃了半边脸,还有半边没剃,忽然想起别的科学问题,就搁下了,停一会就这样走上讲堂,惹得全班的人哄堂大笑。这类的事,不止一次,他后来索性不剃面了,就听它茸茸蓬蓬的自由发展。这种"心不在焉"的笑话,是大学教授们常有的事,也不用一一细说……

高尼里教授不爱社会的应酬,有时不能不到应酬地方,他总是远远的站着,避开妇人们,如避开蛇蝎一般;因为他见着妇人不会说话,妇人见着了这位古董学问大家也不知说什么话才好。

但是五六年前,因为挑女婿的人家多了,可嫁的丈夫真少,所以居然有几位老太太们想把高尼里教授捉去做女婿。有一天,巴陀利伯爵夫人大着胆子请这位教授到他们家晚餐。伯爵夫人的第二个小姐生得一口不整齐的牙齿,一双眯睐的眼睛,没有人肯要她。这一次她母亲看中了高尼里教授,请他晚餐,预先吩咐她女儿好生接待他,陪着他闲谈,亲手做桃浆膏请他尝新,甚至于畅谈到芬兰语根的字!总算是十分巴结了。不料高教授不肯上钩,他觉得四面有埋伏,略坐一会就逃走了,以后竟不敢上巴陀利伯爵夫人的门。直到后来那位二小姐嫁了一个咸鱼[店]老板,他方才敢去走走。

高教授自从那一次受了一点惊骇之后,有如惊弓之鸟,格外小心,见了妇女的社会更不敢亲近了。

凡是一个男子汉，他的一生总有一页两页的情史，或是快活的，或是痛苦的，但是我们这位高教授却没有这回事。他的朋友如此说，他自己也如此说，他并不是有心撒谎。他是一个专心研究高深学问的人，眼前的事尚且不记得，我们又何必要他追想几十年前的旧事呢？

……

这一天潘波打开书籍，捧出书来，喊道："你瞧！这么多的灰土！你让我拿到楼下去弹扫干净了再拿上来罢。"

高尼里教授不赞成这个法子，他硬要潘波在他面前把灰土弹了，把书交给他自己摆到新办的书架上去。潘波没法，只好依他，一本一本的把书取去；打扫干净，交给他；他看了书名，一类一类的分列书架上。

满屋里都是灰土，桌上椅上衣上都是灰土，他们主仆两人不住的打喷嚏。潘波提起一本大书来，喊道："这上面有一层蛛丝网。"原来这是一本古代的世界地图，是白尔推在哥搭翻印的版子。潘波拿起来一抖，书页里面掉下一个方方的小信封，日久了，已变了黄色。

潘波喊道："什么东西？好像一封信。"他一头说，一头放下地图，弯下身去捡那封信。高教授也瞧见那封信了，他先抢着把信拾起。果然是一封信，并且是他亲笔写的。邮票并不曾钤印，信封还是紧封着，信封上是他自己写的住址：

寄弗洛仑斯城塞维街 25 号第一层

阿达维耶（姓）媚利丽菱（名）小姐

高教授不意之中忽然看见这个名字，使他的记忆力回想到二十年前；使他脑背后的云雾里忽然现出一个长身玉立、温柔可爱的女子来。为了她，我们这位不动心的教授曾有一次觉得这心把持不住了；为了她，这位终身不娶的学者曾细细盘算结婚的问题。后来怎样呢？……

潘波看见他主人手里拿着这书信，尽着翻来翻去的想，他忍不住问道："这封信怎么会夹在这书里面呢？"

高教授回过头来,喝道:"要你多管闲事!走出去!"

潘波道:"我不要理书了吗?"

"现在不要了。走开。"

"为什么变卦了?"

"没有什么。我要你时,我会按铃叫你。"

潘波咕噜着嘴走出去,心想这是一封什么信,怎么他的主人一见了就变脸了?

潘波走开之后,高教授坐下来,抖颤颤的把阿达维耶小姐不曾开过的火漆印撕开。下文是一八七五年十月十五日他在泊遮写的信:

> 我的好朋友:我刚才接到你父亲去世的不幸消息,我赶快写信,使你知道我对于你遭此大丧的同情。七月间我在维尼斯侥幸得同你父亲和你常常相见,那时我很知道你待你父亲的一片孝心。

> 你还记得(我决不会忘记)那天早晨我们同到海边去游玩的事吗?我们先到了几处地方,后来你父亲疲倦了,到旅馆里去歇息,我和你步行到海滨上去。那天的天气非常爽快。太阳的光线被云遮住,所以你把阳伞收了,海波微微的打着岸边,浪花溅到我们走过的沙滩上。

> 承你告诉我你父亲的病状,你说他这病已起了多年,一年不如一年,医来医去,终归无效。你告诉我说你父亲因为爱你,所以不肯把他病中所受的苦痛使你知道。你又说你们一家本是旺族,于今只剩你们父女两人,所以家庭之间格外亲爱。父女互相怜惜,思想感情都十分融洽,那种家庭之乐,真不易得。你说到这里,心里一酸,不说了,眼眶里都是眼泪。

> 那时我心里有多少话要说,只是说不出。你知道我天生是羞怯的人,我很怕那些妨害我研究学问的事。但是我觉得那时候我曾使你知道我对于你的境遇心里如何难受。我对你说,无论什么时候你用得着我,我总肯听你呼唤。你伸出手来,抖颤颤的拉住我的手,低低说了一句"多谢",就要走回去看你父亲了。

我们走回去的时候,两个人都不曾开口说话,但我们觉得你我的心灵彼此都能明白了解,不消说什么了。

过了一两天,你们就离开维尼斯了。我那时竟没有机会独自同你再谈一次。

我的朋友,现在你一生最大的悲痛来了。现在你正可以试验你的朋友的真价值。

我本想亲自来弗洛仑斯看你,可惜我此刻就要动身到伦敦去,因为东方学学者的大会本月十九日开会,我要赶去开会。会开过后,我也许离开欧洲去旅行一次。但我的行动全靠你一个人。只要你一句话,我就立刻到意大利去。无论如何,十月中我总在伦敦。我望你快快回我一信。请你念我在世界上也是一个孤零的人,况且比你受孤零的日子长得多呢。你的朋友高尼里亚狄罗。

高尼里教授把这封四页的情书,从头读了两遍,不能不回想到写信的那一天,那一点钟,那块地方。他极力追想当日何以忘记付邮;何以阿达维耶小姐始终没有一个字的回信竟不会挑起他的疑心;何以他竟不写第二封信去,问个明白。

他想起来了——

那一天早晨,讣闻寄到的时候,我们这位教授正在收拾书籍行装,预备出门远游。他尽日想着他三月前在维尼斯遇着的那个女朋友,心里盘算还是单写一封吊慰的信呢?还是吊慰之外再加上几句表示爱情的话呢?他知道这个女子不是寻常的女子,是天生给一位学者做配偶的,她不是曾做她父亲的书记吗?她难道不肯做她丈夫的书记吗?她又懂得两三国的语言,很可以帮助她丈夫,替他抄写,替他整理书籍文稿,替他校对印稿;有时她丈夫要去赴学者大会,她也许替他收拾行装,送他上火车;也许跟他同去,替他买票,照料行李和种种麻烦的琐碎事。我们这位教授想到这些地方,觉得结婚原来不算什么可怕的事,简直是一个波平浪静的海港,可以躲避风涛的危险。他主意已定。那天晚上,写了许多信,内中有一封就是给阿达维耶小姐的。信里说得那样缠绵恳切,连他自己都觉得是生平不曾有过的奇事。就是现在二十年后重读这信，他也还觉得这种不曾经惯的甜味。

他又想起那天晚上，他在他的泊遮寓宅的书房里。桌上点着一盏油灯，面前摊开一本古代的世界地图，翻开的一页正是"前六世纪以前的埃及"。那时英国哀丁堡大学的马利孙教授写信来约他同去游览埃及南部梯泊斯的遗址，他正写回信说且等伦敦大会开过后再定；他随手取下这本地图来把他们所要经过的路程订定了。那天晚上，他写了许多信，忽然他的女房东来敲门，说马车预备好了，行李阳伞都放好了。他匆匆站起来，匆匆把桌上的地图收起放到架上去，匆匆把那几封已贴邮票的信都插在衣袋里，匆匆下楼来，匆匆上车走了。

他万想不到冤家不凑巧，刚刚把一封顶要紧的信夹在那本历史地图里。他不懂得何以当时他把那些信放进邮箱时竟不曾留心少了一封。他以为信已寄出去了，寄出之后，他还有点后悔，觉得这么一件大事，不应该就这么匆匆解决了。他为什么不仔细筹算筹算呢？他为什么轻易说出一个不能收回的字——"爱"——从此把一生的独立都牺牲了呢？如果那位小姐回信答应了，他是一个场面上人，能改口翻悔吗？如果回信不答应，他可不是白白地受一番没趣吗？

所以他到伦敦的第一星期，马利孙教授催他决定埃及的旅行，他很踌躇，很着急。每见邮差送信来，他心里就有点发抖，又不知道他心里究竟要的是什么。

过了几天，会开得正热闹，他读了两篇论文，到会的一班有名学者都很欢迎他，恭维他是科学界一个新出现的明星。他觉得会里的讨论很有趣味，于是不在眼前的那个孤苦零丁女朋友的影像渐渐的变淡了。后来他老等不着阿达维耶小姐的回信，他心里暗暗的高兴，觉得没有回信也好，他既可免了被拒绝的耻辱，又可恢复他自己的自由了。他自己总算尽了责任，很对得住她了。他亲亲切切的求婚，女的自己不睬他，这可怪不得他了。

等到十一月里，我们这位教授打着罗马西柴大帝的话，说道："Alea

iaotaest"("完了！没有挽回了！")

他决意同了几位同伴,到埃及去游历。在埃及南部和亚比西尼亚(非洲国名)住了两年,研究古代的象形字和古城遗址,时时把研究的结果作成论文,送登欧洲的领袖杂志。从意大利、从法国、从德国寄来许多杂志,日报,科学家的通信,学会选举的报告,——还有几封讨厌的信是他的泊遮女房东寄来的。但是弗洛仑斯的阿达维耶小姐一个字也不曾寄来。等到他回国时,他早已忘记这位女朋友了。虽然相隔只有两年,但这两年在高教授的学问名誉上看起来,简直可值得一百年。所以他听说三个月前阿达维耶小姐嫁了一个西西利岛的巡检,他也不放在心上。他手头的事体多着呢！又要筹算政府给他的位置那一处最适宜;又要替《哀丁堡杂志》作文论亚西里亚的古迹;又要著书讲客儿特语根和芬兰语根。比起这些重大问题来,阿达维耶小姐真算不得什么,结婚的问题更是一件讨厌的事了。

只有后来弗洛仑斯大学聘他做教授的时候,他方才有点踌躇。他心想:万一那位西西利岛的巡检调任,他妻子回到弗洛仑斯,倘然见面,该怎么办呢？还是假作不认得,不睬她呢？还是当面责怪她何以那样薄情,信也不回一封呢？

他仔细一打听,原来阿达维耶小姐嫁作巡检夫人不上十个月就害伤寒疟症,死了！

死了！高教授听见这个消息,心里很难过。这么年轻的一位好女子,就死了！如果他当初真和她结了婚,这时候可不要更伤心悲恸吗？幸喜当初阿达维耶小姐不曾回他的信！幸喜不曾尝过结婚的生活！尝过结婚生活的人,一旦死了妻子,更难过日子了。

他这么一转念,也不悲痛他那死去的女朋友了。从此以后,日子久了,事业繁了,往事都化作烟云走了,连阿达维耶·媚利丽菱的名字都忘记了。

……

万不料二十年后,这本古代地图的书页里忽然掉下这封不曾寄去的情书,我们这位教授,中年的人,被学问变老了,一生只晓得为我的生活,——到了此刻,手里拿着这封小小的黄色信封,眼前好像看见阿达维耶小姐二十年前的面貌,眼睁睁地对他望着,好像听见她说道:"你这个负心人!当初我在患难之中,你为什么连一个字都不写给我?就是泛泛的朋友也可怜我。你不是曾使我相信你有心爱我吗?你为什么一毫都不感动呢?我不是曾写信给你吗?唉!你们这班男子真靠不住!"

她如今含恨死了,高教授有冤无处诉,有话无处说,有理无处辩。

高教授手拿这信,心里又想他一生只有过一点爱情,只有过一段情史,只有过一回诗意,——就这一点也不曾开花结果,如今晚了!再也不会有这种事了!他的心头再也不会为一个妇人狂跳了!他的笔下,再也写不出这样一封婉转殷勤的情书了!

他又转念问他自己道:如果这封信寄去,到了那边,阿达维耶小姐回信来说:"我懂得你的意思,我答应了,我爱你,愿意做你的人。你来罢。"那时他自然不去埃及旅行,自然不去研究那些古代象形字和那些古城遗迹了。也许他不久就生下儿女了。也许他家累重了,他的名誉未必能长得这么快。他的一切荣誉,一切勋章,未必会到他身上来。也许他竟没有机会做他的芬兰语根的大发明。那"科学的埃及[金字]塔顶上"和那位世界有名的罗斯丹教授并立的,也许不是高尼里,也许是别人。这样想来,这封信当日不曾寄去,真要算一件大侥幸的事。

但是——但是——高教授的心里总觉得有一种饿馋馋的怀疑,再三排解不开:"牺牲了一点光荣去换一点爱情,难道不更好吗?"

他想把这封信撕破了,但他没有这点勇气,只好把它放在书桌抽屉里。他叫潘波进来,接着搬出书箱里的书籍。

到了晚上,他忍不住又把那封二十年前的信拿出来从头读一遍。以后他差不多没有一天不把这封信拿出来读了又读。读完了,他往往望着那变黄了的信封,望着那不曾钤印的邮票,低低的自言自语道:"倘使这封信寄出去了……"

十一

她的情人①

[俄]高尔基

"Maxim Gorky"乃是一个假名字。他的真姓名是"Aleksyey Maximovitch Pyeshkov②"。他生于1868年,现在还活着。他所著作的小说很多。

当我在莫斯科做学生的时候,我住的屋里,有一个很不名誉的妇人也住在那里。这妇人是一个波兰人,人家叫她做铁利沙。她身体高大,皮肤带糙黑色,眉毛又浓又粗,面貌也很粗鄙,好像当初是用斧头砍成的,不曾经过雕饰的功夫。她那一双兽性的眼光,那种粗重的喉音,那种马夫式的脚步,那种渔婆式的蛮劲——这几项,没有一项不使我见了害怕的。我住在最高的一层,她的房间就在我对面。她在家的时候我总把房门关上。幸而她在家的时候很少。有时候,我在楼梯上或在院子里遇着她,她总对我微笑,笑容里带着一种不信世上有好人的神气。有时候,我遇着她喝醉了回来,矇眬着眼睛,蓬松着头发,脸上露出一种格外讨厌的笑容。在这种时候,她往往开口和我说话。她的"先生,你好吗!"和她的蠢笑,使我更厌恶她。

---

① 本篇翻译时间未详。载1919年11月15日出版的《太平洋》第2卷第1号;收入《短篇小说》第一集、《胡适译短篇小说》。——编者
② 应为Aleksey Maximovich Peshkov,可能是胡适的笔误。——编者

我本想搬走了,免得这种无谓的招呼。但是我租的那间卧室,可以望得很远,下面又不当街道,很清静的,所以我舍不得搬开,只好忍耐着。

有一天早晨,我靠在睡榻上,心里盘算今天不去上课应该用什么话去告假,忽然房门开了,铁利沙的粗重声音在门口说道:"先生,你身体好!"

我说道:"你要什么?"我说时,只见她的脸上很有点为难,带着恳求的神气。这种神气,在她的脸上,平常是没有的。

她说:"先生! 我想求你做点事。你肯允许我吗?"

我不答应,心里想道:"什么东西! ……好孩子,不要怕!"

她说:"我想写一封信回家,就是这一点事。"她说时,声气很缓和,很小心。

我心里想:"你滚罢!"但是我已跳起来,坐在桌边,拿了一张信纸,说道:"到这边来,坐下,你说罢。"

她进来坐在一张椅子上,对我望着,脸上有羞愧的样子。

我说:"这封信写给谁呢?"

她说:"写给波尔士高虚朴,住在华骚路上的瑞奢那城。"

我说:"你说下去罢!"

她说:"我的波尔士,……我的宝贝,……我的忠心的情人。愿圣母保护你! 你这个金子做的心肝,你为什么这样长久不曾写信给你的可怜的小鸽子铁利沙?"

我写到这里,几乎忍不住大笑起来。好一只"可怜的小鸽子!"五尺多高,两只拳头每只至少有十几斤重,还加上一张糙黑的脸儿,好像这只小鸽子终身住在烟囱里,永不曾洗过浴! 我好容易忍住笑,问道:"这个波尔士特是谁?"

她听我把"波尔士"读作"波尔士特"了,有点不高兴,说道:"先生,他的名字是波尔士。他是我的少年情人。"

我说:"少年情人?"

她说:"先生,你为什么这样大惊小怪的? 难道我做女孩子的不可以有一个少年情人吗?"

她还自称是女孩子！哼！

我只好说道："是呀，为什么不可以？世界上什么事没有？他做了你的少年情人有几年了？"

"六年了。"

"呵！——哦！……你说罢，我替你写下去。"

这封信的内容，我也不发表了，简单一句话，这封信真是一篇甜蜜蜜的情书。如果写信的人不是这位又高又黑的铁利沙，我真愿意做那个波尔士了！

写完了信，她恭恭敬敬的谢了我。她说："也许我能替你做点事吗？"

我说："不敢当，但是你的好意我很感激。"

她说："先生，你的衫子，裤子，也许要缝补吗？"

我当时觉得这个穿女衫的怪兽真有点讨厌，我也有点生气，就老老实实的回绝她，说我用不着她做什么事。她就走了。

过了一两个礼拜。一天晚上，我坐在窗边，嘴里打忽哨，心里想寻一条消遣的方法。那一天我觉得厌倦了，外面天气又不好，我不愿出门去，只好自己寻思，自己分析自己的思想。正想的时候，房门开了，有人走进来。

"先生，我盼望你今晚没有要紧事要办罢？"——原来是铁利沙的声音，哼！

我说："事却没有什么。你要什么？"

她说："我想请你再替我写一封信。"

我正没有事做，便说："可以。又是写给波尔士吗？"

她说："不是的。这回是他写回来的信。"

我听了不懂，问道："什——什么？"

她连忙改口道："我说错了。这封信不是我托你写的。这是我一个朋友——一个男朋友托写的。他有一个女相好，和我铁利沙一般样子。就是这么一回事。你肯替他写一封信给他的铁利沙吗？"

我仔细对她一望，见她脸色迟疑，她的手指发颤。我起初不懂得，——仔细一想，我猜着了。我便对她说："大姑娘，我明白了。本来没有什么波尔士，也没有什么旁的铁利沙，都是你一个人在我这里说鬼话。

不要再来胡缠了，我不愿意和你往来。你懂得吗？"

忽然她脸上变色，她双脚移动，但身子不动，满嘴都是口涎，好像要说话又说不出的样子。我静〔等〕她说什么。但是那时我看她那副神情，心里明白我不该疑心她有意借写信为名来引诱我，我晓得这种疑心是大错了。大概这里面别有原故。

她开口说："先生……"刚说了这一个字，她忽然把手一挥，回转身来，跑回房去。我心里很有点不安。我留心细听。只听得，砰的一声，她把房门关了，——我知道这妇人生气得很。我仔细一想，决意去请她回来，她要什么，我就替她写什么。

我走进她的卧房，四面一看，只见她坐在桌边，双手蒙着头。

我说："你听我说。"

她跳起来，眼光灼灼的走到我面前，把两只手搁在我的肩膊上。她那粗重的声音，低低说："你看，是这么一回事。也没有波尔士，也没有铁利沙，但是他们有没有，关你什么事？你拿起笔来在纸上写几行字，算什么难事？你！你还是一个好看的小孩子咧！也没有波尔士，也没有铁利沙，只有一个我。现在你知道了，于你有什么好处？"

我被她这一来，倒怔住了。我说："对不住，我还不明白究竟是怎么一回事。你说波尔士这个人是没有的？"

"是。没有这个人。"

"你说铁利沙也是没有的？"

"也没有铁利沙。我就是铁利沙。"

我更糊涂了。我眼睁睁地望着她，心想究竟是她疯了，还是我疯了？她忽然回转身，到桌边翻出一件东西，回来恨恨的对我说道："请你写一封信既然是那样烦难的事，你瞧，你的原信在此，你拿了回去罢。你不写，别人会替我写。"

我见她手里果然是我写给波尔士的原信。我便说道："铁利沙，究竟你是什么意思？我替你写了，你不寄出去，又何必一定要请别人再写呢？"

她说："寄出去？寄到那里去。"

我说："寄给这位波尔士去。"

她说："本来没有这个人。"

我可真不懂了。我只好呔了一声,回转身就走。她又留住我,解说给我听。她说："我告诉你,本来没有波尔士这个人。但是我心里愿意世上真有这个人。……我难道不是和别人一样的人吗？是的,是的,我知道,我知道,……但是我写信给他,于人有什么害处？"

我插口说道："且慢。你说写信给谁？"

她说："自然是给波尔士。"

我说："但是你说并没有这个人。"

她说："唉！唉！但是有没有这个人,也不要紧。他不在世上,但是世上也许有这个人。我写信给他,就像世上真有了他。要是他回信给我,我便再写信给他,……"

我现在真明白了。我低头一想,心里非常难过,非常惭愧。原来离我不到一丈远,住的是一个"人"——一个有心肝有爱情的"人"——她在世上,没有朋友待她好,没有人用爱情待她,她只得自己心里造出一个朋友——一个情人来！

她接着说："你替我写了一封信给波尔士,我拿去请人念给我听。我听人念这信,心里觉得波尔士真在那里。我又请你替波尔士写封信给铁利沙,——就是我。我拿去请人念给我听,我听了更觉得波尔士这个人真在那里和我说话了。这样下去,我在世上的苦生活便好过一点了。"

我听了这话,心里想着："谁说你是一个蠢货！"

从此以后,每礼拜两次,我替她写一封信给波尔士,一封信替波尔士回铁利沙。去信是用她自己的话,回信都是我自己用心揣摩写的情书。……铁利沙听我念信时,哭得泪人儿似的。因为我肯替那虚想的波尔士写许多真正的情书使她听了下泪,所以她常常把我的破袜、破裤、破衫子,拿去缝补。

过了三个多月,不知为了什么事,他们把铁利沙捉去关在监狱里。这个时候,她大概早已死了……

《短篇小说》
第二集

译者自序

这几篇小说本来不预备收在一块的。契诃夫的两篇是十年前我想选一部契诃夫小说集时翻译的；三篇美国小说是我预备选译一部美国短篇小说集用的。后来这两个计划都不曾做到，这几篇就被收在一块，印作我译的《短篇小说》第二集。

《短篇小说》第一集销行之广，转载之多，都是我当日不曾梦见的。那十一篇小说，至今还可算是近年翻译的文学书之中流传最广的。这样长久的欢迎使我格外相信翻译外国文学的第一个条件是要使它化成明白流畅的本国文字。其实一切翻译都应该做到这个基本条件。但文学书是供人欣赏娱乐的，教训与宣传都是第二义，决没有叫人读不懂看不下去的文学书而能收教训与宣传的功效的。所以文学作品的翻译更应该努力做到明白流畅的基本条件。

这六篇小说的翻译，已稍稍受了时代的影响，比第一集的小说谨严多了，有些地方竟是严格的直译。但我自信，虽然我努力保存原文的真面目，这几篇小说还可算是明白晓畅的中国文字。在这一点上，第二集与第一集可说是一致的。

我深感觉近年翻译外国文学的人，多是间接从译本里重译，很少是直接翻译原文的。所以我前几年在上海寄居的时候，曾发愿直接翻译英国和美国的短篇小说。我又因为最喜欢 Harte 与 O. Henry 的小说，所以想多译他们的作品。这几篇试译，我盼望能引起国内爱好文学的人对于这两位美国短篇小说大家发生一点兴趣和注意。我也盼望我的第三集是他们两人的专集。

一九三三，六，二十七，

太平洋船上，胡适

米格儿①

［美］哈　特

哈特（Francis Bret Hart②），1836 年生于纽约省的省会。他的父亲在本城大学教授希腊文，死的很早。死后家很贫，他只受了初等教育，17 岁时，跟他母亲迁往西方，到了加里福利［亚］省。他在西美做过矿工、印刷工、信差、教员、报馆主笔。他编辑 The Californian 报时，发表了一些"缩本小说"，很受人欢迎。1868 年，他创刊 Overland Monthly，为太平洋海岸最早的重要文学杂志，他做了几年的编辑，发表了许多短篇小说和诗歌，不但引起了东美人士的注意，还引起了欧洲文学界的注意。

哈特是短篇小说的一个大师。他的小说描写西美开拓时代的生活，富于诙谐的风趣，充满着深刻的悲哀，又长于描写人的性格，遂开短篇小说的一个新风气，影响后来作者很深。

从 1867 年到 1898 年，三十年之中，他的作品出版了 44 册。他在加省大学做了一年教授，回到纽约，住了 8 年；出去到德国、英国做了几年领事。1885 年以后，他住在英国伦敦，专心做文学事业。1902 年，死在英国。（节译《大英百科全书》的小传）

---

① 本篇译于 1928 年 12 月 11 日。载 1928 年出版的《新月》第 1 卷第 10 号；收入《短篇小说》第二集、《胡适选集》翻译分册、《胡适译短篇小说》。未标明为编者注的页下脚注，均为原篇后注。——编者

② 应为 Harte，可能是胡适的笔误。——编者

此篇原题为 Miggles,是哈特最著名的小说的一篇。

十七,八,二二

我们车上连驾车的共是八个人。最后这六里路,路太坏了,车子震动的厉害,把法官先生的博雅的谈锋打断了,所以我们都没有说话。法官先生身边坐的那位高架子早睡着了,一只手腕穿在车上的皮带里,脑袋枕着手腕,软绵绵的一堆,活像上吊的人解下来太晚了的样子。后面座位上那位法国女太太也睡着了,却还是一派半知觉的规矩态度:手里捏着一块手绢,遮着半边脸儿。那位勿金尼亚城的女太太——同她丈夫一块儿旅行的——缩在那一大堆发带、面幂、皮围领、肩衣的里面,早已认不分明了。

车厢里什么声息都没有,只听见车顶上的大雨和车轮嘎嘎的声响。忽然车子停住了。我们约略听见外面说话的声音。分明是赶车的正在同路上的一个人说话,话虽听不清楚,风雨里刮进来的"桥冲掉了","两丈深的水","走不过",还可以听得出。

一会儿,话听不清了,忽又听见路上的人大声说:"试试米格儿家罢。"

车行的时候,我们瞥见大雨里一个骑马的人冲雨而去,那就是指引我们的路的人。我们的车大概是赶向米格儿家去。

米格儿是谁呢? 在那儿呢?

我们一群人自然都望着法官先生,可是法官先生虽然熟悉这一带的情形,却不记得这个名字。那位洼夏旅行家猜说米格儿大概是开旅馆的。我们只知道前后都涨了大水,只有米格儿家是我们避雨之处。

车子在一条岔路上走了十分钟,路窄几乎容不下公共马车,好容易到了一个人家门口,两边是石头堆成八尺高的墙垣,中间是木板钉横木的门。这分明是米格儿家了,又分明米格儿家不是开旅馆的了。

赶车的余八跳下去推门,门却锁的很牢。余八喊道:

"米格儿! 米格儿!"

没有人答应。余八生气了,又喊:

"米——格儿! 你这米格儿!"

公共马车上的转运公司伙计也帮着喊道：

"呵，米格！米吉！"

米格儿总没有回声。法官先生把车窗打开了，伸出头来唠唠叨叨地问了许多话，余八不理他，只回答道：

"要是我们不想坐在车厢里过夜，大家还得高抬贵体，下来帮着把米格儿喊出来罢。"

于是我们都站起来，齐声喊着"米格儿"，又一个一个陆续喊着。喊声刚完，我们车顶上的爱尔兰朋友也喊道："梅该儿！"我们听了他的土腔都忍不住大笑。

我们正在大笑，赶车的余八忽然喊道：

"吁！"

我们听时，原来墙的那边有人学我们的喊声，把我们喊的"米格儿"，连那位爱尔兰朋友的"梅该儿"，都喊回来了。我们都很奇怪。

法官先生说："异常可怪的返响。"

余八骂道："异常可怪的混帐！"他接着喊道："米格儿出来罢。大大方方地做个人，米格儿，不要躲在暗地里。"这时候余八已气的直跳了。

墙那边的回答仍旧是"米格儿！""呵，米格儿！"

法官先生文绉绉地说："我的好人，米该儿先生，请你想想，这样淋漓的大雨里，还有女太太们，你若闭门不纳，岂非太没有地主之谊了？真的，先生呵，……"墙那边一阵子"米格儿""米格儿"打断了法官先生的演说。

余八忍不住了，他在路边拾起一块大石头，把板门捶倒，带了转运公司的伙计直走进去。我们都跟着进去。

里面一个人也不见。天色渐黑下来了，一些矮蔷薇的叶子上的雨水溅到我们身上，我们知道我们站的地方是一个花园，面前是一所长长的板屋。

法官先生问余八道："你认得这位米格儿吗？"

余八忿忿地说："不认得，谁爱认得他！"余八觉得这个顽梗的米格儿胆敢这样蔑视"殖边公共马车公司"的车夫，殊属可恶之至。

法官先生想到捶倒不相识人家的门，觉得不妥，正要说："可是，余八，你……"

余八挖苦他道："法官先生，您老人家最好还是请回到车厢里坐下，等人家来正式介绍您罢？我可要撞进去了。"他推开了板屋的门，后面跟着转运公司的伙计，走进去了。

我们都跟着挤进去。

里面一间长长的房间，房的尽头有个壁炉，柴火快灭了；这间大房里只有这点点火光照着。墙上糊着怪样的纸，闪闪的炉火光使墙纸的花样更觉刺目。炉边一只有扶手的椅子上坐着一个人。

余八喊道："喂，你就是米格儿吗？"

那人不回话，身子也不动。余八气忿忿地走上去，拿车上的手灯向他脸上一照。那人是一个男人，年纪像不大，脸上很有皱纹，显出早衰的样子；瞪着很大的眼睛，眼光里露出那种绝无所为的凝静，绝像我见过的猫头鹰的眼光一样。那双大眼睛慢慢地从余八的脸上移到灯口上，瞪住那光亮的东西，好像不认得那是什么似的。

余八勉强忍气，对他说："米格儿，你耳朵聋了吗？你总不会是哑巴罢？"他走上去扳住那人的肩头，用力一摇。

我们只见余八一放手，那人分明瘪下去了，身子缩小了一半，剩了一大堆臃肿的衣服。我们都吓了一跳。

余八倒没了主意，口里说："糟啦，怎么回事！"眼睛望着我们，退了下来。

法官先生走向前，我们帮他把那位没有脊梁的怪物扶起来，恢复他原来的样子。我们叫余八拿灯去探看外边，因为这里既有这个残废的人，附近总不会没有看护的人。

我们围拢在炉火边。法官先生如今恢复了他的气派了，——他站在我们面前，背向着壁炉，——把我们当作一班想象中的陪审员，他开始训话了：

"据我看来，我们这位朋友或者是已经到了莎士比亚所谓'叶枯而黄'

的景况，或者是他的心理上同生理上害了早衰的病症，不论他是不是那米格儿，……"

他说到这里，又被一阵子"米格儿！""呵，米格儿！""米格来！""米吉！"打断了。这种喊声简直同我们在墙外听见的是一样的。

我们彼此相望，都不免有点惊讶。法官先生觉得那声音好像正从他的肩头上发出来，他也吓的连忙退位。但一会儿我们就发现那声音的来源了，原来壁炉上方的架上站着一只喜鹊。现在他完全静默了，绝不像刚才那贫嘴的样子。但我们路上听见的喊声一定也是他的学舌，和椅子上那位朋友毫不相干。

这时候，余八回到屋里来了，外面人影也没有一个，他不信喜鹊会开他的玩笑，所以他还觑着椅子上的人，满怀着疑心。他寻得了一间空舍，把马安放停当了，走进来时，一身淋的透湿，满脸的不相信。他说："这屋子周围十里之内没有一个人，只有他这个浑小子，他自己也知道。"

但我们多数人的意见是不错的。余八的气话还没有说完，我们就听见门口有很快的脚步声响，还夹着湿裙子拖在门阶上的声音。门开了，一个年轻女子走进来——雪白的牙齿，晶莹的眼睛，绝无拘束而又绝无狐疑的神气——她随手关上门，喘着气，靠在门上，开口说：

"哦，对不住，我是米格儿！"

原来这是米格儿——这个晶莹妙目，响亮喉咙的少年女人，她的蓝粗布的湿衣服遮不住她身上的曲线美，从她头顶上漆皮男雨帽罩着的栗色头发，到她脚下男式粗靴遮着的脚和踝骨，样样都是优美的风标——这是米格儿。

她对我们笑，轻盈地、爽快地笑。喘息还不曾定，一只手叉着腰，全不管我们一队人一时无话可答的窘状，全不管余八这时候完全被征服了的丑态——她侃侃地说：

"孩子们，你们经过大路的时候，我离这儿足足有两里多路。我猜着你们也许到这儿来歇脚，所以我直跑回来，我知道家里没有人，只有吉梅，——那，——那，——我气还喘不过来，——那可不糟了。"

米格儿说到这里,摘下那顶雨淋淋的漆皮帽子,一个回旋,洒了我们一阵雨点子;她伸手去摸头发,掉下了两支发针;她嫣然一笑,坐在余八的旁边,两只手交叉在衣裾上。

法官先生第一个回复原状,他正要开口说一番大大的恭维的话。她只正色说道:"对不起,哪一位给我拾起那支头发针。"五六只手都伸下去,发针捡起了,还给它的美丽主人。

米格儿走过去,深深地看着那病人的脸。那病人的凝静的眼睛也望着她,眼里忽然露出一种我们不曾见过的神气,就像生命和知识都挣扎着要回到那皱纹的脸上似的。米格儿又一笑——一种可以替代无限语言的一笑——仍回过她的乌黑眼睛和雪白牙齿来对着我们。

法官先生吞吞吐吐地说:"这位有病的先生是……"

米格儿说:"是吉梅。"

"是你的父亲?"

"不是。"

"是你的哥哥?"

"不是。"

"是你的丈夫?"

米格儿向那两位女客(我们男性对于米格儿的倾倒,她们两位是不参加的)看了一眼——很敏锐而微带挑衅的一眼——她正色说:"不是,是吉梅。"

这时候,大家都觉得很窘,谁也不说话。那两位女客彼此更移近了。那位洼夏丈夫把眼直瞪着炉火。那位高架子闭着眼睛,好像向肚子里求救兵。

但是米格儿又笑了,她的笑是会传染的,遂打破了大家的沉默。她说:"来罢,你们总都饿了,谁帮我料理茶点去?"

她的助手可不少。不到一会儿,余八在那儿搬柴了;转运公司的伙计在廊沿上磨咖啡了;我也得了切腌肉片的苦差使。法官先生往来巡阅,到每人跟前,总有他的话说。等到米格儿同她的两个助手——法官先生和那位爱尔兰朋友——把屋子里所有的瓷器陶器铺好桌子,我们都很高兴了——也不管窗子上的雨声,也不管烟囱里卷下来的冷风,也不管屋子那一头两位女太太唧唧咻咻的低语,也不管高架上那只喜鹊的几声怪叫——大概是微婉地评论她们的谈话。炉火兴旺起来了,火光里我们才看出墙上糊的都是有图画的报纸,在布置上显出女性的嗜好和性情。屋里的家具都是随时用现成材料变成的;蜡烛箱和运货箱蒙上了鲜艳颜色的印花布或野兽皮,便都成了家具。吉梅坐的安乐椅便是一只面粉筒改造成的。屋子里虽然朴素,却清楚整洁,还带一点画意。

这一餐饭,在滋味上固然是大成功,在社交上尤是大胜利。这不能不归功于米格儿领导谈话的过人本领。她会问话,问时的态度非常坦白,使人不好隐藏遮饰。于是我们大谈我们自己,谈我们的志望,谈我们路上的事,谈天气——什么都谈,只不谈我们的主人和女主人。

米格儿的谈话是不文雅的,往往不免文法上的错误,有时她还用几个发咒的字,平常是只许我们男人用的。但她说话时,牙齿一露,眼光一闪,说完总带一笑——米格儿的特别一笑——又坦白,又诚恳,自然使人心里爽快。

吃饭的时候,我们忽然听见一种声音,像是一个笨重的身体在外面墙上摩擦的声音,接着又听见门上有爪爬和鼻嗅的声响。我们都望着米格儿,她说:"这是家坤。你们愿见见它吗?"我们还没有回话,她已开了门。原来是一只半大的灰熊①,它见了米格儿,便蹲在地上,身子挺直,两只前脚向下垂,做出讨饭的样子。它的眼睛直望着米格儿,显出崇拜敬爱的神气,活像我们的余八。

米格儿说:"这是我的看家狗。"她见那两位女太太吓的直躲到屋子的角上,又说道:"它不吃人的。"她拍拍那熊说:"可不是? 好家坤,你不吃人,可不是?"她把家坤喂饱了,赶它出去,把门关上,才对我们说:"你们的

———————————

① 灰熊(Grizzly bear)是北美洲西部的一种有力的大熊,故学名为 Ursus horribilis,意为可怕的熊。

运气可真不小。你们今晚到这儿来的时候,幸亏家坤不在这儿。"

法官先生问:"那时它往那儿去了?"

米格儿说:"它跟着我咧,上帝保佑它。它每晚上跟着我走,就好像它是一个男人似的。"

我们半晌说不出话,只静听着门外的风声。大概人人心里都想着同样的一幅图画:一个米格儿冒雨在树林里走,身边跟着那可怕的同伴。法官先生引古诗里的禹娜同她的狮子①的故事来赞美米格儿,但她听了这种恭维的话,同她听见别的赞语一样,也只是淡淡地受了。我不知道她是否真不觉得我们对她的倾倒——她总不会看不出余八对她那样热诚的崇拜罢——但是她那种坦白的神情表示出一种绝对的男女平等,使我们一队里的几个少年人实在感觉惭愧。

只有那两位女太太对米格儿仍旧很冷淡,那只熊的一回事也不曾增添她们对米格儿的好感。晚餐吃完之后,余八搬进来的松树枝,尽堆在炉子里,总敌不住这两位女客放出来的冷气。米格儿也觉得了,她忽然说:"大家都该歇息了。"站起来引导两位女客到隔壁房里去睡。她说:"你们几位只好在这炉火边将就过一夜罢,我这里只有那一间房。"

我们男人向来是不喜探听或议论人家私事的。然而我不能不承认,这一回,米格儿一走出去,刚关上门,我们立刻挤拢在一堆,有低声谈论的,有暗笑的,有冷笑的,大家纷纷猜度这位漂亮的女主人和她的怪同伴究竟是怎么一回事。甚至于有人走上去摸摸那风瘫的吉梅,他坐在那儿就像一个沉默的石像,漠然不动地瞪着我们的纷纷议论。

我们正在乱烘烘地谈论,忽然房门又开了,米格儿回到这房里来。

她分明换了一个人了,全不像刚才那样闪灼逼人的米格儿了。她的眼睛望着地下,手里拿着一条毯子,在门槛上踌躇不进,刚才我们最倾倒的那种豪爽的英气好像全丢在房门外了。她慢慢走进房来,拖过一条矮

---

① 禹娜(Una)的故事见于英国诗人史本叟(Spenser)的《仙女王》(*The Faerie Queene*)。

凳子放在病人的椅子边,坐在凳上,把毯子披在背上。她说:"孩子们,要是你们不见怪,今儿太挤了,我就在这边过夜罢。"她说时,拉过病人的手,放在她手里,眼望着炉火。我们都觉得这不过是警告我们他们俩的亲密关系,并且我们觉得刚才不该背地里议论,所以我们都不好意思说什么。

外面大雨打在屋顶上,有时一阵狂风从烟囱里卷下来,使炉子里的残火忽然光亮。过了一会,风雨似平静了一点,米格儿忽然抬起头来,把头发拂在一边肩上,回转头来向我们道:"你们当中有认得我的吗?"

我们没有人答应。她又说:"你们想想看。一八五三年我住在马利镇。镇上人人认得我,人人可以随便认得我。我那时开宝家酒店,直到六年前才和吉梅来这儿住。也许我的样子变了一点了。"

因为大家都不认得她,她倒有点踌躇了。她仍回过头去望着炉火。停了几秒钟,她才继续说下去,这回说的更快了:

"我以为你们总有人认得我的。没人认得我,那倒也不相干。我要说的是:这儿的吉梅……"——她说时,双手执着吉梅的手——"吉梅那时认得我,在我身上化了许多钱。我算算他的钱大概全花在我身上了。忽然有一天——六年前的冬天——吉梅来到我的房里,坐在我的沙发椅上,就像你们现在看见他坐在那椅子上的样子,一坐下来就永远不能动了。他瘫成了一堆肉,自己全不知道怎么一回事。医生来了,都说他的病根深了——因为吉梅平日过的是很野的生活——医不好了,并且活不长了。医生都劝我把他送到金山交给医院,因为他已成了废人,活着也不过是一个累人的孩子。我当时也许是为了吉梅的眼睛像是对我说什么话,也许是为了我自己不曾有过小孩子——我只对他们说:'不。'那时候,我手头有钱,因为人人都喜欢我——上等人像你们这样的,也都来看我——我把我的酒店卖了,买了这块地方,因为我喜欢这地方不当大道,没有行客往来,我把我这孩子带了来。"

女人自有她天生的机警和诗意。她一面说,一面慢慢地移动她的身子,让那残废的吉梅留在她和我们的中间,她自己退到那病人的影子里,好像她有意要让这默默的残影来解释她的一番作为。虽然一声不响,虽然脸上毫无表现,然而他可以替她说话;微弱的残影,被神灵的雷震压倒了的残影,然而他还伸出一只无形的臂来抱住她。

站在暗处,仍旧执着他的手,米格儿继续说下去:

"我初来时,许久许久,还过不惯这儿的生活,因为我从前有的是朋友,享受的是快乐。我寻不到女人来帮我,男人我又不敢雇用。但我常常寻着附近的红土人做点杂事;粮食等等又可以从北岔镇上运来,吉梅和我也就居然勉强过得下去。萨克拉门杜的医生有时候来这儿走一趟,他来时总要看看'米格儿的孩子'。他临走时,往往对我说:'米格儿,你真是个好汉,——上帝保佑你!'我听了心里高兴,便觉得不怎样孤凄了。可是上一次医生来,临走出门时,他回头对我说:'米格儿,你知道吗?你的孩子快要长成一个大人了,并且可以光耀他的母亲;可惜不在这个世界,米格儿,可惜不在这个世界!'我记得他走出去时,脸上很凄惨。以后——以后……"说到这里,米格儿的声音和她的头都完全沉没在那黑影子里了。

停了一会,她又抬起头来,说道:"这儿附近的人待我总算很好。起先北岔镇上的男人常常来这儿鬼混,因为我总不理他们,他们也就不来了。镇上的女人更好心了——她们从不上这儿来。初来时我很觉得寂寞,后来我在那边树林里拾着那只小熊——家坤——那时它还小咧,我教它每天问我讨饭吃;还有百俐——那就是这喜鹊儿——它学会的把戏多着咧,晚上听听它的说话倒也很热闹,所以我倒不觉得这儿只有我一个人了。至于吉梅……"她又笑了,站到火光亮处来:"吉梅,孩子们,你们不要小看了我这孩子,他懂的事情多咧,有时候我给他捎些花回来,他直望着,好像全都认得。有时候,他坐在那里,我把墙上糊的画报读给他听,呵呵!这一冬天我把这一边墙上的东西全读给他听了。他才爱读书咧。"

法官先生问道:"你这样忠心待他,为什么不嫁了他呢?"

米格儿说:"吉梅病到这样子,我若乘他不能回绝我的时候同他结了婚,我觉得总有点对不住他。还有呢,我现在这样服侍他,是我高兴这样做的;要是我们做了夫妻,就像我不得不这样做了。"

法官先生说:"但是你还年轻,又有这样美貌。"

米格儿正色说道:"夜深了,你们都该睡了。孩子们,晚安。"她把毯子往头上一披,躺在吉梅的椅边,她的头枕着吉梅搁脚的小凳子,就不再说话了。

炉火渐渐淡下去,我们各人悄悄地寻自己的毯子;不到一会工夫,屋子里声息全无了,只有屋顶上滴滴的雨声和睡着的人的鼾声。

我做了一个噩梦,醒来时,快天明了。风雨已过去了,天上星出来了,团圞的明月从墙外松林顶上直照到窗里来。月光含着无限的慈祥,照着椅子上那孤寂的人;米格儿的头发(如古时那个绝美的故事①上说的)浸洗着她心爱的人的脚,那似水的月光浸洗着她的头。余八睡在他们俩和我们的中间,一只臂膊斜撑着头,眼睁睁地看守着他们。在这纯洁的明月光里,连那粗鲁的余八身影都好像充满着诗意了。

一会儿我又睡着了。醒来时太阳已出来,余八站在我面前:"大家起身"的喊声还仿佛在我的耳朵里。

桌上摆着咖啡等我们,可是米格儿早已走了,我们在屋子的四周寻她,马都驾好了,我们还不肯就走,但她还不回来。分明她不愿和我们正式告别,所以让我们自由而来的仍旧自由而去。我们把两位女太太扶上了马车,回到屋里,很肃静地同那风瘫的吉梅握手告别,每人握手后,都很肃静地扶他坐好。然后,我们对这间长长的房子望了最后的一眼,看了米格儿坐的那只小凳子,方才一个一个上车坐下。鞭子一挥,我们走了。

我们刚走上了大路,余八的敏捷手腕忽然一拉,六匹马齐齐跪下,车子一震,立刻停了。因为路边一座小墩上站着米格儿,她的头发在风里飘着,她的眼睛放着晶莹的光,手里扬着白手巾,她的雪白牙齿里送出一声最后的"再会了"。我们都扬着帽子答谢。余八——好像他恐怕又入魔了——余八用猛劲打上一鞭,车向前进,我们都跌回各人的座上。

一直到北岔镇,我们在路上没有谈一句话。车停在独立旅馆的门口。

---

① 头发洗脚的故事,似是提《路加福音》第七章36节娼女"眼泪湿了耶稣脚,就用自己的头发擦干"的故事。

我们下了车,法官先生在前引导,我们跟着,走进酒排[吧]间,肃静地站在柜台前。

　　法官先生恭恭敬敬地脱下他的白帽子,开口说道:"诸位先生,你们的杯子里都有酒吗?"

　　都有了。

　　"那么,大家一齐,我们祝米格儿的康健,上帝降福与她!"

　　也许上帝早已降福与她了。谁知道呢?

一七，十二，十一，初译

二

扑克坦赶出的人①

[美]哈　特

本篇也是哈特的小说中最著名的一篇,原题为 The Outcasts of Poker Flat。我们徽州山里的乡村常有叫做什么"坦"的,坦字正合 Flat 的意义,故我译 Poker Flat 为扑克坦。

我上次译了哈特的小说《米格儿》,苏雪林女士在《生活》周刊上曾作文介绍,说我们应该多翻译这一类健全的,鼓舞人生向上的文学作品。苏女士这个意思我完全赞同。所以我这回译这一篇我生平最爱读的小说。

此篇写一个赌鬼和两个娼妓的死。他们在绝大危险之中,明知死在眼前,只为了爱护两个少年男女,不愿意在两个小孩子面前做一点叫他们看不起的事,所以都各自努力做人,努力向上。十天的生死关头,居然使他们三个堕落的人都脱胎换骨,从容慷慨而死。三个人之中,一个下流的女人,竟自己绝食七天而死,留下七天的粮食来给那十五岁小姑娘活命。

他们都是不信宗教的人,然而他们的死法都能使读者感叹起敬。显克微支的名著《你往何处去》(*Quo Vadis?*)里那位不信基督教的罗

---

① 本篇译于 1930 年 2 月 3 日。载 1930 年 10 月 10 日出版的《新月》第 2 卷第 8 号;收入《短篇小说》第二集、《胡适译短篇小说》。本文页下脚注,除注明为编者注以外,均为原篇后注。——编者

马名士俾东对一个基督徒说："我们也自有我们的死法。"后来他的从容就死,也确然不愧是希腊、罗马文化的代表者。我们看这一个浪人两个娼妓的死法,不可不想想这一点。

这一天的早晨——一八五〇年十一月二十三日的早晨,约翰·倭克斯先生刚走上扑克坦的大街,他就感觉一夜的工夫这村上的人心大变了。街上三两个人在一块谈话,谈的正起劲,望见他走来,都不开口了,只彼此眼里会意。空气里好像是充满着礼拜日的道学味儿,在这个向来不惯受礼拜日的道学影响的村子里,这种新空气便觉得很有点可怕。

倭克斯先生见了这种情形,他那清秀镇静的脸上不露出什么顾虑的样子。他心里是否觉得有什么使他可以预料到的原因,那是另一问题。他心里想:"大概他们要想干谁了;也许是要干我。"他用手绢揩去了靴上的扑克坦红土,把手绢还到衣袋里,也就不去猜想了。

原来扑克坦果然想干几个人。近几日之中,这村上损失了几千块金圆,两匹值钱的马,还丢了一个出名的市民。忽然村上起了一种道德的反动,平时蛮野惯了的,这回忽然大发道学狂,也就蛮野的厉害。一个秘密委员会决定了要替本村除去一切不正当的人。有两个人已被他们吊死在涧边的大树上了。还有几个,他们决定驱逐出境。这几个人之中,不幸有两个是妇人。为尊重女性起见,我得声明她们只是因为做的营业不正当,所以这回也在被驱逐之数。

倭克斯先生猜的不错,果然他自己也在逐客之中。秘密委员会里有人主张要吊死他,因为这个办法不但可以惩警别人,还可以把他赢去的金钱捞回来。村上的吉姆·惠勒说:"罗林村上来的这个野小子,初次上咱们这儿来,就让他卷了我们的钱去,这是最不公道的!"但是委员之中也有赢过倭克斯先生的钱的,不免要说几句公道话,才把这种极端主张压下去。

倭克斯先生听了他的判决,倒很冷静;他也看得出这班委员对他的罪名不免有点迟疑不决的神气,只好更摆出冷静的态度。他是赌场上的好手,岂能不服从他的运气?在他眼里看来,人生不过是一场输赢未定的赌博,派牌的人的机会好歹也有限。

村上派了一队武装市民护送这班不良分子到本地的境上,倭克斯先生是著名冷静大胆的好身手,他们派的武装队专是对付他的。此外还有两个少年女人,一个绰号叫做"公爵夫人",一个绰号叫做"薛登妈妈";还有一个男的,混名叫做"比利大叔",是个醉鬼,人家疑心他在金矿里做过贼。

路上看热闹的人见了他们走过,都不说什么;武装的护送队也不说什么。到了境上的涧边,护送队的首领说了几句简单扼要的话:这回驱逐出境的人不准回到这里,违者有生命的危险。

护送的人回去之后,这班逐客的怨气憋不住了,于是公爵夫人气的掉泪,薛登妈妈说了几句不好听的话,比利大叔满嘴的毒咒就同古大夏的骑兵临退兵时发的连珠箭一般,冲口而出。只有那达观的倭克斯一声不响。他只静听着薛登妈妈喊着要挖出谁的心肝,静听着公爵夫人发愁怕死在半路上,静听着比利大叔一路上不断的咒骂。他用他平素的柔和态度,请公爵夫人把她的瘦驴换了他自己的"五花"好马。然而他这样大度的举动也不能就把这几个人联拢在一块。公爵夫人用她那半老的风骚勉强鼓起她那微受摧残的风标;薛登妈妈眼瞟着这五花马上的女人,怀着满腔妒忌;比利大叔呢,这一群人都逃不了他的诅咒。

他们打算上沙洲屯去。沙洲屯是一个拓荒驻屯,还没有经过扑克坦那样的道德革新的影响,所以他们想上那边去。上沙洲屯的路上,须翻过一座高山。平常须走整整一天,并且是很辛苦的路。在这初冬时节,这一群人走不多时,已离开了山脚下的温润气候,已到了西厄拉山的干冷的空气里了。山路很窄,很不好走。到了中午,公爵夫人滚鞍下马,宣告不愿意再往前走了。于是大家都歇下了。

他们歇脚的地点特别荒野可怕。一片圆形的树林,三面都是光秃的花岗石悬崖,斜向着这一面对着山下的危崖顶上。要是有人想在山中驻宿,这里自然是恰好的驻屯地点了。

但倭克斯先生知道到沙洲屯还不止一半的路,而他们丝毫没有准备,万不能在半路耽搁。所以他劝告同行的人,说:"牌还没有翻出,难道就歇手了吗?"但他们带得有几瓶酒,在这种困难之下,有了酒就可以不问粮食柴火,也不问休息和什么远虑了。倭克斯只管苦劝,他们不消一会都有点酒意了。比利大叔恶狠狠的凶相渐渐变成昏昏沉沉的蠢相了,公爵夫人醉的哭了,薛登妈妈早已睡着打呼了。只有倭克斯先生仍是站着,斜靠着一块崖石,冷眼瞧着他们。

倭克斯先生不喝酒。赌博须要冷静的头脑,敏捷的心思,所以贪杯是最忌的。并且他说:"我哪喝得起?"

今天他眼望着他的同伴东倒西歪的样子,他才深刻地感觉他的流浪生涯的寂寞无聊。这是他生平第一次感觉无聊的难受。他向来有讲究修饰的习惯,便动手把他穿的黑衣服上的尘土弹干净了,寻点山泉洗了手和脸,还做了一些修饰小事,居然暂时把心事忘了。他未必想到自己独自跑开,丢了这几个更弱更可怜的同伴。但他不能不感觉在这一群人里丝毫不感觉什么刺激的兴奋;既没有强烈的兴奋,他平日在赌场上最著名的那种冷然镇静的神情也就用不出来了。他抬起头来望着那松林顶上的千尺悬崖;望着天,阴云遮着,很不吉利的样子;望着山脚下的山谷,早已看不分明了。他正在无聊眺望,忽听得有人喊他的名字。

山路上慢慢下来了一个骑马的人。倭克斯望见那少壮开阔的脸,认得那人姓森生,小名汤姆,混名叫做沙洲屯的"纯洁孩子"。他们在赌场上初次会面,倭克斯先生很冷静地把这个天真烂漫的少年人的全份财产——约莫有四十块金圆——都赢过去了。赌完之后,倭克斯先生把这少年赌徒拉到一间房里,关上门,对他说:"汤姆,你是好孩子,可是你赌不得一个铜子。下次不要再赌了。"说完,他把赢的钱摸出来全还了他,推他出房门,从此以后汤姆便成了他的最忠心的奴隶了。

汤姆下岭来,热烈地抓住他的手,他好像很记得那一回事。他对倭克斯说他要到扑克坦那边去寻事业做。倭克斯问道:"一个人去吗?"——不,不,不能算是一个人去。倭克斯先生难道不记得平儿姑娘了?她曾在节饮饭店当过女侍者,不记得了吗? 他们俩早就订婚了,可是她父亲吴慈那老头子不赞成,所以他们一块儿逃跑了,想上扑克坦去结婚。现在到了这儿,他们都走乏了,巧的很,他们找到了这样一块可以歇宿的地方! ——汤姆一五一十地把这番话说了,那位十五岁的白胖的平儿姑娘,本来含羞躲在松树的背后,也冉冉地骑着马出来相见,在她的爱人身边把马勒住。

倭克斯先生向来不问人家男女情爱的事,更不拘什么礼俗上的形迹;但他总觉得这回的情势有点不幸。他究竟是机警的人,瞧见比利大叔正要开口说甚么,他忙踢他一脚,比利大叔此时酒也半醒了,晓得倭克斯先生不是好惹的,也就不敢开口了。倭克斯先生力劝汤姆不要在这里耽搁,但毫无效果。他又指出此地没有粮食,又没有搭篷帐的东西。他不料汤姆还带了一匹驴子来,满装着粮食;汤姆又发现了山径边有一间草创的板屋。汤姆指着公爵夫人说:"平儿可以同倭克斯太太在一块儿歇,我可以自己想法子。"

比利大叔听见他把公爵夫人认作了倭克斯太太,他几乎大笑出来。倭克斯又踢他一脚,比利勉强忍住,躲到崖下去,对着那些长松,拍着腿做着鬼脸,嘴里不住的咒誓,笑了一个痛快。等他笑完了回来,只见他的同伴都坐下了,围着一堆柴火——这时候天气骤然变冷了,阴云密罩着——正在谈笑。平儿姑娘陪着公爵夫人谈天,显出小姑娘烂漫天真的神气,公爵夫人用心听着,也显出她许多时不曾有过的高兴神气。那个"纯洁孩子"也陪着倭克斯先生和薛登妈妈高谈,薛登妈妈酒也醒了,也高兴起来了。

比利大叔瞧着树林里这群人,瞧着这熊熊的火堆和前面树上系着的马匹,他心里有点看不过,说道:"呸,这算什么? 这算你们的野外同乐会吗?"话犹未了,忽然一个主意夹着一股酒气冲上他的脑门,他又乐了,拍着大腿,把一只拳头塞住他自己的嘴。

天渐渐暗到山上了,一阵轻风吹动了松林的树顶,一阵松涛吹过那望不尽头的行列。他们把那松枝盖补的破板屋让三个女人住。汤姆和平儿分别时,他们毫不掩饰地亲了一个嘴,又老实,又恳挚,高高的松树顶上也许可以听见。那脆弱的公爵夫人和那满怀怨气的薛登妈妈瞧了,也都不作一声,进屋去睡了。外面三个男人添足了柴火。都在门口睡下,不上几分钟都睡熟了。

倭克斯先生向来睡少的。半夜后,他醒来时,觉得冻麻木了。他坐起来挑动那将灭的柴火,狂风正吹的厉害,风吹到他脸上,他才明白脸上怎么冻僵的原因,原来天下大雪了!

他惊跳起来,正想唤醒他们起来赶路,他回头看比利大叔睡的地方,比利已不见了。他心上起了疑心,嘴上低低骂了一声,跑到系驴子的树边一看,牲口都不见了。雪下的很大,雪里的脚印子也快看不见了。

倭克斯先生虽然着急,他不久便恢复了他的镇静,仍旧回到火边,也不去唤醒他的同伴。汤姆睡的安安稳稳地,他那天真的雀斑脸上含着笑容。门里那位小姑娘睡在那两个堕落的姊姊身边,睡的香香地,就好像睡在天神的怀抱里一样。倭克斯先生把他的毡毯围着两肩,手摸着他的小胡子,坐等天明。

在那炫人眼睛的雪片的银雾里,晨光慢慢地来了。那依稀还可辨认的山谷都像被幻术变化过了。倭克斯先生望着山下,把现在和将来都总括在一句话里——"困在大雪里了!"

他细细估计他们的粮食,虽然粮食堆在板屋里不曾被比利大叔偷去,这点子东西,若有精密的安排,可以勉强支持十天。"可是,"他低声向汤姆说,"这得假定你肯供给我们吃。为你计,你最好不分给我们吃,还可以等到比利大叔送粮食回来。"

他有他的理由不愿意叫这一对少年人知道比利大叔的恶毒行为,所以他说比利大概是走开去了,不知怎样又把牲口惊跑了。他暗地里关照公爵夫人和薛登妈妈,叫她们不可说破。他说:"如果他们知道一点风声,他们便会知道我们大家的底细了。况且事到如今,叫他们害怕也无济于事。"

汤姆不但把全部粮食归倭克斯先生调度,并且他觉得这种和人世隔绝的生活很有趣。他说:"咱们在这儿玩一礼拜,雪总会消了,那时咱们一同回去。"这孩子的高兴和倭克斯先生的镇静居然传染了其余的人。汤姆砍了一些松枝,盖了一个屋顶。公爵夫人指挥平儿布置屋内。事事有条理,有风味,把那乡下小姑娘乐的圆睁着两只蔚蓝眼睛。平儿说:"我想您在扑克坦过惯了阔日子。"公爵夫人忙转过头去,遮掩了她两颊上胭脂底下起的红晕。薛登妈妈叫平儿不要多嘴了。可是后来倭克斯先生雪里探路回来时,他听得板屋里大笑的声音从山崖上回音过来。他站住细听,心想威士忌酒是他藏好了的,难道他们又偷喝了? 他听了一会,说:"这不大像威士忌喝醉了的声音。"等到他走到门前,从那弥漫的雪雾里望见他们围着炎炎的火堆,他才放了心,知道完全是高兴的玩笑。

我不知道倭克斯先生曾否把纸牌也和威士忌酒一同藏好了。但他那晚上从不提起纸牌。汤姆从他的行装里捧出他的手风琴来。手风琴颇不容易拉,平儿勉强榨出几只调子来,汤姆拍着两片牛骨响板,和着她的琴调。这一晚的时间就在音乐里过去了。那晚上的最大娱乐是这一对情人拉着手合唱的一只露天布道会的赞美歌,唱的又恳挚,又响亮。我想大概不是这歌的宗教性质,大概只是每节合唱一段的胆大无畏的口气和同仇相誓约的意味,使其余几个人都很容易受感动,都同声加入合唱道:

> "我甘心活着做我主的忠仆,
>
>   我的义务是战死在他的军队里。"

伟大的松林震动吼响,狂风卷雪在这一群可怜的人们头上回旋,他们的祭坛里的火光朝天升起,都好像替他们的誓约作证。

到了半夜,风雪停住了,云也卷开了,朗朗的一天星照着这睡着的茅屋。倭克斯先生是靠赌博为生的,向来睡眠很少,所以他和汤姆轮流守夜,他总想法子多守几点钟。他对汤姆说:"你别管我,我常常一礼拜不睡觉。"汤姆问:"干些什么?"倭克斯说:"打扑克! 一个人运气好的时候便不会疲倦。运气先倒,人才倦了。"他很沉思地接着说:"运气是十分奇怪的东西,谁也捉摸他不住,只知道他是一定会转变的。一个人的成败全靠能看准运气何时转变。我们自从离开扑克坦以后,碰着了一阵倒霉的运气,你碰上来,也就掉在这坏运气里。只要你能抓住你的牌不丢手,你便不妨。"他说到这里,带着开顽笑的神气,接着说:

"因为'我甘心活着做我主的忠仆,我的义务是战死在他的军队里。'"①

到了第三天,太阳从那罩着白幕的山脚下看上来,瞧着这一群逐客分配那慢慢减少的粮食作早餐。这山里的气候有点奇特,太阳光一出来便放出一种温和的暖气,射在这雪满的野景上,好像是表示对于往事的追悔。但日光里显出那茅屋四周高高地围着层层叠叠的大雪,——一片分不出东西高下的白茫茫大海铺在他们暂驻的危岩之下。从那特别清朗的空气里,他们可以望见扑克坦的炊烟。薛登妈妈看见了,引起了她的怨忿,她便从那高山上远望着扑克坦吐出一句最后的咒诅。这是她最后一次的恶骂;也许是因为这个缘故,她的恶声里自有一种巍然气象。她私下对公爵夫人说:"这一咒使我心里舒服多了,你不信,也出去试试看。"

她咒骂过之后,仍旧想出法子来和平儿玩笑。她和公爵夫人都叫平儿做"这孩子"。平儿可不是小雏儿了,但她从没有赌咒说誓等等下流习惯,所以这两个妇人总说她是小孩子,这也是她们自己解嘲的一个办法。

夜色又从山隥里上来的时候,手风琴上的调子在柴火旁边时起时落。但音乐的功效终填不了吃不饱的肚子。于是平儿又想出一个解闷的法子来,要大家讲故事。倭克斯先生和那两位女伴都不愿意说他们个人的往事,所以这个法子又几乎完全失败了。幸而汤姆几个月之前偶然读了一本蒲伯(Pope)译的荷马的《伊利亚特》(*Iliad*)故事诗②,他把诗的字句忘了,却记得诗中故事的大意,于是他今天用沙洲屯的土语讲演荷马的杰作。于是这一晚上,荷马的英雄与天人便又重游人世了。托罗伊城的勇

---

① 这歌原文的"我主"是上帝。倭克斯借用这歌词来歌颂"命运",此处的"我主"是"运气"(Luck)。

② 古希腊的名著,叙述希腊人攻打托罗伊(Tory)城的故事。

将和足计多谋的希腊人在狂风里打仗,山峡里的大松树也好像畏惧伯里厄斯的英雄儿子①的震怒,都在狂风里怒吼。倭克斯先生高兴静听,他特别注意这故事里的英雄阿基里斯的命运。

于是这一群人靠着很少的粮食,很多的荷马故事,加上一只手风琴,居然过了一个礼拜的日子。太阳又不出来了,沉霾的天空里又降下了大雪片。他们四周的雪,一天围紧一天,到最后的时候,他们被困在那牢狱里,四面都是银色墙垣,高出他们的头顶至少有二丈多!火堆里添柴也一天困难一天,板屋边虽有倒下的树,也大半被雪压住了。

但是没有一个人出一句怨言。那一对小情人有时感得愁烦,抬起头来彼此望着一笑,便都快乐了。倭克斯先生明知道这场赌是输定的了,仍旧是十分镇静。公爵夫人从来没有这样高兴过,一心一意照应着平儿。只有薛登妈妈——这一群人之中身体算她最强健——却好像病倒了,一天瘦削一天,到了第十天的半夜,薛登妈妈叫倭克斯到她身边来。她挣扎着说:"我去了。不要告诉他们。不要喊醒孩子们。我的头底下有一包东西,抽出来打开。"

倭克斯先生打开包裹,原来是薛登妈妈一礼拜的粮食,丝毫没有动。她手指着平儿说:"留下给那孩子吃。"倭克斯先生说:"原来你是自己饿死的!"那妇人说:"这就是人们叫做饿死。"她仍旧睡下,面转向壁,静穆地死了。

这一天,手风琴和响板都丢开了,荷马[故事]也忘记了。他们把薛登妈妈的尸首葬在雪里之后,倭克斯先生把汤姆拉到一旁,取出一双踏雪的鞋子,是他用马上的驮鞍改造的。他指着平儿对汤姆说:"现在还有百分之一的希望可以救她一命。这一点希望只在那边。"他手指着扑克坦,"你若能在两天之内赶到那边,她还有活命。"

"你呢?"汤姆问。

---

① 伯里厄斯(Peleus)的英雄的儿子即是下文的阿基里斯(Achilles),是这故事诗的大英雄。

"我守在这里。"他只有这一句简短的回答。

这一对小情人相抱告别,依依不舍。公爵夫人看见倭克斯先生好像是等候汤姆同行的样子,便问道:"你不也同去吗?"他答道:"我只送他到山峡边。"但他忽然回来,同公爵夫人亲一个吻,使她灰白的脸上羞的顿时红起来,使她冻抖的手诧异的僵直了。

夜下来了,但倭克斯先生不曾回来。狂风卷着大雪又来了。公爵夫人起来添柴时,才知道有人早已在屋外堆了一大堆柴,可以够支持几天了。她明白这是倭克斯先生干的,她眼泪滚下来,但她不让平儿看见。

这两个女人睡的很少。第二天早晨,她们彼此望着,都知道绝望了。她们都说不出话来。平儿有点男儿气概,坐过来伸一只手臂抱住公爵夫人的腰。她们俩这样偎抱着,直到天晚。这一夜风雪狂怒的最厉害了,劈散了屋外障蔽的长松,直攻进板屋里来了。

到了早晨,她们都无力添柴了,火堆渐渐灭了。当那焦炭渐渐变黑的时候,公爵夫人爬近平儿身边,开口问道:"平儿,你能祷告吗?"平儿答道:"亲爱的,我不能。"公爵夫人听了这句话,也不知什么缘故,只觉得心里一块石头落了地,心放宽了,她把头搁在平儿的肩上,更不说什么了。她们这样偎倚着,那堕落的姊姊的头枕着这年轻纯洁的妹妹的处女胸前,她们都睡着了。

风渐渐小了,好像风也怕惊醒了她们。羽毛也似的雪片,从那些高松的枝上摇下来,像一些白羽的小鸟,飞集在她们的身上。云散开了,月亮照下来,照着那从前的板屋。但人的一切污点,尘世劳碌的一切痕迹,都被那纯洁无玷的月光大幕遮盖住了。

她们长睡了一天,又睡一天。后来人声到了门前,脚声进了破屋内,也不能惊起她们了。哀怜的手指扫除了她们苍白的脸上的积雪,两个死女人的脸上都是静穆的容颜,谁也认不出哪一个是曾经堕落的娼妇。粗莽的扑克坦人的法律也不能不承认这一点,他们都走开去,让这两个女人仍旧这样偎抱着。

他们在峡边一株最大的松树上,寻着一张纸牌,一张三叶牌(Clubs)

的两点①,用小刀子钉在树上。在这纸牌上,有铅笔写的很有力的字迹,写的是这样的一篇墓碣:

> 在这树下
>
> 睡着的是
>
> 约翰倭克斯,
>
> 他在一八五〇年十一月二十三日
>
> 遇着了一阵倒霉的运气,
>
> 到了一八五〇年十二月七日,
>
> 他把账结了。

冰僵在雪底下,一支手枪在身边,一颗子弹在心脏里,仍旧像生前的镇静,这里睡的是扑克坦的逐客之中的最强的,同时又是最弱的一个。

一九三〇,二,三,译完

---

① 纸牌之中,三叶牌(Clubs)最小;三叶牌之中,两点最小。这张牌是最倒霉的牌。

三

戒　酒[①]

[美]哦亨利

　　美国短篇小说大家博德（William Sydney Porter），笔名"哦亨利"（O. Henry），生于 1862 年，死于 1910 年。他的短篇全集凡 12 册，此篇原名为 The Rabaiyat of a Scotch High Ball，载在全集中的 *The Trimmed Lamp* 一册内。哦亨利最爱用一地的土话和一时的习语。土话是跟着地方变的，习语是跟着时代变的，时变境迁，便难懂得。字典又多不载这种土话熟语。故外国人读他的作品往往感觉很大的困难。我译此篇的志愿起于 1919 年 2 月，只译了其中的莪默的第二首诗，后收在《尝试集》中，题为《希望》。一搁笔便直到今日，10 年的心愿于今方了，总算一件快心的事。

　　我译小说，只希望能达意。直译可达，使用直译；直译不易懂，使婉转曲折以求达意。有时原文的语句本不关重要，而译了反更费解的，我便删去不译。此篇也删去了几句。

巴伯·白璧德戒了酒了。

大凡一个人清醒时若不肯承认他曾经醉过，这个人总算还有救。但

---

①　本篇译于 1928 年 8 月 21 日。载 1928 年 9 月 10 日出版的《新月》第 1 卷第 7 号；收入《短篇小说》第二集、《胡适选集》翻译分册、《胡适译短篇小说》。页下脚注，除标明为编者注的外，均为原篇后注。——编者

是,如果一个人对你说:"我昨晚上大醉了,舒服的很。"这个人是不可救的了。你得替他祷告上帝,还得在他咖啡杯里添点威士忌酒。

有一天傍晚,白璧德从事务所回家,路上他踱进一家他最喜欢的酒店。向来他在这里总碰得着生意场中的三四个熟人,喝几杯"高球"①,闲谈几个故事,然后赶回家吃晚饭——稍晚一点,但满身感觉舒服爽快。

这一天,他刚走进酒店,听见里面有人说:"白璧德昨晚在这儿喝够了,涨的像只清炖猫头鹰。"

白璧德走到柜台前,抬头望见镜子里他的脸像白粉那样白。这是他第一次听见真话。向来别人总是哄着他;他自己也哄着自己。原来他已成了一个醉鬼,他自己还不知道。平日他只以为不过是偶尔高兴;到今日才知道是实实在在的贪杯烂醉。什么高谈阔论,原来是酒醉糊涂;什么诙谐风趣,原来是酒鬼装腔做戏。

但是,再不干了!

白璧德对掌柜的说:"一杯色尔曹泉水。"

那班酒友都等着他加入他们一块喝酒的,听了这话,大家都愣住了。

一个人问道:"巴伯,戒了吗?"他说话时带着几分拘束,向来在"高球"杯边不曾见过的。

白璧德答道:"是的。"

那班酒友之中,一个人继续说他不曾说完的笑话;柜上的人收了一个二角五的银币,找出一角五分钱来,可不带着向来欢迎主顾的笑脸。白璧德走了出去。

白璧德有一个家,家中有他的夫人。这另是一个故事。这个故事起于沙里文县,在那高山里,许多河流发源于此,许多烦恼也发源于此。那一年的七月里,吉丝姑娘在山中旅馆里过夏,巴伯刚从大学毕业出来,有一天遇着吉丝——到九月里他们便结婚了。

这个故事多么干脆! 就像精炼的丸药,一口水便吞下去了。

---

① 高球酒(High Ball)是威士忌酒,倒在高玻璃杯里,加上冷水。

但是那忘不了的七月呵！说书的人一枝拙笔，描摹不出那种神仙生活，只好用一个惊叹符号(！)，让你们去猜想罢。

但是有一件事我不能不告诉你们。巴伯和吉丝都疯狂也似的喜欢读莪默的《鲁拜集》(Omar's Rubáiyát)①。他们把那位波斯老骗子的小诗，背得烂熟——不是从头背到尾，只是东挑一首，西拣一首，正同你用叉子挑你那五角钱一盘的牛排盘子里的鲜蘑菇一样。沙里文山里有的是岩石和大树。吉丝常常坐在树下石头上，巴伯站在她的背后，两只手从她肩上伸过去拉住她的手，他的脸偎近她的脸，他们一同唱着最心爱的莪默的短歌。他们在那个时候只认得那些歌里的诗意和人生观——他们读那位波斯卖篷帐的诗人赞叹酒，歌颂醉，他们只觉得"酒"不过是一个印象，他们只觉得莪默歌颂的是"爱"和"人生"。在那个时代，他们还不曾尝过酒的滋味。

怎么啦？我说到什么地方了？

得啦，他们结了婚，回到纽约来。巴伯拿出他的大学文凭来，寻到一只饭碗，在一个律师事务所里装墨水壶，十五块金钱一星期。两年之后，他的薪水加到五十块金钱一星期了，也尝着"波希米亚"②的浪荡生活的滋味了。

他们租了两间有现成家具的房间，带一间小厨房。吉丝是过惯了乡间小市的平淡而美丽的生活的，"波希米亚"的滋味正如同加上了一点糖

---

① 莪默(Omar Khayyam)，波斯诗人、算学家、哲学家。他死时当北宋末年，约 1123 年。他生于贫家，他的父亲是个卖篷帐的，故他自己用"楷盐"(Khayyam)作他的笔名，"楷盐"即卖篷帐的(此依 Varesi 的《莪默评传》)。他作了许多短歌，每篇四行，第 134 行押韵，颇像中国的绝句。其体原名为"鲁拜"(Rubai；pl.，Rubáiyát)。英国诗人费次吉洛尔(Fitz Gerald)用多年工力译他的《鲁拜集》，因此得盛名。此篇中的两首原文用的即是费次吉洛尔的译本。郭沫若先生有《鲁拜集》译本。

② "波希米亚"(Bohemia)本是欧洲一个国家，其地即今捷克国。欧洲有一种游民，相传多自波希米亚来，故通称为波希米亚人；颇似中国南部称"凤阳婆"一样。近世的文人画家音乐师，往往不修边幅，不拘礼法，过一种放浪自恣的生活，人称为"波希米亚"的生活。真的"波希米亚"生活可译为旷达的名士派；假的"波希米亚"，如此篇所写，只可译为浪人的堕落生活。

和香料。她墙上挂着打鱼的网,墙角放着不大正派的碗橱,她学会了五弦琴了。一星期之中,他们要出去上两三次的法兰西馆子,或意大利馆子,夹杂在纸烟的烟雾里,狂笑高谈里,长头发的美术家队里。吉丝居然能喝一杯"郭太尔"酒①,挑取杯里的樱桃吃。回到家里,她饭后也会吸一枝纸烟。她居然会说"吉昂第"(Chianti)②的酒名了,也会随便把橄榄核抛在地上让堂倌去拾。有一次,在一大群人里她居然敢唱"啦,啦,啦",但她只唱得了第二个"啦"字。他们上馆子吃饭时,认得了一两家夫妇,就成了好朋友,墙角的碗橱里满贮着各色各样的酒。他们请他们的朋友来家晚餐,往往到了一点钟,他们还在嘻嘻哈哈地胡闹。楼下房间里天花板上的砖灰塌下了一大块,明天巴伯还得赔四元五的金钱。

他们这样高高兴兴的在"波希米亚国"的破烂的边地上逍遥自在。这个国家是没有国界,也没有政府的。

不多时,巴伯认得了一班胡调的朋友,也会把一只脚搁在酒店柜台外的六寸高的铜栏杆上,隔个把钟头才回家去。酒似乎很合他的脾胃,他喝了酒回家,总是欢天喜地。吉丝开门接他,他们往往搂抱着作一种颠狂的跳舞,这是他们的欢迎仪式。有一次,巴伯的脚步乱了,碰在一只小凳子上,跌了一交,吉丝见了大笑不可止,巴伯发急了,只好拿榻上的垫枕去掷她,叫她不要笑。

他们在这种情境里过了不少日子。

话又得说回头了。

这天晚上,巴伯回到家里,只见吉丝系着长腰裙,正在切一只龙虾做菜。

向来巴伯从酒店里耽搁了个把钟头回家,兴致正好,他对他夫人的欢迎也最热闹——虽然不免夹着不少威士忌酒的气味。他一进门,便是狂

---

① "郭太尔"酒(Cocktail)有种种的和合法,名目最多,大旨是用烧酒、药酒、净水,等等和合。因为药酒(Bitters)带点苦味,故杯中往往加一颗糖渍樱桃。

② "吉昂第"酒是一种红葡萄酒,出于意大利的吉昂第山中。

喊,高唱,夹杂着亲吻的声音。楼下管门的老姑娘一听见他的脚步,总得把棉花塞住两只耳朵。起初吉丝还躲开他这种酒气冲冲的热烈欢迎,但久而久之,她也堕在那假波希米亚的迷雾里,就觉得这种粗暴的举动是爱人相见的正当礼节了。

这一晚却不然。巴伯回到家里,一声也不响,微微一笑,轻轻地和吉丝亲了吻,捡起一张报纸,就坐下了。楼下管门的老姑娘,手里擎着两朵棉花球焦急地等候着。

吉丝放下了龙虾和刀子,睁着两只惊讶的眼睛,跑过来问道:"什么事?巴伯,你病了吗?"

"亲爱的,一点病也没有。"

"那末,究竟怎么一回事?"

"没有什么。"

列位朋友听着!万一府上的太太见您变了样子,问您究竟是怎么一回事,你不妨说你一时无明火起杀了你的祖老太太;也不妨说你骗了人家孤儿寡妇的钱,天良发现了;也不妨说你破产了;也不妨说你被仇人害了,或生了大肿毒,或碰见了大大的不幸——什么话都不妨说,只不要回答她"没有什么"。

吉丝也一声不响,仍回去切龙虾。她抬头望了巴伯一眼,眼光里含着莫大的疑心。他从来不曾有过这种样子。

晚餐摆好了,她摆出一瓶威士忌酒,放了两只杯子。巴伯摇手不要。他说:"说老实话,吉丝,我戒酒了。你自己喝罢。你莫见怪,我来一杯色尔曹水罢。"

吉丝眼瞪着他,说:"你戒了酒了?为什么?"

巴伯说:"喝酒于人没有好处——你不赞成我戒吗?"

吉丝把眉一扬,一边肩膊一耸,冷笑道:"赞成之至。我不好劝谁喝酒,吸烟,或礼拜日哼曲子。"

他们把晚餐吃完,差不多没有说话。巴伯几次开口,总觉得缺少了向来的兴奋力。他觉得很难过。有一两回,他的眼睛望着那酒瓶子,但每回总忘不了他的酒友在酒店里说他的话，他只好忍住。

吉丝心里深深感觉今天的变态。好像他们的生活的元素骤然失掉了。都只为今天的酒瓶塞子缺乏那"噗"的一响，向来那不安定的狂热，虚幻的高兴，不自然的热闹，都不知往那儿去了。吉丝有时偷看他一眼，只见他那懊丧的样子，就像打了老婆，或犯了什么罪似的。

晚餐过后，一个黑种女相帮走进来收拾桌子。吉丝板着脸，把那瓶酒拿过来，取了两只杯子，一碗碎冰，都放在桌子上。她冷冰冰的问道："请问，你今天的忽然天良发现，要改过自新了，是不是连我也包括在内？要是我不在内，我要自己调一杯。不知为什么缘故，今晚有点冷。"

巴伯很和气的答道："啊，吉丝，不要太责备我。你自己尽管请便，你不会过度的闹酒。我自己可保不住，所以我戒了。你喝了酒，把五弦琴拿来，我们来试试那快步的新跳舞，好不好？"

吉丝大模大样地说："我听人说，独酌是很有害的习惯。不，今晚上我不大高兴弹琴。我们既然要改过自新了，爽性连这弹琴的坏习惯也丢了罢。"

她拿了一本书，在桌子对面的藤的摇椅上坐下。他们俩有半个钟头不说一句话。

忽然巴伯抛下报纸，站起来，恍惚出了神似的，走到她的椅子背后，伸手从她双肩上过来，捏住她的两手，他的脸偎近她的脸。

顷刻之间，古丝也出了神了。这墙上挂着渔网的小房子忽然不见了。她闭眼只见沙里文县的高山岩石。巴伯开口唱老莪默的歌，他觉得她的手打颤。他唱道：

> 来！
>
> 斟满了这一杯！
>
> 让春天的火焰烧了你冬天的忏悔！
>
> 青春有限，飞去不飞回——
>
> 痛饮莫迟挨！

他唱完了,走到桌子边,取了杯子,倒了不少的威士忌酒。

但是,在这当儿,那沙里文的山风已吹进了屋子里,把那假"波希米亚"的迷雾都吹散了。

吉丝直跳起来,一只手一摔,酒瓶酒杯都摔碎在楼板上了。顺手一兜,抱住了巴伯的颈子,那只手也兜过来,抱的紧紧地。她喊道:"啊,天啊,巴伯,别唱那一篇——我现在明白了。我不会那样糊涂,可不是?好孩子,你唱另外那一篇——记得吗?——'好依着你我的安排,把世界重新造过'那一篇。"

巴伯说:"我记得,你听:

> '要是天公换了卿和我,
>
> 该把这寒伧世界……'

吉丝说:"让我接下去唱完罢:

> '该把这寒伧世界一齐都打破,
>
> 再团再炼再调和,
>
> 好依着你我的安排,
>
> 把世界重新造过!'"

巴伯的脚踹着地上的碎玻璃,他说:"都打破了!"

楼下一间暗房子里,房东毕金斯太太听见了楼上摔了杯子瓶子,她的尖锐的耳朵早已认清了地点。她说:"又是那个酒鬼白璧德喝醉回来了。可怜他还有那么一个标致的太太!"

十七,八,二一

四

洛斯奇尔的提琴①

[俄]契诃夫

　　此篇为契诃夫(一译柴霍甫)短篇中最可爱的一篇。几年来,我曾读过十几遍,越读越觉得它可爱。近来山中养病,欧文书籍都不曾带来,只有一册莫泊三和一册契诃夫,都是英译本。梅雨不止,愁闷煞人。每日早起试译此篇,不但解闷,还要试验我已能耐轻巧的工作呢。

十二,七,十三

　　这个镇是很小的,——同一个村庄差不多大——镇上住的老头子,总是老不肯死,教人看着怪难过。在医院里,甚至于在监狱里,用棺材的时候总是很少的。

　　简单一句话,生意很不好。假使耶可·伊凡诺夫是在会城里做棺材匠,他现在也许住的是他自己的房子了,也许称他自己做耶可马维伊瞿②了。但是他在这个小镇上,人家只叫他耶可,还带上一个不知怎样得来的绰号,叫做白浪沙;他穷的和一个下等贫民一样,住在一所古老的矮屋里,只有一间房;在那一间房里,堆着他,马华(他的老婆),一只炉子,一张两

---

① 本篇译于 1923 年 7 月 13 日至 8 月 6 日。载 1923 年 8 月 5 日至 19 日《努力周报》第 64、65 期;收入《短篇小说》第二集、《胡适译短篇小说》。页下脚注,除标明为编者注的外均为原篇后注。——编者

② 伊凡诺夫是姓,马维伊瞿是"父姓";称名兼称"父姓"为尊敬。

个人睡的床，一些棺材，一张木匠凳，和其余种种家用的器具。

　　然而耶可做得很好的棺材，又结实，又好看。他替穷人和买卖人做的棺材，只有一个尺寸，用他自己的身材做样子；这个法子永不会错的，因为他虽然有七十岁了，镇上的人没有一个比他高的，连监狱里都没有比他高的。他替妇人或有身份的人做棺材时，须用一杆铁码竿量过①。至于小孩子的棺材，他虽然也做，但心里老不愿意，也不用量尺寸，很像瞧不起这种工作似的；每回做好之后，人家付他工钱，他总说："多谢。但我老实说，我不爱在这种琐碎事上糟掉我的工夫。"

　　除了做棺材之外，耶可还能拉提琴，也可以添补一点进款。镇上人家有喜事，每雇用一班犹太乐队，队中的指挥是一个锡匠，名叫摩西伊里伊瞿·沙克思；每回所得的钱，他自己总留下一大半。耶可的提琴拉的很好，尤其好的是拉俄国歌调，所以沙克思往往雇他帮忙，每天给他五十个加贝克②，客人赏钱在外。

　　耶可每坐在乐队里，汗就出来了，脸就涨红了；他总觉得热，大蒜的气味熏的人难受③。他的提琴哭也似的奏着，右边哼着的是一只大琴，左边呜咽着的是一支笛子。吹这笛子的是一个瘦弱的红头发的犹太人，满脸都是青筋红筋，他和那著名的世界大富翁洛斯奇尔同姓。无论怎样最快活的调子，到了洛斯奇尔手里，就会变悲哀了。耶可对于犹太人，满怀着仇恨；对洛斯奇尔，更觉可恶；他自己也说不出个所以然来。他起先不过觉得他可恼，随后竟对他咒誓④。后来有一次几乎要动手打他，这一回洛斯奇尔忍不住了，狠狠地望着耶可，说："要不是我敬重你的音乐天才，我早教你从窗子上滚出去了！"洛斯奇尔说完，竟哭了。因为这个缘故，这个乐队雇请耶可的时候是很少的，雇他时总是因为队里缺少一个犹太人，十分不得已，只好请他帮忙。

---

①　西洋人做棺材，平常都是量好死者尺寸做的，不像中国棺材没有个人的区别。

②　一百个加贝克（Kopeck）换一个卢布。

③　耶可是俄国人，夹在这班犹太人队里，很不自安。

④　欧美人发怒或发急时，往往咒誓。

耶可总没有快活的日子。他总是愁眉皱眼地计算他的损失。一年之中，礼拜日做工是罪过的；圣徒纪念日做工又是罪过的；到了礼拜一，人总是懒懒的，又做不成工。所以一年三百六十多日，就差不多有二百日是耶可不能做工的日子，这是一桩损失。镇上人家喜事不用音乐，或用了音乐而沙克思不来请耶可，那又是一桩损失。镇上的警察长病了两年，耶可天天等他死，等的不耐烦了，偏偏他到了两年头上，忽然搬到会城里去医病，越医越坏，就死在那边了。耶可丢了这一位阔主顾，这一桩损失至少有十个卢布，因为警察长的棺材必定是很贵重的，棺材里总得衬上锦缎。

这些损失，每到了晚上，都一一到耶可心上来了。他倒在床上，提琴放在身边，脑子里装满了这种种帐目，他只好拿起弦子，拉着琴，在那黑暗的夜里放出一种悲哀的音调，耶可心里也觉得好过一点。

去年五月六日，耶可的妻子马华忽然病了。她呼吸很吃力，喝许多水，走路蹒跚着。但第二天早晨，她仍旧起来，烧着炉子，还出去打水哩。挨到傍晚，她睡倒了。这一天，耶可终日奏着提琴。到了晚上，他拿出那本记载他的损失的账簿来翻看，因为没有事做，他就把这些损失的账一一加起来。不料损失的总数竟有一千多卢布之多！他吓的把账簿摔在地上，自己蹬脚烦恼。一会见他又拾起账簿，弹着两只指头作响，嘴里只是长叹。他的脸涨紫了，满脸都是汗。他心想，如果这一千卢布存在银行里，每年至少有四十卢布的利息。这样看来，这四十卢布岂不又是一桩损失吗？简单一句话，无论你往那边走，到处总是损失，利益总是没有的。

他正这么想着，忽然马华喊道："耶可，我要死了。"

他回头望着他妻子，只见她烧的脸都红了，但脸上却带着一种异常的喜色。耶可平日看惯了她的惨白的，畏怯的，愁苦的面色，这时候倒瞪呆了。看来她真是快要死了，而且她晓得她要永远离开这间矮屋这些棺材和耶可了，心里反觉得快活。她睡在那里，眼望着屋顶，咬着嘴唇，好像死神在她眼里是她的超度者，她正在同他低语哩。

天亮了，窗子上可望见太阳起来了。耶可看着他的老妻，不禁想起他一生从没有待她好过，从没有和她玩笑过，从没有怜惜她过，从没有想着买块手巾来给她盖盖头,从没有从做喜事人家带点好吃的东西回来给她。他一生对她,不是呼喝,就是骂。他有了损失总在她身上出气,有时还捏紧了拳头恐吓她。虽然他自问不曾真正打过她,但她见了他的拳头总是吓得魂都飞了,瘫在地上爬不起来。况且他还不准她喝茶——不喝茶,他的损失已尽够了——所以她一生只喝白开水。于今,耶可回想起来,明白了马华脸上现出那种快活神气的缘故,他心里倒有点难受了。

太阳起的很高了,耶可问隔壁人家借了一辆车,把马华送到医院里去。那天病人不多,他只等候了三个钟头。招呼他的,不是医生——医生自己病了——却是他的助手马克森尼可拉伊罼。耶可很高兴,因为这位助手先生虽是一个好闹的酒鬼,人都说他的本领比医生高明的多。

耶可扶那老婆子进诊室,说道:"您好呵! 马克森尼可拉伊罼,对不住,要来麻烦您了。但是,您瞧,我的老伴病了。正是人家说的,我的终身老伴,……"

那位助手老先生皱着花白的眉毛,一手捻着胡子,动手验看那老婆子。马华坐在一只鼓凳上,曲着背,瘦皮包着老骨头,鼻尖突出,张着嘴,很像一只将要喝水的鸟。

助手先生慢吞吞地说:"是呵……流行[性]感冒,也许带点寒热。镇上现闹着肠窒扶斯哩。……我那能办呢? 她是一个老妇人了。……多大年纪了?"

耶可答道:"六十九岁。"

"够老了。很是时候了。"

"自然哪! 您的话是不错的;但是,您不要怪我说一句话:虫蚁尚且贪生呵。"

助手先生答话的神气很像是她的生死全在他手里。他说:"我教你怎么办,朋友;给她头上扎一块冷湿布,拿这点药粉去,每天服两次。再会罢。"

耶可看那助手先生的面孔,就知道不妙,知道什么药粉也救不了马华的病,知道她不是今天,就是明天,准要死的。耶可走向前,轻轻地撞着助手先生的手腕,眨一眨眼睛,低声说道:"是的,马克森尼可拉伊瞿,但是请你给她放放血罢。"

他回答道:"我没有工夫,朋友,没有工夫。带了你的老婆子走罢!"

耶可求他道:"求你做这一点好事罢。你自己知道,这种药粉只医得肚子里的毛病;可是她是重伤风呵。向来医伤风,总是放血的。"

那时助手先生已喊第二个病人了;一个乡下妇人抱着一个小孩应声进来。他向耶可说:"走开去!"

耶可又求他道:"至少请你试试水蛭罢①。我将来永远向上帝替你祷告。"

助手先生生气了,喊道:"别再开口!"

耶可也生气了,脸也涨红了;但他不再说什么,扶了马华出去。他把她扶上车后,回头怒目望着医院,很轻蔑地骂道:"什么东西! 他给有钱的人放血,没有钱的人,他连水蛭都不肯用! 什么东西!"

他们回到家里,马华扶住炉子,站了一会。她怕她若睡下了,耶可又要开始诉说他的损失了,又要骂她死睡躲懒了。耶可对她望着,心里烦闷;他想起明天是约翰洗礼者的纪念日,后天是圣尼古拉的纪念日,大后天又是礼拜日,再下去又是礼拜一——又是不好做工的。这四天都不好做工,而在这四天之中马华准会死的。她的棺材须在今天做好。他取了铁码竿,走近他老婆,量好了尺寸。量过之后,马华自去睡下,耶可用手画了十字,就动手做棺材。棺材做成了,耶可戴上眼镜,翻开他的损失账簿,写道:"马华·伊凡诺夫纳的棺材——损失二卢布,四十加贝克。"写完,他叹了一口气。

耶可做棺材的时候,马华睡在那边,闭着眼,一点也不作声。到了傍晚,天渐渐暗了,马华喊她丈夫道:"耶可,你记得吗? 记得五十年前上帝给我们一个黄头发的小孩子? 你和我那时候每天坐在河岸上……在那株柳树底下……唱着曲子。"她发出一声惨笑,接着说:"那孩子死了。"

---

① 水蛭(Leech),旧时医生用来吸取血。

耶可道:"都是胡思乱想,……"

过了一会,教士来了,给她行圣餐和临终膏沐的仪式。马华嘴里喃喃地说了一些听不懂的话。到快天明时,她死了。

邻居的老妇人们来替她洗过,用衾裹起,把她安放好。耶可想省钱,他自己念了颂诗;管坟的人是他的教父,又省了一笔费。四个乡下人抬棺材,因为看重死者,也都不要钱。棺材后面跟着一群老婆子、叫花子和两个残废的人。这班乡下人在路上时时用手画十字。这件丧事就这样过去了,礼貌总算周到了,钱也省了,又没有得罪人。耶可心里很满足了。他最后和马华告别时,他用手指轻轻地敲着棺材,心里想道:"一口很好的棺材。"

耶可从坟地回家,路上就觉得十分疲乏;他觉得病了,呼吸很吃力,两脚几乎站不稳了。他脑子里满装着不常有的思想。他又想起他一生不曾怜惜马华,不曾和她玩笑过。他们同居的五十二年,很像有无限的长;然而在那无限长的生命里,他竟从没有想到她,从没有爱怜她,只把她看待作一只猫或一只狗一样。但是马华却每天替他烧火、煮水、烤面包、取水、砍柴,和他同床睡觉;有时候,耶可从喜事人家喝醉回来,她恭恭敬敬地接过提琴,挂在壁上服侍他睡下,——总是那样沉默无声地,脸上总是那种怏怏愁虑的神气。现在耶可觉得他可以怜惜她了,还想买点东西送给她,但是已太迟了……

耶可正走着,对面来了洛斯奇尔,对他含笑点头说:"老叔,我正在找你。摩西伊里伊瞿要我问候你,请你就过去。"

耶可一肚子怨恨,差不多要哭出来了;他一头走着,一头喊着:"滚开去!"

洛斯奇尔惊讶地跟着他,说道:"当真吗?摩西伊里伊瞿要生气了。他要你就去。"

那犹太人气喘吁吁,眼皮闪动,满脸的红雀斑,耶可看了,心里着实厌恶他。他那瘦弱的身材,穿着一件绿色的外衣,上面一条一条地都是黑的污痕,也使耶可看了生厌。他喊道:"你追着我干什么,大蒜头!滚开点!"

洛斯奇尔也生气了,他喊道:"你要不客气一点,我就要把你送到篱笆那边去了。"

耶可真气了,捏着拳头赶上去,喊着:"滚开去! 你不滚开去,我把你的魂都打出来! 我见着犹太人就讨厌。"

洛斯奇尔吓慌了,蹲伏在地上,两只手在头上乱舞,好像遮抵拳头似的;忽然站起来,拚命飞跑。他带跑带跳,两手乱摆;背上那条瘦见骨的脊骨一扭一扭地动着。街上的小孩子看见这件事,都乐了,也都追着他,口里喊"犹太人! 犹太人!"街上的狗也追着他狂吠。有些人大笑,有些人呼啸着,狗越吠越响。忽听得洛斯奇尔大叫一声,凄惨的很,大概是他被一只狗咬了一口了。

耶可行过镇上的公共场,沿着村边走去。路上的小孩子见了他,都喊着他的绰号"白浪沙! 白浪沙!"长嘴的沙雏绕着他飞鸣,水边的鸭咭咭地叫,太阳光烘着一切,水上的光影映射过来,使人不敢正眼看去。耶可沿河走去,看着一个红颊腮的胖妇人从洗澡地方出来。离洗澡地方不远,坐着一群小孩了在那里捉螃蟹;他们望见耶可走来,也促狭地喊着"白浪沙! 白浪沙!"耶可走到这里,抬头忽看见一株很粗的老杨柳,树心空了一个大洞,树上挂着一个喜鹊巢……耶可猛然想起马华临死时说的那个黄头发的小孩子来……是的,正是这株绿杨树,仍旧凄戚无声地站在那里……他也老成这个样子了,可怜的东西!

耶可坐在柳树下,慢慢地回想。在河的对岸,现在成了一片洼地了,当初却是一个大桦树林;更远一点,现在只剩了一座光秃秃的小山,当初却是一个大松林;河里当日上上下下都是河舫,现在一切都改变了,对岸的大桦树林只剩下一株少年白桦,亭亭摇曳,像一个小姑娘;当日河舫上下的河里,于今只浮着一些鹅鸭。在耶可眼里看来,好像五十年来鹅也变小了。他闭了眼睛,想象里看见一大群白鹅朝着他飞来。

他心里想,他这四五十年来,何以总不曾走近这河边;也许他曾来过,何以总不曾留意? 这条河并不算小,河里可以打鱼,打得的鱼可以卖给商人官人和火车站食堂的管事,这笔钱可以存放在银行里;他还可以摇一只船,摇到河滨消夏的房子下去奏提琴,那些人家一定会给他钱;他又可以做一个河舫的舟子,总比做棺材好的多;他又可以养鹅,到冬天把鹅杀了运到莫斯科去卖,单算鹅毛一项一年也可以弄十个卢布。然而他却一件都不曾做,只是长吁短叹地过了一生。多么大的损失呵! 况且他若是把那几件事一齐都做了——又打鱼,又拉琴,又摇河舫,又养鹅——他赚的钱岂不更多了吗? 然而他却从来没有梦想到这些事体;一生就这么过去了,没有一点利益,没有一点满足;什么事都糊里糊涂地过去了,什么都不曾留住。于今回头细想,什么都没有了,只有损失,只有损失,想起来血都要冷了。况且人生世上,何以不能没有这种种损失呢? 对岸的桦树林和松树林为什么都被砍伐了呢? 那片公共草场为什么没有人利用呢? 为什么人们偏爱做他们不应该做的事呢? 为什么他自己一生只会叫、喊,捏紧拳头,恐吓老婆呢? 为什么他要恐吓欺侮那个犹太人呢? 为什么人们总不许彼此相安呢? 这些也都是损失! 可怕的损失! 如果不是为了仇视和怨恨,人们尽可以彼此得着无穷的利益了。

那一天的晚上,耶可的脑子里只闹着柳树、鱼、死鹅,马华,她那像一只将要喝水的鸟的侧面,洛斯奇尔的可怜的样子,和无数的长鼻子从黑暗里伸出来诉说着种种损失。耶可在床上翻来覆去,一晚上五次起来拉提琴解愁。

到了早晨,他勉强起来,到医院去诊看。那位助手先生一样教他用冷布扎着头,一样给他药粉带回去服。耶可看他脸上的神气,也知道事体不妙,也知道什么药粉也医不好他的病。他一路回来,心里自想,人死了至少有一桩利益:可以不吃不喝,不纳税,不损害别人了;况且人睡在坟墓里,不止一年,可以睡千年万年;千年万年不吃不喝,不纳税,不害人,这笔利益多么大呵! 总而言之,人的生命是一桩损失,只有死却是一桩利益——这个意思虽然很不错,究竟是很刺心的:人生世间,好歹只有一回,为什么世界却这样安排,使他毕生没有好处呢?

耶可自知要死,也并不懊恨。但他回到家中,见了他的提琴,他的心却酸了,觉得很愁。这提琴是不能带到棺材里去的,只好留作一个无主的孤儿,也许和那桦林松林遭逢一样的劫运。耶可走到门口,坐在门槛石上,把提琴抵住肩头。他心里仍旧想着人生的不幸,手里奏着琴,琴上发出凄恻哀怨的声调,他的眼泪纷纷滚下两腮来。他想的越深,琴声也越凄惨。

门闩响了两下,外面门口来了洛斯奇尔,他起先大步进来,一见了耶可,他就立刻停住了,缩紧了身子,吓的只用手指向他做手势。

耶可很和气地向他招手:“上来罢,不要害怕。来罢。”

洛斯奇尔脸上还带着疑心和害怕的样子,他走上前来,离耶可五六尺远,就站住了,他说:“耶可,不要打我,这不是我自己的不是。摩西伊里伊瞿又叫我过来。他说:‘不要怕;你再去找着耶可,告诉他我们少了他是不行的。’这回的喜事是在礼拜三;夏普法罗的小姐嫁给一个财主……这回的喜事一定是很讲究的。”他说时,把一只眼眨一眨。

耶可吁一口气,答道:“我不能去了,我病了,好兄弟。”他说了这句话,又拿起琴弦来,眼里的泪珠纷纷滚下,滴在琴上,洛斯奇尔站在他身边,两手抱胸,用心细听。他脸上那种疑心和害怕的神气渐渐地变作了一种痛苦悲哀的神情;他的眼珠子滚来滚去,好像受痛苦的人如醉如痴的样子。他忍不住喊道:“哙吓吓!”他的眼泪慢慢地滚下两颊来,替他的绿外衣上又添了几缕黑痕。

耶可终日睡在床上发愁。到了傍晚,教士来给他忏悔,问他可有什么特别的罪过要忏悔的;耶可搜索他那将枯的脑海,记起了马华的愁脸,又记起了洛斯奇尔被狗咬时的凄惨的喊声,他说:“把这只提琴送给洛斯奇尔。”他说时,声音已几乎听不清楚了。

现在镇上的人都问:洛斯奇尔从那里得来这样好的一只提琴?是他买来的呢?还是偷来的呢?还是赌胜来的呢?他久已丢了笛子,专拉提琴了。从他琴弦底下,发出各种悲调,和他在笛子上吹出的哀音一样。有时他学着耶可临死之前坐在门槛石上拉的那只调子,这时候,琴上发出那样热烈哀悲的声音,使听的人都哭了;他自己也滚着眼珠子,忍不住喊叫:“哙吓吓!……”但是这只新曲,人人都爱听,镇上的富商和官吏有什么宴会,总没有不雇洛斯奇尔去奏琴的;往往他们硬要他把那只新曲奏了又奏,至重奏十回之多。

十二,八,六,在西湖上的烟霞洞

五

苦　恼[①]

[俄]契诃夫

"满肚悲哀说向谁？"

黄昏的时候,大块的湿雪在街灯的四周懒懒地打旋;屋顶上、马背上、肩上、帽上,也盖着薄层的湿雪。赶雪车的马夫郁那卜太伯浑身都是白的,像闹鬼一样。他坐在车箱上,动也不动,身子尽量弯向前;很像就是有绝大的雪块压在他身上,大概他也未必肯动手抖去。

他的那匹小雌马也全白了,也不动一动。它的寂静,它的瘦骨的巉棱,它的腿的挺直,看上去它竟像五分钱一匹的糖马。也许它是想出了神哩。好好地从那灰色的田间风景里被拉到这种闹烘烘的地方,卸下犁耙来到这奇怪灯光底下拖雪车,谁到了这步田地也不能不想出了神的。

郁那同他的小马停在这里好久了。他们是饭前出来的,到这时候还不曾做到一趟生意。夜色已渐渐罩下来了。路灯的淡光渐渐亮起来了;街上渐渐热闹起来了。

郁那忽听见有人喊道:"雪车,到维波斯伽! 雪车!"

郁那惊起回头,从那雪糊着的眼睫毛缝里看见一个军官,穿着陆军大

① 本篇译于 1924 年 12 月 13 日。载 1924 年 1 月 17 日、25 日出版的《现代评论》第 6、7 期;收入《短篇小说》第二集、《胡适选集》翻译分册、《胡适译短篇小说》。译者注:此篇译自 Constance Garnett 译的《契诃夫全集》第 9 册,页 55-65。原题 Misery。——编者

氅,披着风帽。

那军官喊道:"到维波斯伽!你睡着了吗?到维波斯伽!"

郁那把缰绳一拉,表示答应;大块的雪糕从马的肩膀背脊上飞下。那军官坐上了雪车。郁那喊着口号,伸长了头颈,站了起来,挥着鞭子。那雌马也伸长了头颈,曲起它的挺直的腿,缓缓地向前走……

"你这浑虫!往那儿撞?"郁那听见前面攦来攦去的一大堆黑块里有人喊着:"你撞什么?靠右——右边走!"

那军官也狠狠地喊道:"你车也不会赶!靠右边走!"

一部轿车的马夫向他咒骂;路旁一个走道的正从雪车的马前走过,肩膀擦着马鼻子,他怒气冲冲地瞪了郁那一眼,抖去了袖子上的雪。郁那在车箱上坐立不安,好像坐在棘针上一样;摇着两手,眼睛滚来滚去,像中魔的人,不知道他身子在何处,也不知道他为什么在这里。

那军官带笑说道:"这班促狭鬼!他们偏要撞到你前面,或跌倒在马脚下。他们一定是故意的。"

郁那对那军官一望,嘴唇微动,……他明是想要说什么话,但没有话出来,只吸了一口气。

那军官问道:"什么?"

郁那歪着嘴微笑,直着喉咙,枯燥地说道:"我的儿子……兀……我的儿子这个星期里死了,先生。"

"哼!害什么病死的?"

郁那把全身转过来朝着他的顾客,说道:"谁知道呢?一定是热病,……他在医院里住了三天,就死了,……上帝的意旨。"

"转过身去,你这浑虫!"黑暗里有人喊道,"你这老狗,昏了头吗?你瞧,你往那儿撞!"

那军官也说:"赶上去!赶上去!你这样走,我们明天也到不了。快点。"

郁那只好把头颈又一伸,站了起来,摇着鞭子。他几次回头望那客人,只见他闭着眼睛,明明是不爱听他诉苦。

到了维波斯伽,放下了客人,郁那停在一家饭馆旁边,仍旧蜷着身子,坐在车箱上,⋯⋯那湿的雪仍旧把他和他的马都涂白了。

一点钟过了,又过一点钟,⋯⋯

三个少年人,两个高而瘦的,一个矮而驼背的,一同走过来,嘴里彼此嘲骂,脚下的靴子蹭的怪响。

"车儿,到警察厅桥!"那驼背的用沙喉咙喊着,"三个人,二十个壳白。"

郁那把缰绳一抖。二十个壳白是太少了,但这却不在他心上,无论是一个卢布,是五个壳白,他都不计较,只要有生意就好。⋯⋯那三人嘴里叽哩咕噜骂着,一拥上车,抢着要坐下。车上只有两个人的座位,叫谁站呢?吵骂了一会,他们才决定叫那驼子站着,因为他生的最矮。

那驼子站在郁那背后,呼气直呼在郁那的颈子里。他鼓起他的沙喉咙喊道:"走罢!快走!⋯⋯咦,你戴的一顶什么帽子!京城里找不出比你更破的了。"

郁那笑道:"嘻——嘻!⋯⋯嘻——嘻!不值得夸口!"

"算了,不值得夸口,快点去罢!⋯⋯你只会这样慢慢地踱吗?嗳?你要我在你脖子上亲你一下吗?"

那两个高的之中,一个开口道:"我们头疼。昨儿在德马索那边我和法斯加两人喝了四瓶白兰地。"

那边那个高的狠狠地说道:"我不懂你为什么说这种话。你说谎同畜生一样。"

"打死我,这是真话,⋯⋯"

"真话!差不多同说虱子会咳嗽一样真。"

郁那笑道:"嘻——嘻!高⋯⋯高⋯⋯兴的先生们!"

"吐!鬼捉了你!"那驼子怒喊着,"你这老瘟鬼,你走不走?这算是赶车吗?还不拿鞭打它一下!浑虫!重重打它一下!"

郁那觉得背后那驼子的破沙喉咙和那擤来擤去的身子。他听见骂他的话,他看见来来去去的人,他觉得心里寂寞的味儿反渐渐减轻了一点。

那驼子骂他,咒他,直到后来一大串的咒骂把自己的喉咙呛住了,嗽个不住。那两个高的少年正在谈着一个女人叫做什么妠底希达的。郁那时时回头看他们。等他们说话稍停顿的时候,郁那回过头来,说道:"这星期里……冗……我的……冗……儿子死了!"

那驼子咳嗽完了,把嘴唇一抹,叹口气道:"咱们都要死的。……快点赶! 快点赶! 朋友们,这样的爬,我可忍不住! 什么时候才能到呀?"

"也罢,你鼓励鼓励他罢。脖子上给他一拳!"

"听见了没有,老瘟鬼? 我要叫你喊痛。我们要同你这样的人客气,我们只好下来跑路罢。老鳖儿,听见了没有? 你难道不管我们说什么吗?"

郁那听见了——可没有觉得脖子上的一拳。他笑着:"嘻——嘻! ……高兴的先生们。……上帝给您健康!"

一个高的问道:"车夫,你有老婆吗?"

"我? 嘻——嘻! ……高兴的先生们,我现在的老婆只是这个潮湿的地面了……呵——呵——呵! ……只是那坟墓了! ……我的儿子死了,我还活着,……希奇的事,死错了人。……死鬼不来找我,倒找着我的儿子。……"

郁那转过身来,想告诉他们他的儿子怎样病死,但正当这时候,那驼子叹口气说:"谢天谢地,我们到了!"

郁那接了那二十个壳白,瞪着眼看着那三个少年走向黑暗里去。他仍旧是孤单单地一个人,仍旧无处开口,……刚才暂时减轻了的苦痛,于今又回来了,并且格外刺心,格外难过。郁那眼巴巴地望着大街两旁来来去去的行人,这边望望,那边望望,这成千成百的人当中,他那里去找一个人来听他诉说他的苦恼呢?

一群一群的人走过来,走过去,没有人睬他,也没有人睬他的苦恼,……他的苦恼是大极了,无穷无尽的。好像他的心若爆开了,他的苦恼流了出来,定可以淹没这个世界。可是总没有人看得见。他的苦恼不幸被装在这样一只微细的壳子里,就是白天打了灯笼去寻,谁也看不见，……

一会儿，郁那瞧见里边走出一个看门的，带着一个包裹；他打定主意要和他攀谈。他问道："朋友，什么时候了？"

"快十点了，……你为什么停在这儿？赶开去！"

郁那把雪车赶开了几步，蜷起身子，仍旧去想他的苦痛。他想，对别人说是没有用的了。但是不到五分钟，他又伸起头来了，把头一摇，像是感觉疼痛似的。他拉起缰绳来，……他忍不下去了。

"回去罢！回到车厂去罢！"

那匹小雌马，好像它懂得主人的意思，快跑起来了。一点半钟之后，郁那已在一个很脏的大炉子边坐下了。炉子上边，地板上，板凳上，都有人睡着打呼。屋子里空气闷的很，有种种臭味。郁那看看那些睡着的人，抓抓自己的头，颇怪自己回来这样早。……

"我今天挣的钱还不够买马吃的雀麦呢，……怪不得我要这样苦，……一个人要是会作活，要是有的吃饱，要是他的马也有的吃饱，就不会慌了。……"

屋子的那边，一个马夫坐了起来，睡眼模糊地咳一声嗽，伸手去摸水桶。

郁那问道："要喝一口吗？"

"好像是的。"

"盼望你喝口水会见好一点。……可是我的儿子死了。……你听见吗？这星期里，死在医院。……不幸的事。……"

郁那要看看这几句话会发生什么影响，但他看不出什么。那个马夫喝了水，蒙着头，早又睡着了。郁那叹口气，抓自己的头。……那马夫害渴要喝水，郁那害渴要说话。他的儿子死了快一星期了，他还不曾真正同谁谈过，……他想正正经经地谈一回。细细地谈一回，……他想诉说他的儿子怎么得病，怎样痛苦，临死之前怎样说话，死的时候什么样子。……他想诉说他的儿子死后的丧葬，他自己怎样到医院去讨回他儿子的衣服。他还有一个女儿阿二在乡下，……他也想谈谈阿二的事。……是的，他要说的话多着呢。听他的人应该叹气,应该感动叫喊,应该恸哭。……最好是对妇女们谈谈。妇女们虽是蠢东西,他一开口,她们就要哭了。

郁那想:"让我去看看我的小马。睡觉还早呢。……"

他穿上外衣,走到马房里。他想着马吃的雀麦和草料,想着外面的天气。……他在没有人的地方是不能想着他的儿子的,他可以对人说他儿子;但是空想着他,想象他的样子,那是受不住的痛苦,……

郁那在暗地里忽然瞧见那雌马的发亮的眼睛,他就问道:"你在嚼草吗? 你嚼罢,嚼罢。……我们挣的钱不够买雀麦,只好吃草了。……是的,……我老了,赶不了车了。……我的儿子应该赶车,我不行了。……他才是个马夫呢。……他应该活着。……"

郁那沉默了一会,又接着诉说:"是这么一回事,老太婆(指雌马),……库司麻(他的儿子之名)死了。他同我告别了。……他无缘无故地死了。……倘使你有一匹小马,你是他的亲生娘,忽然你的小马儿去了,死了。……你不伤心吗? ……"

那小雌马嚼着草,听他诉说,它嘴里的热气呼到郁那的手上。郁那忍不住了,就把他的悲哀全告诉它了。

十三,十二,十三

六

楼梯上①

[英]莫理孙

　　莫理孙（Arthur Morrison）生于 1863 年。少年曾在政府机关服务，后来才投身于舆论界。他的小说长于描写贫民的生活，常采伦敦东头（East End）贫民区域中的生活状况作材料，当时称为一种新的写实主义。他在 1893 年印行他的短篇小说集，名为《陋巷故事》（*Tales of Mean Streets*），风行一时。这三十年中，很多继续他这一派的作品的。他的小说不少，他的侦探小说最有名，但文学界里最赏识的究竟还是那部《陋巷故事》。我这一篇也是从这一册里译出的。

　　这所房子也曾见过世面来。当年伦敦东头商业兴旺，装船的和造机器的还不至于不屑住在他们的工场所在的区域，那时候曾有一位体面的主人住过这房子。但是现在这所高屋，砖墙虽然还结实，外观可很难看了：走道两旁，污秽不堪，油漆也剥落了；窗子有开裂的，有钉补过的；大门是终日开着的，妇女们坐在石级上，闲谈着疾病，死丧和物价；地毯上一个一个的都是绊人的破洞；楼梯上和走道上到处都是泥污。因为八家人家合住一所房子，谁家也不肯买一块门口擦脚泥的粗席，况且那条街又是一条常是泥泞不干的街道。这房子不但难看，还有种种气味，没有一种是好

① 本篇译于 1923 年 3 月 10 日。载 1923 年 3 月 11 日出版的《努力周报》第 43 期；收入《短篇小说》第二集、《胡适译短篇小说》。——编者

闻的(一种是煎鱼臭味)。

虽然如此,这房子却还不是一个贫民窟。

三层楼上,一个瘦削的妇人,两只手腕露在短袖外,站住了在一个房门外偷听;那房门开了,从那久闭的病房里放出一股腥躁气味来。一个曲背龙钟的老妇人站在门槛上,一只手握住身背后的门。

那瘦妇人问道:"克狄太太,他现在可好些吗?"说时,她对那开门处一点头。

那老妇人摇摇头,随手把门带上。她的牙床在那枯瘦的嘴里磨来磨去:"好是不会好的了,直等到他走。"说到这里,略顿一顿:"他快要走了。"

"医生说没有指望了吗?"

"天哪,我不要问什么医生,"克狄太太脸上颇像忍不住要笑,"我见过不少的医生了。这个孩子就要不行了;我也看得出的,况且——"她说到这里,把门又拉一下,关紧了,她才低声说,"——他们来接他了。"她使劲点一点头,接着说:"三个鬼昨晚在床头作响;我懂得那是什么意思!"

那瘦妇人皱起眉头,点点头:"呵,是的,我们迟早总逃不过这一天。有时候,这样脱卸,倒也快活。"

这两个妇人各朝空处望着,那老的点一点头,嘴里咯咯作声,像田鸡叫。一会儿,那瘦妇人说道:"他总算是一个好儿子,可不是吗?"

"嗳,嗳,——我当他是一个很好的儿子了。"老妇人似乎有点不很高兴:"虽然我只有一个工会可以帮贴一点,我总要把他的后事办的好看点。多谢上帝,我还办得起!"她很凝想的说着,一只拳头托着颊巴,睁着眼望着楼梯上渐渐暗下来的夜色。

那瘦妇人说:"当日我的男人死时,"她提起此事,似乎得意起来了,"我给了他一个很冠冕的出丧。他是一个奥德斐洛会员,我得了十二镑钱。我办一个橡树棺材,一辆开敞的枢车。我们一家坐了一部马车,他的同伴坐了一部——都是双马车;还有翎毛,还有护丧的执事。我们拣最远的路,绕到坟山。杠房的人对我说:'孟代太太,无论怎样,你心里总可以觉得你待他不错了;在这一点上,总没人能怪你。'是的,没人能怪我。他对我是一个好男人,我也给了他一个好看的埋葬。"

那瘦妇人很得意了。这个听的烂熟的孟代出丧的故事,今天在克狄太太的耳朵里忽然发生一种新的趣味。那老妇人反搭着下颏巴,磨来磨去,说:"我家巴白也会有一个冠冕的埋葬。有了他的保险钱,再东凑上一点,西凑上一点,我就办得下了。只是护丧的执事的一层,我可说不定。那是一笔费。"

东头的方言,妇人们看中了一件东西,而没有钱买到手时,他们不明说买不起,只说那是一笔"费",或说一笔"大费",意思是一样的,只是说来好听点。克狄太太也曾估算过她的家私,终觉得执事是一笔"费"。在一个省钱的出丧,执事人(Mutes)至少也要半镑金钱,另外还得请他们喝酒。孟代太太说是要那么多。

老妇人点点头:"是的,是的,半镑金钱。"这时候房里边发生一种没气力的响声,像是病人用一条手杖敲着地板。老妇人喊道:"就来了。"——她伸手去抓门上的手柄,一面说:"是的,半镑金钱;但那可不算少了,我想不出法子怎样弄这笔钱——眼前真没有法子。"她伸手去推门,又顿住了,找上一句道:"除非我不用翎毛了。"

"不用翎毛,那是很可惜的。我要……"

楼梯上有脚步;忽然有绊了一跤的声音,接着就是一个人生气赌咒的声音。克狄太太瞪着那将黑的夜色,问道:"您是大夫吗?"

来者是医生的助手;他进病人的房里去了,孟代太太也自踱上别一层去了。

有五分钟的时间,楼梯上更黑暗了,医生的助手——一个少年人——从病房里出来,后面跟着那老妇人,拿着一支蜡烛。孟代太太在上层的黑暗里听他们说话。

那助手说:"他快要落下去了;他务必要喝点提神的东西。曼塞大夫叫给他红酒喝。酒呢?"

克狄太太嘴里咕噜,怪可怜的。那助手使着一种不很在行的腔调(他是一个月前才准行医的)说:"我告诉你,他务必要喝点,他吃不下硬东西了；我们不能让他这样落下去。多挨过一天，也许会转机呢——可是因为你买不起红酒？"

老妇人说："那是一种费，——费那么多，大夫，一天一天的半升牛乳，还要这样，还要那样，还要……"她说不清楚了，颏巴只磨着。

"但是他务必喝这个；就是你的最后一个先令，你也得买给他喝。如果你当真没有这几个钱……"他略顿了一顿。他不是一个有钱的少年人——有钱的少年人不会来替东头医生当白差——但他记起昨晚上打纸牌时，一堆一堆的大便士赢进来；况且他是新来没有阅历的人，想不到他会自己投去上当。所以他摸出五个先令来，说："如果你真没有钱，——也罢，拿这个去，买一瓶好的。不要到小酒店里买。不要忘记，立刻就买。他早就该喝这个了。"

他可不知道，说也巧的很，原来他的师傅前一天也曾犯过同样的不小心，给的钱的数目都是一样的，也是在那楼梯口交付的。克狄太太既然不说，他那里知道？他摸下楼梯，走上那泥泞的街道，心里盘算：一个公理会牧师的儿子打牌赢来的钱，这样花掉一点，不知可以赎罪吗？

但是克狄太太拿蜡烛进房时，鼓起了脸上的皱纹，很聪明的摇摇头。"铛"的一声，五个先令掉在一把茶壶里去了。孟代太太听到这里，也就走开去做她自己的事了。

房门闭了，楼梯上全是黑暗。有两次，一个同屋的人下来，上去，又下来；那扇房门还是闭着。底下几层，男的，女的，来来往往，出出进进。偶然一种喊声，或一种笑声，从街上送过来。马路旁的石路上，脚步的声音，更清脆，更少了；从底上一层的走廊上，时时有醉鬼走路跌撞不稳的声音。

一只破自鸣钟，嘶嘶的乱报钟点；每隔二十分钟，准有一个警察的脚声响过，似乎有意讥嘲那破钟的时辰不准。最后，有人把大门关了，街上的声音就模糊了。楼梯口上那间房里门上的钥匙一转，锁上了。此外更听不见什么了。下面一束惨暗的灯光，照了几个钟头，也就灭了。那发了疯的自鸣钟，嘶嘶的不息；但那间房里终夜没有人出来，也没有谁开那房门……

次日早晨,孟代太太来敲门,那房门上的钥匙一转,门开了。停了一会,那两个妇人同走到楼梯口,克狄太太戴着一顶不成样子的帽子。

孟代太太说:"啊,他是一个很好看的死尸,白的同蜡一样。我的男人死时,也是这样。"

那老妇人又作田鸡叫了:"我不能不走了。又要去问保险钱,又要给他量身材,够忙了。"

"够你忙了。你要哪一家杠房? 卫金好吗? 我那回雇的是卫金家。比开基家好点。开基家的执事,穿的衣服不漂亮,裤腿竟有擦破了的。如果你想用执事……"

"自然,自然,"克狄太太很僵硬的点一点头,"我要用执事。多谢上帝,冠冕点,我还出得起!"

"还用翎毛吗?"

"是的,还要翎毛。究竟用翎毛也费不了多少钱。"

十二,三,一〇

其　他

暴堪海舰之沉没①

中国人有一宗大毛病，只晓得顾自己，全不顾别人。平常时候倒也不要管他，惟有到了危急的时候，便更是如此。就如去年"元和"船和今年"汉口"船，失事的时候，满船的人只晓得逃命，不顾别人的死活。只可怜那些妇女和小孩子，在这几千人拥挤的时候逃又逃不动，又没有人来救他[们]。所以这二船的搭客，逃出的虽然不少，然而那些妇女和小孩子，竟差不多都死于水火之中。咳，可怜呵！我听了这两桩事以后，就把我们中国的人，恨的了不得。后来读外国书，看见了一篇故事，真正可以给我们中国人做一个绝好的榜样，所以把他译成白话，给大家看看。

话说英国有一只出海的轮船，名叫暴堪海（Bitkenhead），有一次开往非洲。船中载了一队英国的兵丁，除了这些兵丁以外，还有许多妇女和小孩子。有一天，这船正在开行的时候，忽然"砰"的一声，撞在一块礁石上，船底便撞了一个大洞，那海水便"骨都骨都"的流入船里来。满船的人，都晓得这船是一定要沉没的了。那时这船在这大洋之中，四面又没有别的船只来救，想来只有一条法子，可以逃生。原来无论什么轮船，船上都有小舢板船，到了危急的时候，便用这些小船逃命。这就是这暴堪海船目下

① 这是一篇英国札记小说，由胡适译成中文。载 1906 年 12 月 6 日《竞业旬报》第 5 期；收入 1995 年台北远流版的《胡适早年文存》（周质平主编）。——编者

逃命的法子了。不料这回船上的小船带的很少,除非再添几倍,方可装得下满船的客人。列位看官呀! 你们猜猜看,到了这个时候,这些船还是给那些强壮有力的兵丁坐了逃命呢? 还是给那些软弱的可怜得很的妇人、孩子坐了逃命呢?

　　说起来,那些英国的兵丁,真是令人可敬得很,他们一毫也不杂乱,齐齐整整的排成队伍,好像他们在操场上一般,让这船上的水手,急急忙忙的把船上的妇人、小孩都一个一个的放在小舢板船上,叫他们各自逃生。那些兵丁没有一个肯跑出队伍去抢船逃命的,也没有一个口出怨言的。那些妇女、小孩们,刚刚打发停当,那海水已经满上船面来,这暴堪海舰便沉了下去。这一队英国的兵丁也便跟了这船沉下去了。然而那些兵丁拼了自己的性命,救了满船妇女、小孩的性命,他们那种最荣耀、最可敬的名誉,却千年万年永远不得埋没的。咳,可敬呀!

二

生死之交①

我们中国人,把朋友看得极不要紧,所以时时有那些无信无义、卑鄙龌龊的行为。咳!这也是一种极恶的习惯了。我记得外国书上有一件极可敬的事,遂把他译成白话,请这本《竞业旬报》把这事传播出去,给我们中国人做一个榜样。

话说古时候,有一国内出了极有血性的二个少年,一个叫做别夏斯,一个叫做达蒙。这两个人,平时你推重我,我推重你,遂成了极好的朋友。

后来别夏斯不晓得为了一件什么事情,得罪了这国内的国王。那国王叫做了内西,原是一个杀人不眨眼的魔王,遂把别夏斯捉去了。如我们中国人捉拿革命党一般,也不问情由,便定了他一个死罪,先把他监在监牢里,等到那杀人的日子,便要就死了。

别夏斯的为人,本是一个不怕死的英雄;然而他又是一个极孝顺的孝子。他在监里,虽然安心待死,有时候想起他那白发皤皤、和蔼慈祥的父母,若知道他儿子在监牢里受罪,一定要急得什么样了。所以他一闭了眼睛,便梦见他父亲在那里愁颜长叹,他母亲在那里号啕大哭。别夏斯心中真个好像刀割一般的难过,心想我父母养我一场,不曾得到分毫补报,反害他[们]如此伤心。别夏斯想到这里,那英雄之泪,便也不知不觉的滴下

---

① 这是一篇翻译故事,翻译日期不详。载 1908 年 4 月 21 日《竞业旬报》第 12 期;收入 1995 年台北远流版的《胡适早年文存》。——编者

来了。到了第二天,便去求国王放他回去,见一见父母,便再来受死。那国王那里肯信他,反大笑道:哈哈!你想骗我放你回去你好逃走么?别夏斯再四求他,国王只是不答应。

那时别夏斯的极好朋友达蒙,知道别夏斯被捉,特地从远方赶来,正想设法救他,听见了这个消息,便挺身出来,对国王道:"臣与别夏斯做了半世的好朋友,不曾见他欺人一次。他此次想回家,正是他的孝心,并无他意。陛下若不相信,不如把臣押在这里,等他回来。他若不回来,陛下把臣杀了。何如?"那国王虽是残忍,听了达蒙的话,倒也颇为感动,心想天下那有这种好人,肯代朋友受罪。便把别夏斯放了,把达蒙监起来。

光阴似箭,日月如梭,别夏斯回家去了一个多月,那达蒙便代他坐了一个多月的监牢。看看那杀人的日子已相近了,别夏斯还没有来。达蒙的心中并不望别夏斯来送死,心想别夏斯从不失信于人,这回不来,一定有别样缘故。要是他果然赶不到,我便代他一死。这可不是我的一死,倒救了他的性命么。所以他心中不但不望别夏斯来,而且望他不要来。咳!列位看官,我们中国人,不把朋友的血去换他的红顶花翎,便算有良心了,谁肯把自己的性命去换别人的性命呢。咳!

一日一日的过去,那一日便是杀人的日子,那国王命剑子手把达蒙带到法场上。国玉对达蒙道:"你的朋友如今果然不来了,不知道他如今在那里享福,只可怜白白送了你一条性命。这也是你不识人的缘故,怪不得别人的。"达蒙听了,微微冷笑道:"我的朋友断不肯背我逃生的。这一次大约是上帝怜我的苦心,故使我的朋友赶不到这里,达了我救他的目的,正是我求之不得的了。"

那时法场四面,看的人真个人山人海。听了达蒙的话,有的人替他可怜;有的人说他好笑;还有许多人在那里骂别夏斯,说他不应该一去不来,害达蒙受刑,这人真是离兽不如了。

在这许多人议论纷纷的时候,那剑子手已经把那杀人的机器预备好了。只听得远远的有喊叫的声音,众人连忙看时,只见看的人纷纷让开一条大路。有一个人带哭带喊的,拼命闯进来。那人到了法场,看见达蒙跪在那里,连忙跑上去,抱住了他的头颈,哭道:"达蒙,我苦了你了,我苦了你了。我因为路上坐的船撞破了,一时赶不及,险些害了你的性命。达蒙,我苦了你了。"一头说,一头把自己的手叫刽子手缚了。那时候看的人晓得这人一定是别夏斯了,人人都赞叹他二人真是好朋友,有的竟流下泪来,有的竟大哭起来了。连那杀人不眨眼的国王,都感叹的了不得,连忙叫那刽子手把达蒙、别夏斯二人的缚都放了,都不杀了。后来国王常对人说道:寡人虽富有一国,那里比得上这么一个朋友呢!

唉!看官,国王这话真正不错。你看中国这么大,可找得出这么一个好人么?

右为西国最有名之故事,读西书者,当能言之。今为演成白话,稍事铺张。以记者之意,但求动人耳。

三

国　殇①

　　一千八百五十九年,郎巴德独立之战(郎巴德为意大利北部之总称),法、意联军既胜奥军于曼狄罗山,那时正当六月。有一天,清晨的时候,有一位大佐,一位士官,带了一队骑兵,向敌军方面徐徐进发,一路巡查各处村镇有无奥军踪迹。那时全军的眼光都射着前面一带树林,深恐林内有敌军埋伏。正行的时候,忽见前面有一所小小的房屋,四围都是大树,绿叶扶疏,亭亭直上。那房子面前,有一个十一二岁的小孩子站着,手中拿着小刀子,正在削一根手杖。那房子的窗上,高高的悬着一面三色的国旗。那屋内却静悄悄地,寂无一人。因为那些乡民,虽悬着意大利国旗,心中又怕奥兵要来蹂躏,所以都逃到他处避兵去了。

　　那孩子看见兵队,忙丢下手杖,脱了帽子,行了一礼。孩子原来长得很可爱的,英气勃勃的,面庞黄金也似的,头发水也似的,蔚蓝的眼睛,穿一件小衫子,露着胸脯。那位大佐见了他,勒住了马,问道:"你这孩子,在那儿干什么? 你为什么不和你家中[人]一块儿逃走呢?"那孩子答道:"我是没有家的,我是一个弃儿。我因想看看打仗,所以没有逃走。"大佐道:"你看见有什么? 奥兵经过这里么?"那孩子道:"三天没看见了。"大佐听了,想了一想,跳下马来,走进屋内,爬上了屋,四面眺望。不料这屋太低了,在这屋上仅可望见乡间小小部分,稍远一些便望不见了。大佐一面下

① 这是一篇爱国小说,著者未详,由胡适译述。载 1909 年 8 月 26 日《安徽白话报》己酉第 1 期。——编者

来，一面说道："这可要爬上树了。"恰好屋面前便有一株极高的槐树，随风摆动，萧飀作声。

这位大佐看看这树，又看看自己的兵，回头对孩子道："小猴子，你的眼光可好？"孩子道："我么，我能见一英里外的雀子。"大佐道："你可会爬树？"孩子道："这棵树么？我么？哈哈！我不消半分钟便到了树顶了。"大佐道："你上去之后，可能把你所见告诉我么？什么奥兵哪！马哪！滚滚的尘头哪！闪灼的刀光哪！你都能告诉我么？"孩子道："我一定能够的。"大佐又道："你办这一趟差，你要什么赏赐呢？"孩子听了，微微一笑道："你问我要什么吗？没有什么。这是很有趣的事。但是若使那些日耳曼人叫我做，随他怎么说，我是不去的。我是郎巴德人，今儿为的是咱们自己的事。"大佐喊道："好！上去罢。"

孩子脱了鞋，系紧了裤带，把帽子丢在草地上，双手抱住树，猫也似的爬上去了。大佐回过头来，吩咐他的兵道："留心前面罢。"那时这孩子已爬上树巅，两条腿盘住树身。他那黄金也似的头发映着日光，衬着绿叶，越显得黄澄澄的，分外可爱。只听得下面大佐喊道："看前面！"孩子听了，伸出右手遮住日光，看了一会，回过头来把一只手放在口边，对大佐道："那边路上有两个人骑在马上。"大佐道："他们走动么？"答道："站着不动。"大佐喊道："你看右边有什么？"孩子向右边一看，喊道："那义冢旁边好像有什么东西，光闪闪的，很像刀剑的样子。"大佐道："有人吗？"答道："没有。恐怕他们埋伏在稻田里面罢……"道犹未了，只听得"嗤"的一声，一弹飞起空中，落在屋子后去了……

大佐喊道："我的孩子，你下来罢，他们看见你了，我不要你再看了，下来罢。"孩子答道："我是不怕的。"大佐道："下来罢。你再看看左边，可有什么？"孩子道："左边么？"答道："是的。"孩子回过头来正待看时，只听得半空中又是"嗤"的一声，一弹飞起，这一弹的声音更清锐了，落下的地方也更近了。孩子也吃了一惊，口中骂道："魔鬼！他们当真朝我放枪了。"那大佐忙喊道："下来罢。"答道："我要下来了，但是我这里有树遮着，请你不要害怕罢。你不是要我看左边吗？"大佐道："是的，左边。但是你还是下来罢。"那孩子把身子伸向左边，喊道："那边礼拜堂后面我看见……"嗤的一声，第三弹丸空中飞来……只见那孩子急急下来，尚未到地，一个倒栽葱，跌下树来。大佐见了，喊一声嗳呀！赶上来，只见那孩子仰卧地上，四肢挺直，一缕热血自胸前流出。那时马上的士官和前面两个兵，也跳下马来。大佐鞠躬，解开孩子的汗衫，只见那弹丸深入左肺了。大佐喊道："死了。"士官道："还没有死。"大佐喊道："唉！苦孩子，好孩子，勇敢！勇敢！"大佐喊到"勇敢"的时候，只见那孩子把眼一睁，便自瞑目长逝了。大佐面无人色，眼睁睁地看了一会，在地上捡起孩子的外衣，抱住尸身，徐徐放下。那下马的兵丁和那士官，也是惨惨相对。其余的兵，都朝敌人方面望着。

大佐一面喊着"苦孩子！""勇敢的孩子！"一面走进屋内，取下那面三色国旗，盖在那死孩子的身上，当作丧服。那士官便捡起地上的鞋子、帽子、小刀子和那根小手杖，都放在孩子旁边。大众又默默无言的站了一会。那大佐对那个士官说道："这个孩子死的和军人一般，应该[由]我们军人来葬他。"大佐说着，低下头去，亲了死者的手，回过头来发令道："上马！"大众都上了马，飞驰去了。

那天日落的时候，意大利的先行队全军向敌军方面进发，那条路上，密密层层的拥着一队大兵，这都是前几天把他们的血洗了曼狄罗山的好男子。那时这孩子为国而死的消息早已传遍全军。他们行到这条路上，第一队的人远远的望见那槐阴之下卧着那孩子的尸身，身上盖着三色的国旗。这一队的军人都朝着他举起枪行了一个庄严的军礼。内中有一士官便向道旁小河的岸上采了两球花掷到孩子身上。全军的人便也都采了许多花掷到他身上。不上几分钟，那孩子已是满身都是花了。那些士官们，军人们，走过的时候，个个都朝着他行礼。口中喊着："勇敢的郎巴德！永别了！我尊敬你，好孩子！呀！光荣！永别了！"有的人把自己的金牌掷到他身上，有的人走了上去亲亲他的额，那花朵便雨也似的掷到他脚下，掷到他那流血的胸前，掷到他那黄金也似的头上。那孩子睡在地上，脸上微微含笑，好像他心中觉得这为祖国而死是很快活的。

译者曰：读者须知死在槐阴之下，以国旗裹尸，以万花送葬，较之呻吟床蓐之间，寂寂郊原之下，何者为苦？何者为乐？祖国青年，尚祈念之。

又曰：大佐说"这孩子死的和军人一般，应该[由]我们军人来葬他。"此即孔子"能执干戈以卫社稷，虽欲勿殇也，不亦可乎！"之义。屈子《国殇》篇曰："身既死兮神以灵，魂魄毅兮为鬼雄。"故亦以"国殇"名之。（《小尔雅》：无主之鬼曰殇。）

又曰：这孩子说："我是郎巴德人，今儿为的是咱们自己的事。"我愿我祖国青年，三复斯言。我尤愿我国无数之卖国贼，日夜讽诵斯言也。

四

心　理①

　　她开出门来,见他站在那里,她心里觉得从来没有这样的快乐。他跟着她走进画室,也觉得这回来这里真正快乐。

　　"没有事吗?"

　　"没有。正打算吃茶。"

　　"有客吗?"

　　"谁也没有。"

　　"啊! 好的"。

　　他放下他的外套和帽子,从容地,慢慢地,好像他什么事都没有了,又好像他永远用不着这两件东西了。他走到火炉边,两只手伸在那跳跃的火焰上面。

　　他们俩站在那跳跃的火光里,一会儿都不做声。然而他们微笑的嘴唇上却在那里涵咏他们心头的见面话。他们心里低声说道:

　　"说话干吗? 这还不够吗?"

　　"岂但够呢! 直到这一刻,我才明白……"

　　"和你在一块是怎样的好……"

　　"像这样子……"

　　"这不但够了,竟是过分了。"

---

① 这是胡适翻译的短篇小说,作者与译期均不详。收入 1994 年 12 月黄山书社出版的《胡适遗稿及秘藏书信》(第 11 册)(耿云志主编)。——编者

但他忽然回过头来望着她,她忙走开了。

"要烟卷吗？我把水壶放上去。你渴想喝茶吗?"

"我不。并不渴想。"

"我可渴想喝茶了。"

"你。"他拍着那亚美尼亚的垫子,倒在一张椅子上。"你是一个绝妙的小支那人。"

"是的,我正是。"她笑了。"我渴想喝茶,正同强壮的男子渴想喝酒一样。"

她点起了那橘色罩子的灯,扯拢了窗幕,摆好了茶桌子。水壶里两只小鸟唱起来了,火焰震跃着。他坐起来,两手扳住膝头。吃茶固是一桩有趣味的事,——她这里常有好东西吃——尖小的夹饼,短而甜的杏仁条儿,浓厚的黑糕带着一点酒味——虽然如此,吃茶究竟是一桩打岔。他巴不得茶早完了,桌子挪开了,他们的两只椅子挪近了炉火,那时候,他摸出他的烟斗,装上烟叶,一面用手指去压紧斗杯里的烟叶,一面说:"我们上回说的话,后来我曾想过,我以为……"

是的,那是他渴望的,也是她渴想的。是的,当她摇动那酒精灯上的小壶的时候,她看见了他们俩的影子,——他很适意地倒在那一堆软垫上,她盘蜷在那浅蓝的坐椅上。她眼里的影子清楚的很,细致的很,就像画在那蓝色水壶盖上似的。然而她又没有法子不忙着;她几乎要喊出来,"给我一点时间"。她要一点时间把她自己镇静下来,她要一点时间推开她生活里那些惯熟的东西。因为她周围那些好东西都是她的一分子,——简直可说是她的子孙,——他们自己也知道,所以不轻易放过她。可是现在他们——这些好东西——不能不走了。她不能不把他们赶开去,哄开去,——像小孩子一样,赶上黑魆魆的楼梯,装到床上,逼着睡去,——立刻——不许做一点声息。

因为他和她的交情的最特别的一点就在他们彼此之间完全解除一切防线,就像一块大平原上两个没有遮栏的城,他们两颗心彼此公开。在他呢,并不像一个战胜者,骑马进她的城来,全身甲胄,眼里只看见一种欢欣的、锦绣的颤动。在她呢,也并不像一个女王,进他的城来,在花瓣上轻盈地行走。不,他们是两个恳切的旅行者,全神贯注在懂得他们所见的和发现他们所不见的,——他们自己知道这种非常难得的机会使他们能彼此完全开诚相见,他们要充分利用这种机会。

况且这里面难得的是他们俩的年纪都够得上尽量享受这种冒险生活而不致发生什么好笑的感情上的危险。一动情感,什么便都完了;他们很明白这一点。况且那一类的危险,他们俩早已过去了,——他今年三十一岁,她三十岁了,——他们都已有过很丰富浓挚的经验,现在是收获的时候了。他做的小说可不是会成为伟大的小说吗? 还有她的戏剧呢,——谁能有她那种真正英国喜剧的风味呢?……

她很小心地把糕切成小小的厚块,他伸手过来取了一块。

"你务必要领略这糕的好处,"她恳求他。"要放出想像力来吃他。顶好的是滚着你的眼珠子,细细地体会他的味道。这可不是什么纸袋里拿出来的面包夹饼,——这块糕简直上得《创世纪》……上帝说'糕来!',糕就来了。上帝看了,说是'好的'。"

"你不消嘱咐我,"他说。"你真不消。奇怪的很,在这儿吃的东西,我都留意,在别处我就从不留意。我想这大概是因为我独居的生活过的太久,吃东西的时候又总要看书……我这种习惯,把吃食只当吃食看……看作一种东西,本来在那里,给我们吞下去,有的就变成没有的。"他笑了。"这话叫你听着奇怪吗?"

"奇怪的很。"她说。

"可是——还有呢——"他把茶杯推开,说话快起来了。"我简直可算是全没有外物的生活。东西的名字——树木和别的东西——我都不认得;我也从不留意地方和器具;人的面貌,我也不留意。在我眼里,一间房子和别一间房子全没有分别——总不过是一个坐谈读书的地方罢了——除了,"他说到这里,停住了,怪天真烂漫地一笑,接着说,"除了这间画室。"他朝四面一望,又望着她;他笑他自己的惊奇和快乐。他的样子像一个火车上的旅客,一觉醒来,居然到了他的目的地了。

"还有一件奇怪的事。我闭了眼睛,我可以看见这间房子,什么小东西都不会遗漏。……我此刻才想着这事,——我从前总不曾明白觉得。往往我不在这儿的时候,我的灵魂又回到这儿来了,在你那些红椅子队里徘徊往来,眼睁睁地望着那黑桌子上的鲜果盘,——轻轻地摸着那个顶可爱的睡小孩的头。"

他说时,抬头望着那雕刻的睡孩子。

第二编

诗　歌

六百男儿行[①]

半里复半里,半里向前驰。
驰驱入死地,六百好男儿。
男儿前进耳,会须夺炮归。
驰驱入死地,六百好男儿。

男儿前进耳,宁复生恇惧。
军令即有失,吾曹岂复顾?
不敢复诘责,战死以为期。
偕来就死地,六百好男儿。

左右皆巨炮,巨炮当吾前。
炮声震天地,炸弹相蝉联。
男儿善磬控,驰驱入鬼谷。
六百好男儿,偕来临地狱。

刀光何熠爝,杀敌如犬羊。

---

① 本诗为英国诗人阿尔弗雷德·丁尼生(胡适译作邓耐生)所作。载 1908 年 10 月
15 日《竞业旬报》第 30 期,附在《军人美谈》一文后;收入《胡适诗存》(胡明编),
1989 年 4 月人民文学出版社出版。——编者

孤军当大敌，声名天下煌。
蒙弹冒矢石，陷阵复冲坚。
怯哉哥萨克，逡巡不敢前。
敌阵乱且靡，男儿纵辔归。
归来非六百，六百好男儿。

左右皆巨炮，巨炮逼吾后。
炮声起四围，轰然若当吼。
炮弹相蝉联，马仆健儿死。
苦战得旋归，归自鬼伯齿。
鬼谷入复出，复出良不易。
悲彼战死者，朝出暮相弃。

英名何时坠，一战惊天下。
勖哉天下人，钦此专严者。

缝衣歌①

此篇初载巴黎《新世纪报》,译者自名欧化,上海《神州》、《繁华》二报相继转载。余初不知原著者果为何人,惟爱其词酷似香山乐府耳。今年夏,姚康侯先生以英国诗人 Thomas Heod《诗集》见示,谓中有一诗甚佳。及读其诗,则固《缝衣歌》原文也。是可以见此诗之价值矣!惟译本间有未能惬心之处,因就原著审易数节。精英文者,自能辨其当否耳。

铁儿附记

美人蒙敝衣,当窗理针线。

眼昏不敢睡,十指亦已倦。

不辞缝衣苦,饥穷可奈何?

愿以最悲音,一唱缝衣歌。

缝衣复缝衣,晨鸡鸣极巅。

缝衣复缝衣,星光临窗前。

窃闻回教国,女罪不可赎。

耶教复如何,为奴几时毕。

---

① 本诗为英国诗人托马斯·霍德所作。载 1908 年 10 月 25 日《竞业旬报》第 31 期;收入《胡适诗存》(胡明编),1989 年 4 月人民文学出版社出版。——编者

缝衣复缝衣,脑晕不自觉。

缝衣复缝衣,眼倦不可药。

一襟复一袖,一袖复一襟。

低头入睡乡,缝衣不敢停。

汝亦有母妻,汝亦有姊妹。

灿灿绮罗衣,丝丝人血耳。

缝衣复缝衣,饥穷兼垢秽。

一针穿双线,缝衣更缝被。

鬼伯自狰狞,我亦不畏死。

衣食不得完,去死正无几。

去死正无几,上帝其鉴诸。

面包抑何贵,血肉贱何如。

缝衣无已时,劬劳何所值。

藉草复食粝,敝衣将百结。

下有裂地板,上有漏屋顶。

素壁无粉饰,深夜挂吾影。

缝衣复缝衣,针线声飕飕。

缝衣复缝衣,作苦如罪囚。

一袖复一襟,一襟复一袖。

十指倦如何,悠悠心孔疚。

缝衣复缝衣,北风侵肌骨。

缝衣复缝衣,夏日蒸炎燠。

翩翩双飞燕,来栖破檐底。

新燕已出巢，飞鸣示予喜。

颓垣生女萝，其香何馥郁。
安得一小时，一览天地阔。
暂时停针线，幽思生远心。
莫久停针线，时刻即黄金。

暂时停针线，心苦何所思？
无爱亦无愿，百忧忽来罹。
有泪不敢滴，泪珠盈眼窝。
泪滴衣裳湿，恐碍针线过。

美人蒙敝衣，当窗理针线。
眼昏不敢睡，十指良已倦。
且唱缝衣歌，穷饿何时已。
惟愿此歌声，能至富人耳。

军人梦①

笳声销歇暮云沉，耿耿天河灿列星。
战士创痍横满地，倦者酣眠创者逝。
枕戈藉草亦蘧然，时见刍灵②影摇曳。
长夜沉沉夜未央，陶然入梦已三次。

梦中忽自顾，身已离行伍。
秋风拂襟袖，独行殊踽踽。
唯见日东出，迎我归乡土。
纵横阡陌间，尽是钓游迹。

时闻老农割稻歌，又听牛羊噪山脊。
归来戚友咸燕集，誓言不复相离别。
娇儿数数亲吾额，少妇情深自呜咽。
举室争言君已倦，幸得归休免征战。
惊回好梦日熹微，梦魂渺渺成虚愿。

---

① 本诗为英国诗人托马斯·堪白尔所作。载 1908 年 10 月 25 日《竞业旬报》第 31
期，又载 1929 年 6 月 19 日《吴附月刊》第 2 期；收入台北文星书店出版的《胡适选
集》翻译分册等。——编者
② 刍灵，军中束刍像人，以庇战骨，不使膏兽吻。刍灵，1931 年改作"刍人"。——编者

铁儿曰：我译是诗，吾滋感矣！今之学者，昌言于众曰："西国诗人，每言从军之乐，以鼓励其国人爱国之心。而吾国诗人，如杜甫《兵车行》诸篇，极写从军之苦，吾国尚武之风，遂因以销歇殆尽。"

嗟夫！此瞽言也。爱国如子美，□安忍出此。其《兵车行》诸作，盖有二意：一以当时将相穷兵黩武，不恤民劳，所谓"边庭流血成海水，武皇开边意未已"，"君已富土境，开边抑何多"者是也；一则以当时策勋行赏，多所埋没。十五北防河，头白还戍边，其短英雄之气亦甚矣！《前出塞》诗"丈夫誓许国，愤惋复何有；功名图麒麟，战骨当速朽"。何尝不慷慨爱国。而其后乃有"我始为奴仆，几时树功勋"；"从军十余年，能无分寸功"之语。其伤心觖望为何如耶！子美诸诗，要不外此二意。至于"男儿生世间，及壮当封侯"诸作，不谓为"从军乐"不可得也。其所以必有《新婚》、《无家》之作者，正以人穷返本，万不容己。家者国之本也，天下人安有不思家而能爱国者乎！即如堪白尔氏，生于苏格兰。苏、英之世仇也，其间独立之战，不知凡几。堪氏安忍颓其国人爱国之思，毋亦迫于人情之不容己耳。论者能言此诗果为从军乐耶！抑从军苦耶！其亦知所自反矣！

惊涛篇①

此亦堪氏之诗也。篇中大旨盖讥切今世婚姻制度而作。其诗为记叙体，类吾国《孔雀东南飞》诸作。共十四章，译为五言。初意颇欲效辜汤生先生《痴汉骑马歌》，顾乃不类。

读者幸勿以画虎见诮也。

戊申十月，译者识

昔有亚法酋，临流急呼渡。
但得济斯流，重金非所顾。
舟子遥问讯，谁乃狎涛怒。
答言我亚酋，彼美乃吾妇。

偕亡已三日，彼父乃穷追。
一朝苟见及，吾骨将安归。
追骑日见迫，我死复何叹。
一死不足惜，何以慰吾欢。

---

① 本诗为英国诗人托马斯·堪白尔所作，1908 年 10 月译。载 1908 年 11 月 14 日《竞业旬报》第 33 期；收入《胡适诗存》（胡明编），1989 年 4 月人民文学出版社出版。——编者

舟子告吾酋，小人愿相渡。
非复恋重金，怜君有美妇。
事机亦已迫，勿复少夷犹。
波涛虽怒吼，愿急济斯流。

烈烈风怒号，惊涛拍岸飞。
问答乃未已，夜色已熹微。
暮色渐昏冥，顾乃风弥劲。
遥闻马蹄声，追兵知已近。

妇言风虽恶，趣行勿瞻顾。
侬宁犯波涛，不愿逢父怒。
小舟方离岸，骇浪拍天来。
飓风四面起，人力岂能回。

尔时老父至，目击惊涛吼。
饮泣已无时，愤惋复何有。
得儿怒流中，风涛急澎湃。
一手遥乞援，一手抱所爱。

悲怀从中来，吾儿盍来归。
吾今宥若婿，归来兮吾儿。
伤哉此愿虚，白浪遮天黑。
惊涛卷儿去，老父自饮泣。

晨风篇①

朗菲罗氏为美国第一诗人,其诗如吾国之陶潜,秀淡幽咽,感人最深。今译其短歌一篇,以见一二。惜余不文,不能传其神韵耳。

己酉正月

译者附记

晨风海上来,狂吹晓雾开。

晨风吹行舟,解缆莫勾留。

晨风吹村落,报道东方白。

晨风吹平林,万树绿森森。

晨风吹林杪,惊起枝头鸟。

风吹郭外田,晨鸡鸣树巅。

晨风入田阴,万穗垂黄金。

冉冉上钟楼,钟声到客舟。

黯黯过荒坟,风吹如不闻。

---

① 本诗为美国诗人亨利·朗菲罗(Henry Longfellow)所作,载 1909 年 1 月 12 日《竞业旬报》第 39 期;收入《胡适诗存》(胡明编);又收入 1995 年 5 月台湾远流出版的《胡适早年文存》。——编者

译德国诗人亥纳诗一章[①]

德国诗人亥纳（Heine），生于一七九七年，卒于一八五六年。生平长于短章小诗，其诗亦敦厚，亦悱恻，感人最深。即如此诗，相思之词也。高松苦寒，诗人自况南国芭蕉，以喻所思冰雪火云，以喻险阻，颇类吾国比兴之旨。而其一种温柔忠厚之情，自然流露纸上。信笔译之，以寄吾友。

高松岑寂羌无欢，独立塞北之寒山；
冰雪蔽体光漫漫，相思之梦来无端。

梦中东国之芭蕉，火云千里石欲焦；
脉脉无言影寂寥，欲往从之道路遥。

---

① 本诗译于 1912 年。载 1913 年 1 月《留美学生年报》第二年本。——编者

乐观主义①

吾生唯知猛进兮，未尝却顾而狐疑。

见沉霾之蔽日兮，信云开终有时。

知行善或不见报兮，未闻恶而可为。

虽三北其何伤兮，待一战而雪耻。

吾寐以复醒兮，亦再蹶以再起。

以骚体译说理之诗，殊不费气力而辞旨都畅达，他日当再试为之。今日之译稿，可谓为我辟一译界新殖民地也。

---

① 本诗系英国诗人罗伯特·卜朗吟（Robert Browning，现译勃朗宁）所作，1914 年 1
月 29 日译。见亚东图书馆出版的《藏晖室札记》卷三第 41 则。收入台北文星书
店出版的《胡适选集》翻译分册，又收入人民文学出版社出版的《胡适诗存》。
——编者

裴伦《哀希腊歌》①

一

嗟汝希腊之群岛兮，

实文教武术之所肇始。

诗媛沙浮尝咏歌于斯兮，

亦羲和素娥之故里。

今惟长夏之骄阳兮，

纷灿烂其如初。

我徘徊以忧伤兮，

哀旧烈之无余！

二

悠悠兮，我何所思？

荷马兮阿难。

慷慨兮歌英雄，

缠绵兮叙幽欢。

享盛名于万代兮，

---

① 本诗为英国诗人裴伦（George Gordon Byron，现译拜伦）所作。收入 1920 年 3 月
亚东图书馆出版的《尝试集》。——编者

独岑寂于斯土；

歌声起乎仙岛之西兮，

何此邦之无语？

三

马拉顿后兮山高，

马拉顿前兮海号。

哀时词客独来游兮，

犹梦希腊终自主也；

指波斯京观以为正兮；

吾安能奴僇以终古也！

四

彼高崖何巉岩兮，

俯视沙拉米之滨；

有名王尝踞坐其巅兮，

临大海而点兵。

千樯兮照海，

列舰兮百里。

朝点兵兮，何纷纷兮！

日之入兮，无复存兮！

五

往烈兮难追；

故国兮，汝魂何之？

侠子之歌，久销歇兮，

英雄之血，难再热兮，

古诗人兮，高且洁兮；

琴荒瑟老,臣精竭兮。

六

虽举族今奴虏兮,

岂无遗风之犹在?

吾慷慨以悲歌兮,

耽忧国之块垒。①

吾惟余赪颜为希人羞兮,

吾惟有泪为希腊洒。

七

徒愧赧曾何益兮,

嗟雪涕之计拙;

独不念吾先人兮,

为自由而流血?

吾欲诉天阍兮,

还我斯巴达之三百英魂兮!

但令百一存兮,

以再造吾瘦马披离之关兮!

八

沉沉希腊,犹无声兮;

惟闻鬼语,作潮鸣兮。

鬼曰:"但令生者一人起兮,

吾曹虽死,终阴相尔兮!"

---

① 也作"耽忧国之魂磊",参见:胡适.胡适文集(第 1 卷)(小说、戏剧、诗歌).北京:人
民文学出版社,1998:467.——编者

呜咽兮鬼歌，
生者之瘠兮奈鬼何！

九

吾哓哓兮终徒然！
已矣兮何言！
且为君兮歌别曲，
注美酒兮盈尊！
姑坐视突厥之跋扈兮，
听其宰割吾胞与兮，
君不闻门外之箫鼓兮，
且赴此贝凯之舞兮！

十

汝犹能霹雳之舞兮，
霹雳之阵今何许兮？
舞之靡靡犹不可忘兮，
奈何独忘阵之堂堂兮，
独不念先人佉摩之书兮，
宁以遗汝庸奴兮？

十一

怀古兮徒烦冤，
注美酒兮盈尊！
一醉兮百忧泯！
阿难醉兮歌有神。
阿难盖代诗人兮，
信尝事暴君兮；

虽暴君兮，

犹吾同种之人兮。

十 二

吾所思兮，

米尔低兮，

武且休兮，

保我自由兮。

吾抚昔而涕淋浪兮，

遗风谁其嗣昌？

诚能再造我家邦兮，

虽暴主其何伤？

十 三

注美酒兮盈杯，

悠悠兮吾怀！

汤汤兮白阶之岸，

崔巍兮修里之崖，

吾陀离民族兮，

实肇生于其间；

或犹有自由之种兮，

历百劫而未残。

十 四

法兰之人，乌可托兮。

其王贪狡，不可度兮。

所可托兮，希腊之刀；

所可任兮，希腊之豪。

突厥慓兮，

拉丁狡兮，

虽吾盾之坚兮，

吾何以自全兮？

十五

注美酒兮盈杯！

美人舞兮低徊！

眼波兮盈盈，

一顾兮倾城！

对彼美兮，

泪下不能已兮；

子兮子兮，

胡为生儿为奴婢兮！

十六

置我乎须宁之岩兮，

狎波涛而与为伍；

且行吟以悲啸兮，

惟潮声与对语；

如鸿鹄之逍遥兮，

吾将于是老死；①

奴隶之国非吾土兮，——

碎此杯以自矢！

一九一四年二月三日

---

① 也作"将于是焉老死"，参见：胡适.胡适文集（第1卷）（小说、戏剧、诗歌）.北京：人民文学出版社，1998：471.——编者

康可歌①

小桥跨晚潮，春风翻新斾。

群嚣此倡义，一击惊世界。

"〔美国独立战争〕英兵驱散民党后，进至康可，搜获所存军火。将退出，民军隔岸轰击之，遂复战。时民党'片刻队'（Minute Men 者，其人相约有事则片刻之间可以应召，故名）已集五百人，官军大败，是为康可之战。战地今则浅草如茵，长槐夹道，河水（唐可河）迂回，有小桥接两岸。桥东为表忠之碑，桥西为'片刻队'铜像，上刻爱麦生《康可歌》四句。"……按《康可歌》共四章，这四句只为第一章。

---

① 本诗系美国思想家、诗人爱麦生（Ralph Waldo Emerson，现译爱默生）所作。《康可歌》共四章，这是第一章，译于 1914 年 9 月 7 日。见亚东图书馆出版的《藏晖室札记》卷六第 30 则《波士顿游记》。收入台北文星书店出版的《胡适选集》翻译分册；又收入人民文学出版社出版的《胡适诗存》。——编者

大梵天①

一

杀人者自谓能死人,见杀者自谓死于人,
两者皆未深知吾所运用周行之大道者也。

(吾,天自谓也,下同。)

老子曰:"常有司杀者杀。夫代司杀者杀,是谓代大匠斫。夫代大匠斫者,希有不伤其手者矣。"

三

弃我者,其为计拙也。
背我而高飞者,不知我即其高飞之翼也。
疑我者,不知疑亦我也,疑我者亦我也。
其歌颂我者,不知其歌亦我也。

爱麦生为此邦最大思想家,其哲学大旨,以为天地万物,皆备于我,善

---

① 本诗亦系美国思想家、诗人爱麦生所作。1914 年 9 月 7 日,胡适以散文形式译 "Brahma"第一、三两章。见亚东图书馆出版的《藏晖室札记》卷六第 30 则《波士 顿游记》。收入 1966 年 6 月台北文星书店出版的《胡适选集》翻译分册。——编 者

恶皆由我起,苟自得于中,何求于外物? 人但求自知足矣,天(上帝)即在人人心中,何待外求? 爱氏最重卡莱儿,两人终生最相敬爱,两人之思想魄力都有相似处。近人范戴克(Henry van Dyke)曰:"爱麦生是一慈祥之卡莱儿,终生居日光之中;卡莱儿是一肃杀之爱麦生,行疾雷骤雨之中",是也。爱麦生思力大近东方(印度)哲学。犹忆其《大梵天》一诗,铸辞命意,都不类欧美诗人。

今录其一、三两章于此。

墓门行[①]

伊人寂寂而长眠兮，

任春与秋之代谢。

野花繁其弗赏兮，

亦何知冰深而雪下？

水潺湲兮，

长杨垂首而听之。

鸟声喧兮，

好音谁其应之？

风呜咽兮而怒飞兮，

陈死人兮安所知兮？

和平之神，

穆以慈兮，

长眠之人，

于斯永依兮。

[①] 作者不详。载 1915 年 6 月《留美学生季报》夏季第 2 号。——编者

老洛伯①

一

羊儿在栏，牛儿在家，

静悄悄地黑夜，

我的好人儿早在我身边睡了，

我的心头冤苦，都进作泪如雨下。

二

我的吉梅他爱我，要我嫁他。

他那时只有一块银圆，别无什么；

他为了我渡海去做活，

要把银子变成金，好回来娶我。

三

他去了没半月，便跌坏了我的爹爹，病倒了我的妈妈；

剩下一头牛，又被人偷去了。

我的吉梅他只是不回家！

---

① 本诗为苏格兰诗人安尼·林德萨（Anne Lindsay）所作。载 1918 年 4 月 15 日《新青年》第 4 卷第 4 号。——编者

那时老洛伯便来缠着我,要我嫁他。①

四

我爹爹不能做活,我妈她又不能纺纱,

我日夜里忙着,如何养得活这一家?

多亏得老洛伯时常帮衬我爹妈,

他说,"锦妮,你看他两口儿分上,嫁了我罢。"②

五

我那时回绝了他,我只望吉梅回来讨我。

又谁知海里起了大风波,——

人都说我的吉梅他翻船死了!

只抛下我这苦命的人儿一个!

六

我爹爹再三劝我嫁;

我妈不说话,她只眼睁睁地望着我,

望得我心里好不难过!

我的心儿早已在那大海里,

我只得由他们嫁了我的身子!

七

我嫁了还没多少日子,

那天正孤孤凄凄地坐在大门里,

---

① 也作"那时老洛伯便来巴结我",参见:胡适.胡适文集(第1卷)(小说、戏剧、诗歌).北京:人民文学出版社,1998:475.——编者

② 也作"嫁了我吧",参见:胡适.胡适文集(第1卷)(小说、戏剧、诗歌).北京:人民文学出版社,1998:475.——编者

抬头忽看见吉梅的鬼！——

却原来真是他，他说，"锦妮，我如今回来讨你。"

八

我两人哭着说了许多言语，

我让他亲了一个嘴，便打发他走路。

我恨不得立刻死了，——只是如何死得下去！

天呵！ 我如何这般命苦！

九

我如今坐也坐不下，那有心肠纺纱？

我又不敢想着他：

想着他须是一桩罪过。①

我只得努力做一个好家婆，

我家老洛伯他并不曾待差了我。②

一九一八年三月一日

---

① 也作"想着他可是一桩罪过"，参见：胡适．胡适文集（第 1 卷）（小说、戏剧、诗歌）．
北京：人民文学出版社，1998：477．——编者
② 也作"我家老洛伯他并不曾待差了我"，参见：胡适．胡适文集（第 1 卷）（小说、戏
剧、诗歌）．北京：人民文学出版社，1998：477．——编者

关不住了！[①]

我说"我把心收起，
像人家把门关了，
叫爱情生生的饿死，
也许不再和我为难了。"

但是屋顶上吹来，
一阵阵五月的湿风，
更有那街心琴调，
一阵阵的吹到房中。[②]

一屋里都是太阳光，
这时候爱情有点醉了，
他说，"我是关不住的，
我要把你的心打碎了！"

一九一九年二月二十六日

[①] 本诗为美国诗人萨拉·梯斯代尔(Sara Teasdale)所作。载 1919 年 3 月 15 日《新青年》第 6 卷第 3 号。——编者
[②] 后来这一小节改译为：但是五月的湿风，
　　　　　　　　　　　时时从屋顶上吹来；
　　　　　　　　　　　还有那街心的琴调，
　　　　　　　　　　　一阵阵的飞来。
参见：胡适.尝试集.北京：人民文学出版社,1984:44-45.——编者

奏乐的小孩①

爵爷的宴会要他奏乐，
太太不时高兴又要他奏乐。
直到后来他的小头发疼，
他的小脑要昏晕了。

他的脸儿渐渐瘦削，
他的大眼睛也变了样子了，
他们方才说："他乏了，
让他今晚休息一天。"——太迟了！

到天明百鸟醒时，
他们正在病房里守着，
愁惨里嘣的一声，
一根绷紧的线断了。

他的大琴上断了一根弦，
他在床上微微翻动，
他最后的话是："好上帝！
一个疲劳的小孩子来了。"

---

① 本诗为英国人奥斯汀·多布森（Austin Dobson）所作。载 1919 年 11 月 1 日《新青年》第 6 卷第 6 号，署名天风；收入 1989 年 4 月人民文学出版社出版的《胡适诗存》。——编者

米 桑①

秋风扫着落叶，

轻敲着一个乡间教士的住宅。

教士是出门看病人去了，

灯下坐着一个借宿的远客。

刻骨的伤心和拼命的纵酒，

还不曾毁坏他丰姿的秀异，

他是一个生成的贵族，

骨头里都带着高贵的神气。

他独自吃完了晚餐，

门外又来了两个人叩门借宿，

一个美丽的少年武士，

跟着一个少年的俊仆。

"教士先生，我们是赶路的，

想在这里借宿一夜。"

---

① 本诗为法国作家、诗人大仲马所作。载 1924 年 12 月 31 日《晨报六周年纪念增刊》。——编者

"少年,你若可以将就,
就和我同睡一间房罢。"

他们主仆低语商量,
门里微听得他们吃吃的笑;
不知道是什么淘气的主意,
还只是评量教士先生的容貌。

那壮丽的军服底下罩着的,
原来是一个避祸的贵族人;
她是巴黎社会之花,
她是个迷人的女神。

她虽然在亡命的危险之中,
仍旧忘不了她迷人的惯技;
她知道教士是最难迷的,
她偏要试试那最难迷的教士。

秋风扫着落叶,
轻敲着一个乡间教士的住宅。
屋子里一个迷人的米桑,
迷住了一个美丰姿的过客。

十六年后他们又会见了,
罗殊拉一夜的迷梦如今才觉了。
他们握着手不忍就分别,
可怜迷人的米桑也老了。

一九二三年九月二十一日

译亨利·米超诗[①]

快要圆的新月挂在天空，
皎洁的和十年前的一样。
好容易盼得你这时来，
却仍让我独自个儿赏！

一九二四年十月三十日

[①] 本诗为法国诗人亨利·米超所作。收入 1964 年 12 月台湾商务印书馆影印的《胡适之先生诗歌手迹》。——编者

译诗一篇①

不见也有不见的好处；

我倒可以见着她，

不怕有谁监着她。

在我脑海的深窈处，

我可以抱着她，亲她的脸。

虽然不见，抵得长相见。

一九二四年十一月十二日

---

① 又名《别离》。作者为英国诗人托马斯·哈代。——编者

清晨的分别①

刚转个湾,忽然眼前就是海了,
太阳光从山头上射出去;
他呢,前面一片黄金的大路,
我呢,只剩一个空洞洞的世界了。

一九二五年三月

————————————

① 本诗为英国诗人罗伯特·卜朗吟所作。载 1926 年 1 月《现代评价》第 1 年纪念增
刊。

你总有爱我的一天①

你总有爱我的一天！
我能等着你的爱慢慢地长大。
你手里提的那把花，
不也是四月下的种，六月才开的吗？

我如今种下满心窝的种子，
至少总有一两粒生根发芽，
开的花是你不要采的，——
不是爱，也许是一点儿喜欢罢。

我坟前开的一朵紫罗兰，——②
爱的遗迹，——你总会瞧他一眼；
你那一眼吗？抵得我千般苦恼了。
死算什么？你总有爱我的一天。

一九二五年五月

---

① 本诗为英国诗人罗伯特·卜朗吟所作。载 1964 年 2 月 1 日台北《传记文学》第 4
卷第 2 期。——编者
② 也作"我坟上开的一朵紫罗兰"，参见：胡适.尝试后集.合肥：安徽教育出版社，
1999：13.——编者

译薛莱的小诗①

歌喉歇了，
韵在心头；
紫罗兰病了，
香气犹留。

蔷薇谢后，
叶子还多；
铺叶成茵，
留给有情人坐。

你去之后，
情思长在，
魂梦相依，
慰此孤单的爱。

一九二五年七月十一日

---

① 本诗为英国诗人薛莱（Percy Bysshe Shelley，现译雪莱）所作。载 1926 年 1 月《现代评论》第 1 年纪念增刊。——编者

月光里①

"喂，孤寂的工人，你为什么
痴痴地站在这儿瞪着伊的坟墓，
好像偌大的坟园只葬着伊一个？

"万一你那双绝望的眼睛，
在这凄冷的月光里恼怒了伊的魂灵，
万一伊的鬼走了出来，可不要吓死了人？"

"你懂什么！那可不真趁了我的心愿！
我宁愿见伊的鬼，不愿看谁的面。
可怜呵，我那会有那样的奇缘！"

"这样看来，伊一定是你恋爱的人，
安乐与患难变不了你的心；
如今伊死了，你便失了你的光明？"

"不是的：伊不曾受过我爱情的供养，
我当时总觉得别人都比伊强；
可怜伊在日，我从不曾把伊放在心上！"

一九二五年七月二十三日

---

① 本诗为英国诗人、作家托马斯·哈代所作。载 1926 年 1 月《现代评论》第 1 年纪念增刊。——编者

竖琴手①

谁不曾含着眼泪咽他的饭，
谁不曾中夜叹息，睡了又重起，
泪汪汪地等候东方的复旦，——
伟大的神明呵，他不会认识你。

---

① 本诗系德国诗人葛德（Johann Wolfgang von Goethe，现译作歌德）所作，1925 年 8 月 20 日译。载 1926 年 3 月 29 日《晨报副镌》；收入《胡适之先生诗歌手迹》、《胡适手稿》第 10 集中册、《胡适作品集》第 28 册等。——编者

一枝箭，一只曲子①

我望空中射出了一枝箭，
射出去就看不见了。
他飞的那么快，
谁知道他飞的多么远了？

我向空中唱了一只曲子，
那歌声四散飘扬了。
谁也不会知道，
他飘到天的那一方了。

过了许久许久的时间，
我找着了那枝箭，
钉在一棵老橡树高头，
箭杆儿还没有断。

那只曲子，我也找着了，——
说破了倒也不希奇，——

① 本诗为美国诗人亨利·朗菲罗所作。载 1956 年 9 月 20 日台北《文学杂志》第 1
卷第 1 期。——编者

那只曲子，从头到尾，
记在一个朋友的心坎儿里。

一九四三年六月十四日

第三编

戏　剧

娜拉（第三幕）[①]

剧中人物：

郝尔茂(姓)滔佛(名) Torvaid Helmer

娜拉 Nora

南陔医生 Doctor Rank

林敦夫人 Mrs Linden

柯乐克(姓)猊儿(名) Nils Krogstad

郝尔茂家儿女三人

意娃　宝宝　爱妹

阿奶 Auna(老乳母)

女仆爱兰 Ellen

挑夫一人

　　（布景）同前。桌子摆在中间，四周都是椅子。桌子上点着灯。通往厅的门正开着。楼上跳舞的音乐正热闹。林敦夫人坐在桌边，

---

① 　这是挪威剧作家易卜生所写的剧本，全剧共三幕，第一、二幕由罗家伦翻译，第三幕由胡适翻译。胡适的译稿载 1918 年 6 月 15 日《新青年》第 4 卷第 6 号；收入 1966 年 6 月 25 日台北文星书店出版的《胡适选集》翻译分册。——编者

手里翻一本书的页子,却没有心[思]读书。她时时到大门边去留心
细听。

林敦夫人 （看她的表）还没有来,——时候要到了。若是他老是不……
（再听）哦,他来了。（走进外厅,轻轻的把大门开了。门外阶级上有
轻轻的脚步声。林敦夫人低声说,）进来,此地没有别人。

柯乐克 我回家看见你的条子。这是怎么一回事?

林 我们两人万不能不谈一谈。

柯 当真? 一定要在这屋里谈吗?

林 我不能请你到我住的地方去,我那边进出不方便。你进来罢。这里
没有别人;女底下人已睡了,郝尔茂一家都在楼上跳舞。

柯 （走进房）郝尔茂的一家今晚还在跳舞吗?

林 是的。有什么不可?

柯 是呵。有什么不可?

林 猊儿（柯乐克之名）,现在我们可以谈谈。

柯 我们两人还有话谈吗?

林 话多呢。

柯 我可没有想到。

林 这是因为你总不曾真正知道我。

柯 有什么我不知道? 那是世上最容易懂得的事:——个没有心肝的女
子,有了婚姻的机会,便把原有的人丢了。

林 你当真以为我没有心肝吗? 你以为我那时心里好过吗?

柯 有什么不好过。

林 你当真那么想吗?

柯 不然,你当时为什么写那封信给我?

林 那是不得不如此。我那时不能不同你决绝,只好写那封信打断你的
念头。

柯 （绞自己的手）原来如此。总总——都为钱罢了!

林 你不要忘了我那时有一个无依靠的母亲和两个小兄弟。猊儿,我们

那时实在不能等你，你那时的光景也很困难。

柯　即使是那样，你总不该为了别人把我丢了。

林　连我自己也不知道，我常常问我自己该不该那样办。

柯　（软了一点）自从你丢了我，好像我站的地面都陷了下去。你看如今的我，竟成了一个翻了船抓住一块破船板的人了。

林　救星就来了。

柯　救星却真来了，又被你挡住了。

林　那是无心的。猊儿，我到今天才知道我在银行里的事就是顶你的缺。

柯　我相信你这话。但是你如今知道了，难道你还让给我吗？

林　不。我就让还你，于你也无益。

柯　有益，有益，——无论如何，我总得要干的。

林　你如今知道凡事要慎重，这都是一生的艰苦阅历教训我的。

柯　我的一生阅历也教我不要相信一切好听的话。

林　要是果然如此，也不枉了一生阅历。但是你虽不信好话，你总该信事实。

柯　你这话是什么意思？

林　你说你是一个翻了船抓住一块破船板的人。

柯　我该说那话。

林　我也是一个翻了船抓住一块破船板的人，也不记念谁，也不用照应谁。

柯　那是你自己拣中的。

林　我当时何尝有什么别的可拣。

柯　现在又怎样呢？

林　猊儿，若是我们两个翻了船的人能互相帮衬，你看怎样？

柯　你说什么？

林　两个人在一块，总比一人抱着一片船板要好一点。

柯　姬婷！

林　你想我为什么事到城里来？

柯　难道你还想着我吗？

林　我不做工，便觉得没有生趣。我做了一生的工，觉得做工是我一生最大的乐趣。现在我孤孤单单的一个人，觉得什么都是空荡荡的，无味得很。一个人替自己做活总没有乐趣。猊儿，给我一个人，给我一点东西，使我有个生活的目的。

柯　我不相信。这不过是妇人家的慷慨心太重了，使你情愿牺牲自己。

林　你觉得我是那样的人吗？

柯　你当真肯那样做吗？你可知道我从前所做种种坏事？

林　知道。

柯　你可知道旁人怎样看待我？

林　你刚才好像说：若是你当初有了我，决不会弄到这步田地。

柯　那是一定的。

林　难道现在已太迟了吗？

柯　姬婷，你说这话，可曾预先筹划过？——我看你的神气，我该知道你果然决意要这样做。你真有这个胆量？

林　我爱照应小孩子，你的孩子们也要一个母亲。你正缺少一个我，我也正缺少一个你。猊儿，我相信你本来的人格；有了我们俩儿在一块，我什么事都敢做。

柯　（紧捻着林敦夫人的手）多谢你，姬婷，多谢你！我现在要努力做人，好教旁人也能这样看待我。哦，我忘记了……

林　（细听楼上的音乐）不要响！他们在那里跳"太兰梯拉"了！你去罢！

柯　怎么？什么事？

林　你听！他们跳了这一种，就完事了，他们就要回来了。

柯　是的，是的，我就去。但是已经不能换回了。你自然不知道我对付郝尔茂夫妻的手段。

林　我全知道。

柯　你知道了还敢……？

林　我知道像你这样的人到了失望的时候，会做到什么地步的。

柯　我但愿能挽回这件事。

林　你还可以挽回。你的信还在那信箱里面。

柯　真的吗？

林　真的。但是……

柯　(仔细观察林敦夫人)原来有这个道理。你无论如何总想救你的朋友。你老实说，是不是这个意思？

林　猊儿，一个妇人曾经卖了自己去救人，再不会卖第二次了。

柯　我想把那封信要回来。

林　不要，不要。

柯　我一定要讨回那封信。我要在这里等郝尔茂回来，要他把信还我；我只说那信说的是辞退我的事，我如今不要他看了。……

林　猊儿，你千万不要讨回那封信。

柯　你老实告诉我，你不是为了这件事才叫我来这里吗？

林　我起初害怕的时候，确有这个意思。但是这事已经过了二十四点钟；我这一天在这家里，很看出了许多万想不到的事。郝尔茂应该知道这桩秘密借款。他们夫妻两人应该完全开诚相待。这样支支吾吾，决没有开诚相待的日子。

柯　也罢，只要你肯担这干系。但是我若是可以帮忙，我立刻就做去。

林　(细听)赶快走罢。跳舞完了。再停一刻，我们都有不便之处。

柯　我在对面街上等你。

林　好的，你须要送我回家。

柯　我一生从来不曾有过这样的快乐！(从大门出去。房里通外厅的门还是开着。)

林　(收拾房间，把自己的帽子和大衣捡好。)变得这样快！变得这样快！可以为人做事，可以为人生活，可以为一个不幸的人家造点幸福。是的，我一定那样做。他们怎么还不回来，(细听)哦，他们回来了。我且把东西穿好。(戴上帽子，披上大衣，听得外面郝尔茂与娜拉的声音。门上锁一转，郝尔茂拖着娜拉进到外厅上。娜拉扮作意大利的装束,披着黑色的围巾。郝尔茂穿着晚间礼服,披着一副揭开的黑色罩衣。)

娜拉 (在门口站住,和她丈夫挣扎。)不,不,不! ——我不进去。我还要上楼去,我不愿意这么早就歇了。

郝尔茂 但是,我的最亲爱的娜拉,……

娜 亲爱的滔佛,我求你,我哀求你,——再跳一点钟。

郝 一分钟也不能添了。好娜拉,你知道我们先讲好了的。进房来罢,站在门外怕受风。(娜拉虽不愿意,却被她丈夫轻轻的拉进房来。)

林敦夫人 你们晚上好呵。

娜 姬婷!

郝 什么! 林敦夫人,这个时候你还在这里吗?

林 是的,你不要见怪;我总想看看娜拉穿了那套衣服是个什么样子。

娜 你坐在这里等了我这许久吗?

林 是的,我来得迟了,你们两位先上楼去了:我没有看见你,总舍不得回去。

郝 (把娜拉的围巾取下)你来仔细赏鉴。我想她是很值得看的。林敦夫人,你看她多标致!

林 是的,她真标致。

郝 她可不是非常可爱吗? 跳舞的时候,人人都这样说。但是这个小宝贝固执得很,有什么法可以收拾她? 你不知道我几乎须用强迫手段才把她拉出来。

娜 滔佛,你这一次不让我多跳舞半点钟,你将来一定要后悔。

郝 林敦夫人,你听她说! 她刚跳完那"太兰梯拉",跳得真好,——稍有一点太过火了,——但是那是小节,不要管她。总而言之,她这一次算是大大的成功,满堂的人没有一个不拍手称赞,你想,我如何肯让她再等在那里? 极盛之后,她要再耽搁一会,便减少她的魔力了! 我一定不干那蠢事,所以我挽着我的意大利美人——我的怪俏皮的意大利美人,手挽手的,匆匆的兜一个圈子,四面对大家行一礼,谢谢他们;好像小说书上说的,一个转身,那可爱的花妖便不见了! 这样的下场,魔力最大。只可惜娜拉不懂得这个诀窍! ——该死,这房间热得很。(把罩衣抛在椅子上,把他内室的房门打开。)怎么没有点灯?是了,——少陪了。(他进房去,把蜡烛点上。)

娜 (赶快低声问)那事怎样了?

林 (低声答)我同他谈过了。

娜 是了,他……

林 娜拉,你应该一五一十的都对你丈夫说。

娜 (有意无意的)我知道了。

林 你不用害怕柯乐克。但是你总得老实告诉你丈夫。

娜 我不告诉他。

林 那么,那封信会告诉他。

娜 姬婷,多谢你。我知道我该怎样办了。不要响!

郝 (从房里出来)林敦夫人,你可曾仔细赏鉴?

林 我已经赏鉴了,明天再见罢。

郝 你就要走了吗? 这块编织是你的吗?

林 是的,多谢你,我几乎忘了。

郝 原来你做编织吗?

林 是的。

郝 你不该做编织,该做挑花。

林 为什么呢?

郝 因为挑花的姿态好看些。我做个样子给你看。你把左手拿着挑花品,右手拿着针,这样挑来挑去,很好看的。你说对不对?

林 是的,我也这样想。

郝 但是编织便不同了。编织总不好看。你看,两只手腕差不多摆在一块,编织的针走上走下,怪难看的。……他们今晚给我们喝的香槟酒真好得很!(这一节极无意识的话,是写郝尔茂喝多了酒,有点醉了,故说话没有条理。看末句可见。)

林 明天再见,娜拉,你不要再固执了。

郝 说得好。

林 郝尔茂先生,明天会。

郝 (送他到门口)明天会,明天会。我本该送你回去,……但是你也没有多少路走。明天会,明天会。(林敦夫人走了。郝尔茂关上大门,回进房来。)好了,好容易把他弄走,讨厌得很。

娜 滔佛,你疲倦了吗?

郝 我一点也不倦。

娜 不瞌睡吗?

郝 一点不瞌睡,我反觉得精神很好。你呢? 你很像又倦又瞌睡了。

娜 是的,我很倦了。我巴不得立刻就去睡了。

郝 你看,我不许你再跳舞了,原来是不错的。

娜 你做的事总是不错的。

郝 (亲她的额角)我的小鸟儿这回说话才有点道理。你可看见南陵今晚那么高兴?

娜 真的吗? 他居然那么高兴吗? 我今晚不曾同他说过话。

郝 我同他也不过说了几句话。但是我好久不曾见他有这样兴致了。(对着娜拉细看,走近她身边。)我们回家来,我同你做一块,——你这迷人的东西! ——可不好吗?

娜 不要那样对我看。

郝 难道我不该看我最亲爱的小宝贝吗? 不该看我自己的、我一个人独占的好宝贝吗?

娜 (走到桌子那边去)你今晚不要对我说这种话。

郝 (跟过来)我看你血管里还带着那"太兰梯拉";所以你今晚格外可爱,格外动人。你听,楼上的客也都要散了。(低声说)再过一会,这屋里便都安静了。

娜 我巴望如此。

郝 可不是吗? 我的娜拉。你知道我同你出去赴宴会的时候,我总不大同你说话,往往故意避开你,只不过偶尔偷看你一眼,——你知道我为什么要这样?我心里总想我们好像还不过是暗地里相爱,好像我们还不过暗地里许了婚姻,好像人家都不知道我们有什么亲密的关系。

娜　是的,是的。我知道你的心思时时刻刻都在我身上。

郝　每到了要回来的时候,我把你的围巾披在你那可爱的肩上,——披在你那可爱的颈儿上,——我每想你好像还是我的新娘子,好像我们刚行了婚礼,第一次带你回家,——第一次和你独自在一块,——第一次和我的含羞的小宝贝在一块!即如今晚。我心里不想别的,只想你一个人。当我望着你飘来飘去跳那"太兰梯拉"时,我的心也飘飘荡荡的,我的血都滚了!我再也忍不住了,所以我那么早就拉你回来。

娜　走开,滔佛!你不要来缠我。不要……

郝　什么话?我的小娜拉,你当真同我闹顽笑?你不要?你不要?难道我不是你的丈夫吗?……(外面有人敲门)

娜　(一惊)你听见吗?

郝　(走到外厅)谁?

南陔医生　(在门外)是我。我可以进来坐一会吗?

郝　(嘴里咕噜说)讨厌,他这时候来干什么?(高声)等一等。(开门)进来,你真要好,总不肯过门不入。

南　我走过这里,好像听见你的声音,很想进来望一望。(四面一望)这个房间和我亲热极了。你们俩儿在这里很快活,很清静。

郝　但是你在楼上也很高兴了一番。

南　快活极了!我为什么不高兴高兴呢?人生在世,有得受用时,为什么不受用呢?人生能受用多少,就该受用多少;能快活几时,就该快活几时。今晚的酒真好!

郝　那香槟酒更好。

南　你也这么说吗?我几乎不相信就会喝了那么多。

娜　滔佛，今晚喝的香槟酒也就不少。

南　他也喝了许多吗？

娜　是的。他喝了酒之后，总是很高兴的。

南　一个人整整的忙了一天，到了晚上应该高兴高兴才好。

郝　整整的忙了一天？我可不配说这话。

南　（拍郝尔茂的背上）我倒可以说这话。

娜　南陔先生，你今天一定是做了一天科学的研究了。

南　正是如此。

郝　你听，我的小娜拉居然谈起科学的研究来了！

娜　我可以恭喜你研究的结果吗？

南　可以。

娜　结果很好吗？

南　好极了。于病人也好，于医生也好。我得的结果是"一定无疑"四
　　个字。

娜　（接着追问）"一定无疑"？

南　绝对的"一定无疑"。你想，我得了这样结果，还不该高兴一晚吗？

娜　你正该高兴一晚。

郝　只要你明天不用还快活账。

南　那是没有的事。人生在世那一件是可以受用了不还账的？

娜　南陔先生，我知道你很喜欢奇装跳舞。

南　是的，只要有许多有趣的奇装的人。

娜　我问你：我们两人下一次去奇装跳舞会时，应该扮作什么？（此时娜
　　拉有死志，故说"我们两人"。）

郝　你这小孩子，早又想到第二次跳舞了。

南　你说我们两人吗？我告诉你：你可扮一个仙女。

郝　很好，但是扮仙女该穿什么衣服呢？

南　不用别的，她只穿家常衣服就是了。（南陔本爱娜拉，故说娜拉穿家
　　常衣服，即是仙女。深赞其美也。）

郝　你真会说。但是你不曾说你自己扮做什么。

南　我吗？我早已打定主意了。

郝　什么？

南　下一次奇装跳舞，我来的时候，你们都瞧不见我。

郝　这个主意倒很好玩的。

南　我要戴上一顶黑的大帽子，——你们不知道有一种黑帽子戴上了可使人看不见吗？（西洋人画死神，作骷髅像，戴黑色大帽。）

郝　（忍住笑）是的，不错的。

南　呵，我几乎忘了我进来干什么。郝尔茂，请你给我一支雪茄烟，要那种黑色的哈巴纳。（哈巴纳是古巴京城。其地出雪茄烟亦名此。）

郝　请请。（把雪茄烟盒递给他）

南　（拿了一支，割去一头。）谢谢。

娜　（替他擦一支火柴）让我给你一个火。

南　多谢多谢。（娜拉拿火柴，南陔点着雪茄。）现在我要同你们告别了。

郝　明天见。

娜　南陔先生，我望你安睡。

南　多谢你的好意。

娜　你也该那样回敬我。

南　你？也好，你要我说，我只好说。我望你安睡。（娜拉知南陔将死，故祝其安睡。又以自己亦有死志，故欲南陔反祝之也。）多谢你替我点火。（点点头，他走了。）

郝　他喝得太醉了。

娜　（有意无意的）想必是的。（郝尔茂袋里摸出一串钥匙，走进外厅。）滔佛！你去干什么？

郝　我把信箱子倒出来。这箱子都满了，明天的报纸要放不下了。

娜　今晚还办事吗？

郝　你知道我今晚是不办事的。——什么？有人弄过这把锁。

娜　弄过这把锁？

郝　是的,这是什么道理? 我想不到这女底下人……原来是一根断了的头发簪。娜拉,这是你的簪。

娜　(忙答)那一定是小孩子们……

郝　你该不许他们做这种事。好了,居然弄开了。(把信件拿出,[向厨房边喊道:)爱兰,爱兰,把门口的灯吹了。(进房来,把通外厅的门关了。手里拿一大堆信。)你看,这样一大堆! (把信翻过来)这是什么东西?

娜　(站在窗边)是信吗? 滔佛,不要看! 不要看!

郝　是南陔的两张名片。

娜　南陔医生的吗?

郝　(读名片:)"南陔医生"。这两张名片在顶上,一定是刚才他出去时丢下去的。

娜　上面可写了什么?

郝　名字上有一个黑十字。你看,这不是吉兆,他好像是替自己报死信。

娜　正是这个意思。

郝　什么? 你知道这事吗? 他对你说过吗?

娜　是的。他对我说,他的名片来时,那就是他和我们告别了。他要关了门去死。

郝　可怜的人儿! 我早知道他活不长久了。想不到这样快! 他竟这样躲起来,像受了伤的野兽带伤进洞去。

娜　一个人要死的时候,还是不声不响的死得好。你说对不对?

郝　(走来走去)他竟成了我们生活的一部分。我真不信他会这样死了。他一生的寂寞苦恼,比起我们家庭的快乐,就像日光衬着黑云,觉得苦乐格外分明。——也罢,这是无可如何的事。在他自己看来,或者还是这样好。(忽然站住)于我们两人也未必不好。娜拉,我和你如今少了一个好朋友,更亲密了。(抱住她)我的爱妻,我心里总觉得不知怎样才可紧紧留住你。娜拉,你可知道我常常希望你有一天遇着一点大危险,好让我拼着性命、抛了一切来替你出力。

娜　（推开他，斩钉截铁的说道：）滔佛，你现在可以看你的信了。

郝　不，不；今晚不看了。我的好宝贝，我要陪你。

娜　你难道不想着我们那位临死的朋友吗？

郝　不错。他这个消息扫兴的很，我们心里想着死的可怕，便没有兴致了，我们总得把这种念头排解开去。这个时候，我们只好暂时分开来住。

娜　（抱住她丈夫的头颈）滔佛，明天见！明天见！

郝　（亲她的额）明天见，我的黄莺儿。你好好的去睡罢，我要去看我的信了。（他拿了信，走进他自己的房。）

娜　（睁着眼，摸来摸去，拿起郝尔茂的罩衣，披在身上，嘴里断断续续的自言自语）再见不着他了。永不再见了。永不再见了。（把她自己的围巾围在头上）永不再见我的孩儿们了。永不再见了！永不再见了！啊，那乌黑冰冷的水！——那无底的河——我巴望什么事都完了！——他拿到了那封信；他正在看啊。——哦，还没有！滔佛，告别了！——我的孩子们，告别了……（她正往外厅跑，忽然郝尔茂用力把房门推开，站在门口，手里拿着一封拆开的信。）

郝　娜拉！

娜　啊！……

郝　这是怎么一回事？你知道这信里说的什么？

娜　我知道。你让我走，让我过去。（娜拉欲投水死）

郝　（拉她回来）你到那里去？

娜　（用力想摆脱她丈夫的手）我不要你救我，滔佛。

郝　（退一步）当真的吗？他说的都是真的吗？没有的事，这断不会是真的。

娜　全是真的。我只知道爱你，别的什么都不顾了。

郝　呸，不要把这种蠢话来推托！

娜　（走近她丈夫一步）滔佛……

郝　你这混帐的妇人，干得好事！

娜 让我去——我不要你救我！我不要你把这桩罪名担在你身上！

郝 不要装腔做戏给我看。（把房门锁了）我要你站在这里老实招来。你知道你干的什么事？你说！你自己明白不明白？

娜 （睁着眼望她丈夫，冷冷的答道：）我现在方才完全明白了。

郝 （走来走去）哼！可怕！到这时候我才睡醒！过了八个足年，——我最疼的、最宠爱的人，——原来是一个骗子，——比骗子还要更坏，还要更坏，——原来是一个犯了罪的罪人。唉，说不尽的丑！——呸！呸！（娜拉不开口，只眼睁睁的望着他。）

郝 我该早知道了。我该早料到有这一天。你父亲种种不规矩，——（娜拉正要开口）不许开口！——你父亲种种的不规矩，都传给你了——没有宗教、没有道德、没有责任心。我当初替他遮盖，如今我来受这种报应！我当时帮他的忙，为的全是你；如今你这样报答我。

娜 正是，——这样报答你。

郝 你断送了我的终身幸福。你断送了我的前程。哼，想起来真可怕！我现在被你送到那个光棍的手里，由他摆布，由他勒索，由他指挥；我只好件件依他。——种种的祸事，全都因为一个不懂事的妇人！

娜 我死了，你就没有事了。

郝 哼，你倒说的好听。你真像你父亲，他到处把许多好话挂在嘴上。你说你"死了"，死了你于我有什么好处？一点好处都没有。他还可以把这件事传扬出去；人家免不得疑心我和你同谋；人家或者竟会疑心是我出的主意，把你哄出来干这事。——总总一切，总算我承你的好意，蒙你这样照应我；总算我疼了你这几年！你如今明白了你替我干的什么事？

娜 （镇定冷淡的答道：）我明白了。

郝 这件事真是梦想不到，我竟摸不着头脑。但是我们总得商量一个办法。把你的围巾脱下来。脱下来，你不听见吗？我必须想个法子安慰他；这件事无论如何不可叫外面知道。——至于我和你两个人，我们外面还照常做夫妻，——外面还照常，你要知道。你自然仍旧住在这里。但是我不许你管这些小孩，我不敢把他们付托给你了。唉，我真想不到要对你说这种话，——对我心上从前爱过，现在还……！但是爱情是以往的事。从今以后，不能讲什么快乐不快乐了，只好补救补救装个面子，免得出丑。……（门铃响，郝尔茂吃一惊。）什么事？这时候！难道这事已经到了那步田地？难道他……娜拉，快躲起来，你说病了。（娜拉不动身，郝尔茂把房门开了。）

爱兰女仆　（披着衣服，在外厅上。）奶奶，有一封信是给你的。

郝　拿来给我（抢过信，关上门。）果然是他的信。我不给你看，让我看。

娜　你看！

郝　（走到灯光下）我几乎不敢拆这信。恐怕我和你两个人都断送了。——也罢，我总得知道（撕开信封，看了几行，又看了信里夹的一张纸，大喜喊道：）娜拉！（娜拉不明白，只对他望。）

郝　娜拉！且慢，等我再读一遍。——不错的，不错的。我有救了！娜拉，我有救了！

娜　我呢？

郝　自然你也有救了；我们两人都没事了。你看，他把你的借据送来还你。他说他对不住得很，很抱歉的；他说他现在转了好运，……啊！管他说的什么。我们没事了就是了。现在没人能害你了。啊，娜拉，娜拉，——且慢，先把这件可恶的东西毁了。等我看看；——（看借据）——我看它做什么？好像做了一个梦。（把柯乐克的两封信和借据都撕成几片，抛在火炉里，对着烧了。）完了！——他说，从圣诞节的头一晚起，——啊，娜拉，你这几天一定很难受。

娜　我这三天真不容易过。

郝　你烦恼的时候，想来想去，想不出别的法子，只有……那样可怕的事，现在且不要去想。我们正该高高兴兴的唱道："完了，没有事了！"娜拉，你听见吗？怎么你好像不大明白，现在已没事了，你为什么这样板板的放下脸来？哦，我懂得了，你疑心我还不曾恕你的罪吗？娜拉，我可以发誓，我一点都不怪你了。我知道你干的那事全因为你爱我。

娜　那是真的。

郝　你那样爱我,正是做妻子的应该爱她丈夫的道理。不过你缺少阅历,
用错了方法。但是你当真想我因为你不会做自己担干系的事,就不
爱你了吗? 千万不要那么乱想。你又要一心一意靠着我,我自然会
教导你,指点你。若是你这样无能无用的女孩儿相还不能使我加倍
疼爱你,我还算什么男子汉? 刚才我一时气急了,觉得好像天翻地覆
一般,不免说了几句气话,你可不要记在心上。我已经恕了你的罪,
娜拉,我可以发誓说我已经饶恕了你。

娜　多谢你饶恕了我。(向右边出去)

郝　不要去! (向门里看)你去干什么?

娜　(在里面说)我去把奇装跳舞的衣服脱了。

郝　(在门边说)不错,去脱了。我那受了惊骇的黄莺儿,你且安静一会,
定一定心。你不用害怕,凡事有我咧,我的翅膀大,可以保护你。(在
门边踱来踱去)娜拉,我们的家庭何等安逸! 何等可爱! 在这家里,
你不用怕什么,我可以保护你,如同保护我从鹰爪里救出来的鸽子一
样,等一会我就要把你那"拍拍跳"的心定下来。到了明天,什么事都
忘记了,还照从前一样。我不用再说我饶恕你了;你心里自然会知道
我这话是真的。难道我会有那样狠心肠要赶你出去吗? 不要说赶
了,我舍得责怪你吗? 娜拉,你真不懂得男子的心肠。一个男子饶恕
了他妻子的错处,真真实实的饶恕了她,从心窝里饶恕了她,——这
里面有一种说不出的畅快,从此他的妻子更加倍成了他的私产了。
做妻子的受了丈夫这样恩典,就像死了重生一般,不但做他的妻子,
竟成了他的孩儿了。我的好孩子,从今以后,你也该这样待我。娜
拉,什么事都不用烦恼。你只要坦坦白白的待我,我自然可以做你的
志向,又可以做你的良心……(娜拉换了家常衣服,走进来。)怎么,你
还不去睡吗? 你换了衣服吗?

娜　是的,滔佛,我把衣服换了。

郝　这时候换它做什么?

娜　今晚我不睡了。

郝　但是,我的亲娜拉,……

娜　(看她的表)此刻还早。滔佛,坐下来;你和我有许多话要谈谈。(她自己坐在桌子的一边)

郝　娜拉,这是什么意思? 你这冷冰冰的脸儿……

娜　坐下来。话长呢!

郝　(坐在桌子那一边)娜拉,你来吓我。我不懂你。

娜　正是如此,你不懂我,我也不曾懂得你,——直到今天晚上。你不要打岔;你听我说。我们不能不算一算账。

郝　这话怎么讲?

娜　(略停一会)我们两人坐在这里,你觉得有什么感触吗?

郝　有什么感触?

娜　我们结婚了足足八年,今天刚是第一次我同你两个人正正经经的开谈。

郝　正正经经的! 什么叫做"正正经经的"?

娜　这八年之中,——还不止八年呢? ——自从我们初次认得,我们两人从不曾谈了一句正经话,从不曾谈到一件正经事。

郝　我怎肯把那些你管不了的事来麻烦你。

娜　我不说那些家庭的困难。我说的是,我你从不曾好好的坐下来切切实实的谈过什么事。

郝　但是,我的娜拉,谈了于你有什么益处?

娜　正是如此;你从来不曾懂得我。我一生吃了大亏,先吃我爸爸的亏,后吃了你的亏。

郝　什么话? 世上谁能像我同你爸爸那样爱你? 你还说吃了我们两人的亏!

娜　(摇摇头)你何尝爱我? 你不过觉得恋爱着我是很好玩的。

郝　你说的这是什么话?

娜　这是千真万真的话。我跟着爸爸的时候,他怎么说,我也怎么想;他怎么想,我也怎么想。有的时候,我的意思与他不同,我也不教他知道;为什么呢? 因为他不愿意我有别样的意见。他叫我做"玩意儿的孩子"。他把我做玩意儿,正像我玩我的玩意儿一样。后来我到你家来和你同住……

郝　"到我家来和我同住?"你说的是我们的结婚吗?

娜　(不睬他)我说我那时不过是从爸爸手里换到你手里。你样样事都安排得如你的意。你爱什么,我也爱什么,——或是我故意爱什么,——我究竟不明白还是真同你一样嗜好,还是有意如此;——大概是有时是真的,有时是故意的。我如今回想起来,简直像一个叫花子,讨在手里,吃到肚里。滔佛,我在这里只不过是玩把戏给你开心,都只为你要我这样做。你同爸爸害得我不浅,我现在一无所能,都是你们两人的罪过。

郝　你真不讲道理,真忘恩负义。娜拉! 你在这里,难道不曾快活过!

娜　我不曾快活过。我那时以为我很快活,其实不曾。

郝　不曾快活过?

娜　不曾,不过高高兴兴罢了。你并不曾待差了我,但是我们的家庭实在不过是一座戏台。我是你的"玩意儿的妻子",正如我在家时,是我爸爸的"玩意儿的孩子";我的孩子们又是我的"玩意儿"。你同我玩,我觉得很好玩;正如我同他们玩,他们也觉得很好玩。滔佛,这就是我们的结婚生活。

郝　你这番话虽有点太过分了,但是里面确也有点道理。这都是过去的事,将来便不同了。玩的时候过了,如今该是教育的时候了。

娜　谁的教育? 是我的? 还是孩子们的?

郝　两边都有,娜拉。

娜　只可惜,滔佛,你不配把我教育成你的好妻子。

郝　你又配说这话吗?

娜　我也不配教育小孩子们。

郝　娜拉!

娜　刚才不是你自己说,你不敢把小孩子们交给我吗?

郝　那是气头上的话,记着他做什么?

娜　其实你那话真不错。我不配干那事。我还有我自己的事要做。我总得设法教育我自己——你不配教育我。我须要自己教育自己,因此我现在要离开你这里了。

郝　(跳起来)你说什么?

娜　我如果想要懂得我自己和我自己的事,非得独居不可。因为这个缘故,我一定不能同你住下去了。

郝　娜拉,娜拉!

娜　我立刻就要走了。我想姬婷总可以留我住一夜。

郝　你疯了! 我不许你走! 我禁止你走!

娜　你现在禁止我也不中用。我只带我自己的东西。无论现在、将来,你的东西我一点也不要。

郝　你怎么疯到这样!

娜　明天我就要回家去,——回到我的老家去。我想那里总该可以找点事做。

郝　你一点阅历都没有。

娜　我没有阅历,应该去得远一点。

郝　你就这样丢了你的家,你的丈夫,你的儿女了吗? 你不想想旁人要说什么!

娜　我也不管旁人说什么。我只知道我该这样做。

郝　这真是岂有此理! 你就可以这样抛弃你那些神圣的责任吗?

娜　你以为我的神圣责任是什么?

郝　还用我说吗? 可不是你对于你的丈夫和对于你的儿女的责任吗?

娜　我还有别的责任同这些一样的神圣。

郝　没有的,你说那些是什么?

娜　我对于我自己的责任。

郝　第一要紧的,你是人家的妻子,又是人家的母亲。

娜　这种话我如今都不信了。我相信第一要紧的我是一个人，同你是一样的人。无论如何，我总得努力做一个人。我知道多数人都同你一样说法；我知道书上也是那样说。但是从今以后，我不能信服多数人的话；也不信服书上的话。一切的事我总得自己想想看，总得我自己明白懂得。

郝　你自己明白你在家的地位吗？这个问题，你难道没有靠得住的指导吗？你难道没有宗教吗？

娜　滔佛，我实在不知道宗教究竟是什么东西。

郝　你这话怎么讲？

娜　我只知道我进教的时候我们的牧师对我怎么说。他说宗教是这个，是那个；是这样，是那样。等我离了此地，一个人慢慢的去想想看，我要看看那牧师说的话是不是真的；至少我总得看看他的话在我自己身上是不是真的。

郝　我从来不曾听过一个年轻妇人会说这种话！宗教不能引你向善，我且提醒你的良心，——你总该有一点道德观念！难道你连这个都没有吗？

娜　滔佛，这话不容易回答。这些事我真不懂得。我只知道我的意见和你全不相同。我听说国家的法律同我心里想的全不相同；但我总觉得那些法律是不对的。法律说一个妇人不该免了她临死有父亲的烦恼，也不该救她丈夫的性命。这种法律我不相信。

郝　你说话真像小孩子。你不懂得你现在住的是一种什么世界。

娜　我真不懂得。但是我要去学习学习。我要看看究竟还是我错了，还是世界错了。

郝　娜拉，你病了；你说的都是害热病的话。我几乎当你有点疯了。

娜　我一生从来不曾有今夜这种明白清爽。

郝　你难道明明白白、清清楚楚的把你的丈夫、儿女都丢了？

娜　正是。

郝　这样看来，又有一个解说。

娜 什么解说？

郝 你如今不爱我了？

娜 一点都不错。

郝 娜拉，你当真肯说这话吗？

娜 我说这话，滔佛，我心里也不好过，因为你待我很好。但我也不能不说。我如今不爱你了。

郝 （勉强镇住自己。）这也是你明白清楚的话吗？

娜 是的，非常明白，非常清楚。因为如此，所以我不能住在你这里。

郝 你可以告诉我，为了什么事你不爱我了？

娜 可以。就是今晚，我盼望一件"奇事"出现，却没有出现；我才知道你不是我这几年来理想中的你。

郝 这话我不懂。

娜 我眼巴巴的望了八年；我也知道那种"奇事"不是天天有的。原来这件祸事发生；我心里想那件奇事不能出现了。当柯乐克的信还在那信箱里的时候，我万想不到你会遵依他要求的条件。我以为你一定会对他说，"你尽管发表这事。"发表之后，……

郝 发表之后，我把我妻子的名誉体面一齐丢了，又怎样呢？

娜 发表之后，我以为你一定会挺身出来，把一切罪名都担在你自己身上，说："这事是我做的。"

郝 娜拉！

娜 你的意思以为我一定不肯为了我去牺牲自己吗？我自然不肯。但是我说的话那有你的话能使人相信？——这就是我又巴望又害怕的"奇事"。因为我想阻住他，所以我自己去寻死。

郝 我日夜替你做事，忍穷忍苦，我都愿意。但是世上没有一个男子肯为了他所爱的妇人牺牲自己的名誉。

娜 几十万的妇人都肯为了他们的情人牺牲自己的名誉。

郝 你所想的所说的都像一个蠢孩子。

娜 你所想的所说的也不像我愿意嫁的男子。后来你的惊吓过去了，——你害怕的，并不是为我，全是为你自己，——后来事情完结了，你自己一方面还只当没有这个事：我仍旧是你的小雀儿，你的玩意儿，仍旧那样不中用，要你加倍的保护。——（站起来）——滔佛，就在那时候，我忽然大觉大悟，我这八年原来只是同一个陌生人住在这里，替他生了三个小孩子——唉，我想起来真难过！我恨不得把自己扯得粉碎！

郝　（带悲容）原来如此，原来如此。我们两人中间如今隔开了一条无底的界河。娜拉，这条界河还可以填得满吗？

娜　现在的我已不是你的妻子了。

郝　我还可以做一个完全改变的人。

娜　只要把你的"玩意儿"去了，你或者可以改变。

郝　当真和你分开吗？不行，不行，娜拉，我不懂你这个意思。

娜　（从右边出去）你不懂，我们更该分开。（她又回来，拿着大衣、帽子、一个小包裹，都放在桌边椅子上。）

郝　娜拉，娜拉，现在不要去！等到明天罢。

娜　（穿上大衣）我不能在陌生人房里过夜。

郝　我们不可以当哥哥、妹子那样住下去吗？

娜　（戴上帽子）你知道那样办法是不会长久的。（披上围巾）滔佛，再会了。我也不去看小孩子们了。我知道有比我好的人照管他们。我现在这个样子，他们也用不着我了。

郝　将来总有一天，娜拉，我们……

娜　那个我不知道。我自己也不知道我将来如何。

郝　无论怎样，你还是我的妻子。

娜　你听我说。我听人说一个妇人像我这样离开她丈夫的家，她丈夫对她可以完全不管了。无论那话确不确，我把你对于我的一切责任一齐取消。我对你，你对我，如今全不相干。两边都有完全自由。拿去，这是你的戒指。把我的还我。

郝　连那个都要吗？

娜　也要。

郝　拿去。

娜　好的,现在什么事都完了。我把这些钥匙都放在这里。这屋里的事,这些女人比我还熟的多。明天我动身之后,姬婷会来拿我从家里带来的那些东西。我要她随后寄来。

郝　都完了! 都完了! ——娜拉,你还会想着我吗?

娜　我知道我总要常常想着你,和小孩子们,和这所房子。

郝　我可以写信给你吗?

娜　千万不要写。

郝　至少我可以寄点……

那　什么都不要。

郝　你如果到了困难的日子,可以让我帮衬你一点。

娜　不要。我不能受陌生人的帮衬。

郝　难道我于你只不过是一个陌生人吗?

娜　(提了包裹)滔佛,那须要等"奇事中的奇事"发生。

郝　你告诉我什么叫做"奇事中的奇事?"

娜　你和我都要改变到……。滔佛,我如今不信世上真有"奇事"出现了。

郝　你不信,我却要信。你告诉我,我们应该变到怎样?

娜　须要变到那步田地,要使我们同居的生活可以算得真正夫妻——再会了。(她从外厅上走出去了)

郝　(倒在门边上一张椅子上,坐下,双手蒙着脸。)娜拉,娜拉! (抬头四望,站起来。)没有人了,她去了,(忽然作希望之心)"奇事中的奇事?"(从外面传入大门关闭的声音)

第四编

杜威三大演讲

教育哲学[①]

一

我开端先要提出两个问题:第一个是为什么要有教育? 进一层说,为什么教育是不可少的? 第二个是为什么要有教育哲学? 进一层说,为什么教育哲学是重要,是不可少?

解答第一个问题,教育所以不可少的缘故,就是因为人类在婴孩时期,自己不能生存,要是没有父母去教育他、扶助他,就不能成人了。有许多低等动物的教育,从小到大,不过都是偏于形体一方面。人类却不能仅注重形体一方面,还有心理、知识、道德各方面的教育也都应该注重的。因为人类的婴孩时期是个渐进的时期,什么人都要经过的。教育就是从这个婴孩时期[过]渡到成人时期的一只摆渡船。所以教育不是奢侈品,是必需品。简单说,教育所以不可少的缘故,就是因为"生"与"死"两件事。人类当生下来的时候,不能独立,必须倚靠他人,所以有赖于教育;死去的时候,把生前的一切经验和知识都丢了,后世子孙倘要再去从头研

---

① 这是杜威 1919 年 9 月 21 日起在北京西单手帕胡同教育部会场的讲词,共讲 16 次,由胡适口译,伏庐笔记。载 1919 年 9 月 22 日至 1920 年 3 月 3 日《晨报》;又载 1919 年 9 月 23 日至 1920 年 3 月 9 日《北京大学日刊》;又载 1919 年 9 月 28 日至 1920 年 3 月 6 日上海《民国日报》;又载《新中国》第 1 卷第 7—8 号及第 2 卷 1—7 号"丛录"栏;收入 1920 年 6 月《晨报》社出版的《杜威五大讲演》。——编者

究,岂非太不经济,甚至文化或可因此断绝,所以因为人类有死的一件事,也非有教育把他的经验和知识传之子孙不可。

解答第二个问题,我们并不是说教育哲学万不可少,不过是很重要。我们且从反面看:倘使人类没有教育哲学,对于教育事业必定不去研究他、思想他,但看人家怎么教,我也怎么教,从前怎么教,现在也怎么教;或学他人的时髦,或由自己的喜欢,成一种循环的、无进步的教育。这就是没有教育学说的流弊。教育哲学就是要使人知道所以然的缘故,并指挥人去实行不务盲从、不沿习惯的教育。

在一种保守的社会里,教育哲学是用不着的,从前的旧社会,大概都持这种态度,最近二三百年来,方才有点进步。社会学上有个笑话,说在以前石器时代,斧头都是用石做的,后来有一个人发明了铁也可以做斧头,于是那时候的人就用他所发明的铁斧把他杀死。这虽然是个笑话,但社会的进化,的确如此,往往自己不喜欢进化,也不喜欢别人进化。

但是另一种社会里,学说却是不可少。这种社会不但不反对变迁,并知变迁不可没有。故能欢迎变迁的潮流,预料变迁的趋势,设法去帮助改良的人物做改良的事业。当现在变迁很快的时代,多少潮流在外面激荡,我们应该去选择那一种是对,那一种是不对;辨别那一种是重要,那一种是次要。当这时代倘没有教育哲学的指挥,一定不能从这许多互相抵触、互相冲突的里面,选出那一种是我们应该采取的潮流趋势。

教育与长进(Growth)是很有关系的,教育就是长进。没有教育,就没有长进;教育不进步,社会也不能进步。试看:最下等的动物,其初生的婴孩,与父母大致相同,所不同者,形体之大小而已;等级渐高,婴孩时期也渐久。一直到最高的人类,婴孩与大人便完全不同了。我们看了这个比例觉得很奇怪,以为阶级最高的人类,产生婴孩便应该立刻变为成人,岂非可省许多事?讵知这正是人类的极大利益。因为有了这一个很长的婴孩期,正可在此期内尽量的教育他。人类的进化,全在这婴孩期的长久。

再拿人类社会来看,也可以看出渐进的阶段。初民社会生活简单,教育也简单,不过无形中的一种仿效罢了,就是现在的文明社会,也大部分还是如此。他们没有学校的教育，只靠着直接的教育。一切人生日用的事，都是他们的教育。试看大多数的人，对于种种常识，实在比我们多。他们虽然不曾受过有法式的教育，然我们不能说他没有教育，不过他所受的是"不文"（Illiterate）的教育罢了。这种"不文"的教育，人类从前受了，都是不知不觉的。后来渐渐进化，觉得一切知识的经验都不可不保存，使他传得远、传得久，于是文字也就发明了。

后世的人把文字当做一把钥匙，去从古人经验所得的知识库里面取出种种东西来应用，这实在是一件最便宜的事。

不过有了文字教育以后，渐渐与以前直接的人生日用的教育愈趋愈远了。文字的教育，学校的教育，我们固然承认他是必需的。因为没有他，便不能把古人的东西保存起来，传授下去。但是这与人生日用愈趋愈远的流弊，却也不少，大略说，可以分下列三种：

（一）这种文字教育——学校教育——的结果，必定养成一种特别阶级。所谓读书人、文人、学者，都是从这种教育养成的。这种教育与旁的社会也很有关系。受这种教育的人大约只有三种：第一，是古时的祭司、牧师，握教育权的人；第二，是有权势的人——从前所谓治人的人；第三，是有资产的人。

（二）这种教育的结果，渐渐趋于保守古训和文字的方面。古代保存下来的东西固然是最好的一部分，但是大家把这保存下来的东西看得太重了，反把人类社会日用的教育看轻了，以为社会日用的教育不能算做正式教育的一部分。这就是第二个流弊。引一个很简单的例：譬如 Culture 这个字，本来是栽种的意思，是一件人生日用的事物。后来把受过教育、能通几国文字的人，也叫做受过 Culture 了。这就是从实用方面趋于文字方面的一个例。这种趋势，很可以从历史上看出来。欧洲数百年前，自然科学早已发明了。学校里面却还不曾将他收到课程表里去，间或收了，也不能占重要的位置。从一般人的眼光里看来，以为这种自然科学，比较那讲文字、讲道德的等等高深学问下贱得多。从前希腊文明发达到这般地步，却是不重科学。现在欧洲重文轻实的趋势，也是受了希腊的影响。

(三)这种教育的结果,使学校渐成独立的机关,与社会不发生关系。社会上早已成为过去的东西,学校却还在那里教。社会上很有重大需要的东西,学校反不肯教了。大家把教育当一件容易的事,以为只要有一本书,一般小孩子就办得到的,无所用其研究的,所以学校变成了最古的东西,最守旧的东西。举一个西洋教育史上的例。二三百年以前,欧洲的商业很发达,那时候还没有轮船,所以商品都是大家合股装在帆船里运输的。因此,那时对于这件事的计算,如盈余分配等事,非常重要,特在数学书里面添了一门。现在轮船发明了,这种事实也全没有了。但是数学书里面这一种算法,却想尽种种方法不能把他废去。问他为什么呢?说是从前传下来的东西,虽然没有用,也不能去掉的。

以上三种流弊,可以帮助我们知道教育哲学应该提出来要讨论的问题:(一)怎样可以使特别阶级的教育变成大多数,变成普及;(二)怎样可以使偏重文字方面的教育,与人生日用的教育得一个持平的比例;(三)怎样可以使守旧的教育一方面能保存古代传下来的最好一部分,一方面能养成适应现在环境的人才。这就是教育哲学应该提出来讨论的问题。

以上三个问题当中,第三个最为重要。我们是现代的人,是二十世纪的人。以前保存下来的东西,我们当然是不够用的。我们应该想法子改造从前教育的目的、方法和材料,使他们适应现代的需要。

指挥教育,改造教育,好像驶一只船:装载货物,固然应该持平,不要使他畸轻畸重,然装了以后,不能扬帆开驶,使满装了货物的船停在船坞里腐烂,当然是不行的。古代传下来的学问,就是装在船里的货物。现在的新潮流、新趋势,就是行船的风。我们应该把这满装货物的船,乘风前进,不使他停在船坞里腐烂。

我开场从长进讲起,现在也用长进来收场。人类共同的组织也从幼稚时代到长大时代。下等动物的繁殖,与他的父母没有分别。小猫大猫,小狗大狗,都差不多。二千年以后的猫,我们可以预料同现在一样,但是二千年以后的人类,我们可就不能知道了。所以我们要是不喜欢暗中摸索,听其自然,就应该用教育哲学去指挥引导向我们预定的方针,达我们希望的目的。因为人类的进化很难推测,若听其自然,暗中摸索,是非常危险的。教育的所以重要,就是要使他没有危险。所以教育不是个人的事业,是社会的、公家的、政府的责任,是人类社会进化最有效的一种工具。

二

我先把上次所讲的总括起来:教育之所以必要,因为儿童初生下来很弱,不能独立,与成人相差的距离太远了,所以要有这个长时期的抚养、教育和训练。这就是教育所以必要的缘故。

因此我们可以得到今天所要讲的三个要点:(一)儿童的方面;(二)将来儿童要进去做人的社会方面;(三)介乎二者之间的学校和教材。第三点最重要,因为他的目的是要使儿童进到成人社会里面去。教育学就是指挥他联络儿童与社会两方面使他成一个过渡的桥或摆渡船。

因为教育是要把三方面调剂得宜,所以不是容易的事。第一,要有对于社会生活的知识——社会的哲学——就是要对于社会有很明了的观察,知道他的趋势和需要,预备使儿童将来入那一种社会最为适宜。然后可以定教育的目的。

社会生活的知识使我们可以定教育的目的,这是远的一端。那近的一端就是儿童。儿童的意志、欲望等等,总之儿童的心理学,是第二件要知道的。譬如驶船一般,他的目的地固然不可不知道,但船的本身和船中的货物也不可不知道。社会是教育的目的地,是远的方面;儿童就是教育的本身,是近的方面,都是应该知道的、注重的。

单有上述两大端,还不能够做教育事业,因为还有介乎二者之间的学校和教材等琐细的事。历史、地理和自然科学等学科,都不可不知道的,而且还须懂得这种学科的意义,一方面对于儿童有什么意义,一方面对于社会有什么意义。三者联络起来,然后可以当得教师,讲得教育。

因为教育所包的范围如此之大,所以是很困难的事业;也因为他所包的范围如此之大,所以是很有趣味的事业。试问世间那一种职业所涵的方面有这么多,一方可以知道社会进化的情形,一方有可以研究儿童发展的机会,而一方自己还可以得到学问。这不是很有趣味的事业吗?

将以上所讲的记在心头,我们可以看出从前种种教育方法和教育哲学的失败,都由于三方面调剂不得其平。今天所要提出来讲的,是从前的人把介乎二者当中的学科看得太重,却把儿童与社会两方面看得太轻的流弊。

学科最容易离其他两方面而独立,因为学科是教师天天所见的东西。凡是近的东西天天见了,一定愈看愈大,并且能把其余的大东西都遮住了。正如拿千里镜来看近的东西一样。又如将一个手指放在眼前,可以把一切东西都遮住了。学科本来是联络儿童与社会的两岸的过桥,现在这过桥离了两岸而独立了。

把学科独立与儿童实际生活脱离关系,其流弊有下列三大端:

(一)第一个流弊可以分作三步:(1)学科与真生活断绝,生活自生活,学科自学科;(2)学科变成纸上的假东西,不是真实的东西;(3)学科在实际上不能应用。

最显著的一个例,就是成人把自己的种种知识用尽方法缩成一小块,使儿童熟读背诵,或用韵语,或如西方宗教中用的问答体;一切道德都已改变了,文字也改变了,他们都不去管他。久而久之,自然毫无意义了。

在创造这种制度的人,以为儿童将来一定能懂得的、应用的。其实终于不能懂得的,更不用说应用了。因为这种都是成人认为真理的东西,对于儿童,本来没有意义。儿童的经验里面从来没有这些东西,自然不能懂得了。不能懂得,自然不能应用,自然对于行为不能发生影响了。儿童在未进学校以前,与他的母亲和他的同伴玩耍,觉得很有意义,因为这些事都是他能懂得的,能用得的。一进学校,便换了一个新天地,见的东西都是不曾见过,听的东西都是不曾听过。他于是以为学校里面的这些东西本来与实际生活没有关系的,本来只是骗骗先生的。我们费了多少时间,多少精力,在学校里头得了这样一个教的人和学的人都不希望实际的结果,这时间和精力不是完全白费了吗?

不但旧式的读经和宗教问答有这种坏结果,就是新式的各种科学,如历史、地理、物理、化学等等,要是离开了人生日用去讲,其所得的结果,也与旧式的教育完全一样。

譬如一个学化学的人,对于所学的东西只是认为化学科的东西,化学教室里头的东西,徒然记着许多符号、公式和种种试验的把戏。你若问他应用方面的,如肥皂怎样造法,为什么可以去衣服上面的污,他就不知道了。学植物学、动物学的人也都如此。这种现象本来不能怪他,因为他本不知道所学的东西与人生日用有什么关系。所以教育的人要是不把人生日用的实际生活放在心头,那末无论什么学科,都得到与旧式读经和宗教问答的同样坏结果。

这种结果,还可以养成知行不合一。譬如某人学了许多学问,别人就名他为书生。这个书生的名字不是恭维他,是侮辱他,是表明他什么都不知道的意思。因为他所知的学问,不能影响到他的行为;他的行为,又不根于他所知的学问,于是养成人家看轻知识的一种习惯。实用教育的所以重要,就是这个缘故。说到实用教育,人家每容易起一种误会,以为实用教育就是吃饭主义。其实并不然。吃饭固然未始不重要,教师能教得学生得到饭吃,也是很好的。但是这个实用教育的目的,是要使他用所学的东西指挥他的一切行为,教的人能知道学科对于儿童和社会的意义,儿童也知道学科对于社会的意义。

(二)从上面第一个流弊看来,学科先与真生活脱离,次变成纸上的假东西,再次不能实际应用。这种学科,要是学生能用心去学他,也未始不可略有所得。无如与人生日用太没有关系了,儿童一见便生畏怯,即使勉强学他,也是看作例行公事,骗骗先生罢了。这因为儿童对于他全然没有兴趣;没有兴趣,自然觉得困难,自然常常有逃学的事听见了。

儿童因为没有兴趣,所以视求学为困苦的事。一般人——有许多学者——不晓得这个道理,以为人类的天性是不喜欢求学的,而人类的生活是不得不求学的,于是想尽种种方法去训练他,使他不得不求学。讵知他学了仍然不能知道。这就是学的东西与人生日用社会没有关系的缘故。倘能把学的东西与人生日用社会联贯起来,那么儿童决没有不喜欢求学的,因为好学正是他的天性。

我们试看儿童在未进学校以前与他的母亲或同伴在一起的时候,何等喜欢求学:忽而问这样,忽而问那样。可见儿童对于求学本有很大的喜欢的趋向。就是间或有几个例外,也一定或是白痴,或是心理上起了变态。因此我们可以知道现在学校制度的不适用,非但能使儿童本来喜欢求学的变为不喜欢,且能使他一见学问便生畏惧。这种学校制度还不是天天在那里造成一种人为的白痴吗?

西洋某国的修身书里面有一课讲学校内的义务的,是个问答的体裁。问的是为什么不应该逃学?那答语是个譬喻,谓牙齿痛了,应该就医,能忍得住痛苦的,一回儿就医好了,倘忍不住这短期的痛苦,那便永远痛苦了。这可见他的用意:是根本承认求学为一件很苦的事体。

固然,我们总免不掉到牙医那里去就医,但这是偶然的、不幸的事体,是消极方面的,不是积极方面的。求学也是如此。困难痛苦,都是消极的方面的事。要是我们能够把积极有用的一方面提出来,决不会没有趣味的。

我们不要说儿童对于求学的苦乐关系甚小,要知他的结果影响于社会者很大而且很久。因为儿童学了这种讨厌的东西,将来出校以后,一定不能在社会里去应用,社会便因此受了很大很久的损失。所以我们应该去掉他的困难痛苦的一部分,提出他的有用处有趣味的一部分。工夫既省了,社会上也得应用了,儿童也不感受困难苦痛了。

(三)这种社会与学校分离的结果,其流弊在社会上是太不公平。一种书生是天生成的才具,能对于书本子上的学问有趣味。其余大多数的人,只知道五官接触的、能够实做的事体才有趣味,书本子上的趣味是没有的。结果大多数的人遂没有求学的机会了。

加以书本子上的学问——文章、经传——在社会上很重要,于是书生在社会上也占了重要的位置。其余大多数的人对于学问有没有趣味,却不去管他了。这还不是不公平吗？

因大多数的人对于学问没有趣味，所以我们应该改良学校的制度和教材，使他们也能感受教育的利益。倘是主张民治的教育——民治国家的教育——的，尤其应该注重大多数人的教育，使一般的工人、匠人、农人都能在民治国家、民治社会里尽一分子的责任。

今天所讲的多是消极的方面，下一次将提出积极的方面来讲。

三

第一次讲演的大要，是教育本于儿童的成长。儿童自婴孩以至成人，其生长有一定的程序，教育也跟了他的生长，有一定的渐进的程序。第二次讲演的是教育应该一方与儿童的本能和经验，一方与社会的需要，互相联络，否则不能收教育的效果，并大略指出学科与儿童及社会两方面脱离关系的种种流弊。

教育的最大毛病，是把学科看作教育的中心。不管儿童的本能、经验如何，社会的需要如何，只要成人认为一种好的知识经验，便炼成一块，硬把他装入儿童心里面去。现在晓得这种办法是不对了。其改革的方法，只是把教育的中心搬一个家：从学科上面搬到儿童上面。依照儿童长进的程序，使他能逐渐发展他的本能，直到他能自己教育自己为止。譬如说，某人是受教育了。这并不是说，某人从此不长进了；不过说，他受了教育，到这个时候，从此可以利用他自己的机能，向各方面充分发展罢了。

照以前所讲，成人社会是教育的目的，儿童是教育的起点，学校是二者之间一座过渡的桥。教育的目的，是要儿童走过这座桥，到成人社会里去做一个有用的分子。

第一个应该注重之点，是儿童在没有教育以前，有一种天生成的本能、惰性和冲动。教育就应该以这些东西为根据，为基础，不然便没有教育可施。

从前我在美术学校讲演《现代教育的趋势》的时候，曾举儿童学话的事做个例。儿童学话由于他的本能,不是勉强可以教的。他一方有听话的本能,一方又有自己发音的本能。成人所可教的,不过中国人教他听中国话、说中国话,不要听英国话、说英国话这种方法罢了。要是自己没有本能,就是教也没有益处的。儿童所以能很自然,一方因为有他自己的本能,一方有父母的教育,一方又有社会环境的需要。教育是利用他的本能及环境,使朝着我们所预定的方向走去。

儿童不但有听和发音的本能,还有一种同样的欲望。父母教他的时候,须将利用他的本能欲望,造成种种环境的条件,使他不得不用这种名词,这种文法,并必须使他用了有效。一切教育,都是如此。这是拿天然的本能欲望做基础,造出一种环境,使他朝着所定某方向走去的一种方法。

我为什么再三申明天然本能的重要,因为有许多教育学者把这个不学而知的本能看得太轻了,以为儿童一定不能由婴孩一脚跳到成人的阶段,所以他们总想把儿童期缩短,将成人的知识经验硬装进去。他们以为儿童期是完全白费了的,那里知道这是真正的教育基础!

举两个理由,证明中国今日为什么应该格外注重本能的教育。第一,如果教育的目的是造成贵族的专制的国家的,那末用这种装进去的方法也就够了,因为学的人多少总可得到一点知识。但如果是在民治的共和的国家,那么,教育便应该使人人有平等发展的机会,去做一个真正的民治社会、民治国家的分子。第二,如果在太平时代,这种旧法,也未始不可勉强过去。然在今日变迁活动的时代,又不能不变迁、不能不活动的时代,格外应该注重这种本能的教育。因为成人的性情已经固定,很难变迁;儿童的本能却是软的,易变的,可方可圆的,我们可以利用他朝着最新的最适当的方向走去。

以上所讲的是个绪论,不过很长了。今天所要提出来讲的是"游戏"和"作工"与训练本能的关系。游戏与作工,对于身体的机能本来很有关系的。东洋诸国,对于体育,向不注意。西洋以前也是如此,以为身体是精神的仇敌,须先把身体征服下去,然后可以有精神的发展。教育者先存了这一个根本观念,所以对于儿童一意要他静止,不准活动,然后把他认为宝贝的东西硬装下去。这种根本观念,与新教育的精神恰恰相反。我有一次在美国讲演教育,说中国的教师教儿童均须高声朗诵。这种教育固然不好,但身体上总还有一部分的发展,比较西洋只准静坐并声音都不许一发者,还略为好些。教育倘不注重身体机能,是一定没有好效果的。游戏与工作,便是最与身体机能有关系的东西。游戏是儿童喜欢向那一方面发展的活动,并不是坏的玩耍。倘能让他自由发展,我们可以看出他的许多种类。然大概是模仿成人的举动居多。研究社会学的人谓:就在野蛮社会里也是如此。西洋儿童的游戏,种类很多,如设为主客的往来,我请你吃饭,你请我吃饭,以及煮饭、烧菜等等动作。女小孩子则玩洋团团,为他穿衣脱衣。近城市的小孩子,则有火车装运货物等游戏。可见这些大概全是模仿成人的。

小孩子有这种模仿成人社会的活动,我们可以利用他造出许多有意义的游戏,用最容易的方法输入社会实用的知识。幼稚园发明者德国人福禄培尔(Froebel)就是应用这种方法的。我因此重新引起以前两句话:中国今日实在有拿人家发明的东西到本国来应用的好机会。虽他的细目,自然也有不同的地方,而他的普通的方法,究竟是人家费几百年的心力发明的,拿来应用,岂不很好。

这种幼稚园的制度,固然可以利用儿童模仿成人的一性,使他做有意义的活动;然还有一件事很重要,就是女教员的问题。这种初等教育,断不是老年人或粗心男子所能胜任的。女子最能细心体会儿童的心情,倘能把幼稚园的教育移到他们手里,定可使他们做母亲而兼做教师的。理会福禄培尔的学理,将他所需要的恩物、唱歌等等东西,用中国的材料,照中国的情形,造成一种新的幼稚园制度。倘能于我回国的时候做到这一层,我就很满意了。

游戏场上有组织的运动游戏,其对于体育方面、官能方面的好处不用说了。还有重要的是能发生一种社会的性质:一方能养成领袖的人才;一方又能养成辅助的人才。最重要的是能有一种通力合作的 Teams 的精神。

其他还有道德方面的训练。第一，可以养成一种好汉（Sportsman）的态度。好汉能主持公道，对于什么诡计作弊等事，都是好汉所不取的。第二，能有对于运动本身的一种兴趣，不为卖钱，不为卖名，而对于运动自有很大的兴趣。这很可以养成尚武的精神。从前拿破仑被惠林吞战败滑铁炉的时候，惠林吞曾说：这一次的胜利，并不是战场里得来的，是球场里得来的。这话虽然或系那种踢球的人造出来的，也未可知，然其中确有道理。就看这一次的大战，英、美军队平素并没有像大陆方面的训练，然竟能打得胜仗，这就因为他的训练在运动场上面的缘故。法国人因英、美人喜欢运动，特为他们造了许多运动场。现在法国自己也晓得运动的重要，添造运动场不少了。

现在我们要讲到作工了。凡是真有价值的手工，一定含有一点游戏的动作。儿童不特喜欢模仿成人的动作，还有一种喜欢制造的天性。因此我们可以利用这种天性，使他们变为有用。第一，训练他的官能。第二，使他随机应变。第三，最重要的，是有输入知识教育的价值。

何以说有输入知识教育的价值呢？譬如木工里的锯、锤、刨这种东西，用久了都是要发热的。人类几千百年前对于这件事已习见了，等到近来，始发明力学上"能力永存"的道理。然这道理是很抽象的、很高深的，要是不能在这种锯、锤发热的浅近事物上面引他进去，对他说明，儿童一定很不容易懂得的了。其余如烧饭的时候，可以讲化学的道理；种花的时候，可以讲植物学的道理。这种都是从手工上可以输入知识极大价值。

最后举一个例，五月里我初到南京的时候，南京高等师范的附属幼稚园正在养蚕。他们从选择蚕子和保存蚕子做起，渐渐用桑叶饲养，让他作茧；待我到时，已是在抽丝的时候了。这种层次渐进的训练，倘抽象的看来，不过很有趣味罢了，其实在知识上有极大的价值。小孩子从蚕子看起，进而幼虫，再进而作茧，变为飞蛾，几个礼拜以内看出生物的全套变迁，一定能得到许多生物学上的知识。再讲实业方面，从选择蚕子入手，一直到丝的价值，绸的好坏，都可以使儿童知道。蚕丝为中国南方出产大宗，儿童从这里得到这许多顺序渐进的知识，都可在社会应用。这种灌输知识的价值还不大吗？

最后还有很重要的,就是今天所讲的,千万不要误会,以为这种游戏、运动、手工,不过是因为恐怕小孩子学得太苦了,给他一点有趣味的东西,像那吃苦东西的时候给他一点饴糖一样。要晓得这并不是搁糖的教育方法。这是以本能为基础,使儿童能利用本能得到应得的知识的教育方法。

四

我前次讲过教育的三大部分,第一是社会,就是教育的目的;第二是学校和学科,就是中间一条过渡的桥;第三是儿童的生活和本能,就是教育的起点。并述这三部分当中,教的人每每容易偏重第三部分,而看轻第一、第二两部分,使学科成为孤立的东西,与将来的社会无关,与现在的儿童生活也无关。上一次提出方法来,用(一)游戏和(二)有组织的运动,引起儿童的兴趣和本能,使他能自由发展。今天继续再提出两种方法,就是第三"做戏"(Dramatization)第四"工作"(Work),并说怎样能使他与学校联在一起。

先讲"做戏"。儿童的心理,与戏很有关系。人类的意思影像当中,有一种要向外表现的趋势。即成人也是如此。喜了要笑,悲了要哭,除了故意镇静以外,平常没有不向外表现的。儿童的意思、观念、影像,都是具体的居多,所以格外容易于他的言语上、指使上、容貌上表现出来。游戏单从动作表现,做戏也是一种心理的表现,不过较有条理一点。儿童每于言语、指使、容貌上表现出来,所以我们可以利用他,使他表现他的知识、意志或感情。

从学科里面选出几种最容易用做戏来帮助的,如文学、历史及人文地理,都是与人类社会很有关系的学科。文学中的小说和故事,都可以用戏做出来的。人文地理中的人情、风俗、习惯,也可以用戏做出来的。至于历史,更没有不可用戏做出来的了。不过我用"做戏"这个名词,似乎太重一点。因为平常人总以为一出一出、一幕一幕的才可以算"做戏"。其实

(Drama)这个字在希腊文里，本来不过是"做"字的意思。倘儿童的程度够得上把有头有尾的戏做出来，也未始不好。不过我所讲的做戏，却近于希腊文的原意思，是广义的做戏，并不是限于一出一出的。不过把历史事实分别担任、逐段演出来罢了。故事、小说、人情、风俗，都是如此。总之要使书本上的东西能有一种动作的表现，使儿童把自己看作书中事物的一部分。并不是说狭义的、一出一出的、戏剧家所演的戏。

用演戏的方法帮助学科，其最显明的利益，就是使儿童有趣味。我上次已经讲过，我们这种教育方法并不是怕他学得苦了加点糖的教育方法。所以使儿童有趣味，还不是重要的目的。最重要的是使他有知识方面的作用。第一能使他设身处地，知道他自己就是戏中的人物，戏中的悲欢离合，仿佛是他自己的悲欢离合。我们成人平常看戏，也是如此。看好的戏，往往好像台上台下合而为一。所以儿童在做戏的时候，做的人固然自以为戏中的一部，就是看的人，也自以为戏中的一部。古代的人，都仿佛当作同时的人。历史的事，也仿佛当他自己的事。这种输入知识的方法，比那空讲日球、月球这种干燥的概念，自然觉得格外亲切有味。就讲道德方面，从前的种种格言式、教训式的方法，收效很少。倘能用演戏的方法输入道德教育，收效一定比那种纸上空谈的道德教育为大。我从前讲过，道德教育应该要先从行为做起。现在不得已而思其次，从做戏的行为上，也可以养成道德的习惯。第二个知识方面的作用，是可以引起儿童有选择的能力和安排的能力。一段故事里面，并不是都可以演出来的，于是选择出最精彩的一部分。这一部分当中，又不是个个人相宜的，于是你做这个，我做那个。但这还是个人方面，等到选择定了，于是大家商量怎样安排，怎样说法，怎样做法；那一句话，那一件事，应该要，应该不要。然后做成联贯的戏。总之，能使他们有选择安排的能力及共通的精神。倘弄坏了，大家负责。这样不但使儿童有被动的吸收，并能养成自己活动的和选择联贯的能力。

第三个作用，可以使儿童的知识影像格外明了、正确。平常教习发问，儿童照书中回答，即使不错，也是很容易的。但倘要他实地做出来，那就非懂得一字一句的意义,和名词所代表的事物、动词所代表的动作不可。

最后第四个作用,就是能养成社会的共同生活的习惯。课堂中你做卷子,我做答案,都是单独的。一到演戏的时候,大家的言语动作,都要互相照应,成功失败,是大家的事,不是一个人的事。所以他能养成通力合作的精神,不单浅而易见的使儿童有趣味罢了。

次讲"工作"。工作也可以利用来使与儿童的生活经验发生关系。我们先问问工作是什么?工作与游戏的区别是什么?我们所以叫他做工作,不叫他做游戏,其根本不同的地方,就是他的目的在要造成一种看得出的可以留存的出产品,不像游戏的单使儿童有兴味有动作罢了。儿童倘有想留下一点结果的意思,不单玩玩就算了,那就是从游戏时代进到工作时代来了。不过工作与游戏,在儿童的眼光里,区别不大甚严。往往我们成人认为极苦的事体,如煮饭、烧菜等,大家都不要干,要使厨师去干的;在儿童却极喜欢,并极有趣味,当作一种游戏去干。这一点也是应该注意的。

刚才讲过"工作"与"游戏"的区别。此刻再要讲的,就是"工作"与"功课"也略有不同。"功课"也是"Work",但他有自上而下的意思,有用教习的威权压迫出来的意思。我所谓工作,是自动的,与儿童的心理联贯的,能发生一种出产品的工作。这与自上而下用教习的威权压逼出来的工作截然不同,又与强迫要做、不做要罚的苦工(Drudgery)也截然不同。

这种不但有兴味有动作并且有结果的工作,在教育上的利益,据我看来,第一,因为有实在的出产品,就是开始教儿童做事要有目的。一切动作,都集中在目的上;一切精神,都贯注在目的上。第二,教儿童对于材料要有选择的方法与手段,处处须与他的目的互相照应。这可以养成一种判断的能力。现在的学校里造出许多无用的人才,就都因为没有判断力,而且他的方法手段与目的不能互相照应的缘故。他们倘能经过这种工作,一定于知识上有很大的益处。

不但如此,我所最注意的是在借此输入有用的知识,甚而至于高深的科学知识。譬如植物学,现在中学堂里教的,总是科学家最后研究的结果:例如学名什么,普通名词什么,属于什么类、什么门、什么种、什么族。这种干燥无味的教授,当然不能在小学里教,即使教了,至多也不过使儿童记得许多名词,或再多也不过拿到真的植物能辨别那一类、那一门、那一种、那一族罢了。我们倘借工作的方法输入知识,儿童一定很有趣味。例如种花种树这等事,儿童都是极喜欢的。有许多植物,在短期内可以看出他的发芽、长成、开花、结子;教习便可随时随地教以种种有用的知识,甚而至于复杂繁难的科学知识。

譬如种花,拿种子放在泥土里,或湿棉花里,或吸水纸里,都会抽芽;但种在湿棉花里的芽,便比种在泥土里的短,种在吸水纸里的,又比湿棉花里的短。后来吸水纸上、湿棉花上的,待滋养料一完,都渐渐的枯了,而种在泥土中的,却发生滋长,以至开花结果。因此可以教他们所以然的道理,如日光、水分、热度、土性的肥瘠,以及肥料选择等等。这种都是与人生日用很有关系的科学知识,平常不能用以教中学以下的学生,一用工作方法,便容易输入了。

再举高深点的一个例。前几年有个科学家考查生物的生长要费掉多少能力,于是他在一株正在生长的南瓜外面套上一只木箱,上置计算重量的码子,看他穿破箱盖的能力有多少。这种试验,儿童看了,以为植物生长的时候,竟能举得起多少重,自然觉得很有兴味。因此可以教他:凡是营养料能制造出很大的能力的道理;再推及于人类的能力,也由于营养料造成的;又如植物在生物界是怎样一个地位,他怎样靠营养料生长,人又怎样当他做营养料。这都是很高深的学问,借了工作的方法,便可以尽量输入了。

科学的教授,在高级学校里,这百年来经了一大革命,就是添出一种"试验室"的新方法。物理、化学等等学科,都有试验室,可以实地试验。他的根本道理,与我们所讲的道理完全一样,就是要使学的人不但得到书本子上的学问,还要使他自己的动作参加在试验里面,看出某种试验是否能得与某种学理相合的效果。这就是用试验的结果来证明学理的方法。

既然高级学校添了试验室,得了很大的进步,我们可以觉悟,幼稚园及小学,也应该与高级学校打通,有一种试验的精神。我很奇怪,人类发生自然科学何以这样的晚。人类的四周都是自然现象,本来早可以发生了,何以一直要等到最近的百年呢?据我看来,自然科学所以发生这样晚的理由,在于人类观察事物,有了一点常识,便不肯再去观察,只是用耳朵当眼睛去听别人家讲的道理,或自己闭了眼睛去想出道理来。要补救这种弊病,我想倘能懂得或利用我们所讲,常常用结果证明学理的试验方法,或者科学的发达因此可以格外有点进步罢。

以上所讲四种方法——游戏、有组织的运动、演戏、工作——我们已经把利用儿童的本能和生活做基础的道理,讲完了。但这还是教育三大部分之一。以后再讲社会与学科两方面。

五

我再请诸君回想上几次讲过教育的三大部分:第一,儿童,就是教育的起点;第二,学校与学科,就是一条过渡的桥;第三,社会生活,就是教育的目的。第一部分前已讲过了,并且略及第二部分。今天及下一次讲第三部分,就是社会的一部分。

总括说:教育的目的——民治国家尤其如此——是要养成配做社会的良好分子的公民;详言之,就是使社会各分子能承受社会的过去或现在的各种经验,不但被动的吸收,还须每人同时做一个发射的中心,使他所承受的及发射的都贡献到别的公民的心里去,也来加入社会的活动。

做一个好的公民,这句话看去仿佛有点政治的意味。人每以为所谓好的公民,总是指着对于选举等事能尽公民的职务,有忠心,没有欺诈而言。这一点固然也重要,在民治的国民,尤其重要。因为不但自己不做欺诈卑劣的手段,还贵能互相监督,互相纠察,使大家做一个良好的公民。

但做这种用知识参预政治、监督政治的良好公民,还是很浅近很明白的一个方面。还有那非政治的一方面:第一,乃是要做一个良好的邻舍或朋友。因为人是共同生活的。一切公共娱乐以及图书馆等等都很重要。进一层，第二，不但我受别人的益处，还要别人受我的益处。第三，在经济方面应该做一个生利的、出产的人，不要做分利的人。第四，应该做一个好的消费家。生利固然不容易，消费也不容易。譬如各种货物，要监督他，使他没有假冒，便是极不容易的事；所以我说应该要做一个好的主顾或消费家。我因此连带想到女子教育的重要。女子与消费的接触最多，因为女子总不能与家庭脱离关系的。要是女子有了教育，便可以随时限制、随时鉴别消耗品的好坏，做一个良好的消费家。西洋女子就是大家在那里注意消费品的监督或限制。最后一层，第五，较为肤泛，便是应该做个良好的创造者或贡献者。

我对于做良好公民的意义，举几个例，不过要表示说明教育的目的，并不是要造成一班学者或读书人，只要有了书本子上的学问便可完事。他的真正目的，是要造成社会的有用分子。所以良好的国民不是单能读几本书，他们一定还能对于社会有所贡献。倘学校要造成这种良好的国民，可以有三部下手的工夫：（一）使儿童有对于社会尽义务的兴趣或心愿，不是强迫的，是从感情发生的；（二）知识方面，使他知道社会生活和需要是什么；（三）单知道他的需要还没有用，还要训练出一种本领去适应社会的需要。所以教育者又应该从技能一方面下手。

现在要问：应该用什么方法可以做到这社会的目的？说起来方面很多，我且举几种最重要的：第一，保存过去的成绩和经验，从语言文字下手。儿童学话的时候，已经把许多大人的经验都灌输进去了，但范围很窄；一用文字，那范围便格外广了，虽几千百年的东西，也可藉此保存下去。

用语言文字保存过去的成绩——这一层非常重要；但大家都知道，而且都看得太重了，竟当他做学校的惟一目的，所以也不必慎重的提出来。但是语言文字还有社会的作用一方面，平常往往把他看得很轻，所以不可不提出来请大家注意。因为要是不注意这一层，便是抛却儿童的社会的天趣。倘能随时注意利用他的谈话，使他常做演戏等事，或不至专流于没有用的语言文字的教育。

我看见报载中国的全国教育会议通过用白话做教科书的议案，我非常喜欢。因为我虽然不大晓得中国的情形，然能用国语做教科书，总算是教育的一大进步。我刚才讲过教育并不是要造成许多用不着的专家，所以教育应该格外注意社会方面的用处。有许多人把保存和传授误为抄袭，不知所谓保存、传授者，其材料虽然不变，其形式不妨常变。他们因为把历史看作循环的，不看作向前进步的，所以有这种错误了。我们应该注意的，是要使古代传下来的死东西活转来，能在现在的社会里应用。

耶稣《新约》书里有个寓言，很可以拿来证明这个道理。有一个主人，把许多钱分给三个仆人，自己出门去了。第一个仆人拿了主人的钱，去做生利的事业，赚了一倍；第二个赚了好几倍；第三个恐怕钱弄坏了，故尽力的把他保存起来，不敢动他。过了几年，主人回来算账，知道这事，遂赏了一、二两个人而罚了第三人。因为他把主人所给他的钱不曾发生一点效果的缘故。古代的学说，也是同样的道理。倘把他藏起来，不加一些利息上去，仍旧把原物奉还古人，这非但一方面我们自己不能拿来应用，一方面也太对不起古人了。

以上是第一层方法。至于第二层方法，就是选择社会的那些部分对于儿童有需要。社会各部分并不都是好的，都是有用的。所以全赖有选择的效用，使现在、过去、将来种种事业都集中于学校，做个儿童的工具。要使他不但保存古代已往的成绩，还能于现在及将来的社会有选择的能力。

社会的改良，全赖学校。因为学校是造成新社会的、去掉旧弊向新的方面发展的，且含有不曾发现的能力预备儿童替社会做事的一大工具。许多旁的机关都不及他。例如警察、法律、政治等等，也未始不是改良社会的东西，但他们有他们根本的大阻力，这个阻力，惟有学校能征服他。

有两个理由可以证明别的机关虽然也是职在改良习惯，而一定不能做到与学校同样的地步，就是别的机关无论如何有大的能力，他的效果一定不及教育。第一，因为这种机关都是管理成人的。成人的习惯早已固定了,很不容易使他改变;即使他们受了教育的影响,当时承认改变了,但一到外面恶社会里头,他的决心便立刻消灭了。所以第二个理由,便是环境的不良。有这两个理由,我们费了许多的精神,想去改变成人的性质,实在是一大悲剧。至于学校内的儿童,性质既没有固定,习惯也未曾养成,倘能施以良好的教育,尽可有任人伸缩的余地。至于他的环境,虽然也和社会生活一样,但这学校内的社会生活却与平常外边的社会生活不同。因他是曾经一度选择过的,比较的格外精彩。这就是别的机关改良社会的能力一定不能及学校的缘故。

环境的关系既如上述,我此刻再讲一点习惯关系的重要。譬如烟酒这类东西,习惯了便不容易戒除。又如年长的人学外国文,觉得里面有许多声音竟发不出来。这因为他对于这个声音从来没有发过的缘故。儿童便不同了:他的习惯没有养成,一切思想、行为、信仰等等,都可以在他恶习惯未曾养成之先,把新的好习惯尽量输入。要使他的好习惯渐渐养成了,有抵抗坏习惯的能力。

我们可以说儿童或少年的教育,使他养成一种新的习惯,实在是世界将来的极大希望。倘使没有新习惯的发生,自然灰心厌世,从此没有改良、纠正的希望了。须知儿童便是代表将来,老年人便是代表过去,过去的成功与失败,我们都可不必计较,有了儿童,便可重新做过。这就是儿童代表新希望的道理。

古犹太的先知有句格言说:"A little child shall lead them."这实在是儿童代表将来无限成功的预言。法国当世大文豪兼历史大家 Anatole Francaise 在一个教育会议的席上演说:

> 我对于诸君有无穷的希望,无穷的感动,因为世界将来的希望和成就,都在诸君的手中。大战以后,无论胜的败的,国内都经过一大捣乱,将来全在诸君的整理和改造。请诸君放大胆子做去,因为欧洲倘不愿再陷于发疯和野蛮的地位,则必请诸君造出一种新的人类。有人说,人类总是坏的,不会改善的了。这话大错。要知道人类已经改善不少了。这改善的能力,最大者便是教育。所以教育实在比空

气和饮食还要重大。

刚才讲过第一层保存传授过去的成绩；第二层使儿童养成改良社会的预备。此刻讲第三层是扩充推广儿童的环境。儿童的环境本来是很小的，不过零碎的家庭生活罢了，一到学校，便较家庭扩大了。现在还要使他联络起来，养成更大的社会环境。

这第三层最重要，因为要使他从家庭很小的环境扩充开来，使他从历史、文学等等学科知道不但有我们现在的人，上面还有古人；不但有我们中国，还有不同洲、不同文、不同风俗的外国。其余科学如化学、物理、天文等等，也都是如此。总之，要使儿童的环境扩充，并有应付环境的技能。所以这扩充儿童更新更大的环境一层，在三层当中最为重要。

何以在现在的时代这一层尤其重要呢？因为现在是东西洋文明最接近的时代。我时时注意此点：究竟我们所要接近的交换的还是真文明呢，还是在战场上以枪炮相见的文明呢？我们倘使要接近的交换的是和平的真文明，那末做教习的人，应该要有国际文明的互相了解，使儿童有世界的眼光，世界的环境，并使各民族间互相了解的程度逐渐增加，互相冲突的程度逐渐减少。然则此时扩大儿童环境的一层，还不是更加重要吗？我并不是单说中国的学校应该扩充儿童的环境，使儿童有世界的眼光，就是世界各国也都应如此。不过中国此时却有特别重要的机会：因为东方所得的西洋文化，好处不如坏处，益处不如害处，道德、经济各方面已经起了纷乱的现象。但这万万不能再用长城去抵拒他的了。所以现在唯一的救济方法，便是开着门把西洋文明的精彩灌输进来，使新输入的真文明抵抗从前所受的害处及危险，养成一班新的积极的人才。所以扩充儿童环境的一层，在现在的中国就格外重要了。

六

上次所讲的三个目的，未免较泛，有目的而没有方法，也是无用。所以现在我们要提出来的，是怎样可以做到这理想的目的？——就是：怎样传授过去的经验,怎样刷洗社会的环境,怎样扩大儿童社会的观念。简言之,就是怎样使学生成为社会化,怎样使儿童变成社会的分子,有社会的兴趣。上次已经提起怎样使学校变成社会化的方法,可以分作三步进行。(一)从感情方面使儿童有社会的兴趣及感觉,知道自身以外,还有社会,还有别人。(二)从知识方面,给他社会上必需的知识。(三)养成实行的习惯,使他成为社会有用的人才。

这还是下手的地方。现在要讲的是怎样可以做到这个地步。我们应先明白的是:学校生活也是社会生活的一种。聚许多家庭境遇不同、门第不同、宗教不同、环境不同的儿童于一处,读书玩耍,固不必说,还有寄宿舍的,那共同生活的时间尤为长久。这一层很重要,我们先明白了,然后可以讲下手的方法。

我们既然知道学校也是社会生活的一种,便可从此下手:学生中有一种天然组织小团体的趋势,或是同乡,或是同省,或是同社会的等级。但他们对于团体内的分子,固甚亲近,而对于团体外的,却竭力排斥。遇着公共的事体,屡为小团体争权利,有时竟不屑抛弃公共的利益。这种趋势,非常危险。办教育的人,倘要把学校的社会生活来做社会化的基础,那末先须打破这种有党见的小团体的趋势。国家也是如此:一有党见,便使思想感情不能自由流通。学校内这种排除外人的小团体,很可以为社会之害,所以非打破他不可。

打破小团体的观念,使社会生活根据于共同的利益。他的方法,如男女同校,西方早已成为风俗,东方近亦渐渐有人注意。我们若要注意社会的生活,打破隔绝的阻力,男女同校便是一大利器。依我看来,有两个入手的所在:第一,从幼稚园入手,因为这时候儿童还不甚知道男女的分别;第二,从高等以上的学校入手,因为这时候年龄较大,已有了经验和自守的能力,他们的目的志趣都定了,不会再有什么大的变迁。

还有应该注意的,是公立的学校的制度。这种制度能影响于社会生活者极大。从前的教育,都是私有的。例如一家请一个教师,或几家合请一个教师,再也不会想到教育是社会的事,是国家的事,——国家不过每年有几次考试罢了。近百余年来,公立学校的制度渐渐发展,各国都有了一大觉悟,知道倘没有公立的学校,国家万不能做到统一的地步,所以大家都情愿费许多心力、金钱办公立的学校。于是公立的学校便占了社会上重要的位置。

讲到国家公立学校制度的好处,很可以拿美国的成效来做个例。美国东西三千余英里,南北一千五六百英里,人口都是每年几十万的从各地方搬来,不但风俗、历史、习惯不相同,连语言文字也不相同。表面看去似乎不是一个统一的国家,其实不然。这种异言异服的人,过了多少年,把一切起居饮食及种种习惯都改变了,对于国家的统一,依然毫无妨碍。虽然现在手续还没有完全做到,但已有了共同统一的目的,将来一定能做到的。这完全是公立学校制度的最大功效。因为他对于无论那一国的人,都让他们进去,一起读书,一起玩耍,那国家自然容易统一了。

以上所讲第一点,都是从非正式方面入手的方法,如打破小团体,介绍男女同校,注意公立学校制度,和打破一切阶级。第二点是从正式的管理训练方面入手,就是学校的管理训练也要使儿童加入,使他对于规则,不仅死守,还要懂得这种规则有什么意义,使他自己维持秩序,不使规则被少数人把持。这很可以养成真正守法的国民。

平常学校的管理,有一个大错处,就是以章程、规则为超于儿童经验之上,儿童不配加入,不配与闻。所以这种管理都是由上而下、强迫的不自由的管理,效果很少。要知道学校的规则,不但维持学校内的秩序,还要养成儿童将来在社会上遵守法律的经验和习惯;不但守法,还要使他自己立法。这种经验和习惯的养成,在社会上很有用处的。

现在各处有试验把学校当作城市的样子来组织的;有许多竟是一个学生的小共和国,里面也有城市,以及立法、司法、行政的机关。法律由自己制定,自己执行。各种机关都由自己举出人来组织。这并不是一种玩意儿,实在是要使儿童从半游戏半正式的地方,造成一个有训练的国民。譬如选举,不但是消极方面在学校内用的一点知识,还要积极方面养成将来在社会上选举的活经验。

管理训练,还是政治、法律方面的事。其余经济、实业方面,也可以有下手的方法。如房屋的清洁,以及图书、机器的保存、整理或添配,都可以使他们加入,负一种责任,养成将来在社会任事的责任心。再举一个很具体而有人实行的方法,就是分学生为若干组,分时分日或分礼拜担任管理经济方面的事,如黑板、地板的清洁,材料的分配等。这种事往往有教师自己做的,其实大可不必,因为学生天然有一种竞争好胜的心,与其让他用于那些无谓的倾轧,不如利用他使他做公共的事业。这种活似乎太琐碎,其实这不过是个例,拿来说明教育应使儿童有实际经验的机会的根本学理。西方有句成语:"一磅的学理,不如一两的实行。"他的意思,也以为学理格言,后来都变了一句口头禅,不如教他们实行的方法。实行一两,我想自比记得一磅的修身格言好得多。

还有如家具、装饰品及仪器的添置,标本的采集,都可以让学生自己来办。轻便的东西,让他们制造;贵重的难做的东西,买了让他们保管;动物、植物、矿物的标本,让他们自己去采集;经费不够的时候,也让他们自己设法,或做戏募捐,或各向自己的亲戚朋友募捐。种种买票唎,剧场管理唎,都很可以养成共同生活的习惯,都是极宝贵极有意思的事。此刻不过举几件与诸君谈谈而已。

以上讲的第一点从非正式的方面入手,第二点从管理训练正式的方面入手。现在要讲第三点从知识方面输入社会的知识和经验。儿童总有一部分很聪明,一部分比较的愚钝。聪明的往往帮助愚钝的人作弊。无论如何防止,也是没有用的。这因为聪明的总有余力可以助人,故不妨利用他积极的方面使他变成助教:下课之后,帮助自修。聪明的因他有喜欢教人的心,自己可以教学相长;愚钝的人,也可以因此得益;而一班的程度,也可因此互相帮助的精神,渐趋划一。

最后还有一个意见:上课的时候,往往有一种弊端,就是时间全被教师占去,不让学生开口。这于养成社会共同生活的习惯很有妨碍。正当的方法,应该先教一个人起来,说明科学的大意,然后让第二人、第三人互相修正,互相补助。最好除正课以外,不要大家用一样的书,每人各将自己所学的东西向大家来报告。这事得益最大。教师一人在讲台上独讲，与养成社会共同生活的习惯，大相背驰的。

我向来的讲法，总是先泛论学理，然后举许多例来说明所讲的学理。这个例里面也许有不完全的、不能明白的，究竟重要的还在学理。今天所讲的学理，便是学校不但读书就算了，还要造成社会有用的公民，有共同生活的习惯和能力，有注重公德公益的训练，知道立法、司法、行政的效用。那末学校的生活，才是一个活的社会生活；学校内养成的儿童，才是一个懂得社会需要、能加入社会做事的人物。他们组织的社会、国家，才是一个兴盛的社会国家。

七

我再重提教育的三大部分：一、儿童，即教育的基础；二、学校和学科，即教育的工具；三、社会，即教育的目的。前两次已讲过教育的社会的目的，上次并特别提出怎样使学校的组织、管理及生活，可以用来达到教育的社会的目的。

上次讲演的大旨，无非说明学校自强的生活，就是社会生活的一部，要使学生将来能过社会的生活，必须先将学校变成社会。学校的最大坏处，就是先为学生悬一个很远的目的，以为现在所学，都为预备将来入社会之用，现在虽与生活没有关系，将来总有一天得用的。于是所学与所用，完全不能联贯。不知学校的生活必须处处与社会的生活有关，使学生对于学校的生活能生出浓厚的趣味。

学生的教育，倘专事讨论预备很远的将来生活，而不注意于眼前的现在生活，其弊约有下列几端：

第一，耽误学生的光阴。学生知所学的东西用处很远，与现在没有关系，于是且把这些东西搁下，先做那些与现在生活有关的游戏、玩耍去了，因为他们的目光很近，只知道趣味都在目前，自然把几十年后比较的不很亲切的事挤出去了，搁下去了。

第二,减少学生对于现在生活的趣味,不注意于现在而希望将来。这是一件很大的危险。有几派宗教和哲学,也有这种弊端,往往悬一个很远的将来的目的,如天国、净土、极乐世界等等,而对于现在的生活,却很不注意。信仰的人,渐渐养成一种坏的心理。其结果于世界文化的进步大受影响。

宗教和哲学的出世主义,希望将来而不注重现世,比较的还有理由。因为他们都是成人,对于现世,都已尝过滋味,或有失意的经验,所以假设将来,实为解脱现在。但在教育,可谓毫无理由。儿童对于现在的生活,兴趣正浓正厚,而教育者偏要用这种预悬将来目的的教育方法,实在是一件最不合自然、最反乎常理的事。观于督察学生成绩的方法可以知之。考试咧,赏罚咧,想尽种种方法督促他们用功。因为所悬目的在于将来,自然不得不如此。

在教育史上,无论那一国,总有一个时代用极残酷、不人道的方法对待学生的。凡是大人对于儿童,本来一定很爱惜的,何以竟如此残忍呢?这不是很奇怪的事吗?我想没有旁的解说,只有一种,就是儿童的眼光看不见将来的目的,对于所学不发生一点兴趣。因此大人若要儿童求学,不得不用种种刑罚去迫胁他们。

后来人类的良心稍为发现,觉得对于儿童施用体罚,究竟有点不忍。于是另换一个较近人道的方法,就是用奖赏去欺骗他们:考得好的给他一点信纸或一盒糖。这真是叫小孩吃苦药加一点糖的办法!这种办法虽然比打较为文明,但是儿童对于将来的目的依然毫无兴趣——不过本来用刑罚的,现在改用贿赂罢了。

第三,使我们评判儿童的成绩没有自然的标准。教育所悬的目的既然很远,与现在没有关系,我们自不能拿他来做评判儿童成绩的标准。于是对于儿童成绩的进步与否,不得不用考试记分的制度来定。

这不是评判儿童成绩的真方法。若真要评判儿童的成绩,那末应该看他们今天比昨天长进了多少,从前的缺点现在补正了没有,从前未发展的能力和兴趣现在发展了没有。总而言之,现在比从前是否进步。这才是评判儿童成绩的真问题。

以上所讲的话，并不是说教育不应该预备将来，不过说预备的方法不是如此。预备将来，应该是教育的结果，不是教育的目的。倘能把现在的生活看作重要，使儿童养成种种兴趣，后来一步一步的过去，自然就是预备将来。倘先悬一个很远的目的，与现在的生活截然没有关系，这种预备将来，结果一定反而不能预备将来。

讲到此处，实已牵涉了哲学上很重要的问题：就是人生的真意义究竟是什么，应该是为将来呢？还是使现在的生活格外增加、格外浓厚呢？已经不单是儿童的问题了。

我们倘若相信人生的真意义，应该使现在的生活格外增加、格外浓厚，那末教育的目的应该增加儿童更多的能力、更多的兴趣，每天所受的教育应该一天增加一天，教育便是现在的长进，不是将来的长进。因为倘若不是现在的长进，便是不长进。

斯宾塞尔（Herbert Spencer）做教育论文，提出教育的目的是预备将来的生活，可以算教育界一大进步。因为从前的教育与生活完全没有关系。但是这话千万不要误解。要知所谓预备将来的生活，并不是很远的生活，是一步一步过去的生活。步步都是生活，便步步都是预备。

以上是个引论，引起今天要讲的本题：就是教育三大部分中学科的一部分，究竟以那一种最为适用，可以做到教育的社会生活的目的。倒过来说，就是现在所有的地理、历史读本，写字等学科，究竟与儿童及社会有什么关系；要教这种学科，究竟有什么理由。

用那一种学科，怎么样的教法，才能做到教育的目的？学校的生活是社会的生活，故有社会生活的作用。怎样可以使学生有社会生活的知识、经验和能力？这是一个大问题。

因为问题太重大了，所以不能一个人解决；即使一个人能够解决的，也不能在讲演的时间解决。其法只有各人随时随地试验，那一种应用，那一种不应用，或应添置，或应废除，才可以解决这个问题。但不是乱七八糟的可以解决，也要有学理做个指挥，做个根基，做个假设，然后用试验的结果来证明这学理是否没有错误。

我虽然再三引申，怎样使学科能与儿童现在的社会生活联在一起，但所谈的还是大旨，其具体的方法，仍在各人自己随时随地去留意，但我可以举出两个应该防备之点。

第一，不要把遗传下来的习惯、古训、旧法来做标准。不论本国、外国，凡是遗留的东西，总未必能适用。

第二，应打破读书人和学者的观念。从前的学问是为个人做装饰品，不为社会的生活，不过是少数人拿了做摆架子、张门面的东西罢了。这种观念，应该打破。

我们如拿无论那一国的课程表来看，问他们为什么你们要教这种学科，他们一定回答不出，大概总是说这是受遗传的影响罢了。一个英国的学者曾经发过一个疑问，说：学科当中为什么要这样注重文学而不注重科学呢？他的答案是：这是二千年前希腊的遗风，要解答这个问题，非回到二千年前的希腊不可。

再举一个例，如德国当初教育大改良的时候，各国因看了他的兴盛，大家都依样传抄，不知他的改良是针对当时的时世的，一经别国的传抄，便变为无意识的了。要知应付需要，一定要自己随时随地试验出来的，抄袭他国几十年前的成法，那里能行呢。

不但盲从古训和成法的观念应该打破，还应该打破教育为少数人装饰品、奢侈品的观念，就是教育的贵族观念。有这种观念的人，以为学了可以比平常人高出一等。其实这种学问只能供少数人的特别研究，与普通大多数的人生日用毫无密切关系。

一部分的人，学了这种文学、文法、文理，渐渐成为挂了某种学问招牌的学者。他们以为学问便是那些学科，不是那些学科便不成其为学问。于是教育遂被这些人垄断，被这些人永久专利。

他们又以为倘把平常人生日用的事包含在学问之内，岂不是把学问的程度降低了吗？学问的资格失去了吗？

他们不愿意把人人懂得的东西来做教育的内容，使学问的程度、资格因此堕落。于是不知不觉的养成了一种保存旧教育制度的心理。教育便永远成了一种少数贵族摆架子、张门面的招牌！

我们不但应该把政治上、经济上的贵族制度打破，尤应该把知识、思想上的贵族制度一起打破。

再加上一点普通的意见。从前学问范围很小，材料有限，所以各国都不约而同的注重文学、文法、文理等学科。现在这种只有几种学科供我们选择的时代已经过去了！

现在的时代是学问知识一日千里进步的时代。现在人类一年中所发明的新学科、新知识，比三百年前全世界人类几千万年积下来的科学和知识还要多！

从前的弊病，在于供我们选择的学科太少，现在却患在太多了。因为太多，不容易辨别那一种应教，那一种不应教，所以尤须有一种理论学说来做个标准或指挥。否则妄想样样都要知道，结果一样都不能知道。

现在教育界的最大坏处，就是见有一种新的学科，便以为非添加不足以趋时。这实在是很蠢的妄想。结果只成一种很肤浅的皮毛学问。一方养成趾高气扬、自炫博学的贵族习惯，一方对于真正的学问仍是不能懂得清楚。

但是这种知识增加、学问发明的现状，对于教育界有两种大的贡献：第一，打破从前选择学科的孤陋；第二，扩大从前对于学科偏重文艺的范围。

下一次再讲在这学科繁多的时代怎样可以选择使与儿童的生活联络有关系的学科。再加一点，教育应该打破看不起儿童切身环境的观念。儿童的切身环境非但不应看轻，还应利用他种种需要、兴趣和材料，来做下手的方法。

从前看轻儿童的乡土环境，其习惯的造成，大约有两个理由：

第一，因为预悬很远的将来的目的，不但时间在几年以后，即空间也在多少里以外，不在儿童切身的乡土。

第二，误在一种全国一致的迷信，所以不能把乡土的东西拿来做教育的材料。

八

上次讲演学校的学科与社会生活的关系,及怎样使学科容易达到社会生活的目的。今天仍把这个题目继续下去。

但今天先不列举种种历史、地理等学科,而讲一段绪论。近世知识界、思想界的变迁,使学科不能不受影响。所以今天要讲的是近几百年的事,科学发达以后,教育上所受的大影响。

今天所讲,略为偏向理论一面,虽似太觉高远,与学科无甚关系,然我们所讲的是教育的哲学,既讲哲学,自不能不把教育的范围稍加扩大,使诸君知道历史的背景。那时代的一切社会生活、社会组织,都影响于教育,使他不得不变迁。

科学方法的进步和应用的发展,对于社会上、思想上、人生观上,都有极大的影响。今把他举在下面。

第一,科学进步发展的影响,不在科学自身分量的增加,以新的代替旧的,以正确、近于事实的代替不正确、不近于事实的。因为此种分量的增加,性质的改变,尚不足以发生知识、思想界的革命。

须知分量的增加,性质的正确,还是一种结果,其所以能够增加,能够正确,在乎"方法"的变换。从前用旧的不正确的方法做学问,不能发生新的知识。科学发展以后,思想的方法根本改变。此种新方法,可以应用于无论那一种学科,影响自然大了。此点最为重要。

简单说,科学的方法,便是归纳的方法,一切都从事实下手,从试验下手。思想界因此起了很大的影响,故可称之为思想界的大革命(Intellectual Revolution)。

此种革命,起来并不很久,大约不过三百年。十六世纪初年,欧洲思想界的信仰和普通观念,与千余年前无大差异,除中古、近世略为加上一点新知识以外,其根本上的没有条理,没有系统,依然毫无变迁。迨至十六世纪及十七世纪之间,进步的革新家始把从前的旧方法统统改了,因此一切工业、政治、社会、宗教、道德,都起了很大的变迁。

以上是第一点,因方法的改换引起知识、思想界的革命。

第二,科学发展进步的影响,除改换方法以外,还给我们两种重要的观念,使我们的人生观都改变了。

(一)自然法(Law of Nature)的观念。科学进步以后,知道自然界虽然无论如何纷乱,而却有一定的规律、条理和次序。故看一切天行,都当他为有常度的变化,由此发生天然界齐一的观念,在人生观上发生极大影响。

(二)能力(Energy)的观念。古代的人都注意于静的方面,如研究宇宙万物的本质是什么。近世科学发展以后,知道万物除静的本质以外,还有动的能力。譬如光、热、电,都是动的能力的变态。这种观念,与古代大不相同,在人生观上发生极大影响。

此种观念的重要点,就是注重动而不注重静。最初还不过光、热、电这一部,后来并推到生物的变迁。所以他不但造出新的天文学、物理学、化学,简直造成新的生物学,以及人类学、人种学、社会学。这都是因为知道天然界不是静的而是动的所起的影响。

这些新思想的发展,打破古代信仰成说的迷信。古代根本观念的谬误,在乎迷信某种一定不变的通则。人事方面的宗教以及一切制度,也是永远遵守成法,不稍变迁,结果养成少数圣人、贤人的威权,迫压大多数人不得不如此做去。新思想发展以后,知道社会、人生也是活动的,而且看出变迁当中的因果关系,遂把从前的信仰成说和服从少数圣贤的天经地义的观念,一律打破。

古代的天经地义,在西洋完全是少数人掌管的,中古的教会,便是掌管这些天经地义的机关。从新思想发生以后,首先打破天经地义的观念,事事都要自己来试验归纳,把少数人的专利权一起撞翻。那少数人的方面,也出来反抗,于是引起思想界的大革命。欧洲当时思想界新旧的对抗简直是两大敌营,起了大而且久的战争。最重要者是在生物变化的观念——生物渐渐从下等,因环境的适宜,变至高等——打破古代一定不变的成说。因为要推翻几千年根深蒂固的信仰态度,影响太重大了,所以五六十年前的反对非常剧烈,反对的人也很多。

讲到此处,略为停顿,讲一段欧洲知识、思想界的小史,虽似与教育无关,但欧洲与中国有根本不同的历史背景,一经讲明,自然容易明白,所以不得不讲。欧洲的文化,起源于希腊,希腊对于自然很有研究,关于天文、地理、生物等科学,积聚的知识很多,收集的材料也不少。传至罗马,基督教变为共同宗教的时候,把希腊传下来的科学作为他们的学问的一部分,与宗教及社会生活都联在一起。到了新科学发生以后,因为旧科学与人生日用早已有密切关系,所以牵动科学,便把社会全身都牵动了。这是欧洲文化史上与中国不同的一个地方。

不但如此,欧洲古代的科学思想不但与宗教及社会生活有关,而宗教复与政治有关。中古政教不分,国家与教会是二而实一。思想基础也是根于旧国家的流传。所以新科学发生,连带打破旧国家和旧政治的观念。懂得这层以后,科学与旧思想为什么开三百年的大战争,便可明了了。

东方与西方文化史上不同的地方,即在于此。西方的自然科学来自希腊,积聚很多,因基督教的关系,与中古的社会、政治、宗教都相联贯。东方则不然。我虽不甚懂得中国的文化史,但知道中国古代的学问多偏向于人生哲学一方面,对于生物、天然、地体等自然科学不甚注意,所以科学程度较浅,还够不上与政治、宗教、社会、人生发生联贯的关系。所以新思想输入,不大遭人的反对。在西方可以开几百年战争者,到了中国,社会上竟不当他是革命。

这个区别很重要。东方人不要以为不受抵抗似乎占了便宜,其实大吃亏了。欧洲人因为与人生日用有密切关系,所以起来反对,大家互相辩驳,知道他的根本在什么地方,应用在什么地方,把新观念都彻底的研究出来了。在东方因为与人生日用无密切关系,所以没有人抵抗,新思想的输入不过添了几个名词,于他的真意义依旧不能懂得,结果对于人生日用不发生一点影响。须知不留心,不注意,决不能使科学进步。反对是最好的事体,是进步的表示。越加反对,思想便越加进步。倘大家对他没有兴趣,于人生不受影响,则科学的进步也迟缓了,范围也不能扩大了。

欧洲思想史上的特长,在乎争自由。一切思想、言论、研究、著作、出版、信仰等自由争得以后,才可以有科学的研究。研究然后可以有进化。这是与人生很有关系的事,所以不能不争。东方对于自由,比较的看得不重要。这话初听似乎很泛,其实中国的确尚不希望知道科学的真意义是什么。初时以为科学只在技术方面,不过电机、汽机、开矿、造路等方法而已。前几年看见清华派送留美的学生,百分之八十须学机械、工程等科,只有百分之二十可以学旁的科目。这也可以看出中国对于西洋文化的态度了。这种技术方面的学科固然重要,但尤其重要的,在乎受新科学精神的影响,造出新的人生观。

以上第一、第二两点都讲完了,我们再讲第三点。

第三,科学发展进步的影响,发明"力"的观念,知道把天然的能力征服下去,为人生效力。举一个例。人类几千万年前已知道这桌子烧了以后可以发生火的,但新科学的解说,谓桌子不是死的,是无数小单位在那里动,烧了以后,把这种动的力变作热的力了。这是新科学对于一种力可以变为旁的力的解说。

类推开去,水也不是死的,热了变为蒸汽,把他关起来,可以做得许多的大事业。动的汽船、汽车,可以缩小世界;静的工厂、机器,可以使实业界起大革命。这都可以代表人工征服天然能力的地方。

后来渐渐从蒸汽机的力变为电机的力。电机发明以后,又起了许多影响——电报、电话、电灯都可利用。这都是人工征服天然能力的地方。

这些蒸汽、电气的大发明不是偶然的,也不是从玩意儿中得来的,是从辛苦中研究得来的,政府忌他,还要研究,宗教忌他,也要研究。所以代表他们的并不是这许多的机器,而是对于知识的态度和精神。

此种蒸汽、电气的大发明,在物质方面,为工商业、交通事业等,固然得到极大的利益。或者以为在欧、美的社会上,因此起了不安宁的状况,许多人对于社会都大不满足,这是不好的地方。但这也未必然。从好的方面看,因科学进步的结果知道利益应该大家普及,不应该让少数人独占,也是好的。

征服天然的能力所以谋大多数人的幸福,不应该少数人独占,结果发起许多慈善事业,如防疫医院、公共卫生等,于社会、人生都有影响。近五十年来,英、美人生寿命的统计,平均可以比较以前增加十岁,这也是科学大发明以后的影响。

最后讲到科学的进步对于政治上的影响。如美国这么大的国家本来一定不能行共和政体。古代有大国不宜于共和之说,也因为大国的各部分交换意见有种种不方便之处。现在既有电报、电话、报纸往来传达消息,所以这么大的共和国也一点不觉困难的过去。这是科学进步以后对于政治上的影响。

古代所以有大国不宜于共和之说,因为小国寡民彼此容易交换意见。现在大国所以能共和,就因为能征服这层困难。意见交换,有电话、电报;货物交换,有轮船、火车。交通便利以后,连风俗习惯也一起打破。所以有了物质的基础,然后大共和国可以毫无困难。

如果学校新教育要适宜于现社会,那末教育者应该知道科学进步的真意义是什么,思想方法的变迁和新方法的建设是怎样,对于社会、人生、政治、宗教的影响是怎样,然后教育不至于变为机械的、模仿的教育。

九

上次讲演近几百年科学的大进步在思想上起了很大的影响,不但方法的改换,而尤于科学界发生新的观念。这种方法和观念在教育上,不但内容,即教授的方法,也发生影响。

在教材方面,科学进步的影响大概减少从前偏重文科方面的语言、文字等学科,而加上些注意实证的(Positive)学科。

在教授方法方面,科学进步的影响则把从前武断的方法,如依据古说、遗训、圣经、贤传以及强使学生记诵等等,都减少了,而加上些使学生直接去观察去实验的方法。

现在为方便起见,可把科学进步的影响分为两大种:(一)科学进步对于物质上的效果;(二)对于道德上的效果。平常起居、饮食、交通的方便,使我们的幸福增加,这是物质方面的。至于发生新的希望,新的信仰,扩大道德的范围,则是科学进步对于道德方面的影响了。

科学进步的影响如此其大,我们可以说东方文化、西方文化的区别,即在于此。西方科学的进步比东方占先二三百年,所以不但物质方面受科学进步的影响,而因科学的观点,在道德方面所受的影响尤大。

我从前说过几次,今天可以再连带说一说,就是西洋科学发展以后,在物质方面所受的坏影响较东方为少。因为他们能把物质的变迁与科学态度的变迁同时并进,在思想、精神方面可以有此一层保障,所以虽然也受点科学文明的坏处,而能同时受其好处。东方则只用人家的结果,对于科学态度不稍变更,故不能得他们抵抗坏影响的一层保障,结果非常危险。

因为有此危险,所以今天要讲的就是注重科学进步在道德上发生的影响。单得了物质的文明,而不能得物质文明底下的态度和精神:铁路、电报、电话、汽车都有了,而不知道此种文明在思想上发生的新观念、新道德,结果一定物质与精神分为两极。物质方面新了,而道德方面还是旧的。日本就是如此。兵也、商也、交通事业也,都无不新了,而旧观念、旧道德、旧习惯,终于不能打破。结果新文明与旧文明的坏处都受着了,而好处都不能受着。所以今天我要讲的是科学进步在道德上的影响,要使物质文明与道德思想同时并进,不仅受他的坏处而还能受他的好处。

我到中国以后,常常有人问我:怎样可以输入西方的物质文明,使生计发展,交通方便,而同时能免除物质文明的流弊?西方物质文明的流弊固然不能说没有,如个人方面的爱财和残忍,社会方面的资本家与劳动界的竞争,种种罢工、罢市的风潮,都是有的。但是我总想把他的好的方面尽力解说,做个抵抗坏影响的保障。虽然不过是一种解说,而所解说的,在西方也未完全做到,但影响也未尝不可因此减少物质文明的坏处。

科学进步在道德方面发生两大影响：

第一，发生新的希望，新的勇敢。一个国家或民族老了以后，与一个人一样，胆也小了，志气也畏缩了，往昔少年的精神也变为衰靡不振了。故须时时提起他的希望和勇敢，使老的国家变为少年的国家。

这种新的希望和新的勇敢从什么地方来呢？就在对于人的智慧有一种新的信仰。我们现在受了科学的影响，知道人的智慧可以打破从前的一切愚昧、错误和紊乱，故对于人生起了一种新的态度。愚昧、错误、紊乱，都不怕他，我们都可以用智慧去打破他。

古代科学没有进步的时候，人类对于天然现象大概不过两种见解。初看去，觉得一切变迁都是紊乱无序。再看去，觉得日月运行，寒来暑往，都有一定，但不是人力所能管辖，都归于不可知的天命。这两种见解在人类社会所起的影响，就是以天然现象为非人力所能懂得，即能懂得，也有定数，非人力所能管辖，起一种悲观失望的态度，对于天然现象只能放任，不要研究。

这种坏影响，可以说有下列三种：

第一，是看不起天然科学的对象。人类对于希望不到的东西，总看不起他，只当他是不好的。西洋有个很普通的寓言，狐狸见了葡萄，要去摘他，摘他不到，说葡萄是酸的，不要摘了。人类本来何尝不想要拿天然界的东西来替他效力，拿天空的电来拉车，来点灯，谁不喜欢？无奈拿他不到，不能懂得他，只得说这是不值得懂得、不值得管理罢了。

第二，是悲观与命定主义（Fatalism）。他们以为凡事都有定数，人工不能为力，因此厌世——对于世界只取被动的态度。放任达观等坏观念，都是从此而起。有了科学方法，便觉得人类有一种新的希望。人的能力可以知道天然界种种微妙而征服他。于是自被动的变为主动的，自悲观变为乐观，自命定的观念变为人定胜天、征服天行的观念。

第三，是个人没有方法找真理，只能大家服从古训、旧说、遗风。他们以为古人不会错的，古圣人尤其不会错，大家非服从他不可。因为没有能力没有方法自己去找真理，所以只得如此。

以上是科学不进步的三大坏影响：(一)看不起天然现象,以为不值得研究;(二)悲观与命定主义;(三)自己没有能力没有方法发现真理,只能服从现成的古训、旧说、遗风。有了科学的方法,把这三种都可一一打破。(一)对于天然现象,知道很值得研究;(二)征服天行,为人类造幸福;(三)自己有创造、发明、发现的宏愿。

我想解说,何以科学进步可以打破从前的迷信。大概从前以为每样东西都有一个"性",于是万物就有无量数的微细分子。而且无形中有几个大的东西,如上帝、鬼神、天命等等,在那里从中播弄,为人力所不能懂得。古代有了这两种见解,就以自然界为无量数的小分子而受几个不可思议的大"力"所支配,故对于他,虽想下手,也无从下手。科学之所以能纠正他,就在能够懂得万物并不是有无量数的性,不过很简单的几十种原素,也并不是有几个不可思议的东西在那里作怪,不过科学上的几条定律。于是对于自然界能纠正从前的谬误,而有下手研究的把握了。

譬如近世的化学,他说万物不是无量数的性,只是六七十种原素,这不是已经很简单了吗?而且每一种元素都有一定变化的规则,某种与某种可合,某种与某种不可合,于是更加简单了。基本的原素既简单,变化复有定律,自有法子可以研究了。

以这种原素和定律做基础,倘于发现问题的时候不能解说,便增进我们研究的兴趣,鼓励我们解决的勇气,却不会因此失望。所以消极的变为积极的,能独立创造找出自然界种种神秘来了。

总之,科学的进步在道德上的大变迁,就是对于天然界的种种困难不至失望,却要找出理由和原因设法去纠正他,打消从前消极的态度,而相信人的智慧可以研究解决种种困难。古代对于因果,看得很严,以为仿佛像大轮盘一般的在那里转,运气好的,可以偶然侥幸逃出轮盘以外。现在懂得他的道理了,就可以设法纠正,用人力来造他的因。

以上是科学进步对于道德上的第一大影响,就是发生新的希望,新的勇敢。

第二,发生新的"诚实"。我并不是说诚实是科学的结果,大家都知道古人看得诚实也是很重的。不过诚实的地位很不容易做到,总要有了真话,然后可以说真话——有许多看去虽似真话,实在是假话。科学就是先使我们知道真话,然后再来说真话。

古代科学没有进步的时代,天然界紊乱无序,真理很不容易找到;即使知道一点真理,于紊乱的当中也无法说真话。所以虽然人人都想说真话,而这思想每每抵不过四周种种不让他说真话的势力。

天然界种种事实既然没有条理,不易懂得,人类要想说真话的一番好心,于是在这个紊乱当中,为种种私见、成见、党见,以及不愿开罪圣贤、公论、长上等外来势力,打消得干干净净了。

人类有一种很普通的见解,以为人类社会目前的安宁幸福,比天然界的事实真理更加重要。所以宁愿牺牲真理,来迁就社会的暂时安宁,不愿意开罪别人,扰乱社会的秩序。于是遇事都弥缝过去算了。讵知这样保全社会秩序,将来最后算起总账来,格外加重,扰乱也格外利害。故牺牲真理而迁就现状者,将来必加利还本。

科学进步以后,使我们有新的诚实,有研究事实的方法和信仰,知道人的智慧有找出真理、解决天然界事实种种困难的能力,对于事实,只是老实说出,这么样就是这么样,然后去找出真理,去想解决纠正的方法,不是弥缝过去就算了。对于一切社会问题、家庭问题,都是如此。所以说老实话并不重在说,重在找出什么东西才是老实话。

科学进步,还要使我们知道社会、人生必需的条件,否则社会上种种不好的制度不能发现。我们有了方法,才可以找出他的原因,用方法去补救他。所以科学不赞成秘密,赞成公开,主张调查、考察、研究和讨论,使从前想说老实话而仍不能说老实话的旧习惯一概打破。

希腊柏拉图(Plato)说:"实在"(Being)应放在"现象"(Seeming)之先,比现象尤为重要。这话不但在玄学上有价值,在道德上也有价值。因为现象者,看去虽是什么,而实在不是什么。社会上的事实,也都是现象,很不容易找到真理,因为真理在社会、人生有许多的仇敌。

这种仇敌,一言以蔽之,即成见而已。或为个人的利害,或为一家一派的利害,有了先入之见;或自己不说,或限制别人不许说,或因爱情的关系,或因礼貌的关系,都可以使人不说老实话,把真相放到现象底下去,而提高看去是什么,其实不是什么的现象的一部分。

并不是说人类有意作伪,去做真理的仇敌,但不必有意,只要无意中感情冲动,怕得罪了人,该说老实话的地方也敷衍过去了事,便不知不觉中做了真理的仇敌。科学进步以后,态度一变,不但知道真理的重要,并且知道求得真理的方法和态度。这个影响,就是对于社会上种种事实处处用这种种方法和态度去对待他。所以说科学的影响能发生一种新的诚实的态度。

以后再讲此种观念在教育上的应用,现在先简单说几句,不提应用一层。科学进步不但在教育方面得到许多新奇的知识,重要的还在态度和精神。打破从前的悲观、被动、奴守古训,以及不肯说老实话、不肯以事实当事实的态度,而当代以新的希望、勇敢和新的诚实,以人力找出真理,找出原因,去补救他,纠正他。

十

上二次讲演科学发展以后在知识上及社会上的影响。前二次是普通的影响,上次是道德方面的两种影响。

今天所讲,纯粹是科学发展以后在知识、思想界的影响。我们先问知识方面的科学方法是什么?自然不消说得,求学便是知识的一部分,知识得到以后,一方[面]再去教人。故知识界的变迁,当然在求学及教授的两种方法上发生大影响。

此刻第一点要讲的,科学并不是书本子上积聚的知识。化学、物理、天文等等,都不是科学的本身,只是科学的结果。真的科学的所以重要,不在他的结果,而在他的方法。——就是重要在这些积聚的知识是怎样来的。若单知道这样、那样的科学,而不知道科学的方法,算不得知道科学。

假如世界上发现一种很怪的变迁,把人类求知识及用知识的方法统统毁了,只剩一堆的所谓科学,那时一定不能说是有科学,只可说有一堆很怪的死知识。因为科学的所以重要,在乎求知识的方法及根据已知的推求未知的更深的方法。这才是科学的本身。倘只是一堆的知识,哪里可称为科学,不过外面的结果罢了。

这话初听似乎很怪,但是仔细一想,何以学校有了科学很久而所发生的结果很少,博物、化学、物理都教了,只是没有结果。这因为所教的科学都是人家已发生的结果,而不能使学生有发现真理的方法。学生所得,只是一堆古董,而不是研究、发明、管理、指挥天然界的能力。

今天所讲,并不是这种那种科学的怎样教法,因为这太琐碎了。要讲的不过是科学方法是什么,从这方法,教者应起什么觉悟。有了这方法,无论那一种科学都可应用,并不限于教这种那种科学。

科学的方法是什么呢? 简单说,科学的方法便是试验的方法。这方法的大意,简单说,便是用人的动作(Action)将一方的心的作用和别一方的天然界的事实连起来。

譬如有一种金类,不知道他是什么,旧方法不过看他什么颜色,什么光,多少重。然这种方法都不够用。科学的方法,则用人的动作加点酸下去,看他起什么反应;另加点别的酸下去,又起什么反应。加酸不够,则用热,烧到多少热,变什么样子。这都是用人的动作引起他的变迁,将他的性质和用处全明白了。故曰:科学的方法,是人的动作连起心的作用和天然界的事实,有创造的关系。

这个话详细说,就是动手时先有一种计划:用什么下去,应该起什么现象,所以是心的作用。加下去以后,看他是否起什么现象,与我的计划对不对,不对再用别的方法试验,使他发现新的事实。由新的事实再发现新的观念,所以是有意识的。

我闻中国古代有“知之非艰,行之维艰”的话。试验的方法,却与之相反。这是只有行然后可以知,没有动作便没有真的知识。有了动作,然后可以发现新的光明、有条理的事实,以及从前未发挥的知识。故曰:没有行,决不能有真的知。

把科学与非科学一比较,便明白了。有许多知识不能称科学,就因为他没有条理、次序。科学的所以不同,就是因为有条理、次序。故科学的知识是有组织的知识。他所以有组织,因为有人的动作加进去,把他安排得将条理、次序明显出来。

没有组织,只有一堆的知识,固然不是科学。而有许多旧的学者以为真理不自外而自内,于是闭目冥想出条理、次序的真理来。这种真理虽然可算是理想中的宝塔、宫殿,但能与天然界的事实相符与否,实在没有保证。故但有理想,也不是科学。必须事实与理想连起来,生出有益的关系,才是真的科学。

现在可把试验(Experiment)与经验(Experience)来比较。后者是被动的居多,他的次序,只是依照来的先后,没有有意的支配;前者则不然,是有意居多,是有目的支配经验,指挥经验。

从来对于经验,大约只有三种方法。

第一,是瞎碰。这是盲目的尝试,没有远见,很费工夫,偶然也许碰到很好很精的方法,但总是碰不着的居多。

第二,是畏缩。这是少去做事,少去尝试,总之不敢去经验。

第三,是试验。这不如第一种的盲目尝试,而却以意识做向导;也不如第二种的少去做事,而却很肯做事,不过不肯乱做,只是有意识的试验。

一个化学家做试验,一定不是没有计划的去瞎碰,是有意识、有目的的。照预定的计划,应该起什么作用,倘不起什么作用,便把他放在旁的东西里面,看他的计划能否实现,虽然向着将来,而以观察现在事实为根据。故试验的方法只是两层:第一,是有计划;第二,是根据现在事实。不是瞎碰,也不是畏缩,而且与这两种恰恰相反。

这种瞎碰的试验方法,也可算是一种试验。但所以不算他是科学的方法,因为他没有预算,定要等到困难发现,始能转弯。科学的方法,就是在乎预算,一步一步的把将来的作用先布置周妥,有知识上的组织。这是科学方法传播后养成的态度。

讲到这里，我们要提出试验方法的重要分子，便是"假设"（Hypothesis）。这不是空守，也不是武断，只是提出假设来做试验的指挥。

这个观念很重要，因为科学的试验不是武断的、一定不变的，只是暂时认他为有试验的价值。故试验的都是假设的性质，假设他应该起什么作用，起了是对的，不起是不对的。没有一定不变的真理，只有有试验价值的假设。故一个观念全靠自己当他假设，有待证明，就是看他是否能起应起的作用，还应该有待人家的改变他。

譬如有一个新的很重要的主张，依天性习惯，只有两种态度：（一）对的，承认他；（二）不对的，否认他。自从科学的试验态度发明以后，发生新的第三种态度，就是对于一种主张，以为也许真的，也许假的，只认他为一种假设，认他为有试验的价值，可以做动作的根据。至于他的是否值得认为真或假，都以试验的结果来定。

古来有两种思想的态度：

（一）武断的（Dogmatic）；

（二）怀疑的（Sceptic）。

武断派不用试验，只是凭理性以定是非。怀疑派以为样样没有真理，只是放任，随遇而安。

这两种虽然都不能使人满意，然都有他的好处。武断派认定一个观念，望前做去；怀疑派不承认绝对的真理：这是他们的好处。但他们都没有建设。试验的方法，在有武断派的积极兼有怀疑派的研究态度，有两派之长，而没有两派之短。

试验方法的长处，尤在能真的守旧，真的求新。新的、旧的，都不是一概推翻，然也都不认为最后的真理，只是以试验的态度做存在的理由。所以他是真守旧的，也是真求新的。

试验的方法是进步的方法，非但不反对变迁，而且注重变迁。事物不是一定不变的，都以境地不同而变迁。试验方法，最重要在新分子的随时加入，影响于进步的境地，为有计划有把握的冒险。新分子加入以后，也以试验的结果来定价值。

所以试验方法进步以后,继续发现许许多多的新发明。各种机器等等工业上应用的器械,愈弄愈多。因为他无形中有个进步的观念已经成为定理,故不把古代当作黄金时代。他只是一往直前,因新分子的加入随时变迁,而把黄金时代放在将来。这也是科学的方法的影响。

古代希腊,虽然哲学、文学思想很发达,但其哲学没有进化的观念。无论他讲到怎样高深,怎样难懂,总不过古代如何好,现代如何堕落,或不过另提一个理想的时代;绝没有人类向前进化的观念。自从欧洲科学方法进步以后,一天一天的渐有向最好方面前进的观念。这是科学方法以试验结果定价值的结果。

试验的方法固然是进步的向前的方法,但也是守旧的。因为他对于往昔的事实只要经得起试验,都认为有保存的价值。他的往前,以已得的事实为根基,而对于过去不存一起推翻的观念,譬如簸谷,轻的都向上被风吹飞了,重的谷的本身依旧存在。试验的方法对于过去的事实存保存的观念,凡是经得起试验的,没有不保存他,也正是这个道理。试验的方法对于研究古代的兴趣非但不减少,反比从前增加,因为他对于凡是有保存价值的,都用试验的态度对待他。

试验方法对于教育的关系,今天不能详讲,但可略讲一点。试验方法并不是用了去教这个教那个。有了试验方法所生的教训,就使学校都应该充满试验的空气。从前的武断态度,只是定了章程,永远遵守;或怀疑态度,完全没有计划,过了今日不知明日怎么样,都各有弊病。我们应该先有一个计划,步步以试验的结果来更变。

现在有求一致的趋势,先定了章程,然后办学校,结果只是形式的统一。学校应有试验的计划;办学的,作教师的,都随时随地试验,随时随地修正,复以各地试验的结果互相报告,彼此交换意见,彼此纠正。集合大家试验的结果,成为有弹性的教育精神。这不是形式上的统一,是精神上的统一。

十一

今天继续讲演科学在教育上的用处。上次是科学方法的重要，今天是科学内容或材料在教育上的关系。

在今天要讲的本论以先，先讲一段绪论。这就是欧洲教育史上三百余年来有一种很剧烈的争论，一方主张以语言、文字、文学、历史等人文的学问为主要教育，一方则主张以自然科学为主要教育。文艺复兴之后，知文学、历史等学科的重要，故想保存在学校之内，占其重要部分，而反对自然科学的侵入。此种争论至现在还时有所闻。

在这长期争论的当中，两方各有见解，各有主张。文字、语言一方面的人，其理由以为这些文字、语言、历史、文学、哲学等学科，都是关于"人"的，关于人事的，故称他为"人文的学问"；科学中的酸、气、力、质、昆虫，与人有什么关系，当然是不重要。语言、文字等人文的学问，因与人事有关系，故价值最高，其美感一方面可以养成高尚的态度、行为、仪表和气概，其价值那里是讲力、质、昆虫等自然科学所能及的呢。

他们以为文学所代表的，是人类最高的理想和希望，所记载的都是道德教训、嘉言懿行，能使读者鼓舞奋发，所以是最高文化的结晶。历史也是如此，所载都是兴亡之大道，看了也使人鼓舞奋发，所以都有价值。科学所代表的都是比人低，都是人以下的昆虫、下等动物、花木、矿物、结晶、元子、分子，决没有文学、历史那样高的价值。

这种学者，对于自然科学，至多也不过承认他在实用上的价值，以为衣、食、住或可因此增加进步，但实用只是物质方面的，与精神毫无关系，即使有点关系，也不过训练心思知识。如算学，是一种心思的体操，能使心思格外正确。但这还不重要，究竟不能及精神上、道德上的"人文的学问"的重要。

在那一方面主张注重科学的，以为科学是真理，所知的都是实在，是真际，不是玄想。我们如能研求实在和真际，自然是最高的道德目的。人文的学问,不过是人造的、不自然的、假设的、凭人玄想的结果,未必能靠得住。所以自道德上讲,科学的训练自比文学的训练高得多。

不但如此,文字教育的结果,使人但知注重形式虚文,成为重名轻实的习惯。语言、文字,本是代表事实的符号,文字教育却使人忘其所代表的事实,养成虚伪的结果。科学可以使他们回到真的面目。还有文学,虽也有许多好的意思,但却有许多坏的意思,与他互相矛盾,其间没有标准,也没有公正人为他审定。科学是大家公认的,决没有矛盾的地方。即此一层,科学又是比文学高了。

我今天提到这历史上的长期争论,并不是也要加入,帮助那一边。不过这很可以代表引起我们研究哲学上的一个问题,究竟人与自然有什么关系。刚才讲的两派,彼此互相辩论、攻击,都是代表错误的哲学。他们以为科学有人的科学,有自然的科学,把人与自然分为各各独立的东西。而教育哲学的问题,是怎样可以使学生懂得人与自然不是隔断的、绝不相容的,而是彼此互相依靠、互相联贯的。

如果人与自然可以严格的分离,那末人文的学问自然应该比自然科学高一点。但人与自然是不能分离的,自然是人的媒介物。人事关系,无处不以自然为舞台。人天天在媒介物的当中,那里能分得开呢? 故他们以人文的学问与自然科学互争高低的,都错误在把人与自然的分离。

假如以一个银圆放在箱子里面,一定与在外面时不生变动,这就是银圆与环境没有关系。人对于自然,却不是如此。人与自然,犹植物与所栽的泥土:植物的生长,与泥土的厚薄、肥瘠及日光、水分有密切的关系;人的生长之过去与将来,也与自然有密切的关系。

自然界对于人的重要贡献,至少也可以有三种:

(一)材料。人没有自然界,就没有生活的材料。

(二)工具。煤、铁、电机、汽机,种种不可少的工具,都是自然界所供给的。

(三)能力。一切作用的能力,都是自然界供给的。光、热、电等等的力,固由自然界而来,就是个人的能力,也非靠自然界供给不可,没有能力,便不能生活了。

所以人与自然分开,便不能知道人的真相。道德、精神等话,虽很好听,但其大多数都与材料、工具、能力有密切关系。倘不把自然环境连在一起讲,决不能懂得人类精神、道德发展的真相。

语言文字的教育偶然也会产生几个伟大的人物,但是很少数。他们口头虽讲为人道说法,为天下人类代表,但这些伟大人物总在少数贵族士大夫的阶级。无论何国,凡是文字的教育,必在有闲工夫的士大夫阶级。大多数的平民,对于他们所谓高尚、看了能鼓舞奋发的人文的学问,毫无关系。结果少数人受了教育,大多数人都压下去。极端主张科学,固然也有弊病,但能使人人有管理衣、食、住的本领,供给生活的需要,则比较近于民治的精神,这是科学教育的长处。

科学教育的错处,在于人事分离,其长处在于人事密合,使人人能管理自然界的材料、工具和能力。主张科学教育的人,也太趋极端,把科学教育当作一种专门学者的教育,结果流于干燥,不能引起人的兴趣。因为他们所教的,都是很专门的名词,很离奇的事实,与人事关系太少了。这一层,是科学家的错处,与主张文字教育的人对于自然界没有关系的错处正相等。

专门科学家固然重要,否则科学怎样能够发展?但自小学起一直上去的科学教育却不能以教专门科学家的方法把已经成熟的科学成绩去教。故科学教育应使与人事有关;人文的学问,应使与自然有关。两种争论,都应免除,使人与自然不至分离。科学教育苟与人事无关,则效果很少,不过记得几个专门名词与几件离奇的事实而已。

讲完绪论,我们引到实在应用的结论,就是科学在学校教育里面不要悬空,其起点就应从人事、社会有关的用处下手,渐渐上去,其最后的结果,还是要回到人事、社会有关的用处,起点在这个地方,结果也仍在这个地方。

不幸西洋教授科学的方法已经固定,与我们所讲完全不对。他们遗传下来的方法,大约只有两种:

(一)以自然科学当自然科学教学生。动物、植物、矿物、化学、物理,都与人事无关,各科又与别科无关,如房子无门的不相交通。其实自然界并不隔阂断绝,试拿植物来看,虽是植物学的材料,而他的色料、养料,由泥土而来,便与化学、物理学、地质学有关,甚而至于与天文学、气象学都有关。天然界既然彼此互相打通,教授自也应该彼此互相联贯。故科学教育应利用学生的兴趣,从人事方面下手,使他们知道天然界彼此互相联络的用处。

(二)以科学家完成的结果教学生。简单说,这种教法等于语言文字的教法。使学生记得几个专门名词、专门术语,与文学教育使学生记得几个死语言文字有什么区别?因这都与人事没有关系。他们的错误,在于不带历史进化的观念,是一种躐等的办法。须知这种科学是几百年来多少学者一步一步的积起来的。倘不管他是怎么来的,只是教学生整个的拿去,那里能见成效呢?学生既不能把几百年来许多学者所积聚的成绩整个拿去,所以应该在训练方面养成他一种态度,使他知道所以有现在的结果程序,成效自然大得多了。

如果我们从科学在社会、人事方面的用处下手,细心领会,教法也并不困难。下手的方法,如种树、花、五谷,都是预备饮食、衣服材料的,渐渐的引他们进去。这种与儿童的生活经验都有关系,很容易领会,于是可以一步一步的把科学知识输入,成绩也很大。我简单奉劝提倡科学教育的人,应从与社会、人事已发生关系之处下手,在儿童经验之内,不要超于儿童经验以外。

如以电气做个例。用抽象的方法向儿童讲电气,怎样能够懂得,即大一点的儿童,也未必能领会。但倘从现在已经成为经验的电灯、电报、电话、汽车中的电池等处,引他进去,儿童对于这种用得着的实物,自然比书本子里面抽象的东西容易懂得多了。

照现在教科学的方法,一定有免不掉的困难,就是年少的够不上。但照我们所讲的方法,从极小一直到专门学者,不会间断。种一颗子,待他出芽、生根,一步一步的上去。动物、矿物、物理、化学,都是如此,只要有经验好一点的教师,不难渐渐上去,至于高深。旧法不照儿童生长的次序,骤然把现成的知识教儿童,儿童只要考试及格,就抛弃了,至多也不过记得几个专门名词而已。我们所讲的方法,是依照人的知识的生长,一步一步的上去。譬如树木,一年一年的生长。这种有系统的知识都可以变成他的知识系统中的一部分。

刚才讲的,只是方法的前一部分,就是起点应与人事、社会有关系。但是我们讲过,科学教育最后的结果,仍应回到人事、社会有关系。社会大多数的人都与自然环境有关,农人尤为密切,工人也如此。他们从历史遗传及经验得来,种种方法,如播谷、分秧、风车、水车、磨、肥料等等,都是由祖父传之于父,由父传之子孙。不明白他的道理,只知向来这样做,大家这样做,保存旧法,不求进步。但是社会进步必须各方面同时进步。所以学校教育的目的,不是希望学生都成科学家,是希望科学知识传播得广,传播得远,应用得广,应用得远。产生一二个发明家,还是小事,传播应用得广远,影响最大。这就是科学教育的最后结果,仍然回到人事、社会上来。

这种教法,不但农工的方法进步,还有大的用处,就是科学知识传播以后,人民的幸福可以增加。农工等大多数人的作工,都不知所以然,只是机械的做去,这是一个大缺点。他们对于工作,毫无趣味,只因不做不能生活,于是不得不做。这种作工,简直是一种痛苦,真是所谓苦工了。科学知识传播以后,与农工等各行业的器械都有密切关系。每一业的器械,有一业的理由,有一业的兴趣。西方劳动界不安静的原因虽有多端,而科学教育不普及,也是一种。开矿、造路等等工作,都是机械的,没有趣味。科学教育普及以后,这种不安静的现状也许因此减少。因为他们所以痛苦,大半由于工作没有兴趣;工作没有兴趣,由于不懂得他的理由;不懂得他的理由,由于科学方法的不传播。

这种方法,在实际上的应用很大。中国将来的五十年,不消说得,物质文明一定要发展的。我们现在远望五十年后,有两条路可以走。

第一,少数人有专门科学知识,知道机械的道理,科学的用处,大多数人对于科学茫无所知,结果少数人垄断科学所发生的利益。虽然也有一小部分的好处,然太不平均了,利益太为少数人所独占了。

第二,先去安排预备五十年以后的事,用活的方法传播科学知识,使大多数人将来都能享受科学所发生的利益,因不平等而发生的扰乱也可因此免除。

欧美倘于一百年前有先见之明,不阻挡科学的传播,而用正当的方法使大多数人知道科学的所以然,也许现在不只像现在的欧美,而有更好更幸福的欧美。

十二

前几次讲儿童的发展、活动、能力,做教育的基础;以后讲社会的目的;再后再讲近世科学的发展在历史、文化和思想上的影响;最后讲科学方法在学科上的应用。这是以前讲演的大意。

以前的十一次讲演,都把教育的部分分开单独研究。以儿童本能为基础,以学科为方法,以社会生活为目的,都是分开的,没有系统的总括的研究。今天把他联贯起来,应用于学制上。自初等、高等而中学而大学,一步一步的把他贯串。我们所讲的学理,怎样可以应用到学制上去?那一种学制应用那一种学理?

教育的制度,无论那一国,都可分作三个时期。第一,是儿童时期。第二,从儿童发达起来,过渡到成人,就是中学的时期。第三,快要成人了,受高等教育的时期。照他长进的次序,每一个时期的教育,应该根据那一种学理;那一种学理,应该应用到那一个时期上去,这是今天要讲的。

先讲第一步初等教育。初等教育根据于两种重要事实。

第一,儿童时期是最初受学校教育的时期。这时期儿童的吸收力最大,伸缩力最强,变好变坏,都可以的。

第二,这时期是个基础的时期,不但是中学、大学的基础,尤是他一生事业、习惯、嗜好的基础。

明白了这两种事实,然后可以定初等教育的方针。但是历史传下来有一种很坏的趋势,就是把这个时期看得不重要,并且讨厌他,以为不如赶快长大了的好。这时期所求的知识固然较少,但是时期的重要我们应该承认的。历史上好像都以为不应该有这时期,看不起他,以为这几年不过是枉费了的。所以他们以为初等教育什么人都可以教。这种趋势,实在很坏。天主教当中有一支名曰耶稣军(Jesuits),最以教育著名的,他的教育家有一句话:把小孩子给我,到八九岁的时候还你。他的意思,以为到了八九岁,基础已经定好了。不但他的一派如此,就是卢梭(Rousseau)、裴斯泰洛齐(Pestalozzi)、福禄培尔(Froebel)这班大教育家也都注意儿童教育,因为也都承认这时期是基础的时期。

何以这些大教育家都注重,而普通心理反看作不重要呢?因为儿童当这愚昧无知的时代,一般人的心理,都看他的心当作一只碗、一把壶的样子,这时候要装的东西甚少,自然什么人都可以教了。但是儿童的态度、行为、思想和待人接物的习惯,都与他的一生有很大的影响。譬如他有好奇的心理,倘这时候不去鼓励他,利用他,使他成为试验的态度,只是压他下去,那末这心理便变为麻木了。又如好问的心理,冒险的心理,都可以养成他研究的态度和勇敢的性质。又如喜与人玩耍,可以利用他成为彼此亲爱互助的习惯,倘压他下去,便渐渐变为孤僻了。这时期所求的知识虽少,但习惯的养成很大,引导他可以成为好习惯,否则也可以成为坏习惯。所以这时期的教育比中学、高等教育尤为重要。

从此可知初等教育的目的,并不在使儿童读许多书,得许多丰富的知识,而在养成将来应用的能力、技能和习惯。这个观念很重要,即在古代,也承认这个道理,只要去看旧式小学教育所定的教材便知道了。古代小学,只有读书、写字、算学三种学科就完了,可见他的意思并不是在要叫他读得好、写得好、算得好,而在养成他一种有用的能力、技能和习惯。

旧式小学教育虽也承认学科是养成能力、技能、习惯的东西,但他的方法,与新式的绝对不同。从两种绝对不同的方法底下,自然产生绝对不同的习惯。旧式的单是教学生在一条路上走,不许逸出轨道,天天如此。这种刻板的、无用的教法,虽然所教的东西只要一提头,就能往下背诵;但一试用到别处，就没有用了。故旧式的教育无论他承认读书、写字、算学都是养成习惯的东西，而他所养成的习惯总是孤立的、死的、呆板的，而不是可以活用的。

我们自然承认读书、写字、算学的重要，在养成能力、技能、习惯，所以知道他功夫在这三种上，是值得的，不枉费的。须知这三种是工具，不是叫他能读能写能算就完了，还要他知道所以要养成习惯的用处。也不是叫他在一条路上走，也不是叫他当作玩意儿，是要叫他有能力选择好的文学、历史等种种东西，知道为什么，那些好的该读，那些不好的不该读。这便是把儿童的生活经验与学科联贯起来。

关于这一层——儿童的生活经验与学科联贯起来——从前已讲过不少，此刻不再讲了。但是应该注意的，这些读书、写字、算学，须使儿童知道是人生日用的一部分，并不是什么玩意儿。譬如所读所写的字，不要单是认识就完了，还须知道字是代表人物等等的名称。就是一个字，不是一个独立的字，而是一个人名或物名。算学也是如此，不是空的数目，而是人或物的计算。文章也是如此，不是书本上、课堂中的文章，而是真的经验的记录。总之，都不是玩意儿，而是人生日用的一部分。

初等教育虽然以养成活动的能力、技能、习惯为目的，但却不是说这个时期不应该求知识。知识也要求的，却不该从求知识下手。知识应该从养成活动的能力、技能、习惯中得来。教育的基本原理，去看几个月的小孩子就可以得到。他的手脚一定时时在那里活动，你若给他一张纸，他先把他团了，然后撕为碎片；见了东西，又要去摸摸是光的还是粗的。这无不是求知识的法门。看去虽似野蛮，却无处不是求知识。故从几个月的小孩子，可以得到教育原理。初等教育所以养成技能、习惯，养成的结果，自然得到许多有用的知识，不要先当他是一个目的。

不但看几个月的小孩如此，就是成人也有这个道理。农夫于几年当中懂得土性的肥瘦，肥料的使用，气候、水分的关系，何尝是当他知识求来的？人要生活，不能不去活动，等到习惯养成以后，自然得到有用知识，而最初目的，却不在求知识。农夫的事业就是他的自然结果。石匠、木匠也是如此,锯、锉的使用,规、矩的理由,也何尝当他知识学来?故初等教育一面养成有用的活动的能力、技能、习惯,一面自然发生知识。这可以说寓求知识于养成习惯之中。

现在再讲第二步中学教育的时期。这时期是青年过渡的时代,与初等教育略为不同一点。初等教育是养成有用的技能习惯,中学教育则求知识较重。其两个最重要之点,就是:

(一)自然界是什么东西?

(二)人事界是什么东西?

简单说,就是把初等教育时期无意中得来的知识,推广到天然界、人事界去。因为青年正要往天然界、人事界中去活动,倘不晓得他们是个什么东西,一定有许多不方便。

青年预备将来事业所在的天然界、人事界求知识,这知识可拿广义的历史、地理来代表他,以广义的历史代表人事界,而以广义的地理代表天然界。这一部分的知识下礼拜关于历史、地理的方法时再讲。今天先提出中等教育一个重要问题,就是农业、工业等专门性质应带多少。

中学因为在初等教育与高等教育之间,所以有许多都当他作预备性质,为将来升入高等教育的预备。但这弊病在于不是个个人都能升学,有许多要出去谋生的;预备的东西太专门了,到工商界去没有用处。高等教育的学校较少,自然也不能全数容纳,在日本成为教育界的大风潮,十人中只有一人、至多也不过五人能受高等教育。又因预备太专门了,学工的不能文,学文的不能工,这种不能联贯的流弊是很多的。所以我主张中学自身应该完全独立的,升学固然可以,就是出去谋生,也有相当的技能。

美国的经验,很有可以供诸君参考的地方。中学校即大学预科,带着很强的预备性质,名曰预备学校。他的教员,都是大学毕业生;他的学科,都以大学入学试验为标准。因此有人反对,太不经济,主张把八年的中学变为平常国民的高等学校,不管大学需要什么,只管社会需要什么,完全解放,不受大学羁绊。有几个邦立的大学,也宣言只要学科的程度好,不管合不合大学入学试验规定的本子上的东西,都可以进来。如此是大学来迁就中学,不是中学去迁就大学。

讲到专门的问题,不但是预备升学的专门教育应该讨论,就是预备将来事业,也有专门,也应该讨论。预备专门的学制,德、美两国是两个极端。德国有许多的专门中学,农有农业中学,商有商业中学,矿有矿业中学,机械工程也都如是;还有当教习的有师范中学,做律师助理的有法政中学。这种制度的好处很容易明白,就是定好了一条路子,按步就班的往上走,很经济的。

美国的学制,没有专门中学,农、工、商、矿都没有一种预备职业的,其弊在乎太泛。但德国制度的危险,在于十三四岁的孩子怎样可以责望他有判断终身职业的能力。农、工、商、矿都是终身职业,既经选定,倘再更改,是很危险的。美国虽患太泛,但是可免这种弊端。德国专门太早的弊端,约有三种:

(一)少年这时候还没有独立的判断,把他赶到狭路上去,不许走别条路,结果非常危险。倘在贵族政治的底下,阶级可以预先分好了,做官的做官,做工的做工,弊端或者略少;但倘在民治的国家,个个人自己都预先有适当的选择,然后将来可有适当的发展,那末十三四岁的人那里办得到?

(二)少年还不配选择职业。如选定学工程师,后来因为心理不相近,忽然想做文学家,结果把少年时期耽误了。

(三)现在一切都在变迁的时候,学校内的功课总比较的守旧,倘花了四年五年的好工夫在学校内预备,预备好了,已赶不上外面的新学问了。所以这实在是一种妄想。

以上批评两种学制的话,我的意见,以为中学校未始不可有特别注重的科学,但须不妨害普通性质,使他成为独立存在的教育。每种教育的材料不妨带点专门性质,近农的注重农,近工的注重工。这样使他们有了应用知识,升学也可以,就是出去谋生,对于本门的特别技能虽然没有知道,但有了活动的能力,可于短时间内学成应用。

现在只能举个简单的例,如农村里头办起中学来,大多数人都是农家的子弟,应该完全取材于本地风光,如农产、树木、肥料、土性、制造等等特别的材料,特别的问题;但所学还是普通应用的知识,不必专办农业中学。这种学生出来以后,短时间内可以变为农夫,且能懂得他的精采,但知识上还是独立的。

以上是讲中学。现在因时间不够,只能用几句话把高等教育的要旨讲一讲。高等教育的大学专门学校,应该养成专门的人才,不是专门的机械;尤重要者,须养成专门的领袖人才,在工业、实业、政治、文学各科的当中,知道他的方法,使别人能在他所开的一条路子上进步;不但事业上做领袖,还要在本门的学问上做领袖,这是高等教育应该根据的。

十三

上次讲演学制的组织,从初等教育一直到高等教育,其目的在什么地方。初等教育的目的,已经详细讲过了。上次讲到中等教育的目的,谓应该使学生熟悉天然界、人事界的情形。今天再详述中等教育的目的。

要讲中等教育学制的内容,须先讲明为什么中等教育应该使学生知道天然界、人事界的情形。其理由有二:

(一)使学生知道自己的能力与那一种相近,可以对于将来职业的预备有点标准。中等教育是过渡的时代,倘不能使他知道天然界、人事界的情形,只是叫他自省,决不会有适当的标准。所以应该使他知道天然界有什么东西,怎样情形;人事界有什么东西,怎样情形,知道了然后可以进去做事。

我们知道世界上有许多痛苦和不经济都从选择职业的不当来的。如所选的职业与本人的能力嗜好不相近,个人方面因为不能尽其天才,只感痛苦,没有乐趣;社会方面,本可以受他利益的,也因此反受其害了。西方有一句话:"方的柄放在圆的孔内,一定不会适当的。"(这话中国也有的)就是这个意思。职业选择不当,由于知识不充足。譬如一个能做工程师的,生在农村里头,没有可以看见纺纱、织布等机器的机会,所见的都与他性质所近的不能相投。或者一个能做科学家的,生在城市当中,到处只见街道、房子。这些不能得到充足的知识——不能知道天然界、人事界种种事实——就是一切痛苦和不经济的原因。

常人选择职业的大病,在乎选择没有标准,不过是偶然的被动的:不是父母或旁人给他选定的,便是瞎碰来的。痛苦和不经济,都是由此发生。所以最重要的是使本人有充分的知识,广大的眼光,知道天然界、人事界的种种不同,对于那些有兴趣,那些没有兴趣。我们看见一种不认识的金类,先用旁的金类去摩擦他,看他的硬度;再加热,看他的熔度;再放在各种酸液里头,看他起什么作用。这样一试,不认识的金类便可以认识了。人才也是如此,先把教育范围推广,看他对于观察某种事业起什么反动。中等教育是人生态度将定的时候,正应推广范围,供他选择将来职业之用。

这种办法,不能单靠学生;教师也应该负责任,看他对于那一种发生兴趣,便引导他向有兴趣的一方面去。教育的大病,是不管学生性质相近与否,只是要他及格。教师所应该注意的,是学生为什么这几科好,那几科不好。因为这不仅几分上下的区别,还可以观察学生的天才向那一方面发展。学生对于某科的善长不善长,就可以有选择职业的应用。

(二)中等教育应避免专门太早之弊。这一层上次也已讲过。中学时代,是还没有进高等专门或从事职业的时代,应该给他天然、人事界面面都到的知识,庶几上次所讲专门太早的种种弊害可以免掉。

讲明了这两个理由,我们再讲中等教育制度普遍的道理。先讲我们所住的自然界与种种人事的关系。现在还没有一个字可以包括"把自然界的地球当作人类所住的家园,不仅山川河海等物而已"的意义,所以暂用广义的"地理"这个字来代表他。

平常教地理的,只是叫人牢记:什么河发源于什么山,往什么方向流,经过那一府、那一州、那一县,到什么地方,与什么小河相会,流入什么海洋;什么山发源于什么山脉,绵延多少里,最高峰多少尺,有什么树木。这些名词,都是很不容易记的,而且没有用处,要用的时候,费几分钟工夫参考一下，就知道了。我们另外还有许多不可少的东西，何必花这么多的工夫在没用的事体上面呢？

记这些全靠记忆的琐细事体，与记天花板上、砖地上的破缝多少长，有什么分别？如其有用，除非把山脉、河流与人类生活联贯起来，讲他发生什么关系，如出产、都会等等。

研究自然界的根本观念，就是人类事业处处与环境有关，处处须应付环境。历史上的事实，都是时代对付天然环境的势力。在消极方面，怎样征服天然界有害的势力，如日光、雨水、猛兽等等；积极方面，怎样利用有害的势力为我们做事，建设种种文明。人类的事业处处与天然有关的。这样讲法才可以发生兴趣。

例如讲到天文。书上告诉你，地球转动的轴是有点斜的，斜度几分几秒，因此南半球、北半球所受的日光不同。平常教法，总是教人记着斜度几分几秒，因受日光的不同，所以有寒、热带，几个月冬天，几个月夏天。这样教法是不对的。我们应该把他与文化连在一起。如北方因为天气冷，日光少，所以发生什么民族，文化较迟较低；但是人类在这种天文、地理不相宜的地方尚且能与自然奋斗，造出文化：如火的发明，衣服的发明，及北冰洋中捉鱼等等。这种都能引起兴趣，可以知道人类在天然界所占的地位。

再用寒带以南受日光较多、天气较温的地方来讲。地势有高山、平原的不同，土性有膏腴、瘦瘠的不同，因此发生的民族有特别的气质、风俗和习惯。如蒙古的地方宜于畜牧，所以发生游牧民族，养成居无定所的习惯和勇敢冒险的天性。因职业的关系，所以出产品是油饼、牛乳等物。又因天性、习惯、文化种种关系，所以人民好战，在文化史上发生极大的影响。无论东方、西方，凡是古代战争，都是北方民族破坏南方文化较高的民族。

再讲到土地膏腴的地方，因为生活较易，居有定所，所以无论东方、西方，文化发生最早者总在这等地方。滨海的民族，养成航海通商的习惯，富于冒险的性质。这不过举几个例，日光与人事、文化，已经有这么大的关系。这种不但容易懂得、容易记得，有训练心思的功效，还可以使他们知道地理不是只有几个死板板的府、州、县,还有种种人类应有的事业,及自然界究竟有什么东西。

这样讲法,既把学生的眼光推广,然后渐渐引他到社会政治的问题上去。如英国为什么以这样小的岛国而能在商业上占这么大的地位,殖民地这么多,运输这么发达?因为在地理上看来,他是个滨海国。煤、铁、石灰,又都与制造有关。不但历史上的事实容易懂得,就是从地理下手,也可以讲到他地理上的位置、天然的物产与他的文化的关系。于是可以引到社会政治问题。

还有最应注意的,我们与其泛讲这一部分、那一部分,不如多用点工夫在重要的一点上。例如泛讲一遍以后,专指定一种高平原的地理、文化、民族、习惯、职业在普通文化的影响。不妨用几礼拜乃至几个月的时间使他们对于这一部分毫无疑点。再指定滨海的地理,也是如此。总之使学生格外了解所学的事实。

以上是讲自然界,其与人生的关系已经如此密切。现在再讲较重于人事方面的,就是"广义的历史"。平常教历史有两种大缺点:

第一,专注重时代年月。什么朝代的起讫,皇帝的生死,种种与学生没有关系的事,使他拼命记着。不知纪年只是代表文化的先后,没有独立的性质,若不注意他所代表的文化变迁,因果关系,只注意他的符号和零碎片断的事实,有什么用处呢?

第二,太注重政治。什么某皇帝那年即位,某总统那年就职:都是很注重的。还有最多的是战争,某年有什么之战,某年有什么之争,都是这些没有用处的零断的事实。

我们并不是说政治不重要,不过还有许多更为重要的事。如水火机器的发明,工业、商业、宗教的发生,都比王公大臣的生死重要得多。偏重政治史的大坏处是在养成学生一种错误的历史见解。这种历史是贵族教育的结果。在贵族教育的时候,或者比较的有用;我们现在要讲平民教育,占重要的是工商、物产、宗教、美术等等。这种专重政治的历史有什么用处?

譬如工业史,我们从他所得的教训比政治为多,但是最不完全,重要的事实都无从考查。不过我们可以用进化的观念把他贯串起来，从蒙昧时代直到现在。石器时代，人类所用的斧、刀，都是石的；后来发现铁，又发明用火化铁的方法，使生铁变成熟铁；渐渐发明纺纱、织布的机器，在文明史上都是极重要的。又如中国养蚕的发明，织绸机器的发明，在社会文化上一定发生很大的变化。这些都是文化的基础，而从前的历史不注意，真是他的缺点呵！这样教法，可使学生想像能力发展，对于人生的见解格外明了。人类的文化不是几个朝代、几个皇帝可以造成的。

不但工业史重要，就是思想知识史，也何尝不重要。平常历史的大缺点，是花许多工夫去讲几个大英雄名将的战功，而对于思想、科学、哲学大家，反不注重。希腊的历史，讲亚历山大（Alexander）战功最详细，而不知道有个几何学大家游克立特（Euclid）比亚历山大重要得多。与亚历山大同时的大哲学家亚里士多德（Aristotle），中古一千年的思想不能逃出他的范围的，不过说了一句他是亚历山大的先生。（适之先生说：中国太史公不惜用万数字替项羽做本纪，而于哲学大家、科学大家的墨子，只给他二十四个字，也中了这个缺点。）这都是轻重不适当。

教历史的根本错误，是当历史为过去的陈迹，已经死了的东西。我们应该把历史当作活的东西，研究过去，是因要知道现在和将来，人类进化的痕迹是连绵不断下来的。这个国家所以像现在的样子，是从前种种势力造成，由此可以推知将来政治、文化、思想、工商业等等。就是不要当他记载朝代、英雄的历史，而是研究社会的历史，一步一步回头看去都能知道了，然后可以懂得解决将来问题的趋势。

现在假如有人问："替中国的中学和高等小学定历史的课程从那里下手？"我可以供给一个意见，就是下手之先，把一切重要的政治、社会、经济、外交，以及种种运动的问题，开一个单子，一步一步的回说上去，何以发生这种问题？未发生之前情形如何？这可与现在发生关系，教法较活，且容易领会，而可以帮助他解决现在种种问题，做个参考材料，并懂得现在种种运动的理由。

总括一句话，无论历史、地理，其教授的方法都应免掉从前琐碎的弊病。地理的山脉、河流、里数,历史的朝代、英雄、名将,都应免除。最好使他们与文化史联合起来。与其肤浅的泛讲,不如提出要点,发挥尽致,使各方面的知识都能用到,养成学生有判断的能力。如此地理、历史两科,才与人生发生关系。

十四

我离开美国的前几年,美国讨论最热的问题,便是"职业教育"(Vocational Education)的问题;到了中国,看见中国人对于这个问题也很关切,讨论的也很多。可见世界的运动已经有了一致的趋势:东方所要急于讨论的问题,也是西方所要急于讨论的问题。今天讲演前几次所讲的学理在"职业教育"上学生怎样的应用。

讲职业教育须先知道的一个道理,就是职业有两方面:一方面是做工制造出产的;另一方面是消受出产的物品。这两方面不能偏废的。就以狭义的工业讲,一方制造,一方也要顾到有人消受,何况普通的工业呢?且这两方面都靠教育:有了教育,始能一方面有有知识的工人制造,一方面复有真能享用物品的消受者。

举个最明显的例:现在西方各国工作日时间的问题,从前十二小时,后来十小时,最近改到八小时;但有许多人反对。他们的理由以为这些工人做了八小时的工便走了,把其余的时间到外面去喝酒、戏赌,以及做种种不正当的娱乐,不如叫他们多做几小时的好。这话实在错了!工人所以要把时间用在不正当的娱乐,实在是没有正当教育的缘故。这例很明显。所以正当的职业教育,一方要顾到工人,一方也要顾到这些工人在闲暇时间还是和常人一样。

我们所以要讲这些话,因为知道古来的教育有一很普通的性质,就是把教育分为两大部分:一部分是治人的;一部分是被治的。治人的是闲暇阶级,只是做官办政治;被治的是劳动阶级,只是制造生活的需要。教育则偏向闲暇阶级,给他文学、历史、地理的知识,希望他教育发达了可以做官,可以治人,但是没有什么实用。所以闲暇阶级的教育是偏于一方的。

正式教育既全为闲暇阶级而设,大多数的工人自然没有机会可以享受。他们不作工不能生活,所以所受的教育只有师父对于徒弟的一点训练,到了出师的时候,连这一点训练也没有了。但是这些还算较有系统的。还有许多不过整日在工场里得到一点本行的知识,竟说不到师父的训练。但是这些虽没有书本子的知识,也可算得"狭义的职业教育"。可见职业教育并不是新有的,是古代大多数人都受过的。不过我们的问题,是要打破一部分治人的、闲暇的,与一部分被治的、劳动的阶级,然后再讲职业教育。

因这不相容的两大部分,我们有一件重要的事实可以注意:就是这个区分全是根据于社会的。古代的社会本分为两种阶级:劳动者除了作工以外没有闲暇;一方闲暇阶级则完全不须劳动。于是教育也根本不同。闲暇阶级是用心的,劳动阶级是用体力的。教育只管所谓上等人物,专教他们用心思记忆、想象,而不必用肢体的运动,所以是文学的教育;劳动一方面,完全用手足,而用不着心思,只要手足灵敏就够了,所以只是一种手艺。社会不同,教育也因而不同。

从前讲过好几次,历史上亚里士多德的影响很大。他在二千多年前,已为我们定了教育的规程。他定一部分闲暇阶级的教育曰"自由的教育"(Liberal Education);而定劳动阶级的教育曰"机械的教育"(Mechanical Education)。自由的教育应该格外注重精神上的文学、哲学、修辞学、论理学、文法、音乐,使他理想的能力格外丰富;劳动阶级只要做工就够了,用不着这些东西,所以希望他肢体发达,给他一种机械的教育。这是亚里士多德定下来的规程。希腊虽亡,但他的影响却二千多年来所逃不了。最近两世纪科学发明社会变迁了,各项运动始渐渐把这划分两部分的意见打破;但因入人太深,故还不能完全打破。

西方虽然注重工业很久,但打破文学教育,注重职业教育,不过是最近五十年的事。反过来看中国,别处虽与西方不同,而这一层却也不知不觉的造成阶级的教育,注重文章、文学等等书本子上的东西。

最近来的时代，科学进步。科学里面有许多要用心而非兼用肢体不可的，应用科学肢体尤为重要，在室内要用肢体试验，出去则有测量等等。民主运动，渐渐看重劳动者。商业发展，知道生计是社会的基础。合起这几方面来，养成一种新的见解：知道从前的观念错了，从前所看不起的，现在都应该抬高了，由此打通劳心、劳力的阶级，可以研究职业教育——打通的社会中的职业教育。

职业教育最重要的观念，就是职业教育并不是"营业教育"（Trade Education），不是做专门行业的教育。做专门行业的教育是机械的，用不着心思和高深的学问，只希望养成本行的专门技能就算了。但这不是职业教育。职业教育应该注重使人懂得实业、工业所应知的科学方法：一方应用手足、肢体发展的本能；一方不能不注重知识，知道科学的所以然。否则对于行业没有趣味。倘能知道科学的所以然，则随时可求革新进步。不但做工方面，就是享受工业的方面，也可以革新进步。

职业教育有两种弊端不可不防备的、避免的。

第一，千万不要认定某种人天生成做某种事业的。有了这个观念，便在青年时代给他很狭隘的行业训练，后来不能改行。这种结果很危险，在这变迁的社会当中，往往把人才糟蹋了。补救的方法，是给他们博大广阔、面面都到的教育，使他们的心思、技能有格外广阔的根基，能于短时间内变成某业的人才。

第二，千万不要以现在的实业、工业程度做标准。社会是常常变迁的，等到训练好了，外面早已变更，不适用了。学生偏向此种行业，很难改换。现在是工业变迁的时代，教育应该用将来的工业为标准。倘现在所教，过了几时，不能适用，那便不该教。中国现在尤其如此。教育应该给他基础的方法技术，使他心思、耳目都极灵敏，随时可以进步。这比狭义的训练好得多。

我所讲注重知识思想，并不是把工作的一步丢了；就是讲普通教育时，也不主张不用肢体。科学发展，即知单靠知识思想的不够，所以要去试验。英文中"试验室"（Laboratory）这个字，就从"工作"（Labor）这个字来的。看此我们很可以得到教训:纯粹的科学尚非工作不可,况且是职业教育呢? 单有工作,单有文学,我们都不承认;最好是把知识思想在科学试验室当中训练。这才是我们希望的教育。

做工的重要,不但做工的,就是将来预备做管理人的,也应该实地练习。倘只知道一点学理,却恐怕衣服弄脏,不肯去实地练习,这个人要得很有成绩的管理,一定办不到的。我们从经验证明,凡是有好成绩的管理人,都是从底下起来的,所以他能知道工作的内容。

刚才讲的还限于有职业的人的关系。现在从民治的国家社会来看,应该如何下手:第一点,是人人都要做工,做一部分的有用事业,为社会贡献;倘不做工而只是分利的,便是惰人。第二点,做工的报酬不但金钱,尤须要使他们长进。我们应该替他们设法,使他们的脑筋不会饿死。不可使他只能做这样,不能做那样,而要使他知识思想有趣味,有进步。从此可以知道职业教育应该如何下手,才能顾到这两[个]要点。

诸君知道全世界的工人现在成为一个最危险的大问题。其所以如此危险,不但是时间、工资的问题;其重要之点,乃在工人对于工作没有趣味,没有发展知识、应用心思的机会。他们所不满意的,就是单靠物质上的报酬的不够。由此可以推到中国,这个问题尤其重要。中国工业正在开始动手,倘受高等教育者知道此点的重要,将广大的见解使将来工人方面有发展心思知识的机会,也许可以免掉现在欧美扰乱不安的现状。故当律师的,教学生的,都除了物质的报酬以外,有知识心思上的长进;只有大多数工人,一点没有兴趣。对于这一点,将来做国家领袖者,不可不注意。

总结起来,今天所讲,职业教育注重工作,尤须注重发展知识心思。至于在社会方面的重要,以前讲过许多次数,也不用仔细讲了。中等教育前回讲过:是一步一步的预备选择职业的机会和材料,使学生知道天然、人事是什么。现在要讲初等教育。初等教育以前讲过:应该工作就是游戏,游戏就当工作,也带点职业的性质。因为工作、游戏都须运用心思肢体,可以养成职业上的能力。

我们知道普通生活，不外四项职业，就是衣、食、住和交通。一切耕种、织布、造房子、车马运输来往，无论如何复杂，总逃不了这四项以外。初等教育的小孩，其趣味便是事事模仿大人。我们可以把广义的衣、食、住，放到初等教育里去做教材，一方可以做预备，一方使他们得到技术，并知道社会方面的重要。这虽然不是职业教育，但却是很稳妥的职业教育的预备。

高等教育也有职业方面，专门和大学虽然都是专门，但也有非专门的一部分应该做普通学问。医药、法律固然与社会有影响，就是别的也须从大处着想，不与社会隔断。如舆论事业范围渐渐扩大，不但采访员、通信员是舆论事业，就是有学问的人倘不去做这个事业，便不能使人知他事业的重要。如此才可以有没有弊病的专门教育。

十五

最后两次的讲演，我们专讲道德的教育（Moral Education）。无论那一国讲教育的人，都公认教育底最高的、最后的目的，是道德教育。

大家虽然公认道德教育是教育底最高的、最后的目的，但都觉得困难，不知怎样可以做到这道德教育的目的。学校中的功课有许多，如读书、写字、习算等科，表面上往往似与道德无关。那末，教育的最高最后目的既是道德，而给他们的教育如读书、写字、习算等，却都是知识一方面的，不是自相矛盾吗？

照这样看来，问题是在研究知识方面的学科是否与道德有密切关系。倘找不出关系，不能与道德连合起来，那末，我们不如取消理想的希望。老实说：教育的目的不在道德而在知识就完了。所以现在应该研究的问题，是怎样可以用知识的教育做到道德教育的目的。

最普通的办法，就是以为道德确是重要的，道德教育确是不能去掉的，所以于各科之外，特别添设一科，曰修身，或曰伦理，教他们做人的道理，以补助别科所不能做到的地方。这种方法，其实是没有功效的。我们试想以一两点钟与地理、历史等平等的时间,教那些纸面上、理论上的道德,谓能影响于实际的行为,决不是做得到的事。

有许多地方,从表面看去,知识可以影响于人生的行为的。如知道冷的、热的,可食的、不可食的等等,都立刻可以与人生的行为有影响。

这一部分似有影响,但还有许多,如记得地理上许多名词,与人生无关的。又如测量的人,不能不知道三角,而竟有许多人记得三角的公式而不能实地测量的。冶金的人不能不知道化学,而竟有许多人记得化学的公式而不能冶金的。由此可以知道,知识也有不能影响人生行为的。所以我们的问题,是在怎样求知识而能使他于人生行为有影响。

修身书本子上的理论的道德,所以不能影响于人生行为,也与刚才所讲的道理一样。因为有许多地方太抽象了。大凡知识不能影响于人生行为,多半根于两个原因:第一,不能引起人的愿意或欲望;第二,即使引起了,因为知识不够,不能知道怎样去做。

刚才所讲冷、热等知识,本来根于人的欲望,所以能于行为有影响。倘离开太远了,一则不能引起欲望,或引起了而不知怎样去做,于人生行为有什么关系呢?

还有一层大的困难,就是倘把道德教育与别科平等,特设修身、伦理等名目,是把道德与别科分离了。而实际上道德却不是独立在另一范围,而与各科有密切关系。这样看来,学的时候是单纯的、分离的,而实际应用起来,是与别科连合的,自然不能[不]于人生行为有关了。

我并不是说道德不可单独研究。单独研究,未尝没有价值。但是单独研究学科,未必靠得住能影响学生的行为。不能影响人生行为的学科,无论如何有价值,于儿童的道德观念还是毫无益处的。所以我们把这一层方法丢开,回到别的学科与人生有何关系的问题上来。浅看去,有许多显而易见与人生行为有关的。如使学生培养许多良好的习惯,如专心、有恒、正确、忠信等等,都是知识,而可以养成道德习惯的。

但是这些习惯虽可使与道德有密切关系,也须看教法的怎么样。教法好的发生好的习惯,否则也许发生坏的习惯。譬如专心一种习惯,是要使他有责任心，但倘教得不好，可以造成虚伪或潦草的习惯。这个例子，可以说明要养成好的习惯，非有好的教法不可。

还有困难之点，是怎样可以使养成的好习惯，不但在教员面前，就是在外面也不改态度。有许多习惯是表面的，不是内面的，所以一到外边，便回复他的潦草等习惯了。我们注重的地方，就是怎样可以使他的习惯不是表面的，而由于内面的思想愿望发生的。由内面的思想愿望发生的习惯，才是与道德真有密切关系。

养成内面的思想和愿望等知识心理上的习惯，照我看来，有三种最为重要。

（一）虚心或曰公开的心（Open-mindness）。

（二）知识的诚实（Intellectual Honesty）。

（三）责任心（Responsibility）。

先讲第一，虚心或曰公开的心。我们先从反面看，什么东西使我们的心闭住。这个原因大约有三：

（1）成见。就是以先入之见为主，凡是先入的都认为是不错的，倘后来的有不相投的事情，便用此先入之见出来抵抗。

（2）骄傲。就是以我见为主，凡是新理与别的道理不与我见相合的，都要抵抗。

（3）自私自利的观念。凡是于我有利的，都是好的；否则是不好的。

"虚心"与这三种恰恰相反，凡求真理时，无论与成见或我见相符与否，也无论于我有利与否，只要是真理，便领受他。这才是所谓虚心，或公开的心。

这种去掉成见、我见和自利观念的虚心，表面上虽与知识有关，是知识方面的事，其实与人生行为也有密切关系。例如"公正"，是道德上的问题，然要做到公正，而先有成见，则如何行呢？因必须有容纳人家的观点和意见的虚心，然后能做到公正。又如"慷慨"，不是道德上的问题吗？然倘不先去掉成见，如何能慷慨呢？"公正"和"慷慨"两种如此，我们可以推知虚心不仅是知识方面的事，而与道德上养成容纳反对的意见和观点的习惯,很有关系的。

从前批评教授法的大坏处,在乎阻碍虚心习惯,养成我见和成见的习惯。如注重一致,无论如何不同的,一定要叫他强同,照一定的规程去做。这很可以养成我见,因为他的趋势,养成全班以先生的话为标准;考试的时候,照样揣摩,决不能引起虚心的观念。还有一种坏处,是照一定答案去做,如背书,一字也不能错。这种教法,很可养成我见、成见的态度,所以是虚心的习惯的大仇敌。

换句话,虚心就是要人讲理。怎样讲呢:如说做事不要先有成见,不要先顾自己利害,总要顾这事体本身的利害,这就是虚心。照旧法的教授,先生叫学生牢记所讲的东西,养成一种盲从的、呆板的习惯。这便是不讲理,不讲理就是不虚心的缘故。

再讲第二,知识的诚实。诚实是道德,平常用在办事上或营业上。而知识上的诚实,即指承认事实的价值。你错了,你自己须能承认;你的仇敌不错了,你也须承认他。不要事实如此,我见如彼,一味颠倒是非。装面子,文过,都是知识上的不诚实。

知识的诚实既是只认事实,不认利害,所以有许多旧的教法只可养成"贰心"。学校中的贰心是什么呢?就是心思一方上课,一方想他们自己的上天下地的事体。考试时不准把他们自己所想的写出,只准照先生所讲一字也不能错,这自然只可养成贰心的习惯了,还有什么知识上的诚实?

再讲第三,责任心。责任心怎样讲呢?大概是两种意思:第一,是做事靠得住,不会耽误;第二,是无论这事的结果如何,利害难易如何,自己既承认要做了,不肯推诿给别人,就是肯自己担负所做的事的结果的责任。

责任心的习惯虽是道德方面的,而内中还有知识的部分。小孩子本不懂什么责任,也说不上责任,但他做事,总预先看看效果然后干下去。效果既然看见了,无论如何,总是要做。倘不见明白的效果,上了人家的当,就无所谓责任心。知了效果,知了效果的于我有利有害,还是做下去,这才是责任心。所以责任心中知识的部分,很占重要的。

责任心的两层:一、靠得住;二、知了效果,不顾利害做下去。——好像对于人情很不普通。但是教育倘有适当的教法,使人类养成道德的观念,能预先推算此事的结果,每事于未做之先,决定做否;既做了,无论是有害的也要做下去了。养成伟大的人格,下手处不在太高,不过如此而已。这是学校内应该细心体察以养成的。

为什么世界上终于能以少数人的武力支配世界大多数人的行为? 这就是大多数人不负责任的缘故。大多数人因为不肯预料结果,做决定的根据,把支配世界的权利让给少数强有力的武人。这是现在还逃不出武力支配世界的大原因。

不但如此,大多数人不负责任,也并是世界民主政治发展迟缓的原因。人人本来不愿意受人家支配的,而何以人类竟让少数人支配了几千万年? 这因为大多数以为自由固然不错,但要做到自由,非常麻烦;有自由固好,要麻烦实在不好;因为怕麻烦,所以连自由也不要了罢。所以宁愿几千万年的让少数人去干,不自由也不要紧。

我们的问题,是现在学校对于责任心的关系。照现在的学校管理,断不能养成学生自己判断的责任心。现在的学校,只有两种东西负责任,一种是教员,一种是教科书。而学生负被动的责任,他不过把先生所教、书上所有的照样背出来。没有预备效果的能力和判断的能力,自然没有所谓对于自己所做的事的结果的责任心了。

刚才讲过,责任心还有做事靠得住、做到底的一部分。这一部分现在的学校也是不能办到。单靠书本子,不讲应用,怎样可以使他靠得住、做到底呢? 故责任心中这较轻的一部分尚且做不到,自然不能做到较大的一部分了。所以学校功课,宁可少一点,终要使他做到底,以养成他的责任心。

我们现在要问:道德教育是不是可从表面的知识使他与真的道德连起来? 倘真明白了道德为教育底最高最后目的,那末应该找方法使行为与道德打通,知了便去行。这样也许可以做到道德为最高最后的教育目的的希望。

这是当今教育一个最大问题：教育还是注重养成心理的习惯，如虚心、知识的诚实、责任心的呢？还是只要读书多，在成绩展览会中可以出风头就够了的呢？倘注重前一说，那末教了这些科学，并不是当做最后目的，而是一种方法，用以养成虚心、诚实和有责任心的人格。这是一个最大问题。

十六

从前开讲的时候，提出教育的三大部分：第一，儿童的本能、感情和活动，做教育的基础；第二，社会的目的，儿童将来要进去做人的；第二，学校的学科，利用儿童的本能，做到社会的目的。这个部分在道德上也可以应用，现在从道德上把这三部分连合起来讲。

上次是从个人方面下手，觉得个人方面所应该注意，最为重要的性质有三端：第一是虚心或曰公开的心，就是破除成见、我见和自私自利之见，承认事实，养成公道；第二是知识的诚实；第三是责任心，对于所做的事体负责任。并讲到知识方面和精神能力方面。但这都是个人的，不是社会的。今天讲的是要从社会方面着想，使学校的道德教育，怎样可以把道德的目的与社会的目的认为一个东西。

从前讲演差不多时时提起教育的目的是为社会的。其实，所谓社会的目的，便是道德的目的。例如单讲社会的目的，其意就是要养成一种人品，能在社会有益，能做社会有用的一分子，这个目的，自然就是道德的目的了。须知道德有三个部分：（一）知识；（二）感情；（三）能力。先有了知识，知道因果利害，及个人与社会的关系，然后可以见诸行为。不过单有知识，而没有感情以鼓舞之，还是不行，所以又要感情，引起他的欲望，使他爱做，不得不如此做，对于社会有一种同情和忠心。但是单有知识、感情还没有用，所以还须有实行的能力，对于知道了要做，和爱做、不得不做的事体，用实行能力去对付他。

实际的问题，是怎样可以使学校教育的学科，如语言、文字、算学、历史、地理、物理、化学等，不但使学生记得，还要使他懂得社会方面的重要。他的知识，能增加社会方面的同情；他的训练，有实行社会生活的能力。所有学科，都应做到道德的三部分，就是使每种学科都是社会的。例如语言，是彼此交换意见的工具，一切行为和意见的较为统一，都是语言的效能，更容易知道是社会的。因为没有语言，意见行为不能相通，便不成为社会了。

从前的社会生活，完全是地方的、局部的，所以只要语言就够了。语言用不着学校的帮助，因为我们知道小孩子一大半的语言，都是自动学的，不是到了学校才学起来的。后来渐渐有人往别处去旅行、通商或作官，把地方的社会逐渐打破。于是知道写下来的文字的重要，只靠语言是不够的了。世界普及教育何以发生得这样晚，就是因为交通不便，各处本来都是地方的社会的缘故。

现在各国都从地方的生活变为国家的生活，所以大家都知道共同文字的重要，因为既从地方的变到国家的生活，对于一国过去的历史，将来的预算，和世界的关系，都非了解不可的了。中国土地如此之大，交通又不甚方便，方言又如此之多，所以文字的问题格外重要。从前只有这些语言，自然够用的，现在却不够用了。所以基本的问题是怎样找一种共同的语言，以为真正的民治共和国家的工具。

我曾听见许多外国人或中国人说，中国人没有爱国心，没有共同生活的习惯，要共和是做不到的。其实这句话忘了一件重要的事实，就是世界各国在一百年前，也都是如此的。没有普及教育和国家观念的民族，阅书看报，既然不能，交换意见，须藉口语，如何指望他能有共同生活的习惯？只要教育推广，各地人民都能读书看报，知道过去、将来的利害，和本国各部及与外国的关系，自然能养成共同生活的民族了。

故真正的共和国家，非用语言文字来解决不行的，因为语言文字是社会生活的工具。我对于中国语言是外行，不能有解决的方法，但从道德的社会的目的着想，有两件事可以主张的：

（一）通信、做书、做报及交通应用的文字，都应该与国民大多数人日用的语言相接近，倘离得太远了，决不能养成社会共同生活的观念。近来中国白话运动的成效有这样的[快]速，大概就是人人知道需要大多数日用的语言的缘故。

（二）注音字母的问题。注音字母能于一个月中使失学的成人容易读书，这话再四试验，既属的确，那是他的效用实在很可惊异。长成的人，已经失了求学的机会，倘能于短时间内得有偌大的效用，则简直比西洋文字还快得多。例如英文，一年学成，要算是很快的了。注音字母比从前繁重的汉文，其功效之大，不待言了，不过只有几个注音字母，也是没有用的。一方传播注音字母，一方尤须预备进行，发刊注音字母的读物。

我单提出语言文字来讨论，不过是举个例，其余各科，也都有社会的作用。语言文字，不是个人认识了可以摆架子，表示自己所受的教育比别人格外高深之用，也不是专为个人可以自修之用。其用在于养成社会共同生活的观念，扩充眼界，不为地方的局部的观念所限。通信、作文等等，都是最重要的作用；再大而至于社会共同的知识学问、遗传习惯，不但感情方面，还及于知识能力方面。故道德不是直接的是间接的，各方都可以助成社会的习惯、能力和感情，便是道德的教育。

我此刻不必一一遍举算学、历史、地理、物理、化学等每科在社会方面的利用，做道德教育的重要工具，诸君可以推想而知。我今用一句话总括起来：教育底社会的目的和道德的目的底意思，可以把教授法、管理法和组织法一起贯串。吾们很可以把这观念做个试验，看他是否能养成社会所需要的品格。我想以这个观念贯串教育的宗旨，看他那一点成功，那一点失败，然后逐渐的修正，一定能得到很好的结果的。道德教育的重要，就因为他无往不在，所以断不是修身、伦理等科以一二小时的训练工夫可以办得到的。惟各方面都含有这道德教育的大目的，然后可以做到。

从哲学讲，道德教育的含意很深，最重要的是"个性"与"社会"的关系。道德教育不如旁的教育，他一方面发展个性，养成个人的知识、能力、感情；一方发展之后，还须使社会的同情格外增加。所以问题在怎样使个性发展，同时并把同情的范围扩大，对于社会情愿尽忠、情愿牺牲。

这个问题的所以困难，因为社会与个人，很似背驰的。所以倘个人方面太注重了，或社会方面太注重了，都有流弊。个人方面太注重时，每每流于自己出风头，不惜凌驾于别人之上；或独善其身，与别人没有关系。社会方面太注重时，又每每流于个人不负责任，以为古代如此，大家如此，我何必有所主张。故个人与社会，不但方向不同，直似互相妨碍，道德的问题，自很难解决了。

这个问题，与民治主义的问题是一样的。怎么说呢？民治主义（Democracy）也有同样的两方面：一方要使人人的个性有充分发展的机会，无论门户、家产、等级，都须有机会发展他天然的能力；一方还要顾到社会方面共同意志的需要。换句话说，就是人人发展他的个性，因为期在能做社会中有用的分子，辅助共同意志的表现。共同意志是至高无上的：个性的发展，在能对于共同利害的负责任，有牺牲的精神。民治主义的社会、个人两方面，与道德问题的社会、个人两方面一样的。

学校教育怎样可以帮助解决这个不但是道德并且是民治主义的问题呢？就是学校不但是预备将来的社会生活，简直学校本身就是社会生活。学校本身既当作社会看，那末也同社会一样，有个人、社会两方面。个人方面，一点一点的把他禀性所近、嗜好所近，或特别善良的个性提出来，使他能充分发展。社会方面，养成他的社会的知识，使他知道现在和将来社会的种种需要，及各种行业对于社会的种种关系。再说，共同生活尤须有牺牲的精神，情愿牺牲自己的利益为社会共同的利益谋发展。这样，而后可以做到将来社会生活的目的。

学校内的民治与外面的民治一样应该注意的重要之点，就是每一个人不是只配做领袖，也不是只配做辅从的。民治的大仇敌，就在一面少数人只做领袖，不做辅从，一面大多数人只做辅从，不做领袖。真正民治精神，在乎领袖与辅从都从才具上分出来：甲对于某方面有长处的，在某方面是领袖，同时对于没有长处的方面，还是辅从；乙对于另一方面有长处的，在另一方面是领袖，但对于甲的方面仍是辅从。这样领袖和辅从同时交互并做,才是民治主义的真正目的。

团体中领袖是不可少的,但只做领袖,不做附和,只出令而不受令,则习惯范围狭小,渐渐与大多数人隔离,不能做团体的一部分。倘不做领袖,不能发展天才,在学校中只知附和先生所讲或附和教科书,或附和同学,这种人对于团体非但不能有所贡献,简直是团体以外的人。补救的方法,就是使领袖人才越多越好,一方做领袖,同时在他方做附和。讨论商量的结果,以全体的力量执行。领袖者一方拿出人格上的势力来,同时一方受许多人的贡献,则领袖者也得益处。结果大多数人都是团体的一部分,才是道德的民治的问题底解决。

我布置这个十六次讲演的时候,不知不觉中有一个意思常常在脑子背后。我到中国是五月初一,正与中国学生运动同时,所以脑子背后时时有一个学生运动的影子。讲演中虽然不是处处说到,但却处处想到。学生运动可以表示一种新觉悟:就是学校教育是社会的,他的贡献不但对于本地,对于小群;还要对于大群,对于国家。运动初起时未必有此观念,但进行之后,不知不觉中却有此趋向。大半年来,言论上似乎有点觉悟。从前已经辜负了,此后对于社会、国家,想不会再有十分隔离的了。这好像是学生运动的意义。

这个运动的起来,稍为有点观察的人,都可以看出几点短处:

(一)偶然的。因为原于意外之事的发生。

(二)感情的。因为实在愤激了,忍不住了,遂起来的。

(三)消极的。因为是阻挡禁止一件事体,不让他做去。

这三种短处,即无论如何热心的人也应该承认的。但是进行以后,渐渐有意识的觉悟,知道教育有社会的责任和社会的作用。我希望这个趋向逐渐前进,不枉费于缺陷:从偶然的归到根本的永久的事业上去;从感情的归到知识的思想的事业上去;从消极的归到积极的建设的事业上去。

我们这样讲,并不说感情可以不要。感情是要的,但须受思想的支配,用到基本的问题上去,不要把感情、能力用在偶然的、消极的事故上,白白糟蹋。这才是有意识的运动,才可以把中国逐渐革新。西洋有句话:

"罗马不是一天造成的。"所以问题是很复杂。语言文字普及教育,使人人受其益处。经济方面更复杂了,要有计划发展天然富源,免致贫富不均,闹出阶级战争的惨状,蹈欧、美的覆辙。这全赖诸君受高等教育的去做有恒的事业才是。

[记者附注]杜威先生这个讲演,是北京大学、教育部、尚志学会、新学会四个团体公请的。今天是讲演的末了一次,所以四团体代表公推梁伯强先生致辞感谢,并再请北京大学代表胡适之先生翻译。辞毕以后,杜威先生答说:"我因为恐怕略有误解的地方,所以再加一句:我所讲的,并不完全根据于西方的成效,有许多也根据于西方的失败的;因为西方已经失败,已经上当,所以希望中国人将来也许可以免除这个弊病;现在乘此新造教育制度的机会,中国倘能避免西洋失败的弊病,将来成效一定比西洋为大,我可以断言的。"

二

思想之派别①

　　我于讲演的前，先说明两句话。这回讲演的性质最困难的是定个名词。起初想定"名学的方法的总论"，或"哲学史上思想的总论"，都不甚妥当。现在用的是"思想之派别"。本来名词上的分别，是并不重要。不过要知道现在所讲的，并不是从心理学上去说明各种思想，乃是论理学的派别，是哲学史的讲演，是哲学史上几大家思想派别之区别。

　　这一科的讲演，性质上带些专门的性质。这是没法的，因为题目关于名学的方法，这学问是专门的学问，所以不能不带些专门的性质。又是从历史上讲关于人类思想的方法，又不能不讲这种思想当时所生的因果——历史的背景，也是没法的。讲到历史，差不多是一种图画，不过容易使得吾人明白些，还不十分重要。总之，以愈能减少专门的性质愈好。这很大胆的妄想，很野心的希望，要把所有关于思想史上重要的方法和派别，缩短在数星期内讲完。所以历史上的讲演只好从略。不过说明各家派别的大旨，并不是照背书的方法细细的讲去。

　　现在这回的讲演概括说起来，就是说明四大派的思想方法。那四大派是：

---

① 　这是杜威 1919 年 11 月 14 日起在北京大学法科礼堂的讲演词，共讲八次，由胡适口译，绍虞笔记。载 1919 年 11 月 16 日至 1920 年 2 月 4 日《晨报》；又载 1919 年 11 月 19 日至 1920 年 2 月 3 日《北京大学日刊》；又载 1919 年 11 月 20 日至 1920 年 1 月 31 日上海《民国日报·觉悟》副刊；收入 1920 年 6 月北京《晨报》社出版的《杜威五大讲演》。——编者

第一派——系统派（Systematizing or Classifying）。这派方法，是注重整理的、分析的、类别的。亚利斯多得①是这派的代表。

第二派——理性派（Rationalistic or Deductive）。科学发生时代，生出第二派和第三派。笛卡儿是这派的代表。

第三派——经验派（Empirical or Sensationalistic）。此派培根先发起，然不甚重要，洛克可为这派的代表。

第四派——实验派（Experimental）。第四派和第三派的区别，现在姑不讲，留待以后说明。

大概西洋的思想史，无论经几次的间断，但总可找出个不断的线索来。这线索是什么？即便是思想的派别。

那思想史的开始，大都在西历纪元前六百年。他的发生地，就在欧洲西南部地中海半岛的希腊。

吾人讲到欧洲文化的起源，关于宗教一方面，就知道犹太是中心；政治一方面，罗马是中心。但思想的来源——宗教政治基础的思想，是在希腊，是在地中海里小小的一个半岛上。

思想的方法，格外是从希腊产生的居多。现在从二千五百年以后，学校里用的名学书，还是照希腊原有的，相差不远。字句间虽有更动，大旨还是一样，不过稍为修正些，究竟依旧脱不了旧时的蹊径。所以现在讲思想方法第一个派别，不能不从希腊传来的入手。

那第一派——思想方法的起始——起于思想界发生无政府的现象。当时的思想界，极糅杂、极纷乱，就是哲学史上所说的哲人时代。（**日本人译作诡辩学派**）那时同时有种种的说素发生，各主一词，反复辩难，有许多还攻击现行的制度、道德，这是思想界极纷乱时代。于是苏格拉底（Socrates）出来，想要挽救这弊病，才开思想方法的路径。他想无论如何的纷乱，总可找出个条理来。——不同的中间，寻出个共同的一点；纷乱的中间，寻出个有条理的一点。

---

① 与《教育哲学》中的亚里士多德为同一人，此处译法不同。——编者

苏格拉底的主张,以为种种道德上的纷乱原因,在于知识的不足,道德所以纷乱,由于知识无标准。他所以想找出一种标准来,使得是非、真伪、善恶,都统一,行为亦统一。他以为事实的不统一,全由于知识的不统一。

他的方法,要求思想的方法统一。思想统一,社会上种种道德行为都统一了。

苏格拉底的哲学,关于思想的方法,就从统一知识入手。他以为吾人纷纷讨论,对于那讨论的条件中间,总有同的地方。没有同的一点,就不能够讨论。吾人无论如何讨论,不能不认这一点的存在,从这一点着手。

吾人讲的名学——论理学,英文是 Logic,希腊的原名是 Logos,本有谈话的意思,原意是从辩论来的。又有 Dialectic(辩学)一字,是从希腊 Dialogne 一字得来。都起于社会的谈话。由于辩论,才有思想的方法。就像辩论应有什么样的条件,这是辩论第一步的着手。

苏格拉底第一步着手,以为辩论须先承认辩论的东西是同的。辩论的对象——题目——是共一的,是都应当承认的。譬如甲说:"密司脱斯密司,是很高的一个人。"乙说:"是很矮的。"那么两个人的辩论,当然先承认那辩论题目中的斯密司是同一的人。不能说是甲指的是甲地的斯密司,乙指的是乙地的斯密司。假使他们所争的是两个人,那就用不到辩论。所以必须同一的题目——对象,才可辩论,这是第一个条件。

至于第二个条件,还要那辩论的东西有一种常在的性——不变的性。哲学的术语——就是物观——客观——的永久性。要那辩论的东西有永久的存在,才可讨论。苏格拉底当时同一辈哲人辩论什么是公道,无论意见不同,但大家总须承认那物观的标准,要使不是如此,即无讨论的余地。

亚利斯多得(Aristotle)的名学——思想的方法,就从苏格拉底说素中得来。他的学说,有二项要点:一、于不同的中间找出个同来。这便是"共相"。二、思想、知识的关键在于界说——定义——以表白"共相"。

这两点是名学——论理学——创造起来的原因。

亚利斯多得的旨趣,有和苏格拉底不同的地方。苏格拉底注重于政治、社会、人生一方面,亚利斯多得注重纯粹思想的一部分。亚利斯多得少时曾习医术,明解剖及生物学,所以他的学说得自生物学的不少。他把苏格拉底的学说应用到生物学上,他就发明个"类"(Species)的观念。把一切的个体都包括在"类"的中间,从"类"再去讲个体。

"类"的观念,亚利斯多得提出来把他当做哲学的中心,思想方法下手的地方,是欧洲哲学史二千年前极重要的事。他这"类"的观念,差不多笼罩那欧洲哲学史有二千多年。这观念所以重要,就是在思想史上算得创造个新世纪。能把这一事讲明白了,那就很满意了。

在这天然界中,物体很多,举都举不尽,若使把类来讲,比较的有限些。譬如讲树,什么橡树、榆树、……是很多的,现在都把他归在树的一类去讲,是比较的少些。就因为个体的事物很多,没有两个个体的物是一样的,所以把个体丢开,去找出他共同的地方。凡是树都是一样,凡是人都是一样,那么,比较简单些,比较容易辨别些。

"类"的观念,有三项重要的特别性质:

一、"全体"(Whole)的观念——讲到类,都是全称的,都是代表全部的,都是以一统万的。比方是树,无论是造房屋的,无论是供燃烧的,他的用途虽不同,但都以一个字来包括他。

二、"共同"(Common or Identical)的观念——亚利斯多得最注重"法"——"法相"(form)。那个"法"是个模型,一个模型中间,做出一样的东西。讲到橡树,无论那橡树是在屋的东边或西边,他总有同一的法相。所以类是代表共同的、模范的、标准的"法"。

三、"永久存在"(Permanent)的观念——"类"不但笼罩一切,不但代表共同的法相,还是有永久存在的性质——不变的性。树死了,树还存在。石坏了,石还存在。个体的事物无论如何是忽生忽灭,那"类"总是代表不生不灭——永久的存在性。

六十年前达尔文的书《物种由来》(*Origin of Species*)方出版的时节,思想界起个极大的纷乱。何以故? 就因受到亚利斯多得的影响太深。他是说永久不变的,现在有人说物种有由来,有变化,二千年来的思想习惯完全被推翻,怪不得要起大变动了。因为欧洲向来的习惯,是主不变的。

这一种的方法——哲学——在思想史上何以占重要的位置？因为思想的知识，最初步是分类。譬如走到树林中，一草一木，都不认识，去问旁人，人家说这是什么花、什么树，归到类去，就明白了。亚利斯多得重要的地方，就是发明这方法，找出共同的一点，归纳到类里去。

一切知识最初的一步是感觉，是知道这一个、那一个，但不认得这一个是什么，那一个又是什么。这种知识，不要讲够不上求高等知识，即是低等知识，凭日常耳、目所接触的，于实际应用上，尚且不够。必需知道这是灯，是纸，是表，是衣服……才行。所以亚利斯多得以为知识的第一步，不能专靠五官的感觉，仅知道这一个、那一个是不行的，必要知道是什么，——是分类——那才可算知识。

这观念——分类的重要——在欧洲思想史上，很说不了。西洋人在政治、社会方面，注重个人；思想方面，却归纳到全称里面去。把这个、那个归纳到"什么"的类里去。这种观念在思想史上所以重要，有一个理由：

一、即因为"类"的观念，可以笼罩一切。

二、因为"类"的观念不但独立，还有系统。就是类的上面还有"种"（Genus）的区别。牛都唤作牛，马都唤作马，牛、马都属于兽类，兽类都属于动物。从最高的阶级，可以逐步的推下来；从最低的阶级，可以逐步的推上去。这类有次第、有系统，是思想史上最好的分类。

"类"的观念不但可以应用在生物学上面，数学里也可应用。三角形是个类名，那么无论是直角、锐角、钝角的三角形都包括在内。三角形的种——更大的类，是平面，那么无论是长方形、圆形，都是平面。所以使得知识思想有系统，都因有了那"类"的观念。

这应用方面，每一种东西可以归纳到"类"，"类"归到"种"，更大的归到更更大。这很像中国祖宗的图像和谱系。从高祖以到曾祖、祖、父，一代代排列得很是齐整。这种知识，是有系统、有条理、有组织，才是正确的知识。亚利斯多得的哲学，就重怎样的得到这种知识。

亚利斯多得一派的名学，在思想史有重大的贡献，就是重在有次第、有条理。这便是思想上极重的要点，这便是思想史上最大的贡献。

以上所讲是第一派的大意。下次再讲第一派的方法——怎样求到有系统、有条理的方法,叙述他详细的地方。

但是亚利斯多得这"种"的学说,还有两种的缺点:

第一种的缺点,是认做"类"有永久不变的存在性;

第二种的缺点,不能有发明的功用。这个、那个,排列在祖宗图谱上,依旧不能从已知的得到未知的东西。

缺点是吾人偶然举出的。这重要的话,还须明白,就是这种方法在思想史上有积极的价值。即西洋人思想受二千年系统的分类思想所支配,所以有分类的习惯、知识,成先后本末的系统。这观念是西洋思想——希腊思想——最重要的。没这训练,或者欧洲到现在还是野蛮时代。

上次讲演提出的四派——思想方法的四大派,先讲的是第一派——希腊传下来的思想方法。这派发生得最早:创始于苏格拉底,完成于亚利斯多得。

这派的起源,起于思想界、知识界纷乱无主无政府的时代。无论社会上、政治上种种情形,都起了庞杂纷乱毫不统一的恐慌。一辈有心人觉得社会、政治的纷乱,都由于知识无标准。知识一无标准,所以政治上、社会上都无统系。因此要想怎样可以求到使知识有标准的方法。什么叫做公道? 什么叫做公理? 什么叫做道德? 都须逐件的订出条理,立出标准。知识一有标准,政治上、社会上便有条理有系统了。

所以这派的发生,就产生于社会的实际动机。要想在思想方面找出秩序、条理来,因以使得社会上、政治上种种事情,都有头序,有系统。

亚利斯多得是个医生,并且是个科学家,所以他的动机和苏格拉底不同。不过他受这种影响,这种遗风,所以他爱秩序、爱条理,要于纷乱中间找出个共相。这些态度,这些目的,都是受苏格拉底的影响,因此称这派叫做统系的、整理的、类别的方法。

以上把前次所讲的大略,概括说过了。现在要加几句通论的话:就是要知道希腊的思想方法,是受希腊美术的影响很大。希腊人是富于美感的人类。希腊人的所谓美,是指比例的、平均的、调和的美,他们所注重的，是分配匀称调和的美术。他们研究美术，无论建筑方面、雕刻方面，总是求得分配均匀，整齐平称。希腊美术的特异处，就是从无古怪丑恶的东西，畸形怪状的样子。这一派对于思想上受了秩序、整齐的观念，所以亚利斯多得看宇宙当做件美术品，完全的美术品。把造化者当做个美术家，把天地的现象看做整齐、平均、调和的美术品。

这第一派思想方法底大概，完全是系统的。别的整理的，已经讲过。现在讲那思想方法的细则。

这派思想方法于求知识的第一步，是先下"界说"（Definition），从种种个体的事物归纳到大的类去。界说的性质，是加个类名，再于底下加这一种的"差德"。先举个"类"，把东西归纳到"类"名里去，然后再从"类"推到"种"。譬如知道人的一"种"所有"类"是动物，还不够，还要举"差德"，要知道人是那种的动物，或者说人是能造器具的动物，那么是从"类"中再下一"种"的特别"差德"了。亚利斯多得最重第一步理性的知识，即是下"界说"。

这"界说"的用处，他能表示说这样东西的真性质。要是真知这东西，非举界说不可。一面举他高的类，同时举他的特别性质，那才是真知识。譬如个三角形，先下界说："三角形是三根直线组成的一个平面形。"那平面形，便是类名，三根直线便是差德。再如直角三角形的界说是："三角形中有一角是九十度的直角。"那三角形变做类名，那九十度的直角，便是差德了。这样下去，能知事物的真性质。但我们对于形式论理的滥调，往往看轻，实在他的本义，有重要的观念。这观念即是类的观念。因为个体事物有生死起灭的变化，但类是不变的，是有永久存在的性质。要求真知识，必得先把个体事物归纳到类中，找出他类的永久性，找出他的系统，找出他在宇宙万物中的地位，那才能知他的性质，知他的特别性质了。

这种观念——界说的学说，他以为人的感觉，目所视的，耳所听的，鼻所嗅的，……他所得到的，不过外面个体事物的形状。这一样，那一样，都不过是起个感觉，耳目还决不能认识他的类——所代表的真的性质。感觉只知形状，不知真性质，这本是自然的趋势，因此他们推重理性的知识，看轻感觉一部分,都要使知识上下成系统,递分下去,好似祖宗图谱的无穷,因为他们认定这世界是理性的世界,亚利斯多得所谓纯粹的心的结果。在中世时代,易为教会所利用,教会中人,采来当做基督教正宗的学说。因他看宇宙当做有理性的,是很可以做宗教家的帮助的。

这第二步是三段论法——三段式。三段论法与方才讲的有关系。因为三段论法是最完全有理性的知识,最足表示事物的关系——这物同他类他种、一局和全局的关系,这方法不但表示主观的方便的方法,又可代表理性的宇宙、天然的系统,所以亚利斯多得最崇拜、最看重那三段论法。

譬如举个极平常极普通的例,如说:"苏格拉底要死的。"何以知道他是要死的呢? 因为知道他这句话有理。何以知道这句话有理呢? 因为可以用三段法表示出来。所以把这句话和旁的话连成有系统的法式,如:

大前提——通则:"凡人都要死"

小前提　　　　"苏格拉底是人"

结论　　　　　"所以苏格拉底要死"

再用图表示出来是:

提出他的类,提出他的个体,使得都成了系统,那才合理性的法式。并不是逐件事物一样样的思想,都要这样做;不过亚利斯多得以为一个命题,不是把这样有关系的组成系统,不能算合理性的法式,那么话便不能成立。凡是思想不能表出理性的法式,即假的,即错的。

总而言之,三段论法照亚利斯多得说,是科学知识最完备的法式,因他可以表出这天然的系统,有理性的系统。但是我们听到三段论法,以为熟极,变做论理学上的滥调了,很讨厌他,很看轻他,甚至当他作一种脑筋的游戏。那是因我们思想和从前不同,根本观念改变的缘故。当时他们信宇宙是有理性的,有条理的,一样样可以分出来组成系统的,归纳到类里去的,类是有永久存在不变的性的。现在我们可不然了,不信有什么一成不变的系统,所以当作他是玩意儿。

方才说的二件,都是把宇宙看做静的,不是动的。现在第三点是要讲变化。我们对于外物的观察,最容易见到他现状的变化:高的忽然低了,低的忽然高了,草木生长了,人老大了。变迁的现状,普通都见得到的。亚利斯多得以为变化不是杂乱无序的,都定有一定的方向和趋势的。每一棵树都是向他最完全的法式变去。法式是模范的法式,每样都照着他一类的最完备的法式变去。如鸡子的变化,他是逐渐变到一只鸡,是变到他本类最完全的法式实现为止。橡树子的变化,便照着他橡树最完备的法式变去。亚利斯多得说气、烟、火都向上升,因他照最完全的法式——天是最完全的法式——走去。所以要知道变迁,必先知道各类完全的法式。

这变迁的方向,最完全的法式,究竟是什么? 即是他的目的。这目的是变迁所向的方法,最后的因,最后的理由。这种说素,在亚利斯多得的哲学,很为重要。他以为变迁不但要知道这样变什么和怎样的变,这些是比较的不重要,那重要的便是目的。他讲的变,还是注重静的、呆板的、固定的——目的。这观念在通俗讲起来有句成语,叫做"自然不枉费工夫"("Nature does nothing in vain.")。以为自然法总有理由,总不枉费掉工夫,这话即是说宇宙有理性的,有目的的,有所为的。这自然见解,在哲学史上是很有价值的。以后讲第二派的思想,即可知第二时代思想的革新,推翻那有所为的自然的见解。

第四点,即有许多东西是并没有最完全的法式去变的。譬如天气,并没有最完全的界限,冬天的冷度,夏天的热度,不能一定,有时是很热的,有时是很冷的。人的身体,亦是这样,不能说眼睛都要怎样,耳朵都要怎样,不过是人的大概终相同罢了。照亚利斯多得的意思,这种"抵抗法式"不能归入科学的范围。凡是科学的知识,都是死的、呆的、静的,是"必然"

（Necessity）的不是"或然"（Probability）的。那种也许怎么样的，是没有科学资格的。

这部分的知识，不重规则的行为变迁，是叫做经验。科学的知识的现状，是理性的知识。理性是属于科学的。那种经验的、不规则的，不能算是知识。吾人可以变迁，是必定有个趋势。橡树子有他橡树的趋势，鸡子有他鸡的趋势。亚利斯多得说天上种种的星，他的变迁，都可以算得出的。三角形的角度，加起来等于两直角，那是一定的。这都是有理性的知识。人不能一定怎么长，怎么高。夏天不能一定怎么热，热到什么度数，这都是或然的，这都不配算做科学的。这种看轻经验——动的，看重理性——静的观念，是亚利斯多得传给西洋思想界最大的遗产。有这遗产，使哲学史发生很大的问题，究竟经验和理性占怎样的地位，因此成个很大的争论。

现在要讲第五点。这派以为知识有两种，有高的，有低的，高的为天文、算学，都是科学的知识。至于人类的直接行为——道德——社会的变迁，凡是伦理学、社会学、人生哲学等，都没有一定的趋向，变化不测，推测不定，没有最完全的法式、最后的目的——一定的方向，这是属于下层的劣等的知识。

这种区分，把人类的行为，人生实际的种种行为，都属于低的部分了。这观念发生重要的结果，很大的影响，把关于人生、政治、社会的学问，都看低了，都比不上有一定范围的趋向的天然科学。

这种意思，是以为人的行为部分——实际的方面没有最高的标准，要从这方面求到完全的知识，是做不到的。假使要求到这地步，只有从知识方面入手。行的方面是无望的。知的方面，还可以求到最完全的法式。他是把"行"的方面看做不如"知"的部分。

这层意思，是说人类的行为，要使他有最高、最完全的法式，只有知识。从知识一方面，可以无求于外。行的方面，是不能够，都要依赖旁人的。哲学家得到知识以后，无求于外，是合理的生活——理性的生活，是人生最高的快乐。

总之，亚利斯多得的方法，不但给吾人界说的学说，不但给吾人三段论法的法式，又有三种连带的影响，在思想史上有很大的贡献。

一、变迁只有规则的变迁。从一定方向走的，可以算是知识，其余不定的，无目的的，是不在科学知识里的，科学知识是有固定的关系的。

二、经验的知识比理性的知识低，理性的知识是高的，是正当的。

三、实行的方面比较的是低，理性的生活比较的是重要。

这三种重要观念，对于思想史发生很大的影响。

以后两种，第二派和第三派——理论派与经验派——完全是受第一派亚利斯多得的反动。这两次讲演第一派的大意，目的是并不在背书本上的知识，是要讨论第一派的方法是什么，知道他历史上的背景——他影响到第二、三派是怎样的情形？

现在讲亚利斯多得方法以后，要下一句断语，作个结论。有许多西洋人看了东方受古代思想的影响的支配有到二千多年，以为一定是守旧的。那是自然的趋势，不能逃免的。但这观察的人，却忘记了亚利斯多得在西洋思想史上的势力——一尊的势力，一样的大，一样的长久，直到三百年前，十六世纪和十八世纪两世纪里很久的竞争，思想的革命，才打破亚利斯多得思想的中坚。

第一次讲演时，说过这回的讲演，是讲思想界四大派的派别和方法。第一派是希腊传下来的一派，以前便专讲这一派。这派是系统的（Logic）。今夜和下次是讲那第二派。第二派是上次讲过的那个理性派的思想（Rationalistic Logic）。讲这派的前，先要说那希腊传下来的一派——亚利斯多得派的 Logic 的变迁，与这派方法的应用——希腊以后中古时代思想方法的应用。从亚利斯多得以后，直到十六世纪、十七世纪的中间，差不多有二千多年。这二千年中，亚利斯多得的方法，经许多的变迁，被中古时代一辈"经院学者"（Schoolmen）所利用，经过许多的变迁与应用。

这希腊的一派，亚利斯多得是把思想的方法，用到人类的社会问题和自然科学上去的。亚利斯多得是个科学家——生物学家，他是要把这些方法应用到天然现象上面。所以希腊人对于天然科学的兴趣很深，不重天然科学，即重社会人生，从不曾用到那神道的、神权的、关于宗教的问题上面。待到后来，欧洲变成基督教民族。基督教从欧洲南面到西南，到北面，直普遍到一切的民族。当时的人还是野蛮时代、半开化时代，不料那种希腊的思想方法，被宗教采用，把来助他作宗教的辩论——神学上辩论的重要工具。这用法是从天然科学上的方法，用到神学、宗教上去，这是亚利斯多得所不曾理想到的。

这亚利斯多得的方法——他的根本方法，是承认每种科学的根据是有最容易明白的、最普通的定理。如几何学的根基，简单些说是"全大于分"，那是很浅明的很简单的。其他如生物学、物理学、天文学等，都有个简单的定理做个根据。但亚利斯多得所谓定理，所谓理性，是根据于人的理性的，并不属于神道的、神秘的，是从人类理性中找出的，并没有这神道、神秘的性质。

所以吾人可说，亚利斯多得的 Logic 的方法，还可算是自然的 Logic 的方法，因为并不是超于自然现状的方法。但到中古时代，这一辈"经院学者"把这一种方法应用到超于自然现状去；应用到关于神的、天的、上帝的方面去。以他们所用的方法讲，固然都是一样，但他们所说的定理，不是几何学、物理学……里的理，是《圣经》里的话，是教皇的圣谕，是基督教中最初的神父——长老的说话。这些话把来做天经地义，把来做根据。一切事物，都以这种为基础。

方才说古代亚利斯多得的方法，是自由的方法，后来被"经院学者"所利用，——以十一世纪至十三世纪为最盛。这三百年中，这些学者把亚利斯多得自由的方法，应用到宗教的威权上去。把古代自然科学、人类社会的方法，应用到神学、宗教的范围里去，这些方法的区别，为什么要说？就因要说明今次所讲的——第二派——和以后第三派的方法，这二派都是代表一种归附到希腊自然科学和人类问题的兴趣。当时对于实际的生活，不知注意；对于超于当时的生活，才加注意。在这二派的时期，即是欧洲从前出世主义思想，归到入世主义的思想方面，发生出新的兴趣。这有许多原因：

一、中古时代，把古代的文学、美术，都不注意。当时学者却带些复古的思想，所谓"文艺复兴"时代。但所谓复古，是从古代学说中新发见新知识。

二、发现美洲，当时人方知有了西半球，使人类思想一变，眼光都变了。

三、同亚洲人的交通。当时同阿剌伯人往来。阿剌伯学者都研究天然科学——天文学、医学等，又介绍许多科学思想。

此外，如十字军的战争，同土耳其人的接触，都有关系，不能细说。总之，归附到古代注重天然界的现象，发生一种新的兴趣。

这时代所以能得发生新兴趣，因为起了新思想方法的要求。这种要求是：

一、要求使人类能得征服天然界的势力、天然界的现状，把他利用，使为人生造幸福，增长人的势力。

二、不但把现成的知识成系统，像那中古时代把古人的话作根据翻来覆去的申说，还要要求新方法，不但证明，还要发见新的真理。

这两种要求，第一种是要增进人类的势力，征服天然的势力。这一种，培根（Bacon）可算是代表。现在不细讲，以后讲第三派时再讲。第二种是要把旧知识继续连下去发见新的真理。这一种的代表，是法人笛卡儿（Descartes），恰和培根相反；培根是要征服天行，他却胆小，不过找个方法，为人类发见新的真理。这种区别，从历史上看来，是极有趣味的。培根是英国人，英国的政治是自由些，宗教革命得早，那宗教的势力比较上是减少些，人类自由是多一些，所以培根大胆要征服天然，带些政治上的性质。大陆上却是不能，那时教会很专制。当时有个科学家 Galileo 他说，地并非不动的，地是绕着太阳转的。这话与宗教家说的相反，因此教皇便定他的罪。笛卡儿处这积威之下，也曾把他的书烧掉。这可证明事实上的关系，所以他要研究学理，找出学理的新真理。

今夜和下次都是讲笛卡儿的学说思想，照上回一样：第一次讲他对于哲学的根本观念,下次讲他的方法。

笛卡儿的哲学,对于自然界的根本观念有两种:一种叫做"积"(Extension),一种叫做"动"(Motion)。"积"是容积,占地位的,占空间的地位的。一切的物质都是"积",都是容积,都是占地位的。在空间的区别,有什么大小、长短、高下,这形状都算做"积"。一切物质的变迁都是"动"。"积"占的地位有变迁即是"动"。"动"便是"积"地位的变迁,便是一切变迁的因。这两种观念是对于自然界的重要观念,为什么是重要?因把一切万物都可以用数量表出,都可以用算学算出。科学能够用数量表出,算学算出,方才有把握。他发明算学的方法——解析几何——他因这种新方法可以表示变迁,所以他把一切科学的知识,都看做数量的知识,要是数量的知识才可算是科学的知识。但数量是并不独立,不过是一切科学知识的钥匙的关键。一切科学的门径,全靠他才可找出。

这样正式的讲演——一切物质都是"积",物质变迁都是"动",专讲法式上的表示,是没甚意思的。最好从根本观念上,引申出四条结论,把这四条结论和古代科学的结论比较讲,便易明白了。

这第一个重要的结论,是打破古代阶级的区分——一代高一代、一代低一代这样的分类——把古代科学方法的分类看做固定的、不变的、祖宗谱式的,现在一齐推翻,一扫而光,把一切万物都归到"积",一切变迁都叫做"动",都看做数量的关系。把那天然界的阶级,那高高在上的星辰和低低在下的尘土,都是一样平等的东西,都是积,他的变迁都是动。

古代的思想,把万物的性质都看做不同。矿物有矿物的道理,星辰有星辰的道理。这些把万物看做不同性的,现在都看做同性质,把古代神秘的区别都没有了。就像人身的呼吸和血的流通,从前看得很怪,现在却都讲做"积",都讲做"动"。血的循环和抽气筒的抽水是一样的理,呼吸的流通,同风的往来是一样的理,都是动,都是数量的关系。把那不同性的观念打破,无论生物、矿物,都是一样去观察。

近时从笛卡儿以来,科学进步,固有许多人不赞成那太简单的说素——一切万物都一样解说——近世虽觉笛卡儿立说的不合,但笛卡儿却有极不可埋没的大功。古代科学,把天然界分作无数固定的、繁琐的、彼此不相交通的区别,使得人的心力受大大的亏,笛卡儿把来一齐打破,打破这知识界的封建制度——阶级制度——这样的大革命,便是不可埋没的大功。笛卡儿的方法还有件大功。他把这样的东西——"积"与"动"——去解说万物,有大用处。这些极平常的东西,人人都明白。他把人人所懂得的东西,打破古代神秘的不可思议的黑暗。从黑暗趋向到光明,从神秘趋向到人生实用上,这是思想界的一大建白。

这第二个重要的结论:是古代亚利斯多得信那"最后的因"——目的,他以为物质的变迁都是向着那最后最完全的目的进行。笛卡儿便打破这种观察,以为"动"并没有最后的因、最后的目的。一切物质的变迁都是动,都是空间关系的变化。这样使吾人便宜不少,不必求那不可知的因。并且这"最后的因"的说素,后来被宗教中人去利用,牵合附会上去,那格外坏了。笛卡儿提出这二种"积"和"动",打破古代神秘的固定的因,这在实际实用上,是很重要的。

吾人举个例,古代亚利斯多得一辈讲人身的构造,他们信那最后的因,便以为人身的构造,每种都有个目的。他们观察人身,以为人身活的时候,身体是热的,过热了便病,太冷了便死,所以他以为所以生活,是冷热调剂平均的缘故。根究那冷热的来源,以为身体的构造,有一种是专门供给冷的,有一种是专门供给热的。心脏是供给适当的热度,脑髓是供给适当的冷度。这回是极端的例,是很荒谬的。但是深信那最后的因,一定要生出很大的危险。要造出个目的来,便不能不有这种荒谬的说素。

笛卡儿却不然。他讲一切的动——变迁,是并无目的的,只要看前面的一部是怎样。他是完全注重前因的关系。从前因看到后果,把前因来解说后果。人身的构造,用不到最后的因。他讲人身的变化都是"动";血动、呼吸动,都是动,完全是"动"的作用,并没有目的的。天然现象,都可以用这观念解释。从主动发生旁动,以至无穷,只有前因后果的关系。现在试验"物质不灭",如木烧做灰,把他的灰和他的热气加合起来,可以证明重量是一样的。这是后来的试验。笛卡儿先说物质每种动,都是容积的变迁。容积永在,数量不变,把这数量的关系去讲天然界的现象,便打破"最后的目的"的观念。

第三个重要的结论,却是算学的重要。亚利斯多得讲科学,是注重在类别,注重在性质的区别。至于数量的区别,他看做不甚重要,以为是偶然的性质。譬如菊花虽有大小,那菊花的性质,总是存在。三角形虽有长短,那三角形的性质,总是存在。笛卡儿则注重数量,以为一切万物都是"积",积的变化都是"动",都可以数,都可以量。那可以数、可以量的,才是科学。不能数、不能量的,都不能算做科学。他打破古代注重性质的类,这亦是思想界重要的贡献。

吾人要知道,研究近世科学发达历史的人,颇多有反对笛卡儿的错误的。但无论如何,近世科学对于笛卡儿,很有得他利益的。笛卡儿极提倡数量的重要——一切科学都要可以数、可以量的——从此以后,学科才注重数量的研究,表示式子。这种数量的方法,都是从笛卡儿以后格外注重的。古来讲真理的,什么叫做真?什么叫做假?怎样是正确?怎样是不正确?都无一定的标准。从笛卡儿注重数量以后,真理才有标准。数量正确,才是真理。所谓真理,即是数量的正确。

方才讲过笛卡儿以为算学是一切科学的钥匙。这种注重数学,全根据于数量的观念。还有重要的方法是从数学得来的。数学上做一门算学,是从最简单的定理、数量的符号做下去,用不着五官的感觉,完全是理性的作用,应用几条定理,找出答数。这种用数量符号,合上公式,找出的答数,自然是对的。笛卡儿思想的根本方法,就想从最简单定理入手。

笛卡儿应用这数学的理性作用,从简单的定理,可以找出答数。后来应用起来,普通的简单定理连拢起来,可以变做复杂的定理,创造新颖的定理。从没有的变做有,这都用不着观察,完全是理性的作用。他因此看做一切科学都是如此。从这基本定义连贯起来,一条条连下去,也会引申演绎出许多新的定理。从没有的变做有,从不曾发现的去发现他,都用不到五官的观察,只要从理性的作用看那公理、那定理有无错误便是了。这所以称做理性派的名学。

吾人差不多用不到说,在笛卡儿以后,从科学历史上观来,这主张妄想把这简单的定理应用到天然界种种现象上去,是错的。便在当时起个大争论,一方面笛卡儿这一派注重数量的关系——理性的作用,一方面大科学家奈端(Newton)注重观察、实验官能的感觉,他是大算学家却比较不注重数学的理性作用,因此起大争论,后来是经验派战胜。但我们不能埋没笛卡儿的大功。[他]明明白白指出数量的研究,在科学上是占极重要的地位。

这第四个重要的结论,就是笛卡儿把官能感觉不注重,看做不可靠的求知识的法门。因他注重数量的关系,而官能的感觉(声、色、味、嗅、触)偏引我们注重性质上的区别。不注重数量,不注重数量的是最容易使吾人上当的门径。

照古代讲,这感觉使吾人觉到这重、轻的性,红、白的性。这每样的性,都是五官感到的性的区别。笛卡儿讲却没有所谓重、轻、红、白的性,都是外物所起的动在吾人心理上所起一种变化,并不是外物有什么性的区别。

所以笛卡儿以为官能的观察,仅不过起一种感觉,并不能够供给我人可靠的知识。我人应进一步求数量的区别,不可受官能的欺骗。他看做官能所起的知识,是不可靠的知识。

笛卡儿这种的攻击官能感觉,很有重要的关系。古代科学根据的知识,是重在性的区别——重、轻、红、白、香、臭等——而不重数量,所以他要打破古代科学,推翻官能的感觉,而不知在后世发生很多重要的影响:

一、理性派和经验派的纷争,引起真知是概念是全称的知识的立说。

二、后世唯心论和唯物论的争执。笛卡儿极承认数量的大小,但不曾否定外物的存在。唯心派却趋于极端,以为一切万物都由心造,完全从心起的。这种纷争,亦是因此起的。

下次再讲笛卡儿这派思想的方法。现在吾人应注重的,总之笛卡儿对于思想界有二项重大的贡献:(一)打破古代科学荒谬的观念;(二)物质观念代古代类种的区别。古代分类的方法,是静的区别,现在笛卡儿是讲物质动的关系。

在第一二次所讲希腊思想的方法论,同希腊人的宇宙观,很有重要的关系。希腊人看宇宙,当做有阶级的、有系统的、从高到下的、从重要到不重要的,有这种阶级的封建制度的宇宙观,所以他的方法论亦相类似的:是注重界说的,注重分类的,注重系统的,注重三段论法的。在第三次讲演,讲过这种的宇宙观被第二派的笛卡儿完全推翻。笛卡儿看这宇宙,不是阶级的,是平等的;不是复杂的,是一致的;一切的万物都是"积",都是容积;一切的变迁,都由于"动"。这样把"积"、"动"两个观念解释宇宙万物,这种宇宙观,应当发生别一种的方法论。这方法论,是和这平等的宇宙观是相合的。

笛卡儿的方法论,有二项重要的观念:(一)"直觉"(Intuition);(二)"演绎"(Deduction)。笛卡儿用这两个字,同平常一般哲学家所讲的意义不同,所以必定先要把这两字义解释一番。现在先讲第一个"直觉"。许多哲学家把直觉看做同理性相反的东西,看做比理性高,理性所不能知道的,直觉能知道他,甚至用直觉观念要得到神秘的、神妙不测的知识。但笛卡儿都和他相反。笛卡儿不但不把理性和直觉看做相反,并且把直觉看做理性的一种作用,是直接可以知道的,直接可以捉住的,是最容易最简单最清楚这一部分的知识,是理性作用最容易看出的。凡是直接可以知道,不用间接去推求,这种理性的作用,谓之"直觉"。

这种见解,把直觉不看似比理性高,是理性最简易的一种作用。根据这个见解,去观察一切事物,一定要有两个条件,就是对于事物一定要有两种性质:(一)"明白"(Clear);(二)"分明"(Distinct)。履行了这两个条件,才可算直觉的知识。观察事物,能明白,能分明,才可算是真知识,才可算直觉能观察得到。

吾人举个最浅的例,证明所谓"明白"和"分明"这两个条件。譬如观察事物,在黑暗的地方,光线不好,便一定不能观察得"明白"和"分明";在日光底下,光线强的地方,可以看得"明白",看得"分明"。这个例不能形容笛卡儿的意思,因为笛卡儿的意思,即使在日光之下,光线充足的地方,这时所见的感觉,亦未见能"明白",能"分明"。

笛卡儿所要找的所谓"明白"和"分明",并非平常五官感觉所谓的"明白"和"分明"。他所谓"明白"和"分明"的对象——知识,一定很简单,很容易,是浅而易见的,能自生明了的,一经观察,自能把意义、把性质都可以捉住,这是绝对的正确。人家看是这样,自己看也是这样,没有争论的余地。这样大家公认,没有争论,所以能得一见便明。平常五官的感觉,未见能有这种绝对的一定的知识,亦不见得彼此一致,无疑惑的余地,无讨论的余地。

所以笛卡儿所要找的,并非五官感觉所谓的"明白"和"分明",他所谓的"明白"和"分明",是把最简易最明显的知识,做知识学问的根据、基础。至于讲五官感觉所以不可靠,吾人可举个例。譬如这是张桌子,在实际上看,确是不错,平常实际应用上,亦未尝无用,但真要讲学问,要求"明白"和"分明",这还是不可靠。为什么?因为官能的感觉容易错误。譬如画家画一张桌子,画得很像,远远望去,便真当他是张桌子,走近一摸,才知道这是一幅画。又如有神经病的人,明明没有桌子,他却当做有桌子。又如梦里,明明见的是桌子,却并不是桌子。这是第一层理由,因为官能的感觉易于错误,所以是不可靠的。

第一理由是感觉易于错误。第二个理由更为重要。譬如看张桌子,吾人就使知道这是桌子,但这种的感觉不能使吾人知道这桌子所包含种种的意义,种种的分子。看了这一面,不见那一面;见了这桌子的颜色,还不明他是什么的缘故。所以单说这是桌子,这知识不能算"明白"和"分明"。因这桌子所含的意义很杂,科学家尚不能懂得。所以从这两项理由讲求,所谓"明白"和"分明",是(一)要不会错误,是大家公认的;(二)这知识很简单,很容易,所含意义一览而尽,完全没有疑的。

所以笛卡儿对于感觉的知识——感觉所得的影响,都看做不可靠的。即使认得,也不过觉得如此,觉得是黑的、白的……你便算是认得了。实在懂得么?不懂。讲不出所以不同的地方,为什么黑?为什么白?都不知了。这不能算正确的知识。总之,笛卡儿对于官能的感觉所得到的知识,都不信仰,都以为靠不住。

究竟世上可有真能符合笛卡儿的两条件？可有真能"明白"、"分明"的东西？——是不会错误、大家公认的,是简单容易、所含意义一览无余的。笛卡儿说是有的。在何处？在数学的知识里面,是有可以符合这两项条件的。一种是"数"（Number）,一种是"形"（Form）,这二种。算学里的数目和几何学里的形——确能做到"明白"和"分明"的两个条件。

譬如讲一个"99",这数目很清楚,很分明,他可以分做九十九个"1",吾人一看就知,永不会错的。"1"的数目和别的数目不同的地方,亦一看就明白的。同"2"、同"3"、同"100"都不同。比"100"少"99",比"3"少"2",比"2"少"1"。他所含的意义同别的数目都不会含混的。所以这"数"决计不会错的。

"数"是这样,"形"亦是这样。譬如复杂的形式,固然是不容易明了,但这"形"都可分到极简单的,使他明显。"形"的观念,从复杂可以归到简单的"点的观念"。那"点的观念"是很简单的、很明白的了。从点的关系到线,从线的关系到面,从简单到复杂,复杂的仍可以归到简单,这种也可称是"明白",称是"分明"。

所以笛卡儿要找到"明白"、"分明"的知识——真是可靠的知识,做到这步,先得推翻扫荡知识界、思想界的垃圾——一切矇蔽聪明的东西。凡从前种种的思想和知识,都要把这标准去"疑"（doubt）他。是明白么？是分明么？这么一来,把以前种种的信仰、规条、习惯、思想界的垃圾,完全扫除,完全推翻,就完全是"疑"。扫尽以后,才可得到"明白"、"分明"的知识。他那方法的规则是：

一、不曾真知道是真的,不要当做真。

二、下判断的时候,不要潦草,不要有成见。

三、下判断的时候,除了真是认得"明白"、"分明"的东西之外,不能把旁的东西加入判断里面去。

笛卡儿自己著一部书,讲他自己"疑"的历史,怎样推翻扫荡知识、思想界的垃圾。他记他以前的学校教育。他入最有名的学校,受过了完全的教育,待到毕业以后,把这标准——"明白"、"分明"的标准即真知识的标准——去试验他所受过的教育,没一件能经得起这种试验的。只有一项是能经得起这试验,便是"算学"。其余无论哲学、科学,都经不起这试验。哲学、科学在二千年来从没有一定的学说,这一派以为是的,那一派以为非的,终免不了旁人的攻击。他对于学校所受的教育,完全是"疑"。他再到各国去旅行,这个经验,使他"疑"的观念格外的重。没有一国的思想、风俗、习惯、法令,和别一国是相同的。这一国以为是神圣不可侵犯的,那一国以为是迷信;那一国看做神圣不可侵犯的,这一国又看做迷信。旅行的结果,见得世人没一定公认的理,所以这一来除算学之外,没有一样经得起疑的试验的。

他应用这种标准去试验一切的思想,疑到万无可疑的地位,才能相信。物质方面都不可靠,只有数学的"数",形学的"形",数量是明白的,分明的。精神方面也都靠不住,后来只有一个地方万无可疑,这个便是"我"。"我"在这儿疑,"我"是有的。"我"起了意识作用。"我"这观念万无可疑。在精神方面,把"我"作基础,从"我"方面去找出知识;物质方面,把"数量"作基础,从"数量"方面去找出知识。

以上所讲,都是笛卡儿第一项的观念——直觉。现在要讲那第二项的"演绎"是什么。他所讲的"演绎",和平常名学书上所讲的不同。他是把最容易最简单的基本观念作基础。所谓"演绎",便是把基本观念一个个的建筑起来;把"明白"、"分明"的观念,依着天然的顺序,一步步的做去。算学、几何,都是如此,一步步都要分明,都要有一定的次序。这样有顺序的构造,从简单容易的,渐渐到更复杂繁难的,谓之"演绎"。

平常名学内所谓演绎法是三段论法。就是"凡人皆有死,苏格拉底是人,所以苏格拉底要死"这一种的三段法,所以要格外注意,笛卡儿所谓的"演绎"不是这一种。他要一步步的步步得到"明白"、"分明"的知识。有个比喻,像把一块块的砖堆成座桥,那一块块的砖代表那"明白"、"分明"最简单的观念。处处要懂得堆的作用,这样把简单的分子、元子做基础,逐渐造起来。这种方法,是笛卡儿所说的"演绎"。

笛卡儿对这方法的信仰心很重,他以为用这方法,照算学的理按步就班的做去,可以找出许多的知识。无穷知识的希望,尽在这基本知识上面。平常天然界的种种现象,容易使得吾人糊涂,如雷、电、光、热,以及动、植物的生长,都是很复杂的理由,使吾人莫名其妙。但照演绎的方法,先找出极简单的地方,做基本知识,从明白简单的再推到繁难复杂的,由简而繁就明白了。步步清楚,就全部亦清楚了。

笛卡儿当真从最简单的数理观念作基本,要在这上头建筑种种科学,这妄想未免太谬。现在他建筑的屋子,固是倒了,但他的基础还在。他把天然界的现象归到数理里。"凡用数理可以讲的,是真知识",这都永远存在。现在物理学里讲颜色也要讲数量、色彩的不同,由于颜色在光中转动的数量不同。有这数量的关系,才知道色的真相。他这数理的观念,是永远存在。

吾人现在把这两大部的大意都明白了。现在加几句笛卡儿哲学方法的价值,并不是批评,也并不是攻击,是指出这方法在思想史上的重要贡献。

那第一层,是笛卡儿的方法提出"明白"、"分明"的标准,去评判一切的知识在思想史的大贡献,就是"化繁为简"的大功用。从古代以来,直到笛卡儿的时候,人类思想结了许多的荒谬、迷信、遗传,差不多挑了一副重担,笛卡儿把来快刀割断,推翻那担子,繁缛的便化成简易了。

这消极方面说来,笛卡儿的方法有解放人类思想的大功。积极方面,养成人对于人类思想起新的信仰。以前古代亚利斯多得的作用,看做分类的,系统的,不能创造的。笛卡儿一步步求真理,是动的思想观念,使人觉得思想能力有创造真理的活动的能力,这是在思想史上的大功。

还有一种亦很重要。笛卡儿的方法注重"明白"、"分明",这一种的趋势亦很重要。法国民族的习惯,以及法人的文学、美学,都受这一种注重"明白"、"分明"方法的影响。固然这是法人的国民性,但自笛卡儿以后,把这精神提出,做有意识的说明,自此以后,使这趋势益为明显。所以笛卡儿的思想,与法国的文学、美学以及宗教,都有关系,都要注重"明白"、

"分明";反之,即是反对含糊、混沌的观念。笛卡儿很避人家的注意,甚至他著的书,以不合教皇意旨,便把他烧掉,使人不知他那种方法。在无形之中,这影响已很大了。

那第二层,是笛卡儿的方法所以称为理性派,因他注重在理性的观念(Conception),比较看轻经验的方面,把理性的概念作重要思想的基础。

这种概念——理性的概念作思想的基础,他进行的方法是"演绎",一步步照顺序的建筑。研究一项事物,不必从这事物着手,从理性这方面着手,一步步的建筑。理性方面构造成的顺序,自然会同天然界的顺序一样。反之,天然界的顺序,自然会符合理性的顺序。"理在心中不在外物"这观念——十分注重理性构造顺序的观念,是特别的。后来经验派就同他成反对的地位。笛卡儿已趋极端了。后来一辈人更趋极端。譬如说一个笑话,不必讲那一则、这一则的笑话,只要笑话的概念十分明白,自然会笑。这一辈注重理性的概念竟到这般田地。

第三层,是笛卡儿的哲学方法可算提倡知识、思想界的个人主义。他是注重理性,那理性是人人所同有的。所以各人不同的缘故,就因许多人被教育、成见、迷信、谬说所弄坏了,矇蔽了。他自己正确判断的能力,辨别是非真伪的能力,天然是人人共有的,是平等的。

笛卡儿说:比如造一个城市,这有许多人住着的,是杂乱的,是没有条例的。假使是一个人去安排的,有条理有次序,整齐严肃了。所以他说:人类思想界最好自己替自己打算,自己为自己计划。他一句,你一句,死人的意思,活人的意思,都是不可靠的。他希望人人能打算,能怀疑,把成见谬说一齐刷新,把自己理性建筑起来,人人能如此,社会便好了。

笛卡儿自己很守旧、很胆小、很怕事的,但他不知这方法,这思想,这"疑"的态度,这扫荡的精神,便是革命的方法。他是很老成的一个人,但可算做法国大革命的始祖。后来法国大革命的首领也说:"我人把社会制度要刷新他,要把理性来作根据。"这般影响,笛卡儿却没有想到,但这是很自然的结果。革命以后,法人在大礼拜堂内造一个"理性之神"。现在在这些文学书里,常还见"理性"和"人道"这两个字,是常联用的。这观念便代表理性是人类共有，这思想便是受到笛卡儿的遗风。

今晚同下次的讲演，这二回是讲第三派的哲学方法。Logic 这派上次讲过，算是"经验派"（Empirical Logic）。这派是以洛克（John Locke）作代表。讲洛克之前，先须略讲那培根（Francis Bacon）。培根生在笛卡儿之前五十年光景。培根时代是英女王伊利莎时代，Elizabeth 和英国大诗人莎士比亚（Shakespeare）同时。这个时代，是英国种种情形的扩张时代，无论经济方面、文学方面，都是十分发展。培根又是个政治家、法律家——是有名的律师，也曾做过司法总长，并不是专门的思想家。他的兴趣，是实际上的兴趣。当十六世纪末十七世纪初，美洲发现不到一百年，正是欧洲人眼界初次扩充时代。不但政治方面、社会方面方在发展，即思想方面也是这样，想要找个新方法——适宜于这发展和扩张的时代的新方法。

培根觉得那时代是个新世纪，所以要找个方法，找个可以造成这新世纪的方法，可以引进这新世纪的方法。他的时代——十六世纪末十七世纪初——是打破种种迷信的时代，所以他的兴趣渐渐从天上归到地上，从神学归到人学，从"超于自然界"归到自然界。这种兴趣所要找的方法，不是天堂的方法，是实地应用上找新世纪的方法，是要使得人类能有管理自然界的能力，利用自然界去造成人类的幸福，这是征服天行的兴趣。培根有句格言说得好："知识是权力。"（Knowledge is power.）所以他以为知识是要能征服天行，要能为人类造幸福。

笛卡儿以前讲过是理性派的代表，他的兴趣完全注重于学理上的研究，社会上、政治上种种实际的事情，比较是不看重些。但笛卡儿很受培根的影响，他有些话，竟和培根一样。笛卡儿说："推翻从前玄想的哲学，把实用哲学去代他。这实用的哲学，可知道花、空气、星象、天体的作用。靠实用的哲学，知道天然界种种的作用，吾人便可利用天然界的力，供人类的幸福。吾人是做天然界的主人翁，自然界的业主。"这话竟与培根相同，也想征服天行，使人类做天然界的主人翁。

培根的一生，是要找出新方法，找出根据经验的新方法。他所极端反对、攻击最力的，便是古代亚利斯多得的 Logic——三段论法的 Logic。因为这旧时的方法有两项极大的缺点：

一、这是辩学上的方法，不是思想上的方法。这种方法的目的，不过足以使我的主张、立说胜过别人的主张、立说。这种人同人的争胜，究竟没有什么用处。所以须要找出新的方法，使人类足以征服天行，才行。

二、这方法是把从前知道的知识整理起来，还没有什么大用，依旧不能因这分类的方法，整理的方法，使得有些发明。吾人所要找的，是找人类能得新知识的方法。

培根以为亚利斯多得的方法所以有以上两项重大的缺点，他的根本错误，在当作天然界种种的秩序，自然会合到人类理性的秩序，他不从事实着手，不根据观察的经验，这是极大的错误。所以培根主张一切方法，都要根据事实，观察要清楚，记载要明白，从事实里找出理性来，条件来，次序来。吾人应当观察天然界种种事实，去找出道理来。

培根把旧时的方法——从理性着手去配合事实的方法，作为演绎法；他这种新的方法，——从观察事物着手找出理性的方法，作为归纳法。我人受到培根的影响，数百年来才知道科学方法应注重归纳法，可见这种方法影响的大。但培根却并没抹煞理性，不过把理性作后来的手续。应先观察事实，再用理性，用理性去组织事实，用理性去找出道理来。他有一段文章很有价值。他说旧方法偏重理性，还是没用，这是悬空抽象，由肚子吐出来的，是蜘蛛的方法。至于偏重事实，把种种东西堆积起来的，也没系统，这和蚂蚁一样，但知积聚东西，不能用理性去分配安排，这是蚂蚁的方法。要照他自己的方法，像蜜蜂一般，采取了种种的材料，制造过，融化过，去变做蜜糖。所以要从事实组织过，整理过，再找出精彩的结果，这是蜜蜂的方法，是培根的方法。

但培根对于科学方法的贡献，并不是他归纳方法的重要。他没有说出方法来，因为他当时的科学知识很浅，所以不能有具体的明白的主张，他不过知道这经验的重要，他是英国经验派的大运动家。他这种运动的背景亦不可不知。英国哲学至今三百多年间，多是受经验派的影响；至于大陆哲学至今三百多年间,比较是趋向理性派一方面。所以讲培根只可作为英国经验派大运动的背景。

一六八八年,这一年是英国历史上很大的纪念,是英国大革命的一年,把很专制的皇朝推翻了,造成个新朝代,比较是开明些、受人民拥戴些。洛克他最重要的著作,差不多都在这一年的前后出版,他的哲学,可谓英国大革命的哲学。培根要征服天行,洛克却没有这样野心。他是自由主义的哲学家,他提倡使得个人都有自由思想、自由观察的能力。怎样能使人和人的关系加深? 怎样使得人和人彼此互相敬爱、互相忍耐、互相容得? 同时又能有团结力抵抗不正当的势力,去保护自由,造成一种自由的国民? 他的影响,不仅深深印入英国的自由主义;即美国独立之战[时]法国的思想界,也很受他许多影响,所以他可称是英国、美国、法国的革命哲学家。

十七世纪吾人知道很多战争的事实。十七世纪中叶,又是革命很长久的时期,不但是英国,即大陆上也是长期战争的时代。他这原因,一大半是带些宗教的性质,——不仅仅关及政治——是宗教的战争。这战争的起因,是由于人的信仰不同、意见不同的缘故。这多少年的血战,多是带宗教的性质。不过这种运动,往往牵到政法上面去,所以看来也似与政治问题有关系了。实在根本都由于人类信仰意见的不同。洛克受了这时代的影响,因此他要研究究竟所谓信仰,所谓意见,是怎样的造出——发生? 是用人的心思能力可以解决的,还是不可以解决的? 这超出人类的思想,究竟可以用人的思想去解决么? 这种意见、这种信仰所以引起种种误会的讨论,他的原因又在什么地方?

洛克他研究意见、信仰究竟在人的思想能力范围的中间,还是在思想能力范围以外的? 那先要知道思想能力范围的限制,那一步能知道,那一步不能知道,先知道知识是个什么东西。洛克说:"知识是从正确的经验来的。"这答案和培根相同。但培根不曾细细研究细细分析究竟什么是经验。洛克却从心理学方面研究经验究竟是怎么样,他的影响所以大,就在能从心理方面说明经验是什么。

吾人可以说洛克的名学方法,他的根据,是心理学的方法;换句话说来,就是他的名学根据于他的心理学。平常觉得有信仰和不信仰,这不能算什么,应当研究何以起这信仰?这信仰是什么?心的作用是怎样?怎样把信仰引起来?明白了才可解决这问题。然而要知道这一层,非先把心的官能作用和算账一般的考察不可。明白究竟那一部是心的能力所做得到的,那一部是做不到的,才可讲到应信仰和不应信仰。否则如暴君一样,是命令的态度,或专制的手段,是自由的人类所不应该的。

现在讲到这一层:究竟信仰和不信仰,从心理方面的研究,是怎样?他的答案把经验分做两种:

一、外观,研究外面的事物;

二、内审,自己观察自己里面心的作用——感情和思想。

他说只有这两种的经验,便是外观和内审。

以上这两种:内审的根据,又根据于外观。先从外观的意象,把心反审心的作用。只有这两条路,是可以算这经验的解决,可以把来作个标准,试验一切的信仰和意见。假如我有个立说讲得很圆满很中听,可以自成一说。吾人若问这思想是从何处得来的?可否分析到后来,使成[为]很明了、很简单、很正确的经验?如其不然,是靠不住,没根据,不是可靠的知识。

洛克也是个文学家。他说无论一切思想,玄之又玄,飞到天上,腾到云上,无论怎样的高超,总是根据于事实,根据于低低在下的事实;要是没根据,总靠不住,他的立脚地总是站不住。这话对于一种玄想的表示不信用的态度,这是英人普通思想的共同性质,洛克可说是代表了。所以洛克又可说一方面是承上,一方面是启下。承上的方面,是有定性的发挥;启下的方面,是使得以后思想的发展格外容易。

洛克自己说:他重要的书,就是《论识》(*Essay Concerning the Human Understanding*),他这书是讨论知识。著这书的动机,起于一辈朋友的讨论,到后来讨论不下去,发生了许多困难,许多莫明其妙的困难。他因此推想究竟困难在何处?恐怕还是人心的困难。究竟人心能力的限度,不曾明白,那一步能知,那一步不能知,自然莫怪讨论不下去了。

所以他著这书的目的,是要找出人心知识的限度范围。超出范围以外,心的能力便不中用,这些过了限度的推想,便是妄想。他最攻击武断、妄想、一切不根据于观察经验的学说。他以为凡是学说,都要有经验作根据。他这一派的哲学方法,是完全要打破一切妄想——飞到范围以外去的妄想。他说:心的知识,不用一切都知道,只要知道一切东西,实用上可以应用就够了。譬如说行为的规则是什么? 不必知道人生种种的行为,只须知道他里面的光明——心——好似一支蜡烛,他的光虽不甚强,但应用上已很够了,可以用不到存什么奢望。

今天不过讲洛克哲学方法的背景的大要,不能细细讲他的方法,这一层留到下次再讲。但以前所讲的,还不完全,要求完全,须得再讲洛克所最反对的所最攻击的。他最反对最攻击的,有两项:第一项是先天的知识——这种天生的知识,便是不学而知的知识。洛克根据于经验,自然不承认天生的知识。但洛克的反对,还有特别的原因。他以为天生的知识,是一切种种的武断、迷信、荒谬学说的护身符。这种知识,本来是现成的,用不到去思想,用不到去研究。换句话说,就是禁止你的研究、观察、思想。所以天生的知识,是造成天经地义的条件,是种种威权所凭藉,用来限制思想自由的。

吾人方才讲过这时期的战争,不论是英国,是大陆,大半的原因,都起于宗教的信仰意见的不同,但是无论在政治方面,宗教方面,都可以利用这种天生的知识,说是种种的规条,是神圣不可侵犯的,用不到人批评的,更用不到人研究的,所以洛克要打破这种天生的思想,打破这种不用研究、不用考察的思想。

吾人可以说洛克的哲学同他政治、社会的学说,都相联贯的。他提倡自由主义的哲学,反对某种信仰、某种观念是天生的,就因于一辈有势力的,要制定某种学说某种信仰是天生的,使得他们可以安稳,使得他们可以享受特别权利。洛克要攻击这一辈人,要恢复人的自由权。他以为这思想的自由是根本的自由,这个自由得不到,其余种种自由都是不稳的,都是假的,都是没有根据的。

洛克第二项最攻击的是语言文字的滥用。语言文字乱用的害处,可说是种种武断、迷信、糊涂、荒谬学说的第二个护身符。

有许多荒谬学说所以能存在,完全是文字做保障。没意思的文字,看似冠冕堂皇,实在这种空文的文字用不到研究。他说仆人作的事情,件件都很清楚的;凡是法令,都很不清楚,都是模棱两可的,都是莫明其妙的。

最要紧的,是平常道德、宗教的观念——道德上、宗教上的名词——他说宗教、道德上的文字,都成了具文。许多学者的书,都是在这些空文字上争论,费了许多的时间,费了许多的精力,有用都变做无用。他所以要改良语言文字,[因为]去了文字的障碍,社会上才有标准;宗教、道德都用明明白白的意思,才使社会有所依归,宗教、道德有价值有用处。

至于他的方法,待下次续讲。

最初的两次讲演,是讲亚利斯多得的 Logic——整理派的 Logic;第三、第四次的讲演,是讲笛卡儿——代表理性派的 Logic;第五次的讲演,是讲经验派的 Logic,这一派的代表是洛克——十七世纪末的洛克。他讲到知识的来源,以为完全由经验得来,所谓先天的知识——良知——种种生成的供给,对于人类用空泛的语言文字表示种种很复杂很空泛的意思,往往容易[引]起人误会,使人不能了解他的意思。这些都是上一次所讲过的。这一次便是讲这一派的方法——求知识的方法。

洛克这一派的方法论的起点,就是他对于人类以为有"天生的能力"。上次讲洛克反对先天的知识,以为人心很像一张白纸,并不是天生有什么良知,所有一切知识材料都是从观察得来:一方面是观察外面的事物,一方面是观察内心的作用。须经观察才可以得到知识,这是洛克的主张。但洛克虽以为人是没有先天的知识,同时却又主张人有先天的能力,这个能力,即是求知识的能力,即是定人的知识的方法。凡是一切经验,均根据这天然的能力来的。现在讲这天然的能力,第一步先要明了天然的能力是几种怎样的能力。

人心的能力,照洛克讲起来,说是有三种的能力:

(一)组合的作用。这组合的作用,换句话说,便是联合的作用,亦即是加的作用。把几种简单的观念加在一起,组合成一个复杂的观念,这便是组合的作用。譬如五官,那官能的感觉,只可供给吾人散漫的知识,这一种,那一种,是极杂乱的,所以但靠官能的感觉,是不济事的。像眼睛的看颜色,只知道红的、白的……;耳的听声音,只知道高的、低的……;手的触觉,只知道粗的、细的……,单是这些官能的感觉总没有用。吾人要知道这一张是桌子,那心便有加的作用,把眼、耳、手的感觉,加在一块,组合起来才知道这是一张桌子。这便叫做"组合"(Complexion);这便是总合的结果。

(二)比较的作用。这一个意象同那一个意象比较;这一个感觉同那一个感觉比较,这便是比较的作用。那比较的作用,于空间性是可使同时存在。譬如桌子上有茶壶、茶杯、墨水瓶,心的比较可使这几种的意象同时存在。又于时间性是有先后的关系。譬如先看这一样,再看那一样,这亦是心的比较作用。于因果上是可以使得明了前因后果的关系,用手打一下桌子,有这个因,就可知道能得到发出声音的这个果。这都是很简单的,并不和人家讲因果讲得极神秘的一般。人的心因为有比较的作用,所以能看出时间的先后因果的关系。这并不希罕。不过是比较的作用罢了。

(三)抽象的作用。抽象的作用,即是把许多意象中抽出一个意象来。譬如说桌子高,把其余的意象都丢了,单抽出高的观念。许多人中间抽出个人性,许多树中间抽出个树性,至于普通的观念是没有什么高性、人性、树性,只有心的抽象作用,是把复杂的组合中丢去其余的意象,单抽出一个意象来。这一节很是重要,就是他不承认"类"法,一切普通名词、普通的观念都没有存在,都是人心抽象的结果。

这一种态度,不承认普通的观念,不承认他们有实际的存在,这个态度在哲学史上极其重要。洛克以前几个重要的哲学家均重视这个普通的观念,以为全称的普通的是最为重要。如希腊古代柏拉图、亚利斯多得诸氏,都以为个体不重要的,个体须靠全称才有意思。即笛卡儿一班大陆派也是这般主张。现在到洛克却相反了:只有个体的东西是真的,全称的都是人心为方便起见抽出来的。这种见解不独在思想方面是开个新纪元,并且影响到社会上去,承认个人是真的,社会、国家均是人造的,均是为方便起见才发生的;所谓法律,所谓道德,都是普通的东西,全称的东西,都是人造的东西,只有个人有实际的存在。

方才讲的都是洛克方法论普通的起点。从这一点提出方法,这便是分析的方法。洛克以为许多复杂的意象,都是从简单的意象联合起来的。所以要知道复杂观念的真假,是没有法的,只有把这观念分析为各部分,分析到极简单的地方,才可知道他的底蕴;要找出他的缘起,找出他简单的各分子,才可知道观念是错了,错在什么地方。

譬如吾人举几个例:哲学上许多繁复的观念,什么时间的观念,空间的观念,或是物质的观念和心灵的观念,伦理学上又有什么公理、人道,政治上什么主权……等种种的观念,都是很繁复的。洛克以为一般学者用许多复杂抽象的名字,把人心弄糊涂了,弄不清了,所以他的方法要用极简的分析方法,使得一些常识的人都可以明白的。他以为把这繁复的观念解剖起来,究竟这个观念是什么东西造成的,把这观念完全的意义都明白了——他所由来的缘起亦懂得了,自然明白,不致糊涂了。

照洛克讲,无论怎样复杂的意思,都可这样的分析起来。譬如一所很精致的屋子,是什么东西[造]成的?分析开来,什么砖哪、石哪、钢哪、铁哪,就可以研究,明了他的分子,知道他一步步的造成,那屋子的构造和内容,自然明白了。意思亦是一样,无论怎样繁复,终可以分析开来,分析了便可找出他错或假的分子了。从前所以容易受欺,就是被大名词震骇住了,不去分析,倘使分析,可以知他底蕴,明他真相,和屋子一样,吾人便不致受欺了。

这方法吾人要留心两项重要的地方:

(一)是批评的方法。这方法要批评种种观念,对于社会上许多复杂不易解决的抽象名词,都要分析开来,分成许多小分子,然后观察他的真伪,明了他的底蕴,这便是批评的结果。

（二）是历史的方法。这方法注重了分析解剖，因此连带兼及到历史的关系，看他发生了的原由（Genetic），讲他的所由来，从复杂的中间看他的组织，再每部研究他的所由来，这是历史的方法。

我人讲他方法很简单，很难使人知道他在历史上的重要。但是吾人要知道洛克是在十七世纪到十八世纪的初年，这个时期在西洋史上是新旧过渡的时代。新文化发生了，这一种自由运动，差不多有到二百年的势力；但是一方面在欧洲一千多年中古时代的旧思想旧迷信，还是很占势力。这是自由主义和中古文化正在冲突的时候，新思潮已有了根据，旧势力还没有排除；自从洛克出世——这自由主义的哲学家产生了，才供给新思潮运动一种重要的武器。这个武器是什么？便是分析的方法。应用这个方法，把旧制度、旧思想、旧迷信分析起来，研究他何以能成这种制度、思想、迷信，便容易明白他的错处，所以这是破除迷信重要的武器。

洛克死后，他的学说在十八世纪的影响最大，影响到法国人的思想亦很大。十八世纪是破坏时代——理性的时代，对于旧制度、旧思想、旧迷信竭力的破坏。十八世纪人把中古时代称做"黑暗时代"（Dark ages），自己是"启明时代"（英语是 Enlightenment，法语是 Eclaissment，德语是 Aniklarung）。从黑暗的到放光明。这个时代，把洛克的方法应用得很多。不但学说思想上应用他的方法，即是政治方面、社会方面，应用亦很多。关于种种的制度，都要分析起来，求个究竟，明了他的底蕴，那他的真伪就易明白了。把从前很腐败的东西一切看破，看破以后就容易扫荡了。所以这时代洛克的学说很有影响。

方才讲是第一步——洛克分析的方法应用到种种观念上定观念的效用；第二步是求知识的方法。现在先讲知识的定义：洛克说知识是认清两个意思是否相合（Agreement），是否不相合（Disagreement），这是一种知识简单的定义，很容易看出。譬如现在说肯定的话："杯是白的"，便要看杯和白是否相符合。说否定的话："杯不是黑的"，吾人便要看杯和黑是否不相符合。所以他说："知识是找出两个意象是否相合，是否不相合。"

譬如我举个例："政府的威权和个人的自由有何关系？"那是不容易明

白的。再简单说:"这一所屋子比这张桌子要长多少?"那还是一样的不容易明白,一样讲不出来。但是有法子,吾人先求屋子的长是多少尺,桌子的长是多少尺,分到简单的尺数,那屋子比桌子究竟长多少,便容易知道了。用这同样的比例到知识上去:把每一个复杂的观念,分成简单的分子,那简单的观念,人人便容易知道了,明白了。总而言之,洛克想把复杂的东西解剖起来,使得平常人都可用常识去观察,都能懂得明白,这是他方法论重要的一点。

知识的方面已讲过,现在讲理论(Reason)。理论的方法,他又和笛卡儿、亚利斯多得的推理不同。他以为知识是比较两个观念相合不相合,理论是比较两个观念以上至无数观念。理论的要点,第一是不可凌躐次序,要一步步的推论。譬如有二十个意思,不能从第一、第二个前提,忽跳到第二十个断案;假使如此,旁人就难明了了。必定[先]要[将]第一和第二[作]比较,[看]合不合,再依次递推到第二和第三,第三和第四……直比较第十九和第二十,都要没有错——没有不合的地方,好似链子一般可以贯串的。这样照历史的方法一步步找出来,可使人人都懂得。总之,复杂化简单,繁难化容易,要使人人都容易了解的。

吾人可以用洛克自己举的例,明白他推理的方法。他说:"一个乡下老太太,害了回热病,才好得不多久,但是穿上很少的衣服,想要出门了。这时有一个人和他说:'天气快变了,怕要刮风咧,风起了还也许下雨呢,下了雨要湿衣服,你衣服穿得不多,定要受湿,受了湿要害病,你又是病后,怕要复病咧。'这么一说,这位老太太便知道不出门了。假使那个人同他说,单说'下雨……害病',截去了中间许多话,那位老太太怕就不容易明白他的意思了。"

洛克说这是平常人的推论。平常人的推论并不是三段论法,什么大前提、小前提,然后再下一个断案。

洛克接下去说:"这是平常人的推理,只要这一种意思和那一种意思的关系明白了,成了贯串的关系,各个人都可以推论,用不到三段法。假使把方才这些话变成三段式去告诉那位老太太,恐怕要不明白了。可知这种三段式并不是平常人的思想。亚利斯多得的思想,亦未见得都从三段论法中得来。上帝造人,并不是单造一个躯壳,必要待到亚利斯多得以后,才会有思想。"

这一种洛克的攻击三段法,是他论理的方法和以前不同。还有一层,古代推理时一定要个大前提,那大前提是要最普遍的、全称的——凡人是怎样,凡动物是怎样——这普遍的全称的大前提在古代是不可少的,一切理论都是从普遍的大前提着手。笛卡儿亦是这样。洛克却用不着普遍的、全称的大前提,一切推论,都是个体的关系,只是要这一个个体和那一个个体的关系不要弄错便够了。方才说的"天变……刮风……下雨……受湿……害病"是一贯下来的,这是经验派的方法,这派方法和以前方法的根本不同,就在不承认普遍的全称的名称,这都是为方便起见,是人心造出的,功用并不重要;这派只承认有个体的存在。

洛克以为一切人的动作行为都根据知识思想。人的观念(idea)错了,他动作亦不会对的。这派方法重要的所在,就是使人有正确明了的观念。何以他注重个体——注重个体的观察呢?因为只有个体的事物可以观察,可以用人的常识经验来观察。何以反对全称、普遍的名称呢?因为全称的普遍的,是不能观察的。张三是可以观察的,因为是个体;一切人是不可观察的,因为是全称。洛克要使人人的平常经验能够观察得到的,所以注重个体的事物,反对抽象名词。

这一层是经验派的方法的中心问题。经验派的方法要使人心离全称的——糊涂不明白的——抽象名词,回到个体的事物。换句话说,就是回到具体的观察,使得易于正确易于明了。这是中心问题,其余都是从这方面引申的枝节方法。

现在要批评这派方法论的缺点,提出的都是与下两次讲演的实验派有关系。何以单提这个呢?因为实验派(Experimental)和经验派(Sensationalistic)有很相同的地方。这两派都承认一切知识全由经验来的,不容易找他不同的地方,因此提出几种缺点,可以表示根本不同的所在。

第一个缺点是他的方法单是批评的方法，破坏有余，建设不足。旧制度、旧思想和旧迷信，一样样的解剖了，这是很容易的；但只注重分析——分成了小东西，于创造方面，还不能预料、推想到将来，预先安排布置，缘是要建设大系统，就不够了。所以这种批评的方法，破坏有余，建设不足。

为什么这种方法只可分析破坏，不适用于建设创造呢？这根本的地方，在他对于经验的见解不同。洛克把经验看做一片片、一段段、一块块的小东西，不注重他联络的关系，因此以为经验是片断的零碎的东西，没有组合；所有组合，都是人心造出的，于经验的本身没甚关系——所谓空间、时间的关系都是人造出来的。

这一种的见解，后来洛克一派的代表，就可益发厉害了。至于休谟（Hume），从他的哲学看来，他把经验看做无数不相关联的小分子。这种结果，便极端的怀疑，以为一切经验都是或然如此的，不必一定如此。这样要弄到没有科学亦没有真理的地步，因为科学所以能存在，就在承认经验中事实的本身有一种关系，才可以找出通则和公理，现在把关系都看做人造，科学就不能存在了。又他人生哲学上的结果，只承认单独存在的个人，因此求快乐求利益，认为有利益上的关系，便可以聚在一块，结果要成极端的个人主义。所以[把]经验看做零碎分子，是很有大缺点的。

还有一个缺点，他讲的经验是被动的，不讲自动的动作——心是一张白纸，凡是外来的影响收下就是了，这是不够的。经验要是活动的、创造的才行。至于究竟吾人的知识作用怎样，下次再讲。

今天是这个讲演的第七次，讲演第四派的哲学方法。我们从前讲演的第一派是希腊的系统的方法，第二派是大陆方面的理性派，第三派是经验派，今天提出来讲的是实验派。从前的讲演，都先讲哲学方法发生的背景，就是为什么发生这种哲学方法，然后再讲到方法的自身。今天也是如此。先讲此派哲学方法发生的背景，而把哲学方法的自身放在下星期再讲。

我们虽把理性派的哲学方法用笛卡儿（Descartes）来代表，而以洛克（Locke）代表经验派的方法；但要知道，我们所选出来的真是所谓代表，历史上主张这两派的并不限于这两人。从一六〇〇年直到一八五六年，有二百五六十年最激烈的长期争论,其论点就是"理性"与"感觉"所占的地位。理性派主张有许多定理都是全称的、普遍的、先天的,只可从理性得来,而不能从感觉得来。洛克一派以为无论如何高深玄妙的道理,总之以经验为求知之门;凡是不从经验来的,都是不正当的。这个纷争直到十九世纪中叶,还没有完。

今天要讲这一派的绪论,先把那两派——理性派、经验派为什么每家都要纷争到这样厉害的动机说一说。

先讲经验派的动机。

一、他们以为知识不是少数人独有的,而应该以平常各个人的经验为知识的根据,去考证理性的知识。只要观察正确,知识都是平等的,没有什么专门学者与平常人的分别。

二、他们以为注重理性的结果,一定要想入非非。经验是切实的、具体的、可以考核的。经验的范围虽然较小,有许多事确有经验所做不到的;但是十分妥当,没有危险。

三、他们以为经验与感情所及,都是人生日用的生活;所有相关的事实,都在人生范围以内。自培根(Bacon)下来,英国这一派都主张征服天行,替人生实用做工具。所以洛克一派,注重经验,其目的即在求得人生实用的知识的方法。

在理性的一方面,恰恰与他们相反,其主张的动机,也有三端可以举出来。

一、他们以为经验是不正确的,没有一定的,靠不住的。经验常常要变更,如生理上境遇不同的时候,病的时候,其经验都与平常不同。经验不同,自然实用上也不能有坚定的行为。所以只有理性是靠得住的。

二、经验派自己以为注重实用是他的长处,但由理性派看来,却正是他们的短处。经验所限,其实用的范围很小,都偏于机械的物质的一方面;而精神理想的一方面,都是感觉所做不到。所以只靠经验不靠理性,便把较高的精神一部分丢了。

三、倘完全依靠经验,一定被过去所限。凡是经验,总都限于过去的,往前的推想、预算、指挥,都不是只靠感觉的经验所能。经验派不过为过去的奴隶,对于将来的布置、筹划、建设,只认为不可知。不知将来,便不能指挥现在。只有理性派有布置、筹划、建设将来的能力,所以也有指挥现在的能力。

我们为什么先把理性、经验两派纷争的动机讲述一遍?因为知道了他们的争点——两方提出来的长处和互相攻击的短处——然后可以介绍到最近几十年来对于经验的新见解。这新见解把从前经验派所提出来的长处,应有尽有;而从前理性派所指出来的短处,都能免掉。从这新见解,可以把三百年来的纷争暂时解决,重新回到有系统的现状。这问题确是高深而且重要。他们两派也并不是无意识的纷争,我们现在且看这新见解能不能把他们两派的争端解决。

以下我们要讲近几十年来的三件事实——原因。由这事实,我们对于经验的见解统统改了。不但把从前经验派所主张的官能的感觉打破,推广,还能包括理性的一部分在内。

第一件事实,是生物进化的观念。这是最近世的说法;六十年前,一八五九年达尔文(Darwin)在他的《物种由来》(*Origin of Species*)里面正式宣布的。但是与经验有什么关系呢?这答案很简单,就是从前不但把官能感觉当作死的,专为求知用的;即脑筋和神经系统也当作死的,专为思想用的。从有了生物进化的观念以后,把神经看作生物进化的工具,也是一步一步进化来的,与肢体一样,随环境的不同而进化。

照生物进化的学说讲起来,世界生物的历史,实在是长而有趣、且热闹的一出戏。从前的下等动物,没有十分成形,很软弱的在世界各部生活;后来因为要在各种不同的环境中谋生存的结果,渐渐有新机能出来;有了新机能可以生存,没有了便要消灭。于是新机能一步一步的越加发展,直到高等动物,机能比下等动物愈高,其应付环境的力量也愈大。照这一出戏看来,不但呼吸、消化、手足等等官能,是对付环境的结果,就是视觉、听觉的官能,也是进化的结果。生物要有这些东西,并不是因为好看,是要使他生存的能力格外增加,所以都是生存的工具。

譬如用眼睛来做个例。眼睛的所以能看东西，并不在为求知识。他能前后左右看，像人的样子，是生物从前所以应用的如保护自身，保护子孙，躲避敌手，攫取远处食物等，都是眼睛应用的事体。眼睛是生活的工具，使生物得种种警告。其余听官、鼻官等等，也是同一道理。就是脑筋，也不但为求知，而在对于将来推想、预算、计划，也是生活的工具。

这种讲法，把眼、耳等官能以及神经，都看作生活工具，不仅为求知，其影响在乎把知识的意义也变了：知识不是呆板的，知识的本身也是拿来应用的。从前两派所争感觉与观念那个正确，那个不正确，都因为不知道知识的价值不在本身而在应用。譬如"手"，照从前的讲法，一定要讲"这手是否真能代表天然界的手"？这简直不成问题。真正的标准，是在看他应用时有什么价值。

照从前的讲法，把人的知识看作一面镜子的样子，把"实在"（Reality）照下来便是。这样办法，那自然要争了。经验派说我的镜子清楚，照得真；理性派说经验只能照粗浅低下的一部分，而不能照高深玄妙的一部分。但用生物进化之理来讲，知识并不是镜子，是用的东西，各方面都用得着。感觉、理性，都是帮助有机体的生存能力：警告他危险的东西，叫他驱避；指点他有用的东西，叫他攫取，并不是呆板去照"实在"是什么。思想、知识，是在把已得的做根据，推算将来，所以不是应用的东西，不是照实在的镜子。一部分的纷争去掉了。

第二件事实，是新心理学的发生。这个观念很重要，也与进化论有密切关系，也可以并作一事，但分开说较为注重，可以格外明了些。经验派的短处，在把"感觉"看作唯一的材料，经验的对象，就是感觉。新派的心理学完全不承认这种说法，以为感觉不过是戟刺生物，使他运动的。所以这派心理学可以称为动的心理学（Motor-psychology）。

怎样叫做动的心理学，与从前的心理学对于"感觉"有什么不同的地方呢？从前把感觉看作唯一条件，现在以为这不过戟刺我们运动的，向那一方面进行或驱避。手足的运动，眼睛的四顾，都由感觉戟刺起来的作用；每一感觉都是指挥或节制行为的。譬如到大街上去，汽车、马车、人力车很多,要走过去,必须眼、耳、手、足同时运用。这时候晓得官能并不单是被动的感觉,而在时时指挥运动的方向,可以平安经过这条街路。又如用细刀刻木,手与视觉也是如此。每一个感觉都指挥运动一步一步的继续前进。

理性派批评经验派主张的感觉没有条理和系统,好比一个人站在地上乱转,转得头晕目眩了。这话虽太极端,然感觉如不管他的用处,的确是没有头绪的。但照新心理学讲,感觉以生物的活动为中心,每一感觉都是助帮活动的,把糊涂杂乱的都变[得]有系统有条理了。如站在前门大街上,发生许多感觉,他要找没有车的地方走去,自然是有系统有条理有意识的了。

第三件事实,是最近始有机会研究有条理系统的知识思想究竟是什么东西。他的作用知道了,他的真相才渐渐明白了。从前理性、经验两派的纷争,直至最近懂得科学的思想方法以后,才知道都是错的。因为以前人对于有条理系统的知识思想,不甚明了,科学发达以后,始有人研究科学的思想方法是什么,所以对于经验的新见解,发达得很迟。

这第三个事实是科学方法研究法的发明,其内容下次再讲,今天先提他几个重要之点。依科学方法的眼光看来,经验派对于全称的通则,完全看不起,这一层经验派错了。全称的通则,在科学上占重要的位置,没有他便没有科学了,怎么可以完全看不起呢?但是理性派把他看得太重了,以为他本身有价值的,这也不尽然。这些全称的通则,其价值在一方占住中心位置,一方能把散漫者整理起来,使他有条理系统,以为预算将来的用处。用处虽大,但也是一种工具,本身却没有什么价值。

全称的通则或定理的用处,在把分别的、无关的、碎漫的事实联贯起来,找出条理系统。没有他,就是得了一百万的零散观察,也是无用的。图书馆里的书,只记得他的许多目录,可以算有学问吗?在没有系统条理的地方,找出系统条理来,这确是通则定理的用处。这一层,理性派[是]不错的。

但是理性派把这些通则定理看作独立[的],不受经验的限制和证明,那是他也错了。通则定理虽然有用，但照普通律令，也应受科学制裁，凡经得起[制裁]的可以存在，否则新的也许可以推翻旧的。理性派以他为超于经验，怎么不错呢？举个最近的例：奈端（Newton）的引力说在科学史上可以算得完全无缺的了，大至天地，小至一点，都与引力有关。但是，这样普遍的定理，尚且最近受了德国学者恩士敦（Einstein）的修改。他把学理研究好了，发表出来，说：我这不过是一种理想，倘若对的，下次日蚀的时候观察有某某之事实，可以证明。最近的一次日蚀，他们依他的指挥观察，果然看出某某事实，这学说于是证明。三百年来大家公认的定理，尚且可用几分钟的时间证明修改，那普通的定理，须用经验来修正，自然不待说了。

我现在把三种事实总在一点上。开端时对于经验有一种批评：经验是限于过去的，倘积起过去的经验来，不能悬想将来，那是回想的，不是进取的。现在合起三种事实来，就是以经验为生活，继续前往，期望新的将来。不但记得过去的，还要向前进取的，把从前理性派批评经验的短处都取消了。

我人须知道，过去的经验，已成陈迹了，无可奈何的了。只有一件事，可以为力，可以受我们的支配挽救，就是"将来"。但是走到将来去有两条路：一条是暗中摸索的，瞎碰的；一条是根据过去的经验，依照预定的方针，用心思的、有意识的向前做去。将经验看作生活，知识看作生活的工具，预算怎样可以管辖将来，不为潮流卷去。所以此派学者对于 Logic 非常注重，以为非此不能整理过去的经验。此点最为重要，是实验派哲学的中心。他们要找一个方法，为人类做工具，管得住现在能管的一部，使将来可以为力，一步一步有意识的做去。

上次讲经验有三种重要之点：

一、经验是生活。生活是从过去到现在，从现在到将来，不绝的历程；因过去的经验，预备将来的生活，这是从旧到新、递进不已的。

二、因为这个缘故——这从旧到新的缘故，所以吾人对付将来的能力，全靠吾人能不能管得住将来，预料将来，利用过去的经验去推测将来，使吾人有知识的系统的行为去应付环境。

三、因此所谓方法问题，并不是找出方法来，作法式上的论理便算了事。所以要有论理的方法，就是当他做工具；推算将来的结果，才可定现在的方针。所以方法问题，并不是法式上的问题，是实际上的问题。这是上次吾人讲实验派重要的结论。

这次是讲他的方法，讲这种思想方法的大纲。先举个很浅的例，便是平常人没有学过 Logic 的人，没有学过哲学的人，都会的，都能应用的。这并不是这一派那一派的方法，在平常人看来，虽不当他是方法，但能不知不觉的应用这个理。譬如一人要走过一条车马很多的街，要从这边走到那边，这时很和"人生"一样。人生一生有许多时同过这条街的时候相同。人生也是一条大街，很复杂很危险的长途，很不容易过去。所以现在先举这个例，再讲他的方法。

把这个例来看，这人要走过这很挤的街，第一步是怎样？那第一步是先"观察"——观察情形。这边有车来了，那边可有没有？现在行路的人是很多，什么时候才可以少一些？要到怎样情形，才可以安然过去？这是第一步，无论何人都要做这一步的。这点要注意。这观察同经验派——第三派——的理论，有两种根本不同的地方：

一、这是自动的，不是被动的。经验派把外面的影象印到心上，如白纸一般完全收进去就是了。这却不然。这观察是自动的，由自己眼观四处、耳听八方得来的。这都是一种动作的结果，并不是单把一件一件影象收进去的。

二、我人讲观察，不单是观察就算了。观察的结果，[是]要应用的，要把来做推论的材料，并不是为观察而观察，和照相一般摄一个影、收入些影像就完了。这又是个不同的地方。

观察后第二步，便是要下推论。吾人推论惯了，往往不觉得是个问题。实在推论都是问题，从现在的经验推想到将来，看什么时候可走过去。从名学上讲来，这是个问题——这是从已知推到未知，从已过推到未来。吾人所以能推论，全靠有过去的经验。这第二步的推论，便是把种种相仿的经验，把来和现在的情形比较，才可以推算几时可以过去。倘使没有经验,他没有东西[作]比较,他便不敢过去。比较以后,才下推论,才能从现在推到将来。

方法的第三步,是这人的动作行为。观察后有材料推论,可以判断这情形,第三步便是照推论做法,实行这判断。假如这人看准了,或是不动等半天,或是立刻冲过去;或动或不动,这是他的行为,是方法的第三步。这一点和从前几家根本不同。以前从没有一家把行为归在方法里——思想的方法里,加第三步的行为——我人为什么要把行为归在思想方法里呢?因为行为亦是很重要的。假如这人观察后,单下个推论,但不照这推论做去,那么,他的推论错不错,他究竟能不能过这条街,我们不能知道;他有了行为,便可看出了。他也许是个近视眼,没有观察清楚,他自以为不妨,走过去竟被冲倒了;他也许推论不得当,他把汽车的速度当作骡车的速度,走过去竟遭到危险。他走得过去,便足以证明他观察推论的不错。走不过去,亦足以证明他的错误,下次可以不犯这弊病。所以吾人的行为是证明,是真正的证明,是实际上的证明,可以证明这两步的正确不正确。没有这一步,观察推论的错不错,便不可得知,所以这一步亦是思想方法的一步。

现在所以要举很浅的例,要说明科学方法就是各个人平常用的思想方法——平素日常应用的方法——他的不同地方,不过程度上的不同,性质是一样的。科学方法,比较的有条理些,有系统些,要格外精密些,小心些,实在还是一样。

吾人把第一步看,看科学方法同普通人思想方法不同的地方在何处?普通的观察,有两大缺点:

(一)于很高、很大、很明显——表面上的东西,太注意了;(二)于小的、微细的、隐藏的——不容易发见的,太不留意了。这是两大缺点。科学方法欲免这缺点,于显而易见的,并不看作十分重要,还要进一步看精密的东西。但是这不容易观察得到,所以不全靠官能的感觉,还须靠人工的器具——望远镜、显微镜等——使得重要的东西,不轻轻放过。这是科学方法同常识方法不同的地方。

　　所以吾人[在]科学观察上,有种种辅佐品:观察远的,有望远镜,小的有显微镜;研究光的,有折光镜;还有寒暑表、风雨表种种人造的器具,供观察不到的地方[用],比表面上的观察更进一步,更要看得精细。这还不够,还要使我人观察格外正确,用数量的量法作精密的计算,使得极微细的,都不能逃出我人观察之外。所以科学方法和常识观察,只是程度的不同——精密不精密的不同。

　　在这地方最重要的一点:科学方法的观察是有目的的,别的方法论也注重官能的观察,但他们当做本身是目的,这便错了。吾人是为了旁的事情观察,观察不过是工具。为什么要观察? 因要解剖某种事实,或指定一种困难在何处,所以要观察,要研究。科学方法决不单是观察,是无所为而观察的,要有了问题——情形,才行。普通的观察,他没有把情形解剖、分析,没有把困难所在指出,轻易判断是很难的。科学方法要先考察过,才下判断,所以吾人说观察是工具,是引吾人到第二步的。

　　吾人观察是有所为而观察,所为的要规定困难点在何处,把这种情形解剖起来,指定困难,这是观察的理由。科学方法,好似个医生,医生最重要的是诊察,他不先听病人的话,他先把器具来试验他的热度,考察他的大小便,先这样观察,定这困难的所在,把来做下断案的预备,没有诊察,不能定这困难[点]。

　　近时科学和古代科学不同的地方,他重要的一点,即是方才讲有观察的用处,并不是观察可以解决。从观察里找出解决,是错的。观察不过供给材料,指定困难的所在;换句话说,便是观察引起问题,但不是解决问题。古代科学讲:这物何以下坠? 因为是重的。何以不下坠? 因为是轻的。他把官能的感觉,来解释这问题。近时科学便要研究他何以重的会下坠、轻的不下坠? 吾人知道所谓轻重是结果,并不是原因。他的原因在地心吸力。吸力是他重要的原因。假如在地球外,火星或金星里,他的吸力不同,轻重的量也不同了。其余光也是一样。古代当作一种问题,我人却知道是由磁力、电力来的。所以观察只可帮助指点人一条路。

　　第二步是推论。照吾人讲,观察无论如何正确,不能解决问题,还是要推论——第二步的功夫。推论是从现在到将来,从已知到未知。推论都是冒险的,所以科学方法和普通思想方法第二个区别,就是科学要用种种方法管住冒险,使危险减少,使推论[做]到稳、正、当、确的地步。方法越精密,冒险的性质越减少。这是科学方法和常识方法第二个区别。

防备危险,这是科学方法[的]重要问题。科学方法管住推论的冒险有二项,分作二层来说。

第一层的保障,是打破习惯。譬如那过街的人,他的推论,根据于过去的经验。往往过去经验,变做经验固定,成了习惯,很难打破。科学方法第一步管住推论的错误,便在打破习惯。因为思想习惯固定以后,往往被他拘牵住,于新的情形之下不能应用。昔人信地是扁的、平的,地是不动的,太阳天天绕地球转一次。吾人现在知道地是圆的,三百六十五天,地球绕太阳一周。吾人要知道何以以前几千年都相信这些说素,这全因根据于固定的经验。看惯了扁平的东西,推到地球,以为也是扁的;看惯了动的东西,推到太阳,以为也是动的。所以科学方法要管住冒险,最重要是打破习惯,比较参考,那一种可用,那一种不可用,这真正是应用。

要求打破过去的错误的经验习惯——经验固定,没有别的办法,只有把经验的范围推广,有比较的材料,大同小异的,小同大异的,异中同的,同中异的,各方面的比较,才可把固定的习惯打破。有系统的科学,都是许多经验——不同的材料比较参考。所以科学决不是[由]一个人生出,是全社会的产品。科学并且是世界的,没有国界的,别国人的经验也可以供参考,一偏之见,是不行的。生在热带里的人,假使他没有地理上的知识,决不会知道很流动的水会结冰。在低温以下液体可变做固体,这是很浅的理。科学方法就因此要搜集许多材料比较参考,打破固定的思想习惯。

以上说的多搜集不同的经验来比较,是第一层的保障。至于第二层的保障,就是根据种种材料,从这里找出普遍的概念。这概念是讲他的关系——因果的关系或先后的关系,这便是通则,是科学上的道理。通则的用处,[在于]把琐碎的找出条理系统,把种种事实归到定理里。但吾人要知道:通则不单是简单的作用,他于推论上有保障。根据经验的通则作指挥,格外可靠一些。

在科学书里,都知道科学多通则——科学的律令——但吾人要知道这一条条的定理,何以这般重要? 真正科学在[于]能把这些东西应用到经验上去,使很复杂的经验成了定理,便可使保障推论时格外稳当。何以有定理是稳当呢? 譬如个医生,诊察后下个判断,说是肠热病,他决不单根据观察事实,还须根据定理。他知道定理:在某种情形之下是肠热病,凡是肠热病,都是如何情形的。他一方面根据事实,一方面根据定理。有了定理,才可以免[除]危险;从已过推到未来,才可以有把握。

现在可以看出这实验派的方法论,同别派的区别地方。比较这一派的长处,那第一派是整理、系统的方法,他注重系统、类别,固是不错。但吾人讲他所以重要,不过用时格外方便,至于本身,并不是目的。那第二派是理性派,注重定理,固亦不错。但吾人所以承认他,就因为推论时有根据,可以保险,并不是本身是目的。

现在简单讲第三步实行——动作行为。无论观察如何详细,推理如何正确,都算不了真知识,要使成为真知识,非经实行不可。实行把推论实地试验一下,使知观察推论是不是正确。没有这一层,只可算是假设,不能说是真理、真知识。

科学的试验,即精密的实行。把学理上应发生的效果实验他,看这效果是否发生。有了实验,才可以成真理。实验是实行,并不是糊糊涂涂的试验,像小孩子烧药品一般,作为玩意儿。最重要要有计划,要有把握的计划。这种试验的结果,是正确观察推论的结果。

吾人讲实验派的方法,总括有两句:

(一)实验要使知识、学问、学理格外切于实用,不是空的无用的知识。

(二)使人生的行为格外根据有意识的行为,受知识的支配,不要作无意识的盲从。

吾人再放眼一看,古来多少学理,都是些纸上空谈,有多少行为,都是些茫无意识。吾们从这两方面上想,所以实验的方法是世间人类幸福唯一的保障。

三

现代的三个哲学家①

一、詹姆士

今日讲演现代的三个哲学家,先讲我同国的詹姆士(William James 1842—1910)。他,诸君知道的,是个"实验主义"的创始者。"现代"这个词,是"同时"的意义。他在一九一○年已经死了,严格讲,已不能算同时了。但他的著作虽在十年以前,一八九○年至一九一○年当中的二十年做的;他的著作的影响和效果,现在正是发展的时候,故也算他是同时的哲学家当中的一个。

詹姆士哲学最重要的,是在一八九一年出版的第一部一千余页的《大心理学》(*Principles of Psychology*)当中。这本书的所以重要:第一,因为詹姆士后来哲学的元素,都包含在这个里面——他的哲学,是从心理学下手的。第二,因为詹姆士的哲学是科学的,不是玄想的;而这个科学,不是物理学、物质的自然的科学,而是研究人性的心理学。这个事实很重要。他的兴趣,完全在人的方面,与人性有关的方面;又因为他所注重的心理学,是科学的心理学,从人性下手,从经验下手,所以把历史上遗留下来已

---

① 这是杜威1920年3月5日起在北京大学法科礼堂的讲演,共讲6次,由胡适口译,伏庐笔记。载1920年3月8日至27日《晨报》;又载1920年3月11日至4月30日《北京大学日刊》;收入1920年6月《晨报》社出版的《杜威五大讲演》。——编者

经不成问题的问题,都一笔勾销了。这也是以心理学做起点的哲学的重要之处。

讲到他一生的重要事实:他虽然是个科学家,又还是个美术家。他自己是学油画的,很有美术家的天才与训练;他的兄弟——亨利·詹姆士,是近三十年来英文学中一个小说名家,前几年才死的。他有美术的家风、天才和训练,故他讲心理不但解剖人性就算了,尤能以美术家的眼光把心的作用看成戏剧的样子,复以文学家的眼光把他当作戏剧的写下来。他尝说:从前的人把哲学当作辩论,是看错的。哲学是眼光。因为当作辩论看,所以辩来辩去,有许多问题只是为了辩论而发生的。现在把他当作眼光看,所以有这美术、文学的双重价值。

詹姆士以美术家、文学家的能力研究心理学,故他的心理学和哲学,是有血有肉且有[生]命的,不是死的,但有骨骼的。他对于从前的人的不满足,以为他们的大毛病在于心理学者的观点与当局者的心理现状合在一起,换句话说,就是以旁观人的观点代替当局者的心理现状的观点。旁观人是安闲无事的,拿去代替他,自然不能清楚了。他晚年在一篇短文《人类之盲目性》("A Certain Blind in Human Beings")中,即不以自己的观点代替旁人的观点为然,以为应该容纳领会旁人的观点;倘处处取旁观态度,不去设身处地,决不能得到真理。他文中把身历其境看得非常重要。他所以很恭维新诗人惠特曼(Walt Whitman),因他能把种种留传下来的文学区别都打破,只取人类共通的、普遍的、初等的东西。因为这种教育太离开了,处处都是许多抽象的空话,提高的作用,结果忽略了普遍的、初等的、共通的东西,养成人类的盲目性。

詹姆士注重人类共通的、普遍的、根本的、初等的之点,但同时也注重个体的特别不同之点。他的哲学中最注重个性,反对绝对派主张"真理是一个"的哲学。他在这篇《人类之盲目性》中有一段说:算了罢,没有一个人能知道真理的全体的。每个人只能在他所站的观点上得到特别观点,有特别长处。他利用这个地位做到这个观点,不要妄想推诸万世而皆准的真理。

这个两点,一方注重共通人性,一方注重个体,反对绝对派的学说,极为重要。因为他后来哲学的重要部分,都根据于这两点来的。他自己取两个名词:一个是根本的经验主义(Radical Empiricism),一个是多元主义(Pluralism)。前者主张人类经验是共通的、普遍的、初等的,不能以概念等几个抽象的名词可以包括的。后者注重个个人都有特别的个性,断没有绝对的推当万世而皆准的。他晚年有"一个多元的宇宙"的主张,便是反于一元主义的抗议。他所最恨的是主张"整块的宇宙"(Block Universe)。

以上是一段普通的序论,再讲詹姆士心理学的根本观念,做下次讲他哲学的基础。他把生物进化的观念应用到人的心理现状,如感情、感觉、知觉等心理作用上去。六十年前(1859),达尔文(Darwin)在他的《物种由来》里面讲进化的道理,在西洋思想史上发生大革命。詹姆士生在生物进化论的时代,确是把这生物进化之理应用到心理学上的第一人。

他把生物进化的作用,应用到心理学上来。他在早年的心理学书中说:现在很少人承认人的智慧是在实际利害上造起来的。生物进化的道理,介绍到心理学来,就是把一切心的作用都归于"反应作用"一个观念。例如强光射来,眼睛自闭。外面无论有什么刺激时,内部一定有反应作用起来应付,复杂简单,都是相同。又如路上有人挡住,便能让他。这类动作,也都归到反应作用,以动作为中心,而不以知识为中心,因为这动作是应付外面的刺激的。

詹姆士说:人类知识,不过是反应作用大圈子中的一点。低等的动物,很容易看出,他的感觉完全是为实用的。就是有意识的高等动物的人,也是如此。人类知识的重要问题,不是理论上的是什么,而是实际上的怎样做。

詹姆士在他书中尝说:知识是心理作用之中间一部分。一方是环境中来的刺激,一方是有机物对于刺激的反应,知识不过在这长作用当中,做个中间人,看某种刺激是什么,然后怎样反应他。知识不过期在反应得当,并不是本身独立的,是两方顾到的。人类因为知识应付得多了,故竟有主张为知识求知识之说,其实知识一方是照应,一方是指挥的。

介乎中间的知识一部分之所以重要,因为他能使两方略为停顿,有计算筹划的余地。倘刺激和反应中间没有知识把他分开,却让他直接[接触],很容易误事的。有了知识,便格外靠得住了。例如火,没有中间一部知识的飞蛾见了,便立刻扑来,[被]烧死;小孩见了,便知道这是火,要炙手的;再高一点的大人,知道火要烧死人的,便赶快跑了;再进一步,知道火可以用水救他;再进一步,知道没有着火以前,装了水桶等着他;再进一步,知道造救火机器,等着专门救火;再进一步,知道研究火的燃烧起怎样的化学作用。中间知识的一部分,逐渐逐渐大起来,其实还是一方刺激、一方反应的。

这种以进化讲心理的观点,可以从他对于心理作用所下的界说看出来。他说:有心理作用时,有两种表示:(一)向未来的目的做;(二)选择做到目的之方法器具。有这两种表示,始可算作心的作用。心理作用之这个两部分,向来的人把他当作意志的;故普通称詹姆士为意志派的心理学家,不是知识派的心理学家。

但詹姆士与从前意志派的不同之处,就是詹姆士有生物进化论做帮助,把知识与意志连贯起来。知识、意志连贯以后,如向着未来的目的做去,必先有能力认清所想像的目的,否则也许不能满意。其惊奇、快乐、喜怒,也都从人对于外面的失败、成功来的。

以上是詹姆士心理学的概论。再讲他详细的具体观点,就是他的"意识之流"。从前人把意识看作零碎凑成的,至多也不过像房子一般造成的。詹姆士却不当他是房子或是碎块,却比他为永久不绝往来的流水。这个观念在他的哲学中最占重要。他的哲学,处处重个性,重变换,重进化,重往前冒险,重自由活动,都是从这个把意识看作流水的观念来的。

詹姆士说:从前人对于意识作用的见解,是砖头一般的,整块的,死的。这个见解,好比人立在水边看水,只看见一杯一杯、一桶一桶、一缸一缸的水,而不看见永远往前不息的水。人心中所起有定的印象,都在意识之流当中,每一个印象与别个印象是关联不断的,不是孤立的,都是意识之流的一部。

詹姆士以为从前研究心理现状的人，其大误在乎把物体的性质应用到心理作用上来。他们看了外面的东西较为永久，可算是不变的，以为心中意象也是如此；岂知意识之流时时往前，没有一秒钟不变迁的。这个桌子，上次与今日，没有什么变动，但诸君的人已经变了，再过下去也没有一时不变的。所以没有两个意象是同样的；物体的性质断不能应用于心的作用的。再说，物体可以分部的，譬如杯，有杯口、杯柄、杯底，但是杯子的意象是整个的，不是部分的。他平常最爱用的一个例，就是柠檬水，从前以为是三个观念：一个柠檬；一个水；一个糖。其实我们喝柠檬水的时候，一定只有一个观念，不曾有三个的。故物质不变，意象要变的；物体可分，意象不能分的。

刚才讲的，也许觉得太琐碎了，但知道这"意识之流"在哲学上的效果的重要，便不觉得琐碎了。哲学上的效果，至少也有两个：第一是"一"与"多"的问题，就是统一还是散乱、一元还是多元的问题。詹姆士说：从前的大病，在乎把多元的心理看得非常害怕，以为多元便是捣乱，必有系统条理一致才好；其实换一个观点，把人的经验看作不断的意识之流，一元与多元便都有位置。但都不是死的，该用统一的地方用统一，[该用]多元的[地方]用多元。

流水也有统一复杂之处，粗浅讲法，如大河流入海中，而水中夹有泥沙，复不是要纯粹的。意识当作流水看，可以看出许多应该统一或应该多元的地方。例如作一个计划，须统盘筹算，自非统一不可的；但倘在对付困难的时候，不得不一点一点的把他解剖分析出来，方法意见，越多越好。这便是把意识看作永远随时随地应付的。所以世界的一元、多元，不成问题，而问题在于什么地方应用统一，什么地方应用多元。

以上是第一种效果。第二种是对于知识的问题。从前的人，以为知识是抄本，是画像人的意象，与外面的物体是否相像，在知识史上是很难的一个见解。例如杯子的意象，到什么时候、什么程度，才像真的杯子呢？詹姆士说：以意识之流来讲，意象不管他像不像，只管他能否带你到旁的经验上去,能带的便是真的。

再举一个例。如这个法科的房子,有许多人有很明了的印象;有许多人却很模糊的;有许多人连模糊也没有,只有一个大门的印象;还有许多瞎子,连大门的印象也没有,只听得有上课的钟声;还有许多人连大门、钟声什么都没有,只有法科两个字。这些都是对的。照詹姆士说,因为这些意象都能送人到法科这经验上去,一定要十分像,是很为难的。所以意象只求能发生我所期望的效果。这个观念,在实验主义的知识论、真理论中都很重要。就是把知识、真理看作一座过渡的桥,所以达到我所期望的目的。

下次再讲他的心理学在哲学上的应用。

哲学上争论最烈的问题,就是知识从什么地方来的。有许多人主张从经验来的;有许多人以为经验固然重要,但是普遍的必然定理,却另外有他的来源,不能自经验来的。

经验方面的知识,如糖是甜的,雪是白的,火是能烧的,大家都能承认是从经验来的。但是算术、代数、几何上的种种定理,物理、化学上的物质不灭等说,玄学上的有果必有因的因果说,人生哲学上道德的法则等等,许多人不承认是从经验得来的了。因为这些定理,有必定如此、决不会不如此的性质在内。例如二加二等于四,三角形的三角之和等于两直角,无论如何把经验去掉,真理还是存在的。

这些普遍的必然的定理,是先天的知识,经验派对之确很难讲。直到斯宾塞尔(Herbert Spencer)才用进化之说说明必然的定理也可以从经验来的。虽然一生的经验未必可以使他成为必然,但自下等动物进化到人类,再自原始人类进化到现在的人类,生物之经验在这么长的一条路上进化下来,积聚下来,几乎成为天性的一部分。外边的环境,虽也经过几多变迁,但都能守这些定理的约束。种族的经验,积久了好像是先天的,一切普通的时间空间,都可受他的解释,故可说是种族经验的结果。

我此刻所以提出斯宾塞尔的见解来,因为詹姆士在他的《大心理学》中有一篇讨论到这个问题。他以斯宾塞尔的观点做起点,而他自己也有许多贡献。他的本身固然重要,但他在别处哲学上应用的影响,尤其重要。

詹姆士与他以前的人讲法不同之处,就是他一方否认经验派的讲法,把知识看作全是被动的,从外面印上去的;一方虽也主张定理自内面发生,但却反对理性派的讲法,另外有高等的、特别的、超经验的东西,产生普遍定理。

他的主张,以为定理的起源是偶然的,不是特别的,也不是印上去的。最初不过是闲谈说笑话,后来变为定理了。但有一部分也许是外面印到心里来的,如鱼无水即死等,心的方面较为被动。至于算学、物理、化学的定理没有人经验过,如原子、分子等,人人都不承认他是从外面印上来的,所以是从里面经验中偶然提出来的。

例如数目,经验派的人以为从经验来的。一个人,两个人,两个杯子,三个杯子,都因为人看惯了。詹姆士说:数目是很随便的,例如一把茶壶,当然是一个,然加上盖子,便有两个了,再加上柄子,便有三个了;一株树,当然是一个,然用他的枝来算,也许是五十,用他的叶来算,也许是五千了。可见这不是被动的,而是内面的经验把他的关系加到外面的事物上去的。

最明显的例如分类,决不是外面印上心来的,是人造出来的。动、植、矿物等等的分类,倘从外面来的,一定很粗浅,断不会像今日所分,把天南地北相隔数万里的东西合为一类,而把平常合在一起的东西却分为两类。故不是外面印上来的,而是人的经验中提出来的。詹姆士以为滑稽家的笑话,道德家的教条,政治家的律令,有许多提出来也许不能适用,本身很没有把握的。道德伦理适用到自然界去,自然界也许不受,也许受的。故理想本身,可以随意提出来,没有把握;待适用到实际上去,然后有真不真的区别。

詹姆士对这一段哲学上知识的起源是经验还是先天的说明,有三个重要的意象:

第一,关于一切理想系统的起源。詹姆士反对经验派所讲一切意思都从外面硬印上来的——印的未尝没有,但未必全是如此。詹姆士把从外面经验上起来的意思比作从前门进来的客人,但是人的心中,还有一道后门,也可以进来的。所以理想系统的起源,有两条路:从官能感觉来的是前门;在内面经验上偶然发生,与外面不同的是后门的。例如我们亲闻铃声,是从前门来的;但倘吃金鸡纳[霜]多了的时候,耳内也像铃声的响,那是从后门来的。外面的事物,固可给他一个机会,但思想自身都从内面出来的。譬如一个人可以把药粉和在水中,混合以后,变成一种新的东西。理想系统的起源也是如此。一切伦理的、美学的、科学的系统,也可以比作药粉的效果。理性派不承认理想系统的起源由于外面的经验,这是对的;但他执著有一种较高的超自然的势力,那便错了。

詹姆士对于知识的两条来路,认为都可以有很大的影响和效果。他以为理想系统的起源不成问题:自后门来的或偶然起来的妄想,也许比自前门来的客人格外重要。从此可以引我们到第二点。

第二,许多思想偶然的发生以后,引起一种兴趣、愿望、热心——听了声音觉得很好听,也许成为音乐家;喜欢音节,也许成为诗人;喜欢研究观察,分门别类,也许成为科学家。这种兴趣,可以使人找这些事体去做,所以愿望、热心、意志的一部分是很重要的。

第三,知识真假的问题。詹姆士以为理想系统的起源,没有什么关系:后门进来的客人也许是好出身,前门进来的也许没有出息。伦理、神学、科学,本身都没有一定的价值,其价值在乎看他应用到经验上去,是否能够做到他应该做到的地方,是否能够格外满意解决他要解决的问题,是否能够带你到旁的经验上去:能的是真的,不能的是假的。詹姆士说:我的讲法与从前经验哲学不同的地方,就是他们注重起点,我们看他效果,以发生的效果定他的真假。

这个见解,与上次所讲詹姆士的根本观念相同。詹姆士不承认知识是抄本是画像,而承认他是一种工具,像不像都不要紧。一切概念、思想等等理想的系统,只能说这个比那个是否格外有用,格外能够达到目的;不能说这个是否比那个格外相像。因为这是应用的东西。譬如刀,我们只能看他能割不能割，能利用不能利用，不能以他像不像一把刀定他真假的价值。

以上三点，在他的哲学上发生三种重要影响：第一点，理想的起源，影响于他的"根本的经验主义"（Radical Empiricism）；第二点，知识里面还有愿望、意志，影响于他的"信仰的意志"（Will to believe）；第三点，把意志当作工具，更是他的"实验主义"（Pragmatism）的根本观念。

第一部分"根本的经验主义"，上次已讲过一点，就是把一切经验都看作真的，不像从前经验派所讲：外物的经验硬印到被动的心上面去。根本的经验主义的经验观是活动的、冒险的、变迁的、进取的，其范围比从前的所谓经验广得多多。詹姆士说：经验的粗卤，是经验本性的一部分。没有一个观念可以使宇宙变为整个的。真的起源、结果、善、恶、祸、福、过渡、危险，都是经验的事实。他把经验看作粗卤的、散漫的、无定的、变新的东西。

第二部分"信仰的意志"的学说，使许多人听了难过，因为从前的人都以为真理根于冰冷的思想，并不根于客观的事实。詹姆士以为信仰就是行为的意志。完全信仰，就是决断行为没有反顾的意志。无论数学、物理、化学等真理的背后，都有一种意志，要使世界可以解释。理性的背后，有非理性的意志存在。宇宙的真理，是我们人类情感上承认宇宙可以如此解释，格外容易明了。所以一切哲学科学，都有非理性的意志包含在内。

有许多哲学家都想批评詹姆士，以为有了信仰的意志，没有证据，如何有信仰的权力呢？詹姆士说：这个不然。倘要有了充足的证据然后信仰，什么事都不能做了。凡事只有先信仰了，然后找出证据来。例如世界是好的还是坏的，这个问题，两面证据都不充足。只有找一条路去做，然后把证据找出来。又如交新朋友，也没有证据知道他是好的呢，还是坏的。但是我们因为不知道他的好坏便永远不同他做朋友了吗？好的坏的，做了朋友自然会知道的。信仰的意志之重要，就此可以见得了。

詹姆士自己举过一个最明显的例：山中迷了路，只有一条深涧，跳得过与跳不过,这个时候没有证据,倘信仰了跳得过的,便大着胆子跳过去,越加筹算便越跳不过了。这个信仰可以打破迟疑的态度。詹姆士以为这个学说在道德问题、宗教问题上格外有用,因为只能爱了便信仰他,不能找到证据以后才信仰的。只有信仰可以引你到证据的地方,站在门外不去信仰他,便不能找出证据了。

对于这个学说,批评的人最多。有许多哲学家都不满意,竭力的讥诮他,以为这样不是随你的高兴了吗? 那么你自己信仰你是一个百万富翁,但是你袋子里却一个钱也没有,怎么样呢? 这话是误解的。因为詹姆士是个文学家,很喜欢做文章,对于一个问题,总要把他讲得痛快淋漓,但看的人却因此越加有不明了的地方了。我此刻先不必为他多辩,提出他的第三点来。詹姆士主张以实验的结果定信仰的价值。这是他的学说的保障。

第三部分"实验主义"。詹姆士提出这个学说来,本是当作"真理论"(Theory of Truth)的。从前有两派真理论:一派以为什么是真理呢? 应该人的意象与外物相符合,不相符合的便是假的;还有一派以为与外物不相符合,相符合的便是假的。还有一派以为物与意象,完全[是]两样东西,不能比较符合不符合的,只要在思想系统的内部相容了,不自相矛盾了,便是真的。詹姆士把两说一起打破,以为意象、观念、学理的真否,在乎看他含义的效果,能否适用到应用的地方。本身的含义能够发生应用的效果的,是真的,否则是假的。这是实验主义真理论的大意。

有人说:凡是学说,都要经过三个时期,第一时期大家都说他荒谬;第二时期以为道理是有一点的,但不甚重要;第三时期则大家都说我们本来是这样想的了。詹姆士的学说,第三时期的确还没有到,不过科学的发明很可以帮助他。科学的发明,当初也是一种假定,试验而又试验,遂成为科学定理的一部分。故我们至少可以说,真理就是在实用上已经证实了的假设。

詹姆士的学说,简单说,就是以"试验主义"(Experimentalism)代替传下来的绝对真理的哲学系统。他主张随时长进、增加,随时试验、证实。

他喜欢自由谈话,自由发表,不曾做过正式的哲学书,但是他的影响甚大,在英、美尤大。他的学说出世以后,哲学界的性质趋向,受了极大的变更。

詹姆士反对绝对的"武断主义"(Dogmatism)的哲学,但同时也反对绝对的"怀疑主义"(Skeptism)。詹姆士承认不怀疑不能发见真理,但绝对的怀疑,便没有建设了。怀疑应有一种假设,试了对的便是真的,不对的则换一个假设。没有建设的怀疑,是詹姆士所反对的。詹姆士希望我们怀疑,但不愿我们绝对的怀疑;怀疑应该提出试验所得的结果,再引我们去找新的真理;以实用的信仰,继续试验,继续长进。

詹姆士的价值,不但打破从前的绝对武断,绝对怀疑;其尤为重要的贡献,就是在哲学方面提倡个性。他最恨整块的宇宙,比他是布罗克鲁斯脱斯的床(Procrustean Bed)。希腊故事:有布罗克鲁斯脱斯者,只有一张床,客人来了,都睡在这个里边,长的人把他截短,接在短的上面。詹姆士以为绝对的哲学把普天下的事理,拉在一个轨道上,实与布罗克鲁斯脱斯的床一样。他主张人类应该继续试验,继续创造。

二、柏格森

柏格森(Henri Beigson)是一千八百五十九年生的,现在还在巴黎当教授。这一年正值达尔文的《物种由来》出版的一年。他一生的哲学,就是发挥进化论哲学的一部分的意义。(适之先生加一句道:杜威先生也是这一年生的,他的哲学,也是发挥进化论的意义。)

柏格森与詹姆士有相同的地方,就是他们都以心理学为起点,把心理学上的观念应用到哲学上去。但是他们有两点不同的地方:第一,詹姆士注重试验,柏格森注重内省;第二,詹姆士反对哲学系统,始终没有组织哲学系统的野心,柏格森却把各方面的问题融成一片,组织有系统的哲学。从历史上看来,我们总以为黑格尔以后,世界上不会再有系统的哲学了。讵知先有斯宾塞尔的哲学系统,最近又有柏格森的,惟他独有的哲学系统。

因为柏格森想把种种哲学上的问题作起点，组成哲学系统，所以我们可先看他所注意的是些什么问题。他的问题可以分为三组：

（一）本体界（Noumenal World）与现象界（Phenomenal World）的关系。一方是真际，是本体；一方感觉所见得到的表面，是现象。柏拉图（Plato）、康德（Kant），都以为平常感觉所见到的只限于现象界，而以本体界为不可知。斯宾塞尔也是如此。这个问题，在柏格森的哲学上很有影响。

（二）宇宙究竟是一成不变的，还是变迁的，是自由的，还是命定的问题。

（三）心与物的关系。这是法国哲学史上的重要问题，最初提出来的是笛卡儿（Descartes）。物与心恰相反：物有体积，心能思想。笛卡儿以后，这个问题变为世界上的重要问题，柏格森也特别注意这个。

柏格森下手的地方，却不在这三组问题，而在经验。我们所真知道的是心中的经验。我们自己知之最明，此外都是表面的。

柏格森与詹姆士相同之处，就是对于心的状态。上次讲过詹姆士把意识看作流水一般，柏格森也把心的经验看作不断的流水，没有时候休息的，也不会重复的，也没有部分的。手浸水中，一忽儿已不是当时的水了。思想感觉，不会两个相同的。上次诸君看见的桌子，已不是今天的桌子了，因为诸君由经验换过了。所以人生的经验，是永远变更、永远革新、永远前进的。

这个讲法，也许与平常经验相反。平常以为经验可以分作一片一片、一段一段的。例如杯、壶、书，都可以分开的；烛上的火与炉中的火，也可以分得很清楚的，现在把他当作永远不断的，不是很相反吗？詹姆士、柏格森都说：这因为人把对于物的见解适用到人心里去，以为也可以分得开的。但是何以要把物的见解适用到人心里去，这个讲法，柏格森与詹姆士便不同了。

柏格森以为心的经验，实际上好像一条不断的河流。但是何以常常觉得是断的呢？因为人要旁人知道我的意思，大家交换报告，所以不得不用语言文字把他割断。语言文字是代表这片那片、这一段那一段的符号。因为有这个彼此交换报告的实际需要,所以把本体隔断为无数小片断。

从这个经验的见解上,柏格森发挥他的特别的根本观念。这个观念不大容易讲的,就是"真的时间"的见解。("Duration"这个字不容易译,与中国古代哲学所用"久"字颇相近,但系单字,不甚方便,故此处译作"真的时间",且仍用杜威先生原解。)"真的时间"与"时间"(Time)不同。"真的时间"是什么呢?"真的时间"就是永远前进,把种种过去保存在变迁当中。他把"真的时间"比作往前滚的"雪球",有两个意义:第一,种种过去都包括在现在当中;第二,越滚越大,将来逐渐长进,逐渐更新。

柏格森从这个"真的时间"的观点上,对于人心内面的经验的见解:第一步,存在就是变迁,没有不变迁的存在;第二步,变迁就是长进成熟;第三步,长进成熟,就是永远不断的创造自己。第一步,容易讲的。第二步,用滚"雪球"的比喻,也可以明白的。第三步怎么讲呢? 就是永远继续不断的加上新的东西。譬如知道我最深的朋友,对于我的过去种种历史都能知道,但他决不能知道我明天做什么事,甚而至于五分钟以后做什么事。一切事体,都是继续创造出来的,不是前定的。一切过去的事体,都不能做推算未知的根据。画家画画,在未画以前,没有一个人能够知道他画出来的是个什么东西,就是他自己也不能知道,因为倘他自己能够知道画的什么画,那便变做没有画而先有画了,于理还讲得通吗? 这个比喻他时常用的。他以为每一点经验都是新的,都是自己创造的。

我们先承认他这个根本观点,然后看他应用到三组哲学问题上去发生什么效果。

先讲关于第三组"心"与"物"的问题。用这个见解看来,心与物完全相反。物质界是静的,不变的,固定的,可分为部分甚至而于原子、分子的。物质界是小部分组织起来的,从这里到那里,虽然可以重新安排组织,而物质总是不变的。譬如这本书可以从这里移到那里,但都是这屋子里面的一部分;这张纸在火里烧了,但照化学讲,他的原子、分子都不曾失掉,不过组织变了一变罢了。

照柏格森讲,物质界是空间的关系,惟心理上的经验,才可以用"真的时间"解说。物质只有空间的,即有"时间"(Time),也不过是空间的变相。"真的时间"本身就是变迁。物质界的是假时间。譬如说三个月后将有日蚀,这三个月好像是真的时间了,其实可以这样隔断的,还是假时间,还是空间的变相。

我们可以用比喻说明假时间与"真的时间"的区别:计时钟上用长短针所表几点几分的时间,是用长短针位置的关系,所以是空间的变相,不是"真的时间";人饿极了等东西吃,沉在水里,待人来救,公堂上将判决而未判决,这些时候把所有过去种种经验都想起来,复立刻跳到将来,这才是"真的时间"。用这种时间与钟上长短针所表的时间来比,便知道"真的时间"与假时间的区别了。

这一段话总结起来,就是物质界是空间的,心界的生活经验,才是"真的时间"。柏格森还有一种讲法,就是用"感觉"与"记忆"来讲。他说感觉全是物质的影响,譬如这个杯子把烛光的火反射出来,可以说他是感着烛火的热;镜子能反射一切东西,也可以说有感觉。故物的影响,是纯粹的感觉。

杯子、镜子可以说他有感觉,故"感觉"是物的影响,但"记忆"决不是物所能有的了。记忆可以把种种过去都召回来,立刻跳到将来,随着长进随时吸取。这是人的最奇最怪的现状,这决不是物所能有,不过惯了不觉得罢了。倘人真能懂得记忆的作用,则那些纯粹唯物论的见解,便不攻而自破了。

现在再讲一点稍近专门的讲法。物质可以彼此感觉,杯子放在烛光的前面,杯子有感觉,茶壶放在镜子的前面,镜子也有感觉;但这些都是死的。人的生活上的感觉,并不像物质本来的样子,还须因需要而有所"选择"。手放在眼前,便把大门遮住了。柏格森说:这因为地位近的比远的尤为重要,所以把不重要的挡住了;及至走到门口,然后恢复远的大门的重要。譬如说地球是圆的,初听见一定很奇怪的,以为这样不是这边头在上、足在下,那边头在下、足在上了吗?柏格森说:这个例很可以说明我们用感觉中的区别,应用到物质界去,是不可能的事。

柏格森说:因为人生动作行为上的需要,硬把宇宙隔成片断,其实真的宇宙并不是片断的。就是物质界,虽有上下、前后、左右的区别,像是片断的,其实本来是不断的,因为事实的需要,便把区别硬加上去的。

这种分析,要在柏格森的断案。他提出假说,谓这样看来,不动的、不变的、死的物界,也许可以动的、变的、活的,与心界一样。这是一个极大的假设。他说:因事实的需要,硬用人的智慧(这是他所最看不起的),把不断的世界割成固定的、死的、有区别的世界,本来物质界与心界是没有分别的。

这个讲法,把物质界看作与心界没有分别,是个假设,不曾有人证明。柏格森在他的著作《创造的进化》(*Evolution Creation*,1907)中证明之。这层暂且不讲。提出可以帮助柏格森见解的两点:第一,科学上把"质"与"力"的区别根本打消。譬如桌子,不是物质,是无数的力在那里动,还在那里放射。这就是科学把质与力的区别打破了而且用力来讲质。第二,人的记忆把经验割成片断,譬如考试那一科便想那一科。既是如此,安知物界不也是割成片断的呢?

现在再把这个应用到第一组本体界与现象界的问题上去。从前的人以为本体界比现象界为高,超出现象界之上。柏格森以为本体界并不高,并不难懂。本体界就是继续创造活动永远更新的"真的时间"。人只要内省,不要因事实的需要用知识把他遮断了,自然能到"真的时间"的。

柏格森从这个本体、现象两界的区别上,引到知识论的两个重要观念,一个是"知识"(Intellect),一个是"直觉"(Intuition)。这与詹姆士很有相像的地方,以知识为与人的需要和兴趣有密切的关系——以人的需要和兴趣定知识的价值。但他与实验主义不同之处,就是看不起知识,不信用知识,以为知识把"真的时间"遮住了。

柏格森看不起知识,而主张直觉,以为人只要内省的程度到了,自然会有直觉,知道本体是继续不断的创造的。这个讲法,不消说是略带神秘的色彩的。柏格森颇受一点古代密宗(Mysticism)的影响。欧洲哲学史上凡带一点密宗意味的哲学,多半有亚洲的源起;柏格森是犹太人。基督教一二百年前,亚、非、欧三洲中间的亚历山大城很有些神秘的思想。不过他是个科学家而带神秘色彩,实在是很有趣的。

无论如何,柏格森这种学说,一方固很带科学的意味,而一方要顾到人类满足他宗教的玄学的欲望,复带神秘的意味。他这种态度,也许是他享受大名、信徒众多的原因。他以实验主义的知识论作根据,又能满足各方面的欲望,自然有这么多的信徒、这么大的名声了。

再把这个观念应用到最后的问题,就是宇宙是前定的还是自由的问题。柏格森以为"真的时间"之宇宙,创造进化,时时活动,时时变新,故不会前定的。人无论如何知道过去,决不能知未来的。但是空间的物界是固定的、隔断的、前定的。

柏格森讲"真的时间"是创造发明永远不断的,可比诗人做诗,诗中从一个字一个字的分开来看,是机械的;但其神味诗兴,是创造的、独一无偶的,只有这个时候,这个地位,这首诗里[才]有的。故创造的内观的变新的真的生活是从自由的。不能做到这个地位,只是堕落到机械习惯去,那是前定的。

上次讲演,提出柏格森的重要观念。柏格森把一切实在看作心理的存在,看作变迁,这变迁永远往前,把一切过去包在现在当中,又跳到未来,名之谓"真的时间"。他的哲学,把变迁看得非常重要,甚至不承认变迁的东西,以为变迁就是变迁自身在那里变迁,变迁以外,没有旁的东西。

他把物质看作永远变迁的实在里面分散出来的。他承认的实在,就是永远变迁的心的存在;物质便是从此中分散出来的,堕落下来的,凝结起来的。他用进化论来解说物质怎样进化出来的学说,特为著一部书,名曰《创造的进化》。

他想在这部书中,用他的学说解释科学家讲进化的困难问题。他举一个很容易明白的问题,达尔文当初提出生物进化三个重要之点:(一)生物的种种机能是由极微细的变迁一点一点的成功的;(二)这种微细的变迁,由于应付四周与他为难的环境,不知不觉中来的;(三)是天择:变迁以后,适合于环境的,子孙繁昌了,不能应付的,天然淘汰了——这便是天然的选择。

达尔文这种讲法,有一个很大的困难。例如有许多机能是很复杂的,照达尔文讲,一定以为这是一步一步很微细的积起来的,复杂了然后有用了;但是试问这些机能在没有发达到这样复杂的时候,有什么用呢?达尔文说眼睛是为应付环境变出来的,但是要很复杂了才能应用,当他只有一小部分而还没有成为眼睛的时候,是没有用的,没有用怎么能变迁呢?

因为说明这个道理有这样困难,所以另有一个学派提出一种旁的学说,以为恐怕不是像达尔文所讲那样机械的渐变罢。这些变化,一定有一个造化的人,有了计划的目的,然后一点一点的变化过去。例如一所房子,必须先有目的,从基础、地板、墙壁、屋顶和装饰,一层层的堆积起来,然后有复杂的房子。生物进化也是如此。眼睛的变迁,是计划好了才这样变迁的,是先有目的。故这一派学说称为目的论。

柏格森在《创造的进化》一书中,开端便批评这两派——机械论和目的论都不对。我们在未讲他自己的学说时,先看他对于这两派学说怎样批评。他批评达尔文一派的机械论和别的一派目的论有一个同样的错误,就是都只承认现成的,而不承认新的分子。达尔文以为进化是小分子机械的因缘和合,和合好的生存下来,不好的死亡去了。这种小分子和机械的法律都是现成的,没有新的分子。目的论假设一种计划,以为如造房子的预先计划好的,也不承认创造和发明的新分子。

柏格森以为这两派所以不能有满意的解决,都是因为想用知识的缘故。不知知识只能应付物质,不能懂得生命的。生物进化的生命,就是"真的时间"。知识只能对付分段的零碎的东西,决不能懂得永远变迁永远创造的生命。譬如潮水打过一块海上的小石,小石是死的,怎样懂得潮水是个什么东西。知识要懂得生命,也和这个道理一样的。

柏格森以为知识不能领会生命,生命是意志的作用。故要懂得生命,必须从意志的动作下手。知识的作用,只能把有机体分析解剖;血脉、皮肤、筋肉,甚至分子、原子,固然分得很细了,但是生命是整个的,越分越不能懂得了。要领会他,只有从意志的经验在勇猛前进,奋发努力,意志生活最充足的时候,可以懂得生命是个什么东西。

柏格森以生命为意志的作用,意志是没有计划的,没有意识的。意志只是生命的冲动,努力往前推,遇见险阻,便打破他,还继续前进。这是意志的经验,是生命的真现象。要知生命的真现象,只有把他看作冲动,其余没有别的观点可以解说进化的道理的。

柏格森以为生物进化之机能的变迁,只有这个观点可以解说,他名之曰"生命的奋进"(Elan Vitale),就是永远往前推的意思。他以为一切官能所以变迁到这般复杂,并不像机械论、目的论的两种讲法,而是内面出来的要生活的一点意志。生命奋进,遇环境有困难的时候,便立刻征服他,再往前奋进,没有什么计划和考虑的。眼睛是为要看而奋进的结果,久而久之,遂成为最满意应付环境的机能了。

眼睛这东西,便是生命往前奋进时所留下来的影子。生命往前奋进时,遇着障碍便征服他,眼睛就是由内部努力出来要看的一点意志的结果。譬如桌上铺着许多铁屑,手摸过去,一定留下一个手的影子;机械论者以为这是偶然成功的。目的论者以为这是先有预算然后画出来的。两说都没有看见生命往前奋进的冲动,遇着障碍,留下这一点意志的影子。

以上是一种问题。第二种问题是种种生物怎样发生的。柏格森以为进化学者的大错,在乎把植物、动物、人三者看作一条直线,不知这个三步并不从一条直线来的。生命奋进的时候,总希望最满足最完备最充分的前进的。但是随时遇见障碍,随时征服他,遇见一下,征服一下,试验一下,停顿一下,各种动植物便是随时停顿的结果。

生命从一个出发点往前奋进,不是一条直线的,而是随时遇见障碍,随时征服,随时试验,随时停顿的。譬如生命奋进,到了昆虫,遇见障碍,却停顿了;另外一种起来,到了蛇,遇见障碍,又停顿了。再有一种起来,没有[遇见]阻挡,遂变为现在的人类。

柏格森以前的哲学家利用进化观念最烈的是斯宾塞尔,他以生物环境的不同解释生物的种种性质:鱼必在水中,鸟必在空中,都以环境的适宜与否而定生物的种类。柏格森以为这是错了。譬如从城中有一条到乡村的路，中间总有许多桥咧，山咧，湾咧，都是因为环境的需要所以不能不如此的。但这不能说是环境的结果，因为必须先有造路的意志，然后有路。桥呵，山呵，湾呵，都是后来第二步的事。我们不能以环境去定种类。试问生物为什么要适应环境呢？因为他有要生活的一点意志。

以上是第二种问题。第三种是生物的三大部分——植物、动物、人类——比较的问题。柏格森讲植物的一部分，今暂从略。他讲人与动物的比较，以为人与人以下一切动物的区别，在于动物发展天性的本能，而人则发展智慧。昆虫中的蚁和蜂还有智慧，而因天性的冲动，可以把他的本能充分发展。

柏格森举出动物发展天性本能与人发展智慧，有三种不同之处。

第一，人的智慧是应付物质的，而动物则应付生命为多。他举一个很可感人的例：寄生蜂要产子在别的动物的身内，于是到这动物的身上去咬他七口，这七口正咬着七个神经，使他刚刚麻木而不会死，遂产子进去，将来幼虫吃这动物的肉，由内面咬出来。这种事为人的智慧所做不到，而动物发展天性本能，竟做到这个地位。

柏格森所讲人与人以下动物的区别，这一层最为重要。人的天性不及动物的发展，故以智慧补其不足。他所讲第二种不同之处，就是人是能造器具的动物。动物的器具，未始没有，爪咧、牙咧、毛咧，都是他的器具，但他是随身带的，不能在身外造起来的。人就不然了，因为眼睛不够看，所以造显微镜、望远镜来帮助。动物要温暖，只靠着他的皮，人则能用金石取出火来，一直至于蒸汽而为炉子。这都是人类以智慧补天性不足的地方。

第三，人与人以下的动物，各有长处，也各有短处。动物能发展他的天性，而吃亏在没有智慧，不能靠器具；人有智慧以造器具，如刚才所讲显微镜、望远镜等，而因天性不能如动物的发展，故不能懂得生命的真义。

柏格森以为哲学的问题，就是怎样把下等动物的天性部分与人的智慧部分连贯起来。他说：人类的天性本能，虽然没有充分发展，但幸而保存了一部分,尚未全泯;如能睡,是植物的天性遗留下来的,梦是动物遗留下来的,幸有这一点保存,还可救药。人要把天性与智慧联合起来,只要回到"直觉",便能立刻领会。这是天性尚有一部分未泯的表示。下等动物不知找东西的方法而找得到,人知方法而反不能找到;这层短处,只要把智慧与直觉联合起来,便补救多了。

以上所讲,不知不觉中假定物质是有的了。实在既是心理的存在,即是变迁,柏格森已讲过了。但是物质从那里来的呢? 柏格森用他的天才和进化观念勉强解释物质的起源。我此刻只能讲个大意,一来时间不够,二来我自己也不能十分懂得。

柏格森讲物质也起源于心理的存在,怎样起来的呢? 他的一个譬喻:大诗人读他自己的好诗的时候,听的人只听见诗中的事实、意思、活动、精彩,而把诗中字句的长短、拼法、写法全忘记了。这是精神贯注的时候。但倘疲倦了,精神略一散漫,便只见一个个的单字,而不听见诗中的意思事实了。若再提起精神来,则又从一个个的单字,合成一首好诗。

这个譬喻是说,你若在精神贯注的时候,你即在精神界里面,但略一放松,便堕落到物质界了。柏格森把这个譬喻应用到物质的起源。他说:当初是只"有真的时间"的,但一方往前膨胀,一方也有懈怠的时候,往前膨胀时只有生命,没有物质,懈怠时便成为物质了。他又用花炮来代表这个意思,他说:花炮一直往上是精神,掉下来的是物质了。

此刻时间不够,不能详细批评他的哲学,但我可以略说几句话。柏格森在现在哲学家当中,关于许多问题的解说,是很有长处的;他有美术的天才,故有许多超绝之处。最重要的,如:生活不能用知识了解的,要了解只有去生活;行为不能用知识了解的,要了解只有去行为。这虽然不是他独创的,但以前没有讲得这样圆满。又如新分子时时加入,继续创造、继续进化的观念,虽不是他所独创,也讲得很痛快。还有许多真理往往不能由冰冷的知识得来,而由于内面的直觉,也是他的精彩之处。但他把许多聪明的意思堆成哲学系统的时候,用上许多的譬喻。他又是很能做文章的,只想尽力发挥,却反不能自圆其说了。我对于他不满足的地方,积极批评,只有一句话:他还脱不了哲学大家的气派。他有组成哲学系统的野心,想把他的哲学用一个观念贯串起来,所以免不了困难和不圆满了。这些地方,詹姆士比他聪明得多。詹姆士有见解,尽管各方面尽量发挥,一点没有组织哲学系统的野心。柏格森免不了这个短处,也许是他失败的原因了。

三、罗　素

今晚讲的是第三个哲学家罗素(Bertrand Rustell[①]),英国人,现在还是青年。他前几年在剑桥(Cambridge)大学当数学教授,因为主张和平,反对战争,欧战起后,很受英国政府的严重干涉,辞去教授的职务,直到战争终了为止。今天先讲他的理论方面的哲学,而把他的人生哲学和政治哲学放在下次再讲。

很难找一个哲学家再比罗素与詹姆士、柏格森不相同者。詹姆士与柏格森很有许多相同的地方,而罗素则理论方面的哲学与他们竟没有一点相同。詹姆士与柏格森的哲学,都以心理学为起点,而从人事方面有意识的生活的人类下手。罗素则从科学方面最抽象最近法式的数学下手,对于心理学不取信仰[态度],以为与哲学无关;非特无关,而又有害,因为他能扰乱一致的整齐的哲学。

罗素以为知识应该普遍的,不是关于个人的,倘把人类心理的一部分介绍到哲学上来,一定损害知识的普遍性。从前哲学所以不能完全根据于数学,因为数学还没有到高等的地位,不配做哲学的根据。现在,照罗素讲,数学已发达到这个地位,尽够做哲学的基础方法了。

罗素哲学中有一点虽不甚重要,可以说是与詹姆士相同的。从前讲过,詹姆士是多元论的哲学家。诸君都想知道哲学上有所谓多元论与一元论。多元论者不相信宇宙万物最后归于一元,一元论者恰恰与他相反。

---

① 应为 Russell,可能是胡适笔误。——编者

詹姆士注重个体,主张以各方面的无数个体为中心,故是多元论;罗素这层主张,与詹姆士相近,故也可算是多元论的哲学家。

所以他在著作中尝说:我要主张的哲学是"逻辑的元子论"(Logical Atomism),或曰"绝对的多元论"(Absolute Pluralism)。我一方主张多元,一方又主张多元不能成为一个宇宙。一个宇宙的观念,是天文学没有发达以前的见解——地在当中,日月星辰在他外面环绕。但是从哥白尼(Copernicus)打破这个见解以后,天文学进步,同时这个统一宇宙的观念也不能存在了。

我要先声明:罗素的哲学,完全根据于数理,内容太近专门了,很不容易在这两次的时间有一个较近通俗的讲演。故今晚不想详讲他的内容,只先说明罗素对于旁的哲学的意见和批评,以表示他的哲学的大概。

从前的哲学,罗素说有两个根本错误:(一)想找统一的宇宙,以为"实在"总是一个的;(二)受了宗教和伦理的影响,想把宇宙用宗教和伦理的见解来说明,以为宇宙总是好的,善的:好咧,善咧,都是"实在"的一部分。

有许多信仰宗教的哲学家,自然把宗教的观念硬加到实在的宇宙上去,以为宇宙是好的,是值得生活的;就是许多反对宗教的哲学家,也不知不觉中受了伦理道德的影响,如讲进化论的学者,他把宇宙的演进硬拉道德观念进来解说,以为进化就是从不好至于好,从好至于更好。罗素批评斯宾塞[尔](Spencer)和柏格森等硬拉道德观念来讲进化,以人心中希望更好的一部分愿望,拿来解释实在,的确是错误的。

近世天文学进步,不但打破从前统一宇宙的观念,就是以伦理解说宇宙的观念,也打破了。从前的人以为宇宙的中心是地,而地上又以人为最重要;人生以宗教和伦理为中心,故宗教和伦理在宇宙的进行中占一个重要位置。这是以人生为标准,适用到宇宙上去。但是天文学进步以后,知道地球不过[是]太阳系中的一小点,我们人在真世界中占一个极不重要的位置;那么人生的宗教伦理,怎能再在宇宙中占重要的位置呢?

罗素于欧战发生以后,对于世界文化很失望的时候,在他的文章中有一段讲到人生在宇宙中的不重要,说:银河在天体中不过一小片;在这一小片当中,太阳系真是极微细的一黑点,在这极微细的黑点中,地球这行星真是要用显微镜才照得出的一小点;在这小点上,有许多炭气和水构成的污浊东西,在那里跑来跑去忙个不了,想在这很短的时间中延长他们自己的生命,努力杀害人家的生命;在太阳生命中,人的生命固然很短,但还有一个希望,就是如此互相残杀,也许灭亡得格外快一点,这是地球以外看我们地上人类的生活。

照罗素讲,人须把人事方面的成见、私见去掉,才可以讲哲学。哲学是纯粹无所为的,属于静想的关于宇宙真际的知识。科学中只有数学最不近人事方面,而亦最近于静想而无所为,故配做哲学的基础。

照他讲,哲学决不能从科学的结果下手,却应从科学的方法下手。科学中只有数学最纯粹正确,故数学的方法便是哲学的方法。心理、物理等科学所应付的对象,都是万有存在的东西——心理学的对象,便是心理的存在,还是存在——数学与这些存在,完全无关的。数学所讲,只是最抽象最普遍的法式,把存在完全踢开的。故数学的方法,便是哲学的方法。

那些心理、物理等科学,都是关于存在的个体,而不关于普遍的抽象的共相。数学则只有最普遍最抽象的法式,应用到各方面去,不受这一个体、那一个体的限制。惟用最普遍的最抽象的共相,可以讲知识的真相。

这些共相,都关于真的存在,但自己却没有存在的。哲学是应用于普遍方面的,故哲学的定理不能以经验的证据来证实,也不能以经验的证据来反证的,经验是物观方面的,而哲学的定理是无所用而不可的。世界无论如何变迁,哲学定理永远存在,故只有数学的定理和名学的定理配做哲学的基础。

罗素这个主张,的确是极端的。他甚至把人生哲学上最相反的"爱"与"恨"看作可以相比的东西。他的意思,即谓在经验上无论如何有重要区别的东西,一到逻辑上、哲学上,便可以相比,而不相反了。

罗素的哲学有一个很怪的现状:就是他的伦理的社会的一方面,很激烈的,很近于民主的;而他的理论的一方面,却很有贵族的意味——他崇拜理性,看轻感觉,注重共相,藐视个体,以为理性比经验高得多多,很有近于理性派的主张。这是很怪的现状,哲学家中再找不出第二个人理论方面有这样贵族的态度,而实用方面这样趋向民主的。

这个态度,我们叫他贵族的态度,是什么缘故呢？大凡有些人不耐烦人事方面琐碎的事实,想跳出这凡庸的生活,达于更纯粹清洁的地位。这种态度,由于美术的天性,叫作贵族的态度。罗素在他的理论方面,表示这种态度很明显的。

他在一篇赞美纯粹数学好处的文章里,讲到人的实际生活与理想生活的不同之处,说:人的实在生活至多不过调和理想与可能;但是纯粹理性的世界是没有调和的,没有限制的,对于人的创造的活动和高尚的希望没有拦阻的。离开人的欲望很远,离开自然的种种可怜的事实很远,在理想世界中造成有条理的宇宙,纯洁的思想可以在此中安住,而且至少人类一部分的自由可以离开实在生活之悲惨的罪难。

在罗素稍为通俗一点的著作中,我们常常看见他的悲观和愁惨的理想。他说:人的生活如一条长[途]的夜行,四周都是看不见的仇敌;长途中既辛苦,又疲倦;向着一个目的走去,而很少希望;就是达到了,也不能住得长久。这种话就是悲观,在哲学上并不希罕,凡是注重共相的世界的,自然要超出个体的经验了。

我从前引过詹姆士的一句话:个体事实最重要宝贵,何以许多哲学家都趋于注重共相？罗素的脾气,我们看起来,与他恰恰相反。他说:共相是安身之所,是我们最高贵的希望的目的。同时反对方面他承认神秘派说的时间是真实的。他说:神秘派觉着时间不重要是不错的。这是实在之不重要的和表面的特性,而当这不重要为真实,就是入智之门。

罗素哲学的自身,此刻不能详讲,以上不过[是]他对于旁的哲学的态度和批评的大致。有人说,世界上真能够懂得数学的哲学的人,至多不过二十人。我既不是二十人之一,我也不能懂得。但有一点可以提出来讲的。这些物质科学,联合各别的个体和普遍的共相两部分,共相的部分是科学的定理、法则、律令,全是抽象的普遍的;科学的对象是具体的、各别的、个体的事实。物质科学怎样把这两部分联合起来,是一个重要问题。

这个问题，是近代的唯心论（Idealism）所以发生的原因，也是所以别于古代唯心论的地方。近代爱尔兰人巴克莱（Berkeley）讲唯心论，以为一切外面世界的真知识，都不过根于知觉（Perception），知觉所包，又不过感觉（Sensations）。譬如烛，看去是白的光，黑的心；摸去是柔软的，油腻的；合起这许多感觉来，成功我之烛的知识。此外也许还有真的本体，但是不可知，即知了也没有关系。种种感觉之和就是知识，本体不本体则是没有问题的。

物质科学的进步，很似帮助这种讲法。元子、分子的运动，都是物质的真实，而我们懂得的一切性质，不过是动作的效果。但是唯心论者否认物质的存在，以为元子、分子也不过是我们意思上心理上假设的效果，也是主观的。

我讲这一段话，并不是要提到唯心、唯物的问题，不过想讲明白辩论之点在什么地方。罗素也解说，数学家提出元子、分子来，与个体事物的存在，有什么关系——怎样可以使用算式表示元子、分子与感觉中直接见到的材料有关系。

罗素承认知识的起点是感觉的材料，但他并不是唯心论者。他的解决问题，很像古代哲学家赖勃尼士（Leibnitz 1646—1716）的"小一"（Monad）的观念。人的感觉，代表不同的观点，有个体真实存在。每个"小一"都有他的观点，每个人都有他的宇宙。

罗素以为感觉的材料都是个体的观点，个人观点不同，故知觉也不同。但是罗素的知觉有实际的存在，例如桌子，我从上面看下来是一个样子，而诸君从下面看上来又各有一个样子，没有两个人的知觉相同的。罗素的主张，以为桌子并不止此一张，这样知觉有这样的桌子，那样知觉又有那样的桌子，各人有各人的桌子。赖勃尼士的"小一"，谓各有各的观点，即各有各的世界。数学科学给他们沟通一下，也许你的桌子与他的桌子是一样的东西，组成有系统的宇宙。其实各人都有各人的宇宙，其所以能沟通者，都是逻辑、科学和数学的功效。

柏格森有一段讲到人的智慧不配懂得真的存在、变迁，真的时间，故把真的存在割成片段。用电影做譬喻：电影里面，人呀，马呀，车呀，种种动作，好像是真的，其实懂得他的做法，便知道不过是一张一张的片子连起来的。知识把真际割成片断，也是如此。罗素向来不看电影的，见了柏格森这段文章，特为到电影院去看，说柏格森的话真不错，真可比科学家把真际割断了。

但是罗素虽然承认柏格森描摹这个问题的正确，而他自己所得的所谓割断，与柏格森恰恰相反。柏格森以为真的变迁是不断的，割成片断的是假的；罗素以为动的是假的，片断的是真的。个体存在是真的，每个个体都各有宇宙，故他自称为"绝对的多元论"。实际是分开的，不相贯串的，全赖抽象的定理把他联合，组成一个不断的宇宙。宇宙的组成是科学的功能，不是本来如此的。

这是绝端的个性主义，下次再讲他的人生哲学和政治哲学。

照上次所讲，罗素的哲学，理论方面与实用方面截然不同。这个不同的原因，由于他对理性和经验区别的太严：一方理性，一方经验；一方知识，一方动作；一方普遍的共相，一方个体的事实。这个区别，影响于他的理论方面和实用的社会方面哲学之不同。

这个很严的区别，使他哲学之理论的方面和实用的社会的方面之注重点完全相反。理论方面，人的知识，只能服从于事实；人心对于事实，只取静想的旁观的态度；犹如镜子，把实在照下来，一如其真。实用的社会的方面，人生行为的方面，就不然了：个体事实不算重要，而重要在创作、长进、变化和更新。

在理论方面，罗素很看不起"冲动"（Impulse），而在人生行为方面，"冲动"却占很重要的位置。罗素在实用哲学方面的注重"冲动"，很像柏格森哲学的"生命奋进"的重要。他不愿把"冲动"介绍到知识方面来，因恐扰乱知识的宁静；而在实用方面，却看得很重要，以为人生行为都是本能的冲动。

此刻不能详细讨论这理论与实用相反的哲学在逻辑上是否矛盾，也不能详细讨论他的理论方面那一处影响于实用方面，只能略讲他的社会哲学的几点。他的社会的实用的哲学与理论的哲学,不但内容,即文章也不相同。理论哲学的文章,根据于数学,很难懂的;而实用方面,则很通俗,看的人也很多的。

他的社会哲学最重要的有三种著作:(一)《社会改造之原理》(*Principles of Social Reconstruction*);(二)《政治的理想》(*Political Ideals*)和(三)《自由的路》(*Roads to Freedom*)。他这三种著作,都是在欧战开始以后,可说是直接或间接受了欧战的影响而作的。罗素看见欧战发生,受了很大的感动,以为这次大战可算表示种种恶势力——破坏的势力,减少生命的意义,阻碍生命的发展和创造。要使这恶势力受点制裁,故他希望创造的长进的一部分格外发展。这是他的社会哲学。

我还可以加一句:二十四年前,一八九六年时,他出版一本书叫做《德国的社会民治》(*German Social Democracy*),此书出版在马克思以后,社会民治发展之时。全书性质虽然差不多纯属记载的和历史的,而可以想见当时罗素已有研究社会问题的兴趣了。

现在讲到他的实用哲学的本身,可以拿他的理论哲学来比较。罗素的理论哲学,根据于最普遍的数学,而看不起个人心理,以为不重要;但实用哲学,却很看重心理,以为一切制度都原起于心理的基础,与本能的冲突趋向有重要关系;不但根据心理而已,还用心理做标准,去批评一切制度,看他是否引起高等的冲动,抑系压迫高等的冲动,引起下等的冲动。

罗素承认人的心理有三个重要部分:(一)天性(Instinct);(二)心或知识(Mind);(三)精神(Spirit)。

天性的生活,包括一切自然的冲动,如自卫、生殖、饥、渴、情欲,因生殖而推至家庭、国家。总之,所谓天性的生活,就是只限于自己或家庭或国家的成功、失败的生活,是下等动物遗留下来的生活。

心或知识的生活,与天性的生活不同:天性的生活关于人的(Personal)部分,而知识的生活,则关于非人的(Impersonal)部分,丢开个人的利害,专求普遍的知识。

精神的生活也与知识的生活相同,是超过于个人的,不过超过个人的知识与超个人的感情的不同而已。以这个感情为中心,代表的就是美术和宗教。美术以天性为起点,渐渐上去达于感情的地位;宗教以感情为起点,渐渐下来普及于天性的生活。

理想的发展,最好的自是三部分调和,不论最高的、最低的,都向各方面均分发展。天性这部分供给精力,知识供给一条路,而精神最高的则指示目的。有精力、有路、有目的,自是最好的了;但平常总难于做到,发展这部分的每每把其他两部分摧残了,很少有平均发展的。

如天性的生活太发展了,其他两方面不能同时并进,结果便是野蛮民族的生活。情欲发展,知识不足,自然是较为不开化,而没有做到文明的程度。但是知识生活来补救的时候,极端批评他太偏于天性,结果却养成了怀疑的态度,对于世间不能信仰,只有冰冷的批评,没有热诚恳挚的天性,于是毅力遂减少了。

罗素以为人类太偏向于知识太发展的生活,故有几派哲学起来补救,想调和知识与天性的生活。我们前两次所讲詹姆士的实验主义,和柏格森的生命主义,照罗素讲来,都是想调和知识生活与天性生活的,但都是错了。罗素以为他们的错处,在于把知识附属于天性。他以为应该做到普遍的感情(Universal Feeling),不受个人、家族和国家的限制,而以人类幸福为前提,向人类共同幸福的目的走去。

罗素以为何以个人不能充分发展到最高的地位呢,大的原因自在社会制度的障碍。但是社会对于个人的发展,虽然极力反对他、压制他,还没有什么要紧,因为无论如何,不能取消他内面的自由的。其最大、最可怕的原因,在乎社会引诱他、贿赂他、收买他。例如美术家,本有创造美术的天才,但因社会用金钱或名誉使他投降,使他不敢创作,不敢不投社会所好,遂不能做到他应该做到的地位了。文学家也是如此,政客尤其如此。罗素最恨政客,以为政客没有一个不投降社会的,投降以后,安然去做社会所好的事体去了。这个引诱、收买和贿赂,可以使人的内面自由死去,永远没有发展的希望,比反对和压制等障碍可怕得多。

为什么这些引诱、收买和贿赂,可以障碍个人自由的发展呢? 因为社会的组织摧残个人创造的冲动,而鼓励他占据的冲动。人类的活动可以分为两种:一种是创造的(Creative);一种是占据的(Possessive)。故天性的冲动也有两种。衣、食、货物等,一个人有了以后别人不能有的,关于这些的冲动,是占据的冲动。还有,科学家发明新理、新东西,不想个人私有,却是分诸大众的,关于这些的冲动,是创造的冲动。社会的组织没有不鼓励人去做占据的冲动,而摧残创造的冲动的。

罗素分冲动为创造的和占据的两种,这个根本观念,在他的社会哲学中最占重要,可以说每篇都是这个观念的应用。他把这个观念应用到社会一切制度上去,看他那一种制度发展那一种冲动。他批评国家和私有财产两个观念都是不对的。

国家和私有财产两种制度,现在本来最占重要。罗素以这两种制度,都是提倡占据的冲动的。简单说,罗素把社会主义和无政府主义的精义搜集起来,再用他的根本观念一加联贯,做他辩论的基础。如财产,本以占为己有为中心。如国家,在内面,保护私有财产,帮助富人,压制贫人;在外面,利用国家的势力,欺凌弱小的民族,发展帝国主义。

刚才说过,罗素受欧洲大战的刺激,以为战争是一种恶势力——破坏的势力——的表示,可以证明国家和私有财产两种制度的破产。私有财产,引起工商业的竞争,海上陆上殖民地的开拓,帝国主义的发展;国家制度保护私有财产,摧残个人自由,不要他有理性,而只受国家势力的压制和指挥。这两种制度的坏处,在欧战中完全表现出来。

除了这两种以外,教育、家庭和宗教的三种制度,应该可以鼓励创造的冲动了,而事实不然,不但不让创造的冲动自由发展,还为占据的冲动所侵入,受其影响,至于堕落。教育本应提倡发明和冒险,是创造的,而结果则是提倡占据;财产制度侵入,使教育不能自由发展,而反来保存现状。教育的目的,只是要人服从,守规矩,就范围,不许他创造的一部分自由发展!

现在教育的目的,不在提倡思想而在提倡信仰。这是什么缘故呢?因为教育制度受了财产制度的支配,教育者的心理,只恐怕有独立的思想来破坏捣乱。创造的教育,应该鼓励冒险的兴趣。罗素说:人类怕思想,比怕世界上什么事件都厉害,比怕死、怕灭亡还要厉害。思想是倔强的、革新的、破坏的、可怕的;思想对于特殊的权力,已成的制度,适意的习惯,是无情的;思想是无政府、无法律、不怕威权的;思想是伟大的、敏捷的、自由的,是世界的光明,是人类的最大荣耀。创造的教育,不应该只是保护过去,而在希望创造一个更好的将来。

罗素用这个创造的和占据的两种冲突底根本观念,不但批评现有的制度,还批评社会改造的计划。他对于种种计划,都有批评,没有能完全赞成。

…………

罗素的破坏方面,已大略讲完了;而他的建设方面,也没有什么独立的意见,大概折衷各派社会主义的主张,略加选择。例如土地、矿产和交通收归公有,是他所赞成的;互助协济的计划,公共买卖消费,也是他所赞成的;他又赞成工团主义、商团主义,主张每业自治,管理制造出产等计划;国家不过[是]公正人,从中帮助;国家之上,还有世界的联邦……

詹姆士、柏格森和罗森三个现代的哲学家,不但他们的文章著作与我们同时,就是他们的意见,也是代表我们时代的精神。表面上罗素虽与上面二人不同,其实不同者仅仅只有表面。倘先从罗素的社会国家方面下手,看他的主义,与詹姆士、柏格森实在没有什么区别,罗素也与二人相同,主张创造、长进、变动和更新。罗素虽然批评詹姆士想把天性附属于实际的生活,而他自己也用知识包括普通的感情。不过詹姆士比罗素格外妥当:罗素以人类全体为前提,而詹姆士则注重个人。詹姆士没有抽象的人类的观念,而是个人对个人的生活。

总结起来,三个哲学家都各有贡献。詹姆士主张靠得住的将来,是活动的,可以伸缩的,由我们自由创造的。故他的主义是根本的自由主义,各人都可以自由创造一个将来的世界。这是詹姆士的贡献。柏格森的直觉,就是对于自己创造的将来有一种新的感觉,这个感觉,决不是推理计算可以得到，而在我们有一种信仰，往前奋进。这是柏格森的贡献。罗素主张广大的、普通的、不偏于个人的知识，补救直觉的不足，使人类往前奋进时有一种指示。这是罗素的贡献。

（原编者附注）《北京大学日刊》刊载此文时，在文后有记者吴康的一段按，云："杜威先生去国来京，行满一载。本校以先生耆年硕学，远离斯土，实属千载一时之机会。特电商纽约哥伦比亚大学（因先生为该校教授之故），请留本校再任哲学教授一年。旋得复电，已蒙允许。兹闻本校决议明年请先生任哲学讲座，专授哲学。则欲聆先生之伟论者，幸毋交臂而失之也。"

第五编

其他演讲

政治与民意[①]

九月六日下午九时,北京国际研究社、国民外交协会、欧美同学会等六团体,假座海军联欢社,为美国芮公使饯别。席后由王宠惠博士代表各团体致送别辞。芮公使答辞甚长,次日复承芮公使将演[讲]辞写出,嘱译者发表。今依原文译之。

今天由宠惠博士转达各位的盛意,使我很感激。今晚又承诸位许我随便说几句朋友交情上的话,我更感谢了。

诸位所代表的六个团体,的[确]引起我的兴趣。不但因为这六个会[团体]都是传播国事的知识的,并且因为现代最重要的一件事就是中国民意组织的大运动,这六个会都可说是这个大运动的一部分,故能使我注意。

我在中国六年,所见的政治变迁也不少了。这些政治变迁之中,还有两次帝制的运动,但是袁世凯终不能建立他的朝代,张勋也不能恢复清室。由此可见中国关心政治的人大多数都只要一个能代表他们的政府,要使他们自己可预闻政事,要使这政府以增加全体的幸福为目的。

依现代的学理说来,政府乃是一种工具,人民靠这工具用公共的权力

① 这是美国驻华公使芮恩施(Paul Samuel Reinsch)1919 年 9 月 6 日假座北京海军联欢社的讲演,由胡适口译,次日又据芮公使的讲稿笔译。原载上海《密勒氏评论报》(时间未详);又载 1919 年 10 月 15 日《新中国》第 1 卷第 6 号(见"丛录"栏)。——编者

来增进全体的幸福。近世的政府有两个特点：一是方法，就是使人民干预政事；二是目的，目的就是要公平保障人民的权利，还要极力造成一切使人生尊严快乐的东西。世上最坏的政府就是少数人谋私利的政府。少数人的政府即使他能有良心，能谋全国的利益，究竟还不能满足我们理想的政治的正义。必须要使一个公益的政府受一般人民的裁制，那才合政治的正谊。我所说的"一般人民"，现在只能指那些略有政治知识和真有政治兴趣的人。但是这种政治兴趣并不是那种专靠政治吃饭的政客的兴趣。一国的政治乃是一件大工业，人人都要把自己看作一个股东，彼此互相帮助以求彼此的发展，以求种种尊贵平等的人生条件逐渐建设起来。这种兴趣方才是我所说的政治。

中国官僚以外的各界人民，无论如何有知识，向来对于国事的兴趣很是薄弱的。……

但是这八年以来，工商各界和政府的关系实在算不得亲密。各界也都觉得政治的良好是于他们很要紧的，但是他们没有什么组织，无从使他们的感觉和见解在实际政治［上］发生效力。由此看来，中国代议政体的问题就在这里："使各界的人民能帮助组织政治的权力，使他们肯为国家牺牲自己的利益。"至于各界以外的大多数国民，虽然很有经验的常识，但他们对于国事的兴趣还不曾完全警醒。如何推广政治的教育，如何使最多数国民有政治的兴趣与政治的知识，这也是民治主义的一个重要目的。这种政治教育需要适宜于世界人民，并不是要煽动他们不满足、不安静，乃是要教他们在各人的本分事业上寻出发展的范围与满足的愉快。民治主义是一种理想，只可逐渐做到，还没有一个国家能有自夸已做到完全的民治了。但是有了这个理想的目的，虽不能完全做到，也可使近世的国家真成一个谋公共幸福的国家，使国家的各分子的生活都觉得格外尊贵可敬。

中国向来是很尊敬学者的事业的。但是中国的文人现在也有一个大问题：一方面呢，有些人专在旧学上做功夫，记住许多经传的注解。这些人完全不懂得近代世界的精神，也决不能对于中国的发展有什么贡献。

有些人要想和中国固有的文学、哲学完全断绝关系,专门模仿外国的东西。这些人也错了,不过错的方向不同罢了。现在所需要的是用现代的眼光来看古代的学术,使古代的教训适合于新时势(**只不要过于穿凿傅[附]会失了原意**),再用外国经验得来的适宜分子来补助这些古代传下来的知识。

孔子在《礼记》里曾有一条国家政治的定义,这条定义是很适用于中国现代的需要的。孔子说:

> 天下为公,选贤英能,讲信修睦。故人不独亲其亲,不独子其子,使老有所终,壮有所用,幼有所长,鳏寡孤独废疾者,皆有所养。男有分,女有归。货恶其弃于地也,不必藏于己。力恶其不出于身也,不必为己。
>
> 是故谋闭而不兴,盗窃乱贼而不作。

今年中国发生了一种国民舆论的大警觉。即以这事本身而论,已是一大进步。中国生活上可说是发生了一种新势力,为保卫国家所不可少的,为辅助政治的政府所不可少的,现在所应该注意的是这次新发生的势力将如何用法。国民总算是表现他们的势力了,但是这种势力能否永久,能否有好用处,全靠这次大运动的各个人能否真有爱国的真精神。第一紧要的是牺牲的精神。国民须要预备随时可以作政府的帮助。国民须要明白单有批评攻击是无效的,必须还有更好的方法,还要各人自己情愿尽各人的义务,同担公家的负担,最要紧的是财政上的负担,一个政府的财政独立全靠国民大家肯分担财政上的负担。

这一次有许多少年学生很出力作事,帮助舆论的发展。他们的爱国热心使人对于中国前途很可乐观,愿他们不要忘了他们的爱国心。最好的表示方法就是努力求学,预备将来做有用的事业。他们要知道如果他们要想懂得国事情形,必须要从经验与求学下手。

这一次中国民意的大觉悟,总括看来,可以使我们断定中国将来的重要国事,必须要先得国民的意见,必须要合于国民的需要。即此一端,便是一桩极重要的事实。一个政府若没有国民的公意与帮助作一个基础，决不能做一个强有力的政府。中国的朋友都很盼望，中国的基础既已有了，基础上面的建筑也应该好好的重新造过。

在现代的世界上，没有一国能单独生活的，不但有商务上的密切关系，并且一国的政治不能不受世界公论的影响。因为我们遇着困难的问题，不能不靠世界公论的帮助，故世界公论对于我们国政的批评是不可不注意的。这一次大战的结果，中国的国际地位不能不提高一些。中国这一次加入协约国，抵抗侵略的帝国主义，实在是一个重要的政策，中国的外交因此与协约国同趋向国际公道与国际和平的方面。这次和会上关于大战的善后事件，自然有很大的困难，但是至此以后世界各国里面那些主持正义的势力将来一定会渐渐的解放出来：有了国际联盟作工具，这些主持正义势力一定更容易见功效了。

这一次参战，中国和美国的政策是一致的，美国的国民必不会忘记中国对于美国的赞助。但是中美两国的交谊并不单靠这次参战的关系，我们美国人对于中国向来感情很好。这一个东方大国执掌了几千年的东亚文化，现在努力想改革国内的社会制度使他们适合于现代的情形，使国内的人民逐渐能分担国家的责任。我们美国人对于这个国家，确有一种天性的同情。不但如此，美国人对中国人还有个人的商业交谊、教育关系和学术关系，彼此互相亲谊互相信任。所以我们可以说美国对于中国真有朋友的感情，并且很想竭力帮助中国。但是天下有许多事是顶好的朋友都不能彼此代做的，有许多事是这一国不能代别国做的。例如建设一个适应国民需要的民治政府，创立一种适合国家需要的财政制度，选择掌握政权的人，这些事都是各国人民应该自己去做的，都是不容有别国人帮忙的。为什么呢？因为中国人所要的是朋友，不是保护人。我们的朋友只能用他的势力去造成一种便于我自己活动的境地，我想我们美国一定很愿意给中国做一个这样的朋友。

我不消申明我们美国对于中国将来决不会有不公道的事，我们美国并不想在中国占一个比别国更优胜的地位。美国希望各友邦都能同样的待遇中国,都能用互助的精神鼓励中国利源的开辟和生活的发展。我们美国虽然赞成一切帮助中国发展的企业,却不赞成那些侵害中国主权与独立的一切外国利益,更不赞成那些阻碍中国人民自由发展政治制度的一切外国利益。

凡是和中国亲善的国家,一定会欢迎中国人政治组织改良的表示,欢迎中国政府与人民逐渐接近的趋势,欢迎中国民生国计上的一切进步。你们的幸福,你们的希望,就如同我们的幸福、希望一样。我们深信这种亲善的关系是全世界的秩序与幸福所不可少的条件……

附记 此为芮公使临行时最重要的一篇演说,故我译时也格外慎重。原文可见上海《密勒氏评论报》,可以参看。

二

正统哲学的起原①

　　人与下等动物不同,因为人保存他的过去经验。过去的事在记忆里还可以重新经验过。我们今天做的事并不是孤立的;每一件事的周围,隐隐约约地都是一些和这件事相类似的过去经验。下等动物的经验一过去就没有了;每一件新动作,无论是施是受,总是孤立的。人的经验却不然;每一事里常带有过去经验的回响与追念,每一事常使人想到他事。因此,我们可以说,禽兽住的世界只是一种物质的世界;人住的却不仅是物质的世界,乃是一个充满着符号与象征的世界(a world of signs and symbols)。一块石头不仅仅是坚硬碍人的东西,也许是一个祖宗的墓碑。一派火光不仅是暖热燃烧的东西,也许是家庭生活的一种标识;不仅是烫手伤人的火焰,也许是我们最爱护的家庭炉火呢。(西洋人以冬日的炉火(hearth)为家庭生活的代表,正如吾国古代以社稷为国家之符号。)这种区别,人与禽兽所以不同,人文与天然所以大异,只是因为人能记忆,能保存他的经验。

　　但我们追忆起来的事物很少是正确纪实的。我们自然记忆那有兴趣

---

① 这是美国哲学家杜威著《哲学的改造》一书的第一章。《哲学的改造》1934 年 2 月由上海商务印书馆出版。全书共八章,第一章由胡适翻译(胡适注:这一篇原文题为"The Changing Conceptions of Philosophy",既不易译成中文,又不很明了,故我曾请得杜威先生的同意,改题为《正统哲学的起原》。),第二至八章由唐擘黄翻译。第一章译文曾载 1925 年 2 月 22 日至 23 日、3 月 4 日、7 日、8 日、9 日《晨报副镌》;收入 1966 年 6 月 25 日台北文星书店出版的《胡适选集》翻译分册。
　　——编者

的部分,正因为那一部分使我们发生兴趣。我们回想往事,并非因为往事的本身,乃是因为这种往事能使现在的生活增加一点意味。因此,我们可以说,记忆之最初生活是情绪的而非智识的,亦非实用的。野蛮人追想他昨日和野兽的搏战,并不是想要细细研究那野兽的性质,也不是想要改良他明天搏战的方法,不过是想要用昨天的热闹来解除今天的沉闷无聊罢了。这种回想,有昨天搏战的种种热闹,只没有昨天的种种危险与焦急。回想这事,细细赏玩,能使现在这一刻得一种新意味;这种意味既非现在这一刻所固有,又不完全与昨日所有相同,故是新的意味。我们可以说:记忆乃是经验的替身,具有真经验的种种感情上的价值,而没有他的种种困难烦恼。譬如搏战,当阵上死生相搏之时,谁能赏玩搏战的趣味! 又如打猎,当野外追逐野兽之时,全神注射,惟恐赶不上,哪有心情领略打猎的意味:后来真事已过去了,战胜的人追想战胜的故事,作为"奏凯舞",或三五人围着野火高谈当日赶杀野兽的故事,手舞足蹈的演做出来·这时候,当日的琐碎情节,方才连贯起来,装点起来,变成一种有意义的全部。当日搏战或赶杀野兽之时,他们的活动只顾得那一时一刻,是零碎的;直到追叙或演为歌舞之时,那零碎的事实都联成一出有头有尾有起伏有照应的戏剧了;这时候,战胜与打猎的兴味方才完全呈现出来,方才可以使人细细的赏玩领会。

这样看来,人类追想过去的经验,不过是因为往事的兴味可以消遣现在闲暇时候的无聊。因为如此,所以最初的追想大都是自由的想象,未必是精确的追忆。要紧的只是这个故事要说的圆满,或这出戏文要唱的有趣。所以选择材料就不免有点偏重。中选的都是那些可以动听,可以增加感情作用的情节。那些不能增长兴趣无关成败的情节,便都删去了。那些入选的情节,也须依着这个故事的性质,随意移前搬后,并不必依照实事的次序。所以我们可以说,人类闲暇无事时住在一种追想的世界里,这种追想的世界其实只是一种暗示的世界(a world of suggestions)。暗示与追忆不同,因为暗示从不想考证他自己的正确与否。正确不正确,他毫不在意。譬如天上一片云,使人起一只骆驼或一个人面的暗示。这个人固然先曾见过真的人面或真的骆驼,但这片云究竟有几分像那真骆驼或真人面,他可不在意。他只顾他感情上的兴趣,眼望着那天上骆驼的臃肿和那云中人面的出没。

研究初民历史的学者都知道初民社会里有许多禽兽的故事与禽兽的神话。有人说,这可证明初民另有一种心理,与现在人类的心理绝不同。其实不然。当农事与工艺未发达之先,初民求食或避害的活动,每年不过占几个很短的时期,往往有很多的空闲时期。我们过惯了这种忙碌的现代生活,往往悬想初民的社会也必是终年穷忙的,要不忙着做活,也必忙着做计划。其实初民只有渔猎或战争的时候是忙的,剩下无事的时候,心里空荡荡的怪不好过,总得寻点东西装满这空闲的时间。他们的经验可是很有限的,除了捉鱼、打猎得来的禽兽知识,还有什么别的材料可以供他们消遣呢? 因此,初民社会里遂发生许多禽兽的神话,用他们平日最有趣的生活点缀起来,牛魔、豹怪便都变成戏中的人物了! 这些禽兽在神话里都带着人的品性;他们也会有情欲希望,也会有爱情,也会有仇恨,也会有哀乐喜惧,也会有胜败。况且在初民社会里,这些禽兽都可算是社会的分子,因为若没有他们,社会不但缺乏食料,并且连生活的趣味都减少了。打猎的人尽管赶打野兽,但捉到之后,他们究竟是好朋友,他们的血肉养活大家的生命。所以后来不但产生了许多叙述禽兽的生活的故事与神话,并且还产生了许多繁复的宗教仪式,内中往往有把禽兽当作祖宗,当作好汉,当作神灵的。

我的题目是哲学的起原,我很盼望你们诸位不要疑心我上文这一大段的话是文不对题的。因为依我看来,我们如要懂得各派哲学之历史上的来源,没有别的法子,只有从这些故事神话说起,并且应该比我说的更详细。我们须要知道,平常人的平常意识,若没有受过训练,只是欲望的产儿,并非研究考虑的结果。人必须受过一番教练,方才渐渐的不完全是爱憎喜惧的奴隶了。这种教练,从"自然人"的观点看起来,是很不自然的。我们现在的科学与哲学的书自然都是受过很高的训练的人做的;这些人的思想已养成了理性的习惯,他们知道用事实来纠正他们的幻想;他们的思想往往是合于逻辑的(logical)组织的。他们有时也做点幻想，——这种幻想的时候其实不少，不过人都不肯公然承认罢了，——但他们知道这是幻想，是一种玩意儿，他们不致把幻想的结果和客观的经验混在一处。因为如此，所以我们现在的人往往爱用我们自己的标准来推测别人；我们看见现在著作科学哲学书的人都有逻辑的和客观的思想习惯，我们就推想那平常的人也都有同样的理性了。却不知道，在那没受训练的人性里，理性与无理性都不成问题，都是偶然的；那种人并不受思想的管束，只受记忆的支配；况且他们的记忆并不是追忆实在的事物，只是一些联想、暗示和幻想。他们用的标准并不是事实上的符合，只是感情上的相投。他们只问某种暗示能否刺激感情，能否增长感情，能否加添趣味，能否与此刻的心理相投，能否迎合群众相传的希望与恐惧。若我们愿意把"梦境"一个字用的广泛一点，我们简直可以说：太古的人类除了实在奋斗与工作之外，只在梦境里过活；梦境的中心是人的欲望，梦境的材料是欲望的成功与失败。

这样看来，我们若以为古代的信仰与传说，虽多错误与荒谬，究竟还是古人想用科学来解释宇宙的结果——这是大错的。哲学的原始材料是既不关"科学"，又不关"解释"的。他只是寓言的，想象的，暗示的，和那客观的事实世界却不相干。我们可叫他做诗歌，可叫他做戏曲，但决不是科学；他决不会发生科学上所谓"真与假"，"有理与无稽"的问题，因为诗歌戏曲是不会发生这种问题的。

但这种原始材料至少须得经过两个时期，然后成为哲学。

第一个时期里，这些故事、神话，和一切连带着的节文，须得统一组合起来。起先不过是一些偶然的，暂时的纪念；那些冲动个人情感的经验，偶然抓住了，编作故事，或演为哑戏（但有演做，而无唱白，名为哑戏(Pantomime)。）但有些经验常常发生，常常遇着，就不单是个人的经验，就成一个群的经验了。这种经验在故事、神话里仍旧用个人的经验做底子，渐渐演进，后来竟可以代表全群的感情生活了。有几点关系大家的安危的，就格外着力描摹，格外引起注意。条理渐渐的更完密了；当年的传奇,变成了社会的遗产;当年的哑戏,变成了宗教的礼仪。这样变成的传说后来渐成为一种法式,个人的想象与暗示都要遵循这种法式。这个想像力构造的间架成立之后,社会里就有了一种共同的人生观;又靠着教育的作用,把这种共同的人生观教给各个人。从此,无意的习惯与有意的社会褒贬连合起来,使个人的记忆与想象都趋合那共同遗传的信仰与风尚。歌谣变成了古典,传奇变成了模范;当初演串感情上一桩重要经验的戏剧,至此就变成了一种宗教;当初可以自由添减的暗示,至此就变成固定的教条了。

后来民族发展,政治的势力越扩充,这种教条的整统与权威也格外巩固。政权的领域扩大时,凡从前自由活动的信仰皆有整齐统一的必要。那因为与他种民族接触而发生的自然调和与同化,自不用说了。最重要的是那政治上的需要,君主为增加威望保持势力起见,不能不把各民族的信仰与传说都集中统一起来。我们看犹太、希腊、罗马及一切有长期历史的国家,便可以看出他们都曾把各地方原有的礼教重新整理过,统一过,使他们不致和帝国的统一与权力相冲突。我不须详引历史上的证据了,只好请你们都跟我假定:那些稍大的宇宙论、创世说,与道德论都是这样产生的。至少我们可以说:社会组织的影响把社会上的教仪与教条渐渐固定起来,联贯起来,使各个人的理想带有普通的性质,使各个人的行为依着普通的规矩;没有这种整齐统一的时期,我们所谓哲学决不会成立。

这种整齐统一虽然是必要的,但单把信仰的种种观念与通则贯串起来,概括起来,也不能就产出哲学。因为这里面还没有逻辑系统和辩证方法的动机。这种动机的发生是因为后来日用的实证的知识渐渐增多,就与相传的礼教发生冲突,故有调和的必要。人类决不会只有幻想与暗示;生活的必要使他不得不注意世间的实事。人类的思想受环境的裁制的,固然极少,——所以没有一种极荒谬的意见不曾有人主张过的,——但是环境的逼迫有时候关系生死存亡,故人不能不受他一点裁制,不能不守一种最低限度的正确。例如“某物是可吃的”,“某物产于某地”,“水可溺死人”,“火可燃烧”,“尖利的东西可刺人”,“重物若没有东西托住,是会落下的","日与夜,寒与暑,湿与燥,是有定的变易"——这样的寻常事实,能使初民不得不注意他们。有些事实,太明白了,太重要了,幻想的东西竟装不上去。孔德(Auguste Comte)说,天然界的种种质力差不多都被初民尊作神道了,可是他不曾听见那一种野蛮民族有一个"重之神"(God of weight)。这种日用的常识渐渐加多起来,保存着,传授着一个民族关于天然界许多事实因果的知识。这种知识,关系工艺技术的尤多,因为工艺技术的成功全靠人对于材料和作法有正确的观察,又因为这种工夫是继续的,有准的,故偶然的巫术不会够用。上天下地的幻想到此都被淘汰了,因为幻想与实事并排列着就站不住了。

做水手的人的迷信,大概总比织工更要多些,因为水上的生活更容易受骤然不测的变化的影响。但是那做水手的,尽管把风波看作一个大神的恶作剧,究竟也不得不熟悉风起时如何使用船只帆桨的机械的道理。我们有时看见大火好像一条飞动骇人的长蛇,就会把火看作一种神龙。但家中的婆娘天天烧火煮水做饭,究竟不得不注意通风,添火,成灰,等等机械的事实。还有那打铁打铜的人,更不能不观察火力作用的种种条件与效果,更不能不把这种可以实证的事实积聚起来。他们到了火神的节日,尽管去烧香礼拜;但他们每天打铜打铁的时候,就不能不把相传下来的火神迷信一齐丢开,只把火看作一种有因果作用的寻常家伙。

工艺与技术进步了,变精致了,这种实证的知识便一天天增加起来,看得出的因果相从的关系也就更复杂了,范围更广大了。这一类实用的工艺使人类得着许多关于自然界的普通知识,从那里面科学便得着发源之地。这些工艺不但供给一些实证的事实,还养成应付材料和工具的专门技能;有时一种工艺脱离了倚赖成法的时期,还可以养成一种试验的思想习惯。

那些幻想的信仰本是和社会的道德习惯、感情上的慰安有密切关系的:在历史上,那些信仰却和这些一天天增加的事实的知识同时存在。(比如吾国《廿四史》里迷信的《天文志》与《五行志》和那科学的《律历志》,同时并存者凡二千年。)有沟通的可能时,这两组竟沟通了。但有时内容的冲突不许他们沟通混合;但他们仍各立门户,好像在两个不相干的区域似的。因为那一组是从外面附加到这一组上面的,所以他们内部的不相容是不容易觉得的,并且也没有调和的必要。往往这两大组人心的出产品分离的很远,因为他们各自保存在不同的社会阶级的手里。那富于诗意和宗教意味的信仰在社会上已占了优势,就变成了上等阶级的保守品,这种阶级(僧侣与士人)总是和统治阶级有直接关系的。那保守事实常识的工匠阶级在社会上往往只占低微的地位;因为社会总不免轻视那些做手艺谋衣食的工人,所以他们那个阶级的有用知识也就受了这种轻视的影响。古代希腊人的观察力何等精明,辩证的能力何等超卓,思想何等自由,只因为瞧不起手艺阶级,所以他们始终不很能运用实验的方法。因为手艺人在当时不过比奴隶略高一点,所以他们的知识与求知的方法也就缺乏体面与权威了。

然而到了一个时期,事实的知识不但分量很多了,并且范围很大了,就不能不和那传统的想像的信仰发生冲突;事实的知识不但謬触旧信仰的内容,并且和旧信仰根本精神不能相容了。希腊的"哲人运动"——西方所谓哲学就在那个运动里产生出来,——就是这样的一场冲突。这班"哲人"(Sophists)被柏拉图和亚里士多德加上了一种恶名,至今洗刷不清:这件事实就可以证明两种信仰的冲突在哲人方面很显明的;还可以证明那场冲突的影响颇使那传统的宗教制度和连带的道德信条都动摇不安。梭格拉底确是很想调和两方面的;然而他的出发点却在事实常识的方面,正式承认了常识的方法和标准,所以终于逃不了毁谤神明和诱惑青年的罪名,终于免不了死刑。

我们可以用梭格拉底的遭遇和那些"哲人"的恶名来点出那感情化了的旧信仰和那平凡的常识的几个很可注意的不同之点:这样的比较可以表出,我们所谓科学的胜利,固然在事实常识的方面;然而旧信仰的方面却占有社会的崇信,权威的夺人;并且因为凡能使人生意义深厚的东西无不和旧信仰有密切关系(此处约指家庭伦理和道德、宗教等事),所以他的地位更优胜了。在表面看来,自然界的实证知识似乎只占一个很有限并且很专门的范围。他的用处只限于工艺的方面,而手艺人的用处究竟能有多大?可不是附属的,卑贱的吗?谁肯把鞋匠的手艺和治国的大本领相提并论呢?医生的技术总算较高等的了;然身体上的治疗如何比得上祭司僧侣在人心灵上的治疗呢?柏拉图在他的"会语"里常常提出这样的比较。鞋匠只能评论一双好鞋子,他却说不出我们应该不应该穿鞋子,或什么时候应该穿鞋子;医生只能评量人身的健康,至于健康是否一件好事,或死去是否比活着更好,他可不知道了。这种手艺人在他的有限的专门技术问题上是当行出色的;一到了那真正重要问题上,——一到了价值的问题上,——他可全不行了。因此,这种艺术的知识是本来微贱的,必须请那种指示最后目的的高等知识来管住他,叫他安守本分。

况且,因为柏拉图的文章富于戏剧的意味,我们在他的书里可以看出当时一些人在那传统的信仰和智识的新要求的冲突之下身受的感想。守旧的人听说兵事是可以用抽象的法则教授的,他们就大恐慌了。他们说,兵事不单是打仗,是为国家打仗;抽象的科学不能教忠教爱,也不能代替那向来表现爱国心的战术。学打仗只有一法,就是跟着那些曾为国家打仗的人,充分信仰本国的理想与礼俗;总之,就是变成希腊武术遗风的信徒。如今那班新人提倡用比较的方法,把本国的战术和敌国的战术相比较,求出抽象的法则来,这岂不是归顺了敌人的遗风和宗教了吗?岂不是不忠于本国了吗?

我们明白了这种见解,才可以了解当日实证主义的见解和传统的信仰接触时所发生的冲突。传统的见解已在社会礼俗上植根很深了;上面密密地印着人类生活的精神上的目标和道德的训条。因此,他和人生本身有同样的重要,同样的广大,并且充满着社会生活里的热烈炙人的气焰。反过来看,那些实证的知识只能和物质的用具有关,远没有祖先崇拜和英雄崇拜所积渐崇高的种种热烈的联想。实证的知识的性质是有限的,具体的,所以人只觉得他枯寂而冷淡。

虽然如此,然而像柏拉图一流明达的人,究竟不能像当时的顽固党那样囫囵地承认旧信仰了。实证的知识的发达,评判的精神的传播,已不许旧信仰仍照老样子存在了。新知识的方面确也有许多好处,他是有定的,精确的,可以证实的。传统的信仰固然高贵,究竟根柢不稳固。梭格拉底说的好:不曾疑问过的生活是不配给人生活的,因为人有理性,是一种疑问的动物。所以人们应该寻求事物的道理,不应该随顺着习惯和权威就糊涂承认了。那么,怎么办呢? 不如寻出一种合理的研究与证辩的方法,好把传统的信仰的主要分子安放在一个动摇不得的基础上;寻出一种思想知识的方法,既可以把传统的信仰淘洗一番,又可保存不失它在精神上和社会上的价值;不但如此,淘汰去不适的部分之后,反可以增高它的功用与权威。简单一句话,向来依靠着习惯而存在的旧信仰,现在恢复回来,不靠着过去的习俗了,却靠着那研究宇宙和本体的形上学。形上学代习惯而起,来给那些精神上和社会上的高等价值作一个新来源与新保障,——这是欧洲正统哲学的主要目标。这种哲学自从柏拉图与亚里士多德递演出来之后,我们不要忘记,还经过中古欧洲的基督教哲学的中兴与重述呢。

西方对于哲学的作用与任务的见解,就是从这种形势里发生出来的;这种传统的见解直到很晚近的时代还管住西方系统的和建设的哲学。如果我说的大旨"哲学的起原在于要想调和两组不同的心理产物"是不错的,那么,我们对于那些正统哲学——就是那些不是消极的,不是偏锋的哲学系统——就有了开门的钥匙,可以窥见他们的重要性质了。(正统哲学皆指那些建设的系统的哲学,如古代的柏拉图和亚里士多德,如近代的康德、黑智尔,如中国的儒家。此外如古代的"哲人",如近代的尼采,如中国的老庄,如中国近世的李贽,便是偏锋的,消极的。)

第一,哲学并不是在一条无党无偏的大路上,从一个毫无成见的发源地产生出来的。它的工作从开始就安排定了。它是有使命的,它对于它的使命早已宣誓出死力了。它的使命是要从那些已经动摇的旧信仰里面,提出精华来。这本来是很好的事;这种工作本带有评判的意味,并且是一种健全的保守主义——要保存而不愿抛弃人类遗传下来的有价值的东西。但是这种提取精华的工作总不免先抱着一种成见,总想不违背旧信仰的精神。人的幻想和社会上权威都和旧信仰结合太深了,不容易根本打破。在保守的思想家的心里,社会制度的内容根本上总不会和传统的制度相差太远。所以哲学的使命就是给传统的信仰和礼俗的精神——虽不必给它们的形式——作辩护,使它们站在合理的基础之上。

这样产出的哲学,在当时一般雅典人的眼里,够激烈的了,有些人竟说它危险呢。这是因为形式不同和方法不同的原故。这种哲学想窜除旧信仰中的无用部分;而在一般雅典市民的眼里,牵动一发正如牵动全身一样,所以他们认这种哲学为激烈思想了。但我们在今日回头看上去,用后来别种社会环境里产生的种种思想派别来比较,便容易看出柏拉图和亚里士多德究竟只不过深刻地表现希腊的遗风和习俗;所以他们的著作,同当时几个大戏剧家的著作,都可以作我们研究那纯粹希腊式的生活的内幕的绝好门径书。若没有希腊宗教,希腊美术和希腊的政治生活,也就不会有柏拉图和亚里士多德的哲学;而这两派哲学最夸张的科学的影响,其实却是很肤浅,很不重要的。到了十二世纪,中古的基督教要想给自己寻一种系统的,合理的辩护,于是利用正统哲学,尤其是亚里士多德的哲学,来替他自圆其说:我们看了这段故事,更可以明白哲学的辩护的精神了。到了十九世纪初期,德国的旧信仰与旧制度受了当日的科学思潮和民治政体的影响,都有点动摇了;黑智尔(Hegel)起来,提倡一种"合理的理想主义"(rational idealism)来替传统的信仰与制度作辩护;那时德国的几个主要的哲学系统都带有这种色彩;——这也是一个同类的例。

总之,哲学史上的几个大学派都没有脱离替旧信仰辩护的党见。同时他们却又自命思想独立,以合理自居,所以哲学就显出不老实的样子了;这种不诚实固然完全不是哲学的本意,然而正因为主持哲学的人不自觉,所以更有害了。

现在我们可以讨论哲学从它的起源上发生的第二种性质了。哲学因为要替传统的东西作辩护,因为要替那向来全靠感情契合和社会尊崇的东西作合理的辩护,所以不能不充分运用辩证的工具。它要替本身不合理的东西作辩护,没有法子,只好倚靠逻辑的法式了。讨论事实的时候,简单笨拙的证明就够了;只消合乎出事实来,指给人看——这是一切论证的基本形式,——就够了。但是旧信仰动摇的时代,习惯和权威既不足叫人心服了,它们自身又不能有经验上的实证;要叫人心悦诚服地认它们为真理,没有别的法子,只有极力扩充严刻思想和严厉证辩的种种符号。凡抽象的定义与超科学的辩证,就是这样起来的;起来之后,有许多人从此不敢来叩哲学的门了,然而哲学的信徒却在这里面寻着无限的趣味。

最坏的时候,哲学竟因此变成一种名词的把戏,一种剖析秋毫的逻辑,一种对于论证的形式的崇拜。就是最好的时候,哲学也因此趋向于极端崇信系统的组织,往往为系统而谋系统,并且自命为要求必然的正确。其实英国哲学家卜特劳主教(Bishop Butler)说的好:"殆然之理(probability)可以做生活的指南了。"然而没有几个哲学家敢承认哲学只要寻得"殆然"就够了的。传统的信仰与人类的欲望早已自命为必然不可易了,早已自命能规定必然不可易的礼教了。哲学的初期也曾有同样的奢望,以后的正统哲学始终不曾脱离这种习气。这些正统哲学都以为自己比科学还要"更科学的"——都以为,因为各种科学始终不能得到最后的完全真理,所以不能不请教于哲学。其间却也有几个叛徒,像詹姆士(William James)一类人,敢于宣言,"哲学不过是一种眼光(见地)"("philosophy is vision"),他的主要职务不过是使人解脱成见和偏蔽,使人放开眼光来看他四周的世界。然而大多数的哲学家总还抱着更大的野心。在他们看来,若说哲学只能贡献一些假设,而这些假设的用处不过能帮助人明托人生,那就几乎等于自行取消哲学了。

第三,那些传统的信仰,起于人类的欲望与幻想,靠群居生活的影响而成为一种有权威的共同信仰,它的性质是无所不包的;在民族生活的各方面,它是无往而不在的。它的压力是不间断的,它的影响是普遍的。所以那要起而代之的哲学思想也就不能不想做到同样的普遍,同样的无所不包。它应该有形上学上的普遍性,正如传统的信仰有社会上普遍性。哲学既须做到圆满的系统和必然的正确,还要做到这种无所不包的普遍性,它只有一条路可走。

凡是正统的哲学,都画出两个固定的,根本上不同的世界。一个略等于民众信仰里那个宗教的,超自然的世界,加上了形上学的翻译,就成了一个最高最后的实在的世界。在社会生活里,一切重要的真理和规矩的最后根据全靠那些最尊崇最神圣的宗教信仰;所以在哲学方面,那个绝对无上的实在也就给一切关于事物的真理作惟一可靠的保证,给一切正当的社会制度和个人行为作惟一合理的指南。这个"本体的世界",只有哲学上系统的训练可以看得到。此外还有一个平常的、经验的、相对实在的"现象的世界";这才是我们天天经验的世界。人的实际生活和用具,都只和这个世界有关。常识和科学所指的世界,只是这个不完全又不能永久的世界。

在我个人看来,向来正统派对于哲学的见解受这一种特点的影响最大最深。哲学妄自尊大,以为他的职务在于证明一个超于经验的、绝对的或内心的本体,在于给人们指示这个本体的性质和要点。因此,哲学自以为得着了一种高等知识的官能,高于实证科学和平常经验所用的官能;并且自以为有一种特别的重要与尊严。其实哲学如果真能引人们去寻着那个超于寻常经验和实证科学以外的实在,人们又何必否认他的特别官能和特别尊严呢?

正统哲学这样的自负,自然常有许多哲学家出来否认。然而向来的否认大都是存疑的(agnostic)和怀疑的(skeptic)。他们只肯说,那绝对的,最后的本体是不可知的。那个实在万一是可知的,那么,这是不是哲学知识的正当范围呢?——关于这一层,那些存疑论者就不敢否认了。直到最近的时期,方才有人提出一种关于哲学的正当任务的新见解。我的讲演的主要部分便是要说明这种新见解,指出他和所谓正统派的见解的几个重要异点。今天只能约略提及一句。上文说人类的幻想受了喜怒恩仇的支配,为了寻求感情上的兴奋与愉快,逐渐造成一种有权威的共同信仰;哲学便从这个传统信仰的背景里产生出来。我把那些自负用系统的方法研究绝对本体的哲学都归到这个起源:——老实说罢,我这个办法确有点不怀好意。我以为若想推翻这一派的哲学思想,这种寻源溯流的历史方法比什么论理的驳辩都更有效。

如果这一次讲演能使诸位觉得上文说的意思——哲学不是从智识的材料里发源出来的,是从那些社会的,情感的材料里产生出来的——如果诸位觉得这个意思还不失为一个有点道理的假设,那么,诸位对于各派传统的哲学也要改换一种态度了。我们要从新的观点观察他们。关于他们的新问题要起来了,评判他们的新标准也要提出了。

如果有人能抛开一切成见,用虚心去研究哲学史,不当他一种孤立的东西,只当他是文化史的一章一节;如果他能把哲学史和人类学,初民状态,宗教史、文学史、社会制度史等,一齐联贯起来,他这样研究下去,一定会自己看出我今天说的哲学史观究竟有什么价值。这样研究起来,哲学的历史就显出新的意义来了。哲学虽不能自命为科学了,但人类却因此可以得着不少的实惠。我们撇开了什么本体的争执,只看见人类社会的目的和希望上的种种实际的冲突。我们撇开了怎样超出经验的妄想,只看见人们怎样努力去整理他们最关切的那些经验以内的事物。我们撇开了那些关于绝对本体的性质的种种无谓的玄谈,只看见一班深思远虑的人在那儿讨论人生应该是怎样的,在那儿研究人类的有意识的活动应该朝着什么目标去着力。

我们对于已往的哲学若能存这种见解,我们对于将来的哲学的范围与目的,也必定能有一种很确定的见解了。我们一定会想:从前哲学那样不知不觉地干的事,那样很像偷偷摸摸地干的事,从今以后何妨公开地,明明白白地干呢? 假如我们承认,哲学从前表面上在那儿研究什么最后的实在,骨子里却在那儿想保存社会上传统信仰里所含的精粹;如果我们承认,哲学起于社会上种种不同的目标的冲突,起于传统的制度和不相容的新趋势的冲突,——那么,我们应该可以明白,将来的哲学的任务是要能使人明瞭它那个时代的社会冲突和精神上的冲突。哲学的目的是要尽力做成一个应付这些冲突的机关。凡是化成了形上学上的区别,便觉得很不真实的东西,现在联上了社会上种种信仰和理想的竞争大武剧,便觉有很深的意义了。哲学若能抛下它那没出息的"绝对的,最后的本体的专卖",他是不会吃亏的:因为以后的哲学若能教导那些变动社会的精神动力,若能对于人类想做到一种更有条理的更有意义的快乐之希望上有所贡献,那就是很大的酬报了。

现代教育的趋势①

一、教育的天然基础

这回所要说的现代教育的新趋势,就是注重个人本能 Instinct 的趋势。从前的教育家对于儿童的本能,很不留意;现在才知道儿童的本能是教育上很重要的东西,一切学问和训练,必定要拿人类天然的生来的本能做根据,利用他自动的能力,发展他原有的天性,才是新教育的宗旨。从前的教育,把学生当做被动的,把许多教授的材料装进学生心里去,就算了事;现在的教育,是要学生自动,是以学生个人的本能做主,拿教育做发展他们本能的工具。

这种注重个人天然本能的教育倾向,是很新的,是近来才有的。从前西方的人对于人心有两种很怪的观念:(一)把人心当做一个袋子,中间是空的,可以拿些东西装将进去;(二)把人心看做白蜡白纸一样,想做成什么就像什么,要染上什么颜色就变成什么颜色。这两个比喻可以证明古人把人心看做被动的,推到结果,必定把儿童也看做被动的,不相信他们

---

① 这是杜威在北京美术学校的讲演,由胡适口译,涵庐笔记。载 1919 年 6 月 22 日《每周评论》第 27 号;又载 1919 年 6 月 27 日—28 日、7 月 5 日《北京大学日刊》;又载 1919 年 4 月《新教育》第 1 卷第 3 期;又载 1919 年 8 月《教育潮》第 1 卷第 3 期;又载 1919 年 12 月 15 日《新中国》第 1 卷第 3 号,收入 1998 年 1 月中华书局出版的《胡适学术文集·教育卷》。——编者

有自己的本能。

现在的教育渐渐承认个人的本能,所以现在教授的方法,让儿童加入学校的活动,拿他天然的本能做主,从旁边去利用他,指点他,引导他,叫他望一个方向上走,叫他向他能够做到的地方发展,——这就是新教育和旧教育不同的地方。

本能到底是什么,现在也用不着精密的科学的定义。简单说来,本能是天然生来、不学而能的种种趋向,种种冲动。譬如小孩子初生下地,遇见强光,就会闭眼,遇见大声音,就会害怕,饿了就会要吃,这都是自然的动作,没有人教导他的。这些不学而能、不教而知的天生的性质,就叫做本能。教育不过观察哪些是他们可能的,哪些是应该利用的,把他一一挑选出来,加以相当的训练,引到实际应用上去,把他们的本能一一发现出来,这才是注重自动的新教育。

以上所说的本能,不过是关于个人里面的一部分。教育的缘起,就因为除了里面的本能,还有外面的社会的种种环境。譬如风俗习惯、历史遗传、道德文化都是外面的分子。因为要想把内部的本能和外部的环境互相照应、互相帮助、互相融合起来,所以才有教育。我们且分三步说。

(一)教育的需要 就是因为什么缘故才要教育?因为个人的本能和社会的环境中间有一道大沟。本能的天然趋向,自然的冲动,是杂乱无章的,是未经过训练的,所以不能适合社会生活之用。有这种缘由逼迫我们,所以我们才要教育。

(二)教育的目的 就是教育到底是为什么?因为个人的本能未必恰和社会生活相合,所以教育的方针就在怎样训练、怎样引导个人的本能,叫他和社会的生活相合。必定要把个人的本能和现在社会的生活沟通一气,叫他恰好适应社会的需要,才是教育的目的。

(三)教育的材料 就是拿什么东西来教育?因为教育是引导个人的本能叫他适合现在社会的生活,所以必定要拿那些和现在有益的学问、文学、技术、制度等来做教育的材料。

照这样看来,教育这个东西,乃是引导训练发展个人本能,让他恰好和社会生活相合。所以现在的教育可说是沟通个人本能和社会生活的一种工具。

大家都知道教育的范围很大，不单限于学校教育。小儿生下地来，自吃乳的时候就受他母亲的种种教育，可见人生在世，天然的本能没有一天不和社会的环境相接触的，这都是广义的教育。我此刻且不讲这种广义的教育，先讲学校的教育。学校是什么呢？学校是一种社会的制度，社会把一切过去的、现在的、将来的种种计划工具，集聚在这个机关之中，拿这些东西训练学生，使他本能的活动，变向一条路上去，和当时社会生活的精神相合，——这就是学校的定义。再简单说一句，学校就是缩小的集中的社会，把过去、现在、未来的所有计划工具，拿来教社会的幼小分子，叫他们为现在和将来社会之用。学校不但是雏形的社会，并且是模范的社会，后来社会改良都要完全靠着他。

我本不愿意劈头就正式说明个人的教育主张。不过为简单起见，所以开口就说了。注重个人本能，本是教育的新趋势。我所以再三解说，第一要想大家明白教育一方面是拿不学而知不教而能的本能做主体，一方面是以适应社会的需要做目的的。

这样抽象的讲法，恐怕有点不容易明白，现在且抽出小孩子学说话的一件事来，做具体的说明。我们都知道学习语言是很不容易的事，然而小孩子学讲话，居然能在很短的时间，收得很大的效果。这都是本能作用。人类天然有和别人交际的天性，有能讲话的本能，小孩子乱叫乱喊，都是天然的趋向。据心理学家的研究，当小孩子一岁半的时候，所发的音，连世界上所有的音都有了，这就是教育的基础。没有这种基础，就没有教育可言。然而一方面又有社会的需要，我们学说话是要使人懂得我的话，又要使我懂得别人的话。小孩子学话，最初有家庭间的要求，其次有社会的需要，不能不通达彼此的意思。因为有这种需要，所以小孩子不知不觉的就能说话了。但是这种社会的需要同时又能限制学话的趋向。我要人懂得我说的话，就不能不依社会上通用的规矩。在北京的人不能不依北京的发音。社会已经定了"茶"的名，我就不能叫他做"酒"，社会通用的文法是"人吃茶",我就不能说"茶吃人"。小孩子天然的本能,受了这种限制,自然渐渐的归到一个方向去,学成一种适用的话。由此足证二者交相为用。无论何种教育能力,假使受教的没有天然的本能,那么就要教也无从教起,然无论他有多大的天然的本能,假使没有社会的需要,那么就要学也无从学起。由此更足以证明前说的教育上的三义:社交和参预事情,就是小孩子要学话的需要;使他成一个能应答的人物,就是他的目的;在他那个社会里的单字、成语、语气、文法等,就是他的材料。

小孩子在很短的时间内能学很多很难的语言,这件事若要研究起来,可以得三种教训:

(一)小孩子天然有说话的趋向,家庭利用他教他说话,渐渐的就能说能懂。到了学校,用了许多工夫,反不能收这样的效果,这是什么原故呢?可不是因为一是利用他的本能,一是压制他的本能,所以一方面收效很大,一方面收效很小吗?我们办教育还是应该指导利用他的本能呢?还是摧残压制他的本能呢?

(二)在小孩子学话之先,并没有人告诉他说:"你们一定要学话,不然就不能做人。"也没有人夸奖他说:"你学话将来一定有许多好处。"不过因为有要说话的本能,学到一句话,便欢喜了不得,要是他学会了一句很难学的话,立刻就更快乐起来了。所以他学一个字有一个字的快乐,学一句话有一句话的快乐,立刻学到就立刻开心,所以朝前学去,一点也不困难。学校里所教的东西,不是为五年后用的,就是为十年后用的,全不注意怎样使儿童发生当前的愉快满意。快乐不在现在却在将来,所以很难引起他们的兴趣。小孩子学话立刻可以满意,所以成效大,学校里边的教育不能立刻就使他们快意,所以收效少。这中间所以然的道理,我们应该注意不应该注意呢!

现在且举出一件故事,美国有一个大城的视学员,到学校里去查学,他问学生,读书有什么用处?有的说:"读了书认得字不致走错了路。"有的说:"认字可以看有趣的书报。"又问他学算学干什么?大家都答不出来。后来有一个学生说:"可以算买卖东西的账目。"又有个学生说:"倘若有一天犯了法,警察罚我五块钱,或把我拘留三天,我可以拿算学来算算,看哪一件事便宜一点。"这件故事很可以证明这学校里边的教育和眼前的生活相隔太远,不能叫学生即刻就能应用,即刻就可以快意,一味拿那些用不着的东西和干燥无味的东西来教他,怎能够立刻就可以见效呢?

(三)小孩子学话收效那么快,全靠一种天然社交的趋向。小孩子很欢喜同人家往来,同人家说话,同人家问答,这就是他社交的天性。学校教育不注重他这种社交的天性,专拿纯粹知识一方面的学问去教他,不问他欢喜不欢喜,都要逼迫他去学,又叫他做些无关社会生活的文章,这些机械的记忆的教育,和个人社交的天性,一点也没有关系,怎能收很大的效果呢?照这样看来,可见得教小孩子说话,利用社交的天性,所以收效很大,学校教育偏于纯粹知识一方面,所以收效很小。这不是一种教训吗?

以上所说,总括一句话,若没有天然的本能做基础,什么东西都不能教;若能把社会的努力,利用这些基础的本能,几乎没有不可教的东西。

从旁的一方面说,各种社会有历史习惯种种的不同,因而其所选择注重的本能也有差异。大概一个社会总是选择注重那些与他的历史习惯相合的本能,忽略那些不相合的。由社会淘汰的结果,其中个人所有的本能也就不免偏向于一方了。大抵人的天性有偏向服从社会一面的,也有偏向于反抗社会一面的。偏于服从的,尚墨守,奉教训,循规矩,博闻强识。偏于反抗的,重发明,喜自创,轻冒险,善惊奇,事物当前,必问一个所以然。守旧的社会多注重前一类的本能,进取的社会多注重后一类的本能。

假使有一个守旧的社会,目的不在创造新奇的东西,只愿保存陈旧的老骨董,这种社会必定提倡这几种的趋向。

(A)怕新奇 人类的天性本有好新奇和怕新奇的两种天性。譬如小孩子最欢喜人家说鬼却又怕鬼。惟有守旧的社会,不欢喜好新奇的天性,常注重怕新奇的天性。

(B)怕人说坏话 守旧的社会里边的人最怕人家说他坏话,所以最怕出风头,最怕叫人注意他。自己一点儿意见也不发表,人家怎么说他便怎么说。

(C)怕困难　最怕遇到困难，最怕多事，他们总想多一事不如少一事，总想变法不如法古，只要安居无事便是神仙。

(D)怕负责任　最不欢喜挑担子，得躲懒便躲懒。

这都是守旧社会中最注重的天性。他们注重的天性不同，他们教育的方法也不同。教育的方法是什么呢？就是重记忆，讲背诵，不但记书中的意思，并记书中的字句，单叫他们去"依样画葫芦"，不要他们自动，不要他自己重新创造。但是小孩子本有活泼泼的天性，拿什么去压制他呢？顶好的法子，就是叫他把他所有的工夫都销磨完了，使他没有发展本能的工夫，专心去做那些摹仿的记忆的背诵的事情。

刚才所说的是守旧的社会所注重的事件，至于维新的社会，自然是想求进步的，求新奇的，他所注重的天性，必定处处和守旧的社会相反了。他所注重的天性自然是好新奇、喜出头、肯负责任、不怕危险的几种天性了。至于教育的方法怎样能利用这种天性，能发展这种天性，且待后来再讲。今天要想使大家知道，心理学和教育学都不能给我们一个包医百病的教育神方。研究他们的目的，在懂得这中间的道理，在明白儿童心理上起的观念。学校里边，无论教员教什么，学生心理上总要发生一种反动。真正的好教员就是在能观察学生的反动，要研究何以这个人这样反动，那个人那样反动，明白这中间的道理，利用各人特别的天性，引他朝正经路上走。可见得研究心理，研究教育，并不是传他一个方法，叫他照样教人，好像包治百病和[的]药单子一样。因为天地间没有传诸百世而不惑、放诸四海而皆准的东西。研究心理教育，不过是给我们的材料，教我们有法子去观察学生心理怎样反动，然后再想用什么方法去引导他。

教授的事业就好像做买卖一样。有卖的，有买的，方才可成交易。若有人说："我今天生意很好，卖出了许多货物，但是没有人买去。"你必定说他说疯话了。教的人也不能不细细体察究竟学的人需要什么？缺少什么？能学什么？已经学到我教的什么？若不能细心体会儿童的本能和他的需要，闭了眼睛，一味只顾我教我的书，那就和有卖没有买的商人一样了。教员的职业所以可贵，正为做教员的人可得两重大益处：(一)可以把自己所学的学问随时长进;(二)可以有机会研究所教儿童的本能,可以学懂得人性,可以懂得"人"。一方面增加自己的学业,一方面学懂得人,这才是真正的教员。

二、对于知识的态度

知识在教育上占一个极重要的位置。人类的许多时间,许多精力,都费在求知识上。所以教育学说都很注重知识的性质和求知识的方法。今天所要讲的现代教育的第二种新趋势,就是现代教育家对于知识的新见解,和这种新见解在教育方法上发生的影响。

古代对于知识的观念大概都是把知识自身看作一个完全独立的目的。知识的价值就在他自身之内。为什么要求知识呢? 他们说,求知识便是求知识。求知识的目的就是求知识。(*胡先生附加解说道:"最明显的例,如佛家之求妙悟、求圆觉之类。"*)因为把知识自身看作独立的目的,所以古代的观念把知识看作一件现成的东西,拿来拿去,你传给我,我又传给别人,或是摆设起来,供人赏玩。知识就像一些金钱。守钱奴积了许多钱,越积越多,越多越好,全不问金钱有什么用处,只觉得积钱是人生的惟一目的。旧式的知识论正同守财奴的积财观念。又譬如一块宝石无意之中被发现了,装嵌起来,可以夸耀大众,可以传给后人。至于这块宝石究竟有何用场,那是不用讨论的了。

现在对于知识的新观念,认明知识是良善行为所不可少的一种工具。人类的行为,如果没有正确有用的知识,必致于陷入无意识的动作。知识是一种工具,不是一个独立的目的,是用来指挥我们的动作,帮助我们的计划的,不是无用的奢侈品。知识的价值全在他的实用,所以不是现成的,必须由我们自己研究寻求出来,把他的结果来证实他的价值,证实之后,方才可算是知识。

初看起来,这种讨论似乎纯粹是哲学上的问题,于教育无关。但是真正的哲学问题没有不发生实际上的效果的,更没有在教育上不发生影响的。我们且先看旧式的知识论在教育上发生的恶果。

（一）教材　因为把知识看作现成的传授品，所以旧式的学校教育只顾把许多现成的历史、地理、文学、算学等等，尽量灌到儿童的脑袋里去，只要装得进去，就完事了，全不问这些东西在社会上有何需要，在儿童行为上有何影响。

（二）方法　再看教授的方法，全是注重记忆，注重背诵，注重考试。因为把知识看作可以灌来灌去的现成东西，所以用蛮记的法子灌进去，所以又用背书和考试的法子来看究竟灌进去了没有，来看那些被灌的儿童是否也能照先生的样子把装进去的东西拿出来摆架子了。美国有一种农家，养鸡鸭出卖，卖的时候，常常把鸡鸭吃得饱饱的，可以多卖一点钱。但是鸡鸭喂饱了，便不肯再吃了，所以他们特地造一种管子，插进鸡鸭喉咙里，把食物硬灌下去，使他们更胖更重。现在的教授方法就是硬装食物到鸡鸭肚子里去的方法。考试的方法就好像农夫用秤称鸡鸭的重量，看他们已经装够了没有。

（三）养成智识的贵族　知识既不是应用的需要品，既是摆样子的奢侈品，自然是少数人所独用的。旧式教育的结果大概是养成一班博学而无用的贵族，越少越可贵，就同宝石一样。

（四）养成服从古人的根性　这班博学的贵族，装了许多现成的学问，自然希望人服从这些古代传下来的宝训。服从古训，就是服从他们自己的学问。封建的国家，专制的国家，都极力提倡这种教育，因为这种服从的根性是于他们很有益处的。这种教育的结果，必致养成守旧的风气，用古人的教训作议论的根据（**诗云、子曰之类**），全不问古今时势的需要不同。

（五）学科的分离孤立　因为把知识看作独立存在的现成物品，可以各自传授，故旧式的学校教科书，各自独立，不相关系，不相照应。算术自算术，代数自代数，几何自几何，数学又和旁的学科没有关系，历史和文学无关，文学同修身无关。只要一样样都学完了，就算了事，又何必问各科的交互关系呢。

以上所说,不过是略指出旧式知识论的效果。如今且看现代对于知识的新态度,认定知识是指使人生行为的工具,是现做起来的,不是现成的,——在教育上有何意义。

我且先举几个例来说明这种新态度。

第一个例就是现在大战后的世界大势。不消说得,这种知识不是古来传下的现成知识,是要我们自己去搜集研究的。请问我们去搜集材料,研究种种原因与结果,这种工夫为的是什么?难道我们求这种知识的目的不过是求到这种知识就算完事了吗?求这种知识的实际动机是要发现种种问题,寻出现在的大势究竟是什么样子,明白了这种大势,我们自己的行动应该定什么政策,采用什么方针,将来的情势可以怎样预料,怎样防备。这种知识所以有用,正因为他可以做我们实地行动的指南针。所以要求知识,正为要作实行的准备。所以要知,正为要行。

再举一个例,譬如铁匠打铁。从前的铁匠只要依着一代一代相传下来的老法子就够了。这种知识是现成的,是死的,是相沿不变的。现代工业发达了,钢铁一业的用处更大,决不能倚靠这种幼稚的旧知识。现在钢铁工厂所需要的冶金学,范围极大,问题极复杂,那旧式的乡村铁匠做梦也想不到。现代铁厂必须研究铁矿的区域,矿苗的性质,制铁方法的比较利弊,种种化学电学的试验,种种出品的用途,……等等。拿这种知识来比较乡村铁匠世袭的知识,便可知道现代所需要的新知识决不是现成的遗传品,必须是时时留心研察的结果,必须要随时求进步求改良,方才可以应付现代社会时时变迁的需要。

再举一个例,就是做母亲应该有的知识。古人固然也有关于母教的知识,老太太传给太太,太太传给少奶奶,大概都是根据于经验的零碎知识,和乡村铁匠的打铁法一样。现代人讲母道的知识,就大不相同了。现在的母教,必须要懂看护学、儿童心理学,又要知道儿童容易有的疾病,又要知道各种营养食物的性质,又要知道儿童应该做的运动游戏。这些还不够,因为无论家庭以内弄得怎样好,若是社会的公共卫生不讲究,道路污秽,饮水不洁,终难免儿童传染流行的疫病。所以做母亲的,不但要研究儿童的种种问题,不但要研究家庭的种种问题,还要研究社会的、市政的种种问题。这种知识可是那种代代相传的旧法子所能得到吗?

再举一个例,就是女子的教育。从前的女子教育,不过是一种装饰品,奢侈品,所以只要能做几首诗,能著一部小说,就完了。现在我们既然承认女子教育是和一国将来的国民极有密切关系的,那么,我们就该实地考察社会的需要,斟酌现代的时势,来定女子教育的范围和性质,要使女子所受的教育能适合社会的生活,使他成为有用的国民,使他能做适合时势的良妻贤母。这种教育岂是从前那种装饰品的教育所能养成的吗?

以上所说,不过举几个例来说明现代所需要的知识的性质和从前大不相同,求知识的方法也大不相同。现代所要的知识都是要能应用的,都是要能做人生行为的指引的,决不是现成的奢侈品,是必须自己现做起来的应用工具。至于教授实际上应该用什么方法,方才可以做到这步田地,——那个问题且待下一次再说。现在且说这种新的知识见解在教育上的意义。

第一,从前的教育是拿现成的教材做起点的,现代的新教育是拿这个那个儿童这个那个人做起点的。从前的教育是先有了许多历史、地理、文学、算术等等现成材料,然后想怎样把这些材料硬装进儿童的脑袋里去。现代的教育是先有一群活泼泼的儿童住在某种环境里面,教育家的问题是,这些儿童实际生活上有什么样的问题呢?他们游戏的时候,做活的时候,想象的时候,发生什么样的需要,可以给我们利用得来做教育他们的法门吗?我们应该怎样引导他们的天然活动的本能,来引他们去求有用的知识呢?教育的重心,从"教材"方面搬到"人"的方面,所以教授的方法也不能不彻底改变。新教育所注重的是,这些儿童所爱做的是什么?所能做的是什么?懂得他们的天然本能,利用他们的天然兴趣,然后指引他们去求种种于个人于社会有用的知识。

第二,从前的教育只做到把现有的教材传授给儿童,就算完事。现代的教育不但要发展个人的才能,还要注意把个人才能的发展指引到有益于社会的一个方向上去。因此,教育家的问题不单是观察儿童的本能,还要研究此时此地的社会需要,挑出几种主要的社会生活,用来安排在学校里,使学校的生活就是最精彩的社会生活,使儿童做这种活动时,就可以不知不觉的预备将来了解应付社会国家的种种需要,种种问题。

以上所说的教育趋势不是容易做到的。不但种种旧式的教育制度和组织都要经一番根本的改革,并且须要使一般做教员的有充分的预备。教员必须有适当的学问,方才能随时应付变迁的社会需要;必须有精密的心思,细腻的耐性,方才可以随时观察儿童的性情兴趣;必须有浓厚的同情,慈祥的性情,方才可以替儿童设身处地,体会儿童的心思意义。做教员是一件神圣事业,做小学教员更是一件神圣事业,决不是个人的饭碗问题,应该认作一件最尊贵的终身大事。

我举出这种实行的困难,并不是说这种新教育还在理论的时代,不曾行过,并不是的。这种教育在西洋已有许多人实行了,已经成了一种实地的趋势。但是西洋各国都早已有了一种根深蒂固的旧式教育制度,推行久了,不能一时彻底改革,所以只好东贴一块,西补一条,逐渐弥补,逐渐改良。中国现在教育制度还不曾完全成立,一切组织设备,都还不曾完备。旧教育的根底不深,故受毒也不深,很可以有及早回头、彻底改革的绝好机会。这是中国教育不幸中之大幸,我很望诸位不要失望。

一国的教育决不可胡乱摹仿别国。为什么呢?因为一切摹仿都只能学到别国的外面种种形式编制,决不能得到内部的特别精神。况且现在各国都在逐渐改良教育的时候。等到你们完全摹仿成功时,他们早已暗中把旧制度逐渐变换过了——你们还是落后赶不上。所以我希望中国的教育家一方面实地研究本国本地的社会需要,一方面用西洋的教育学说作一种参考材料,如此做去,方才可以造成一种中国现代的新教育。

三、教育的社会化

第一次讲演,说求学其实是自己教育自己,各人须要用他自己的天然能力,方才可以求学。旁人不过能供给一种境地,引起这种能力的活动,使他朝社会需要的方面走去。第二次讲演,说单为求知识去求知识,决不是教育的目的,知识须是指导人生行为成功的工具。怎样才能够把这些原理用到学校里边去,预备造成一个真正民治的社会,换一句话说,就是怎样才能使教育变成社会的。这是现在教育的趋向,就是我今天所要讲的。

简单说起来,这种教育必定要有几种条件:(一)要发展儿童原始的本能。(二)引导本能,一定要拿有益的知识活用的知识来训练他,养成他有益于社会的行为,有益于社会的品行。(三)这种教育一定要是恰合民治国家的教育。民治国家的人民要有独立判断力,要有自由思想力,要有实地试验的工夫,拿自己的能力,找出思想和行为的方向。所以民治的教育就是造成配做民治国民的人才。

现在且举一个例,说明这种教育的实际方法。不过举例很会拘束听的人,是最危险的一件事。我当举例之先,要大家知道这例只可以类推,不是所有的方法,仅以此为限。我现在且拿栽花种树做个例。栽种是叫人活动的,可以利用学生的活动的本能叫他朝社会的方面走,使他的行为于社会上有益处。这种小小的活动,大可以拿来做教育的方法。且把栽种的用法分别说出来。

(一)栽种虽然是小事体,却有大益处,可以引起儿童欢喜活动的天性,用官能去做事,不是纸上的工夫。活动的天性细细的分析起来,有许多种:(A)试验　小孩子欢喜拿一桩事来试验,看他结果如何。(B)冒险　小孩子总想到没有到过的地方去瞧瞧,看有什么新奇的东西没有。(C)尝试　小孩子得了一个东西,能吃的总想去尝尝,能玩的总想去试试。(D)欢喜好看　小孩子喜欢美,所以拿到一物总想造成整齐的好看的东西。(E)亲自动手　小孩子要是看见人家做事,就要动手,最不愿意旁观。——这些天性,做教员的应该利用他做有益的事件,随机引导,让他发展起来才对。这些天性粗粗看来似乎不大重要,仔细研究起来实在有益的很。科学的发达多从这些天性得来的。譬如希腊,那时文明程度到了那样高,何以不能发明科学呢?他们的错处就在单从学理上研究,不肯动手去做实地的试验,不能利用这种种天然活动的本能,所以虽然懂得逻辑,却不能发明科学。后来的人肯亲自动手,亲自去试验,方才渐渐的有科学的发明。照这样看来,科学的发达全靠这种表面上不甚重要的天性,所以我们应该鼓励他,利用他。

(二)要知道栽种并不是专重物质上的活动,实在有教育的功用。栽种的活动可发生许多教育上的效果,并可以引起儿童求知识的兴趣。譬如栽种花木,把一些栽在沙里,把一些栽在泥沙土里,把一些栽到净泥里,把一些栽小石子里边,再研究哪种土性宜哪种花草,哪种土性不宜哪种花草。又一方面研究花草的种子,怎样可以发芽,怎样可以长大,要怎样的热度,要多少光线,要多少水分,——这都是知识的方法,教员应该随机利导,儿童活动时需要什么知识就应该使知什么。小孩子做这种事,因为实际的需要,所以自然发生求知识的动机,所以这是顶有用的活动。所以就是栽种一件小事,并不单是物质上的活动,实在是引导儿童求知识的一桩利器。这样活动所得的知识,若用正式的名称,何尝不是植物学、矿物学、化学等等,不过现在用的教育方法和从前不同,现在是叫他去做事,叫他去活动。做教员的随时指导,懂得什么教什么。教授的方法,不是装将进去的,是要儿童自己做将出来的。这样亲自试验,其实就是各种科学发明的历史的方法。植物学不是研究植物学的发明的,是实地练习好奇好动手的人发明的。别的科学也多是这样。可见得不是先有科学家才发明科学,是先有实地练习家才发明科学的。

以上说的两件事:(一)说栽种的活动可引起儿童活动的天性;(二)说这种活动有教育的性质,可引起儿童求有用的知识。现在再说第三件。——

(三)这种栽培的活动带有民治的社会的性质。顺着儿童自动的天性去训练他,养成自己的判断力,能够自己下判断,断定那是好的那是坏的。没有知道的可以拿已经知道的来推测,没有做到的可以试验试验看。这些自动的思想判断都是民治的社会万不可少的性质。所以这种顺着自动的天性而施的教育,大可以养成适宜民治社会的人才。自治的观念是人人都有的，人人都想自己管自己，不愿意旁人来管我。何以民治发达这样迟呢？大概单想自治是不济事的，想怎样还要能做到怎样，才可以发生效力。单去空想，是没有用处的。从前人都以为只有圣人贤人配管人，别人不配管人，所以教育也不注重叫人自管自。新教育注重独立的思想力、判断力，所以能够养成适宜民治社会的人才。

希腊的柏拉图说："什么叫奴隶呢？奴隶自己没有主意，拿人家的话当做自己的话，把人家的意思当做自己的意思，一味听人指挥，一味的被动罢了。"自由民和奴隶的区别，就在能创造意思，拿自己的意思支配自己的行为，实地做去，不尚空谈。这是真正自由，民治国的人万不可少的。古时说自由，以为去了管束就是自由，但这是消极的。真自由是能发起意思，使自己的思想指使自己的行为，使思想能实现，这都是积极的。能实用自己的能力才算是真自由，要想使人有这种能力，非实行我们所讲的教育不可。

以上所说的教育方法，还有一种社会的性质。就是学到的知识是社会上有用的知识，不是书本上的知识。譬如一个人在学校里边记得许多植物的名字、术语、分类，到了外边，全不能在农业种植上应用，比较那不摸书本的农夫，也不知道相差多远。在学校里学的不能拿到社会上来用，简直可说是没有用的东西。我这样说，并不是不赞成科学家。但是普通教育并不是为养成少数的科学家的，是要使一般人在社会上能做一种有用的分子。旧式的教育，不管社会的实用，只知道从教科书上做功夫，叫他一章一章的记下去，叫他知道许多名词、公式，却不知道这种法式的科学知识是不能实地应用的。书本上的知识，虽然弄得很熟，也能说出名词，做出公式，在讲台上也能做游戏的试验，但是如不能够实用到社会生活上去，可不是废物吗？

我们说栽种花木不是教他做农夫是教他做社会的生活，这中间包含教育原理很多。教小孩子固然不能有广博的范围，但是儿童年龄长大就可以渐渐推广到社会的生计的各种问题上去。就是栽五谷一件小事，可以推广范围，教他知道从下种收获，一直到贩卖一切情形。教他知道怎样种,怎样培养,什么泥土合宜,怎样用水灌溉,怎样收割,怎样制造,怎样分配,哪个市场需要这个,哪个地方需要这个,粮食与交通机关的关系如何密切,水利与民生有何关系,从头至尾可以得到许多社会的生计的知识。可见得教导的范围可以随便推广,只有一种限制,就是儿童年龄。年龄小范围可以缩小,年龄大范围可以放大,另外再没有限制的。

刚才说栽种的一个例,请大家不要被他拘束住了,因为随便什么都可以作例,不限定栽种一件事。譬如煮饭、养蚕、捞丝、织布,都可拿来作例。这些事都是因地制宜,不是板定的单要拿一个作例的。我引这个例是注重实行方法的。现在需要的科学的方法,就在能实用,就在能合社会生活需要,不是书本上无用的死的知识,是社会上有用的活的知识。

前回讲"美国之民治的发展",曾讲过平常人观察西方文明,总说是偏重物质方面,说是崇拜金钱,究竟是观察错了。西方文化的精神,在于活动的精神,敢同天然界开战,要征服天行。东方人把天看作神圣不可思议的东西,所以都听天由命。西方人用人力去征服天行,把电拿来通信,拿来点灯,拿来行车,把天然界的东西,一个个拿来供我们使用,这是西方文明的特别精神。但是西方文明也有缺点,有人过于崇拜物质上的文明,把人事和科学分开,所以也有人利用物质文明造下种种罪恶。道德是道德,科学是科学,这是西方文明最大的危险。我们要补救这个缺点,一定要拿社会生活做科学教育的背景,使学理帮助实行,使科学帮助道德。如此做去,方才可使科学是活的,不是机械的;方才可使道德是实用的,不是空想的。

东方现在的情形,有两大危险,不可不注意:(一)有人想抵抗物质文明,要想保存旧社会的思想习惯,叫他一点也不受物质文明的影响。要知道物质文明没有办法可以抵抗,如电线、电话、火车、工厂……等,已经到了国门口,没有拒绝的方法,一定要发生影响的。好像太平洋的潮水,一涌而来,没有东西可以抵得住的。(二)有人妄想有了物质文明就全够了,把人生问题丢开,使物质的发达不能在社会生活上发生良好的影响。这也是大错的。你们的东邻就有这种错误。他们一方面想保存许多旧社会的思想习惯,不受新文明的影响;一方面极端趋向物质的发展,又不能利用物质的发展来增进人民的生活。这种错误的结果,使新旧分开,物质文明与人生行为分开,这是一种很危险的现象。

我且提出一个问题,做我的收场,请诸位带回去想想:"怎样能在教育里寻出一种方法,使我们可以利用西方的科学教育和物质文明来增加人民的幸福,同时又能免去极端物质文明的流弊呢?"

四

学问的新问题[①]

　　现在的世界大势，使我们的学术同智慧加上了一个新担子。不知道人类的知识能够适应世界的需要不能？譬如支票一样，我们的知识是否能够兑现？因为从前的应付，都是用老法子，好像旧式医生的治病方法，都是碰来的，从暗中摸索来的。在现在科学昌明的时代，如何可以故技重施、一成不变呢！

　　方才说旧法子无用，我并不是一定看不起旧学问，须知旧学问也有好的，不过它是适应它的旧时势，在它当时，是很有用处；但时势改变，它就失去效用了。所以我们不能责备旧学问的不能适用于现在，只能责备现在时势的改变。不但旧学问到现在失了效用，就是遗传下来的习惯法，也失[了]效用；因为它们[也]是碰来的，从暗中摸索来的。这更可以譬方旧式医生的治病，他们只是盲目的瞎试。如果病人的身体好，或是因别个原因好了，他们就以为医法好；如果试得不好，把那个人送死了，他们也以为这是该死。他们只是抱"上一回当，学一回乖"的宗旨。这样的方法，在医个人的病，贻害还小；若是遇着鼠疫、虎疫可以传遍全世界的病，而不能作探本穷因的研究，岂不是贻害极大吗？

　　现在世界大势的变更，不是一处的事。所以我们不变更方法去探本穷因，是不行的了。现在有一种时髦的方法，凡是社会上有一种新动机、

①　这是杜威在北京尚志学校的讲演词，由胡适翻译，志希、毋忘记录。原载《国民公报》，又载 1919 年 9 月《教育潮》第 1 卷第 4 期。——编者

新变更,都叫它做"过激派",好比从前人一生病就说有鬼一样,不去研究,不去思索,只是谩骂,送它许多恶名。须知这样办法,是不对的,没有用的。就是"过激派",也可以研究,将它发生的原因和效果考究出来,才可以应付。又如这次大战,诚然是件可怕的事,但是我们不能因为它可怕就不研究,也必须考察它的因果,[它]影响民族的感情如何? 影响人类的道德如何? 影响一切的美术、历史、实业、宗教如何? 必[须]如此,方可以求到新知识、新学问。

今日社会上有一种历史的观念,以为文化是不会消灭的,一种文化过去了,一种文化又生出来了,经过种种的挫折,还能存在,所以它的前途是很安全的,我们可以不必担心。那知此刻这种历史的观念已经不适用了。何以故? 从前文化能保全的原因,大都因为一处的文化灭了,有另一处的文化起来,这都是当年文化区域狭小的缘故。所以埃及衰了,希腊代兴;希腊衰了,罗马代兴。而且开化的民族少,不开化的民族多,所以得以传递。今则文化区域扩大,开化的民族已多,所以从来历史的乐观,不能存在。还有一个原因,就是因为从前世界,各处不相联络,自电力、汽力盛行以后,各处互有交通,东崩西应,不能幸免。何以这次牵动全球的大战会生于此时,就是这个道理。又如欧洲大战而致印度大荒,也是这个道理。我说这番话,并不是请大家对于世界的文化抱悲观[态度],乃是要请大家知道现在大家对文化责任的重大。设如有一物低[跌?]落,没有一处不受影响的。所以要请大家努力维持,极力创造。

方才所说的,不过是社会和政治两方面的观察。现在从心理学解说习惯性,更可以证明这个道理。习惯是什么呢? 习惯就是人走过的熟路。以常道而论,人断乎不愿避熟而求新,人之所以能在强固习惯中而走新的路,以求进步,是很可注意的事。

何以守旧的人类通性中有人能走新的路以求进步呢? 这就是旧法子不能适应新形势,不变不足以图强的缘故。譬如落水的人,断不能循在地上行走的常规。现在大战后的时势,何曾不是这样。

照心理学上说,人类虽因外界需要不能不变更旧法,但是他们变更的时候,往往不用意识的方法,只是一试一试的去做,用上当学乖的法子,以为满足。这是普通动物的习惯,猴子、猫儿、狗、鼠都是这样的。曾有心理学家将鼠关在四面有门有机关的一笼内,它屡试不得出,一旦它试着了以后,它一次熟一次,这就是投机的暗中摸索的方法。

我们往往自鸣得意,以为我们是人,那知我们有时候还要与禽兽取同一方法;即[使]稍为加了一点思索,也是有限。现在世界大势既已变更,还长此不改,未免太不经济了。所以我们以后的正规,乃是要打破这种投机的暗中摸索的方法,而改用意识的方法(Method of Idea)。

意识的方法,不是用从前的老法子作盲目的行动,乃是有意识去思量,去设假定,再去试验;但是人类的思想往往有障碍。现将这种障碍一一说来。

第一,人类往往有党见,不能一致行动。不能一致行动,原是不要紧的事,或者可以相辅相成。但是用意识去思考的时候,一有党见,就非常危险。他的害处有三种:一、不肯看完整的事实;二、不肯求完全的知识;三、不能有[彻]底的思想。这种贻害真大啊!

党见的害处,可以此次[和]会为例。当这次建设世界和平的重任的时候,各国的专使应当如何研究世界全体的大势,民族的需求,将来的利害,才可以算是对于人类尽责。而他们计不出此,一点不平心研究,只是狃于以前历史的内政、外交的旧法子,预先存了私见,不定全局的计划,去应付事实,[从]中找几种事实去帮助他们的私见,所以定出[此]种流毒无穷的和约来。

这种大政治家、大外交家,口头何[尝]不曾说爱国、爱人类呢?但是一旦问他们是否用科学的方法统筹全局,则他们不但不懂,并且要笑我们,因为他们有成见在的(以为历史的方法是好的,取科学的态度去研究是空想的)。

他们更以为解决这种大问题的方法是容易的,只是问他们自己的道德和良心好了。弄到结果,彼亦一道德,此亦一道德,彼亦一良心,此亦一良心,流毒无穷,贻害无极。这都是因为他们的道德和良心没有用过科学的方法去研究,所以还是他们的私见。将来若是他们失败下来了,大家对于他们,或有许多恕辞,或以为这是时机不好,或以为这里面有历史的关系,或以为他们的良心、道德太好了,所以受害;其实他们其余的罪,都是可以恕的,惟有他们愚蠢的罪,是不可恕的。

他们动机很好,是我们可以承认的。有爱国、爱人类的心思,也是我们可以承认的。但是他们不能用科学的态度去研究一切的事务,所以他们高等的知识被低等的感情压下去了。往往有许多极小的事,被他们有意放大至于不可收拾。细细考察,与其说这是他们道德的失败,毋宁说是他们知识的失败。

我举许多与大战有关的例,却请诸君不要把本题忘了。我的意思,不但是要大家记得这些事实,乃是要大家不要忘了遇事当用科学的方法,当取科学的态度。

第二,思想还有一种害处,便是不肯[接]受历史的教训。如此次大战,历史学家和其他学者都说与拿破仑战后有许多相同的地方。本来可以从历史得到点教训,预防许多祸患,无如这辈外交、政治家都不肯注意,岂非可惜。

举个例来说,依历史的经验,说战时最受人崇拜的,一定是有决断有勇气的人。但是战争制造出来的英雄,不见得便是和议适当的人物,因为战时要迅速要立刻实行,和议要通盘筹算、要谋永久的。不谓这次和议的人物,还是英国的路易·乔治,法国的福煦,意国的欧兰豆,这都是战时出风头的人物,却也是凡尔赛宫里出风头的人物。

再拿美国总统威尔逊来说,他是个战前很有名气的政治家,固然不能说是战时英雄,可是他也不能不负一点不受历史教训的责任。要是他到欧洲的时候肯受一点历史的教训,不要那辈战时英雄来[参]与和议。许人民送代表到和会去,自然有人辅助他的主张。但他不采用历史的教训,他以为只要他的主张不差,他到和会去,如果不能贯[彻],他便通告各国人民,求他们的辅助。不多一会,他为了费美问题,便试了一回,却失败了。其实人民没有代表,自然没有人去辅助他,他便终归失败。意大利脱出和会;日本趁这机会对于山东问题也占了胜利。

第三,还有种思想的障碍,便是好用好听的抽象的名词,像自由、人道、民族自决等等,却不去研究事实的解决方法。战时也有许多人落[入]了这个窠臼。

拿现在欧洲的经济情况做个例,自从战后,因为军费太重,全欧破产,工人也因战事,心理上困疲万状。大家不去研究这些问题,设法补救,而高唱自由、人道,究竟有什么用处?

总而言之,我这番话,是要证明世界的变迁,要用科学的方法研究实际问题;要打破从前的投机的暗中摸索的老方法。我们要求新知识新思想,去适应这新世界。我们要知道:自从十八世纪发明蒸汽机以来,便是种实业的大革命的结果;所以我们应从这一点上去研究方法,去救文化的危险。

如果有人对于这些问题和实业大革命的关系有些怀疑,吾再简单举几个例来[说明]都是与中国有关系的。第一,要不是实业革命,中国可以永远闭关自守。第二,要不是实业革命,中国政费不会增加,财政便不曾[会?]困难,更不用去讲管理财政的新法。此外,如家庭有女子工业问题等等,也都受这实业革命的影响。

有人说实业革命在欧洲是自身发动,在中国是受外国影响,情形不同;其实外国也不是各地方同时发动,也是一地方发动后去压迫别一个地方,其受外界的影响,与中国情形正同。从前欧洲受了这实业大革命的影响,因为当时的政治、社会都没有准备,所以牺牲得很不少;遇事补救,很有许多不经济的地方。现在中国正该赶快想法子去免除这许多不经济的障碍。

再说世界的劳动问题。从前的旧观念,以为资本和劳工两个阶级是一成不变的,两个阶级的战[斗?]争无非是增资问题。到现在却不同了,不单为物质的竞争,还有许多政治、教育的问题。所以现在的劳动者,不但是争增资问题,还要工厂管理权、财政支配权、商场和运输的分配权,他们一步一步的做去,到那时便把资本和劳动两阶级完全打破。

这个劳动问题不是近来新发生的,是发生于封建时代的,到现在有一千年了,何以至今还没有解决?可见当时欧洲人的行动方法,也是投机的,也是暗中摸索的,不是预先有思想的。

自从实业大革命以后,不但工厂和劳动者受其影响,并且政治、教育、宗教、文学等,都受其影响,全社会受其影响。现在英国劳动者要求政府完全召回征讨俄国"过激派"的军队,及取消征兵制,否则同盟罢工。现在虽则是消极的,将来一定要变为积极的。

总而言之,从十八世纪及十九世纪的初期实业革命以来,一切电信、汽船、汽车等交通利器,把世界变作一家。现在我们应当研究怎样排除一切的制度,怎样将从前的知识学问重新组织一下,去应付现在的时势,以及我们应取怎样的态度。

现在的世界,是总算账的时候。中国这个古国不应纯去模仿,应当自己创造。物质方面,西洋已占先了一百年,中国自然稍微吃亏。但是社会方面,西洋也还没有用科学的态度去研究,东西两洋,都有新的需要。中国本来很注重社会方面,——像人生问题、伦理问题等,——所以希望中国既与西方同处一个新境遇中,应当努力创造,有所贡献于世界的文明。

我自到东方以来,觉得东方对于科学虽差,经验却富。几千年的经验,背着走不动,固然不好;然而经验也有许多的好处,含有许多人本观念,也可用新的方法来整理一下,应用到社会科学方面去。

西洋文明的大缺点,是物质、科学进步太速,而社会科学、人生科学不能同时进步。例如造一机器,可以破坏无数的产业,而它方面没有保障,实在是很危险的。所以我们应当研究怎样使社会科学与物质科学同时同样的进步。中国虽于物质方面有点欠缺,然而现在对于社会科学的问题,正与西洋一般,他有几千年人生科学的经验,可见于社会方面是向来注重的。我希望中国不单去输入模仿,要去创造。对于文化的危险,有所救济;对于西洋社会的缺点,有所补裨;对于世界的文明,有所贡献。

五

大学之职务①

诸君：

今天有这很好的机会，并承诸君这般欢迎的，使我借了这个机会，能和诸君来讨论，我很觉着荣幸。

本来早就有了到此地来讲演的机会，也本应当早就来的；但因为事实上的种种困难和障碍，直到今天我快要走的时节，才得来此地和诸位讨论，很觉抱歉。

我现在到此地，对诸君并不是一个陌生的人，当我还没有来中国的时候，就认识这里的许多学生；就是蔡校长，我也认识的，虽不幸而因为蔡先生现在患病，使不能多见面，但我们从前却是朋友。

在我们这种职业中的人，无论如何的不相熟悉，或是陌生，但在大学中的总是熟人。大学（University）的这个字，本来就是普遍的意思，所以凡是我们大学职业中的人，无论是大学的教授或学生，我们都不应当陌生的。

为什么到了大学中便都成了熟人，不是陌生的呢？ 这个问题便是我们今天所要讨论的，讨论的结果，也就是这问题的答案。所以我们要问究竟"大学的职务"（The Function of the University）是什么呢？

① 这是 1921 年 12 月 24 日孟禄博士在北京大学的讲演词，由胡适口译，廷谦笔记。载 1922 年 1 月 3 日上海《民国日报·觉悟》副刊；又载 1922 年 1 月 25 日《东方杂志》第 19 卷第 2 期；又载 1922 年 4 月《新教育》第 4 卷第 4 期。——编者

大学的第一种职务:是要来供给全人类的共同的普遍的知识。若要说到政治或经济上的普遍,如经济中的共产或政治中的共同合作,但我相信这种的普遍只及于政治或经济的一隅,并不真是知识的普遍和共同。

在受过高级教育的知识界中的人,是要乘着机会来为人类知识造一种共同的富源的,即关于思想和知识的责任,也是要他们来负担。

再没有一种别的学说,能如科学一样的普遍。即宗教中所谓的真理,无论怎样,也只能代表宗教的一部分。如政治,也许在这个政治范围以内很适合,但要行到别的社会中去,也许是正相冲突。即以经济的方面而论,在这面能得着利益的,也许那面得不着,或者要受损失。惟有知识,要是得的多了,能得益的人也更多,这也可看出他的普遍性和共同性来。

知识的生活(Intellectual Life)和别的生活不同的地方,是因为别种的生活是有所为而作的,而其所为,大都是为了外面的动机。如宗教,是因为要求来世的快乐和幸福。政治,是因为有了权力,就有了权力的牵制。即经济,是因为要受惠,也难免变了利己受惠的牵制。惟有科学,是没有外面的动机的,也不受外面动机的牵制。求知识的目的,其动机就是要来求得一种知识的生活。

不但求知识时的动机是普遍的共同的,他的结果也是普遍的和共同的。如科学并不把所发明的来作专利,或以其产品来牟利。只是对于全人类的一种贡献,并不受什么牵制;也没有什么国界和人种的区别;更无所谓什么德国的科学世界,法国的科学世界,英国的科学世界……的分别。他们都是共同的,并无种族之区别,所以科学的产品才是普遍的共同的,能贡献于全人类的。这便是大学的第一种职务。

能供给于人类的,只有科学中的共产是真可能的,并不分国界人种,但能把科学的财产供给于人类。

现在再说大学的第二种职务。在四五百年前当近世史开始时,所谓西欧的文化,都是种种不同的。那时有日耳曼民族的文化、撒克逊民族的文化和法兰西的文化,而这些各不相同的文化都互相竞争。在近世史中就要把这些各异的文化沟通,使之一致,这便是近世史中所做的事。当近世史将完时,便可看出和从前不同的地方来:所有文化都一致了,而且带了世界性,并没有国界的区别。如文学,已经没有国籍的分别,成了世界的文学。即哲学也是如此的。现在就很可以看出世界的文化要统一的趋势来,知道不能和从前一样的各立门户了。但能使近代的文化渐渐的趋于共同者,是靠着近代科学的发明,科学的发明是因为近代有了大学。既有了科学的发明,所以把近代的文化渐渐的统一起来。

现在的中国,也有同样的问题。西洋几百年来不同的文化既已一致,但中国的文化已经和从前不同,而渐至于同西方的文化相接触,这是我们应当承认而无可讳言的。中西的文化既相接触,在这个对峙的时期中,我们不能不思一种应付的方法。方法就是:西方的文化既已不可抵挡的来了,中国文化又并不与之相同,我们怎样能使这两种不同的文化沟通,使成为一种共同的文化? 这是大学的任务。

我很愿意把我的主张弄清楚了再来说。我个人的主张:以为大学的职务,并不要以西方文化来代替中国文化;是要在中国文化中选出好的主要部分,及在西洋文化中也选出好的部分来,而使所选出的中西两个[文化]的好的部分来贯通一致,造成一种新的文化。这便是大学的第二种职务。

第三种的任务,大学为国家的最高文化机关;但既承认是为国家的最高文化机关,其任务就应该把这个国家公认为最高的文化和理想来宣传。

就历史上看来,大学曾经过一段很有趣的历史。在古代,最高的教育机关,总是附属于政府或教会的;后来却宣告独立,竟脱离了政府或教会。当时的大学便成了第三种阶级,与政府、教会鼎足而三。等到民治主义发达以后,平民成了一种阶级,于是大学成了第四种的阶级,虽加入了平民的一种阶级,但大学还是占一种阶级的。所以大学在历史上,常为三种或四种阶级之一种。

在十五、十六世纪之间——文艺复兴和宗教革命以后,因为经过了这两种很大的运动,近代的国家,都把最高教育机关的大学变成国家的一种机关,也就变成了国家的最高机关,但隶属于国家的直接管理之下,同时也为国家重要工具和重要的机关。

把大学来变作了一种国家的附属机关,欧洲大陆上是如此的,英、美则并不这样。当大陆上的一些国家把大学变作附属机关时,英国的大学却竭力抵抗这个趋势,仍保持其独立的精神,所以英国的大学仍是一种私立的机关。从殖民时代起直到如今,美国的大学也仍是独立的,即使不是独立的,充其量也不过说他是一个半公立的。如英国的剑桥、牛津,都是如此的,即美国之哥伦比亚大学也是如此的。若以人数及设备而论,哥伦比亚[大学]可算是美国最大的大学,但仍是独立的,与国家无涉。

在这种独立或半公立的大学中,也有一种危险。因为这种大学虽免掉了政府的管束,却自为风尚,不负多大的责任,仅保持其遗传下来的风尚,与外间的一些潮流相隔绝,好像无甚关系,结果是偏于守旧。近来英国新产出了许多大学,为市政府所开办的,如伦敦等大城市。在美国亦有邦立或省立的大学,并不受政府的管理,只受本邦或本省的约束。所以现在我们可以说在英、美现在已经有许多种大学的发生。

在美国就有许多种的大学,极端的说:有教会的大学,为教会所设立而代表一教会的;此外还有省立大学(邦立大学)、私立大学、半公立大学。即在英国也是这样的。但无论其种类有怎样多,要造出一种共同的普遍的文化来,便是他们共同的任务。所以种类不妨多些,而其任务总是要一致的造出一种共同的普遍的文化来。在中国,大学的种类现在已经不少,也许将来还要加多。如厦门大学,现在正是胚胎期。将来还有各种的大学发生,这也是一种很富趣味的事业。但以我个人的见解而论,像中国现在这样的国家,最能尽造成一种共同文化的责任的,还应该是国立的各大学。

所以从各种不同的大学中,我们也可以找出一个共同的点来的。这一点就是:无论如何,目的总是一致的。

以上说的是较远大的任务。现在我们也可以综合起来说,究竟大学最切近的任务是些什么?

第一是传播知识,而且越传播得广越好。——越能把有益于人生及社会的知识,传的越广越远越好。

大学的基本的职务,便是传播知识。固然在大学中的教职员或学生,因为要作别种的事情,不能以此为专责的,但无论如何也不能说不是大学的任务。——要使世间的大学者或大思想家的学说和思想不沉沦,且应当保持住而传播到现世的人间去,这便是大学最重要的任务。为了这个目的,所以有大学的设立,有学生的要就学,有教员的来教授,一方面为着保守,一方面就为着传播,且不只是传播自己的,一面还要把世上的一些大学者的思想传播或介绍给社会。但是像中国这样一个国家里,除了这些事情以外,还有许多别项的事,对于政治或社会的关系都很重要,好像我们都不应该置之不理的。但我很希望诸君对于这类事情当有一种区别,我却并不是反对诸君作这类的事情。这区别就是应当知道"学生的我"和"公民的我"。在当"公民的我"时,固然也有许多别的事情要作;但在当"学生的我"时,大学、中学生的任务,便是求知识,或是对于知识的保守和宣传。

我怕诸君对于这层意思有不明白的地方,再举一个具体的例来说明他。如就实际的政治而论,这种法律和制度,都是直接影响于实际的人生的,或是某种制度竟能影响到该制度势力所能及的人生的。但当"大学的我"时,是一种少数的特殊阶级,并不如此的,只有保守和宣传的任务,所以我们便当保守和宣传,使能影响到别的阶级或别的时期中。当我们为这种少数的特殊阶级时,和别的时期是不同的。

第二种切近的任务,是各种职业人才应用上的训练。其任务便要训练社会中各种职业应用的人才,而要使这种职业应用的人才在应用时能比由别处训练出来的用处更大。这就是大学的第二种任务。

大学的职务:第一是宣传;第二是应用;第三就是提高。——就是要使各种学说思想,因为有了大学的存在,而能格外的提高,这就是大学最后的任务。

这种职务,在大学中是最高的职务,却并不是最大的。因为了这种职业的限制,只有少数人可以作到,却不能因为只有少数人能作到就放弃了不做。人类社会中的进化，是全靠着这一种阶级的，既作了宣传的事业，更有了应用的人才，但还应当提高才对。设立大学的目的，就是为了要来作人类社会进化的动机。

既知这种职业只能有极少数的人来做的，但又如何能晓得谁才配来做呢？所以在大学中应当使人人受过一种训练，使有一种独立的研究能力的预备，且常使之和应当提高研究的问题接触和研究。如此经过了淘汰的淘汰以后，总有人可以继续这种职业下去的，无论是学生是教授。

这种训练，大学中总应该有的，将来能不能如所期的，那就是个人的区别了。

方才说的三种，第一是宣传，第二是应用，第三是研究与提高。我本来打算详细的讲这三层的，不幸而把讲前几节的时间占的太长，且看诸君在此地拥挤的很不安逸，我只好简略的举出一个比喻来，使诸君能明白。

要来和社会的顽固、腐败、迷信……种种的恶势力奋斗时，这个先锋队便是大学。无论在什么社会之中，当与社会的种种恶势力开战的时节，大学总是站在战线上当先锋的。

在战场的本身看来，大学就是把知识宣传出去。知识的宣传，就是为了保护个人，使不能受种种恶势力的欺骗。做宣传事业的是站在战线上的，但要来保护大家的。在战线的背后的，如这种军械、辎重等，都是在战线之后，却都是来保护战线的。就是这些官吏和实业家等，因为没有他的供给来作后盾，在战线上的先锋队是很难支持的。但不要忘记了这种重要的任务：是与社会开战，是与这些迷信、顽固、腐败、龌龊、卑污……的那些恶势力开战。固然不要忘记了和这些恶势力开战，且更不要忘了临阵[对]敌时，我们的敌人在什么地方，是什么程度。因此，便不能不用斥候侦探了。如现在也有了望的，或乘飞机去侦察的，看看敌人到底怎么，这便是大学的第三种任务。这职务是最危险最重要的，但是必须要做的。

在保护的方面说，却是相反的，他们只是供给我们在战线上的一切，自身却在后面，报酬很大，并没有什么危险；在战线上的是真危险，所得的报酬却很微。

这条战线很长,占了许多的区域,和此次大战时曾有许多国家加入一样。我们的战线也是如此的,有中国队、美国队、英国队……,但这各队都是协约的,彼此都互相照应的,都是站在战线上的人,其仇敌也只是共同的一个。

现在在战线上有一个老兵,曾经打过仗的,且有过这种战线上的经验的。而这个老兵,今天居然能得到机会和这里新入伍的少年兵相谈,使他很觉愉快。他现在祝这班新入伍的少年兵能得着一种很好的操练,并常常有很好的机会来把我们战线上的共同的仇敌克服殄灭,这便是这个老兵对于诸位新入伍的兵的祝福。

胡适译事年表^①

1891 年

12 月 17 日出生在上海大东门外程裕新茶栈内。小名嗣穈,学名
洪骍。

1906 年(15 岁)

所译《暴堪海舰之沉没》(札记小说)载 1906 年 12 月 6 日《竞业旬报》
第 5 期,作者不详。

1908 年(17 岁)

所译《生死之交》(短篇小说)载 1908 年 4 月 21 日《竞业旬报》第 12
期,作者不详。

所译《六百男儿行》(诗歌) 载 1908 年 10 月 15 日《竞业旬报》第 30
期,作者为[英]阿尔弗雷德·邓耐生。

所译《西洋笑话》(杂文)载 1908 年 9 月 6 日《竞业旬报》第 26 期。

所译《缝衣歌》(诗歌) 载 1908 年 10 月 25 日《竞业旬报》第 31 期,作
者为[英]托马斯·霍德。

---

① 胡适译事年表参考了季羡林主编的《胡适全集》(合肥:安徽教育出版社,2003)中
第 43、44 卷中季维龙编《胡适著译系年》、季维龙编《胡适著译系年目录》(合肥:安
徽教育出版社,1995)等。特此致谢。

所译《军人梦》(诗歌)载 1908 年 10 月 25 日《竞业旬报》第 31 期,作者为[英]托马斯·堪白尔。

所译《惊涛篇》(诗歌)载 1908 年 11 月 14 日《竞业旬报》第 33 期,作者为[英]托马斯·堪白尔。

1909 年(18 岁)

所译《晨风篇》(诗歌)载 1909 年 1 月 12 日《竞业旬报》第 39 期,作者为[美]亨利·朗菲罗。

所译《国殇》(短篇小说)载 1909 年 8 月 26 日《安徽白话报》己酉第 1 期,作者不详。

1911 年(20 岁)

所译《译诗一篇》收入 1994 年 12 月黄山书社出版的《胡适遗稿及秘藏书信》(第 11 册),作者为[德]亥纳。

1912 年(21 岁)

所译《最后一课》(短篇小说)载 1915 年 3 月《留美学生季报》春季第 1 号,作者为[法]都德。

所译《译德国诗人亥纳诗一章》载 1913 年 1 月《留美学生年报》第二年本,作者为[德]亥纳。

1914 年(23 岁)

所译《乐观主义》(诗歌)收入 1939 年亚东图书馆初版的《藏晖室札记》卷三,作者为[英]罗伯特·卜朗吟。

所译《老洛伯》(诗歌)载 1918 年 4 月 15 日《新青年》第 4 卷第 4 号,作者为[苏格兰]安尼·林德萨。

所译《裴伦〈哀希腊歌〉》(诗歌)收入 1920 年 3 月亚东图书馆初版的《尝试集》,作者为[英]裴伦。

所译《柏林之围》(短篇小说)载 1914 年 11 月 10 日《甲寅》第 1 卷第 4 期,作者为[法]都德。

所译《康可歌》(诗歌)收入 1939 年亚东图书馆初版的《藏晖室札记》卷六,作者为[美]爱麦生。

所译《大梵天》(诗歌)收入 1939 年亚东图书馆初版的《藏晖室札记》卷六,作者为[美]爱麦生。

1915 年(24 岁)

所译《墓门行》(诗歌)载 1915 年 6 月《留美学生季报》夏季第 2 号,作者为[美]无名氏。

所译《百愁门》(短篇小说)载 1915 年 9 月《留美学生季报》秋季第 3 号,作者为[英]吉百龄。

1916 年(25 岁)

所译《决斗》(短篇小说)载 1917 年 9 月《留美学生季报》秋季第 3 号,作者为[俄]泰来夏甫。

1917 年(26 岁)

所译《杜诗一首英译》收入 1939 年亚东图书馆初版《藏晖室札记》卷十五。

所译《二渔夫》(短篇小说)载 1917 年 3 月 1 日《新青年》第 3 卷第 1 号,作者为[法]莫泊三。

所译《梅吕哀》(短篇小说)载 1917 年 4 月 1 日《新青年》第 3 卷第 2 号,作者为[法]莫泊三。

1918 年(27 岁)

所译《娜拉》(戏剧)(第三幕)载 1918 年 6 月 15 日《新青年》第 4 卷第 6 号,作者为[挪威]易卜生。

1919 年(28 岁)

所译《杀父母的儿子》(短篇小说)载 1919 年 1 月 26 日、2 月 2 日《每周评论》第 6、7 号,作者为[法]莫泊三。

所译《关不住了!》(诗歌)载 1919 年 3 月 15 日《新青年》第 6 卷第 3 号,作者为[美]萨拉·梯斯代尔。

所译《希望》(诗歌)载 1919 年 4 月 15 日《新青年》第 6 卷第 4 号,作者为[波斯]奥玛·卡鲁姆。

所译《爱情与面包》(短篇小说)载 1919 年 4 月 20 日至 5 月 4 日《每周评论》第 18 至 20 号,作者为[瑞典]史特林堡。

所译《国际联盟组织法》(法律文件)载 1919 年 5 月 15 日《新中国》第 1 卷第 1 号,胡适、陶履恭合译。

所译《美国法学家合拟〈国际联盟条约草案〉》(法律文件)载 1919 年 5 月 15 日《新中国》第 1 卷第 1 号。

所译《一件美术品》(短篇小说)载 1919 年 5 月 15 日《新中国》第 1 卷第 1 号,作者为[俄]契诃夫。

所译《美国之民治的发展》(演讲)载 1919 年 6 月 15 日《每周评论》第 26 号,[美]杜威演讲,胡适口译,涵庐笔记。

所译《现代教育的趋势》(演讲)载 1919 年 6 月 22 日《每周评论》第 27 号,[美]杜威在北京美术学校演讲,胡适口译,涵庐笔记。

所译《一封未寄的信》(短篇小说)载 1919 年 7 月 6 日、13 日《每周评论》第 29 号、30 号,作者为[意]卡得奴勿。

所译《学问的新问题》(演讲)载 1919 年 9 月《教育潮》第 1 卷第 4 期,杜威演讲,胡适口译,志希、毋忘笔记。

所译《奏乐的小孩》(诗歌)载 1919 年 11 月 1 日《新青年》第 6 卷第 6 号,作者为[英]奥斯汀·多布森。

所译《她的情人》(短篇小说)载 1919 年 11 月 15 日《太平洋》第 2 卷第 1 号,作者为[俄]高尔基。

所译《杜威博士在山西的演讲》(演讲)载 1919 年 11 月 15 日《新中国》第 1 卷第 7 号,[美]杜威演讲,胡适口译,邓初民笔记。

所译《思想之派别》(演讲)载 1919 年 11 月 16 日至 1920 年 2 月 4 日《晨报》,[美]杜威演讲(共 8 次),胡适口译,绍虞笔记。

所译《杜威博士的自治演说》(演讲)载 1919 年 11 月 22 日《平民教育》第 7 号,[美]杜威演讲,胡适口译,刘汝蒲等笔记。

1920 年(29 岁)

所译《西方思想中之权利观念》(演讲)载 1920 年 1 月 24 日至 25 日《晨报》,[美]杜威演讲,胡适口译,王统照等笔记。

所译张籍《节妇吟》(诗歌)载 1920 年 11 月 1 日《新青年》第 8 卷第 3 号。

1922 年(31 岁)

所译《从美国历史经验上论联邦制度的得失》(演讲)载 1922 年 10 月 3 日至 4 日《北京大学日刊》,加纳在北京大学演讲,胡适口译,余甄甫笔记。

所译《杜威五大演讲》(演讲)1922 年由北京《晨报》社出版,胡适口译,毋忘等笔记。

1923 年(32 岁)

所译《楼梯上》(短篇小说)载 1923 年 3 月 11 日《努力周报》第 43 期,作者为[英]莫理孙。

所译《洛斯奇尔的提琴》(短篇小说)载 1923 年 8 月 5 日、19 日《努力周报》第 64、65 期,作者为[俄]契诃夫。

1924 年(33 岁)

所译《亨利·米超诗》(诗歌)收入 1964 年 12 月台湾商务印书馆影印

的《胡适之先生诗歌手迹》,作者为[法]亨利·米超。

所译《译诗一篇》(诗歌)载 1924 年 11 月 24 日《语丝》周刊第 2 期,作者为[英]托马斯·哈代。

所译《苦恼》(短篇小说)载 1925 年 1 月 17 日、1 月 25 日《现代评论》第 6、第 7 期,作者为[俄]契诃夫。

所译《米桑》(诗歌)载 1924 年 12 月 31 日《晨报六周年纪念增刊》,作者为[法]大仲马。

1925 年(34 岁)

所译《正统哲学的起原》(演讲)载 1925 年 2 月 22 日至 23 日,3 月 4 日、7 日、8 日、9 日《晨报副镌》,作者为[美]杜威,胡适、唐擘黄译。

所译《清晨的分别》(诗歌)载 1926 年 1 月《现代评论》第 1 年纪念增刊,总题《译诗三首》,作者为[英]罗伯特·卜朗吟。

所译《竖琴手》(诗歌)载 1926 年 3 月 29 日《晨报副镌》,作者为[德]葛德。

所译《你总有爱我的一天》(诗歌)载 1964 年 2 月 1 日台北《传记文学》第 4 卷第 2 期,见《从胡适之先生的墓园谈起》(胡颂平撰),作者为[英]罗伯特·卜朗吟。

所译《译薛莱的小诗》(诗歌)载 1926 年 1 月《现代评论》第 1 年纪念增刊,总题《诗三首》,作者为[英]薛莱。

所译《月光里》(诗歌)载 1926 年 1 月《现代评论》第 1 年纪念增刊,总题《译诗三首》,作者为[英]托马斯·哈代。

1928 年(37 岁)

所译《戒酒》(短篇小说)载 1928 年 9 月 10 日《新月》第 1 卷第 7 号,作者为[美]哦亨利。

所译《译峨默诗两首》(诗歌)载 1928 年 9 月 10 日《新月》第 1 卷第 7 号,见[美]哦亨利的《戒酒》。

所译《米格儿》(短篇小说)载 1928 年 12 月《新月》第 1 卷第 10 号,作者为[美]哈特。

1930 年(39 岁)

所译《扑克坦赶出的人》(短篇小说)载 1930 年 10 月 10 日《新月》第 2 卷第 8 号,作者为[美]哈特。

校译《东西文化之比较》(译文)收入 1931 年商务印书馆出版的《人类的前程》,作者为[英]俾耳德,于熙俭译,胡适校阅。

1934 年(43 岁)

所译《哲学的改造》1934 年由上海商务印书馆出版,作者为[美]杜威,胡适、唐擘黄译。

1936 年(45 岁)

所译《罗宾生教授为〈人与医学〉中译本写的序》收入 1936 年上海商务印书馆出版的《人与医学》,作者为[瑞士]西格西斯。

1943 年(52 岁)

所译《一枝箭,一只曲子》(诗歌)载 1956 年 9 月 20 日台北《文学杂志》第 1 卷第 1 期,作者为[美]亨利·朗菲罗。

图书在版编目(CIP)数据

中华翻译家代表性译文库.胡适卷 / 廖七一编.—
杭州:浙江大学出版社,2020.3
ISBN 978-7-308-19882-0

Ⅰ.①中… Ⅱ.①廖… Ⅲ.①胡适(1891—1962)—
译文－文集 Ⅳ.①I11

中国版本图书馆 CIP 数据核字(2020)第 003453 号

中華譯學館

中华翻译家代表性译文库·胡适卷
廖七一 编

出 品 人	鲁东明
总 编 辑	袁亚春
丛书策划	张　琛　包灵灵
责任编辑	田　慧
责任校对	黄静芬
封面设计	闰江文化
出版发行	浙江大学出版社
	(杭州市天目山路 148 号　邮政编码 310007)
	(网址:http://www.zjupress.com)
排　　版	浙江时代出版服务有限公司
印　　刷	浙江海虹彩色印务有限公司
开　　本	710mm×1000mm　1/16
印　　张	27.75
字　　数	385 千
版 印 次	2020 年 3 月第 1 版　2020 年 3 月第 1 次印刷
书　　号	ISBN 978-7-308-19882-0
定　　价	88.00 元

中華譯學館·中华翻译家代表性译文库

许 钧 郭国良 总主编

第一辑